Das neue Recht der Untersuchungshaft

Von

Dr. Hanns Dünnebier
Generalstaatsanwalt in Bremen

Sonderausgabe

*aus dem Ergänzungsband zu Löwe-Rosenberg,
Die Strafprozeßordnung und das Gerichtsverfassungsgesetz*

Berlin 1966

WALTER DE GRUYTER & CO.

vormals G. J. Göschen'sche Verlagshandlung · J. Guttentag, Verlagsbuchhandlung · Georg Reimer · Karl J. Trübner · Veit & Comp.

Archiv-Nr. 2 212 662
Satz und Druck: Walter de Gruyter & Co., Berlin 30

Vorwort

Im Strafverfahren ist es im Interesse einer möglichst vollständigen Aufklärung notwendig und gesetzlich zulässig, schon vor dem Urteil in Freiheiten und Rechte des Beschuldigten einzugreifen. Der empfindlichste der danach möglichen Eingriffe ist die Untersuchungshaft. Da ihre Auswirkungen täglich empfunden und weiten Kreisen bekannt werden, stehen das Recht und die Praxis der Untersuchungshaft stetig im Blickpunkt des öffentlichen Interesses und sind wiederholt Gegenstand der Kritik gewesen. Der Reformgeschichte sind viele Verbesserungsvorschläge zu entnehmen. Von diesen ist aber — wenn man von den Eingriffen der dreißiger Jahre absieht — nur ein Teil durch die „lex Höfle" im Jahre 1926 verwirklicht worden. Erst mit dem Strafprozeßänderungsgesetz hat der Gesetzgeber eine umfassende Reform der Untersuchungshaft unternommen und dazu nahezu jede Bestimmung des neunten Abschnitts geändert. Dadurch will er vielfältig auf die Praxis dahin einwirken: weniger, später und für kürzere Zeit zu verhaften.

Die umfangreichen Änderungen haben es erforderlich gemacht, den Abschnitt „Untersuchungshaft" im Löwe-Rosenberg nahezu vollständig neu zu bearbeiten. Wegen der großen Bedeutung, die dem neuen Recht der Untersuchungshaft in der Praxis von Gericht, Staatsanwaltschaft, Polizei und Verteidigung zukommt, haben sich Verlag und Verfasser entschlossen, den Abschnitt einem weiteren Bezieherkreis als unveränderten Sonderdruck zur Verfügung zu stellen.

Bremen, im Oktober 1966

Hanns Dünnebier

Inhaltsübersicht

(Die Seitenzahlen sind unverändert aus der Originalausgabe entnommen)

Behörde erteilten Führerscheins wirkt. Die Beschlagnahme ist keine Sicherung der vorläufigen Entziehung, sondern, wie sich aus Absatz 5 Satz 1 ergibt, eine Sicherung der künftigen Einziehung. Sie verstärkt aber zugleich die Wirkung der vorläufigen Entziehung: Zwar wird der Beschuldigte auch durch die Beschlagnahme seines Führerscheins nicht gehindert, Kraftfahrzeuge zu führen — eine völlige Verhinderung ist unmöglich; eine ernstliche Erschwerung wäre nur die Beschlagnahme des eigenen Kraftfahrzeugs —, aber die Gefahr entdeckt und dann bestraft zu werden (s. o. III 7 Abs. 2), wächst und wird einen gewissen Zwang ausüben, das Fahren zu unterlassen.

Die Anordnung hat die Staatsanwaltschaft zu vollstrecken, soweit der Vorsitzende die Vollstreckung nicht unmittelbar veranlaßt (§ 36). Die Vollstreckung besteht darin, daß der Führerschein dem Beschuldigten weggenommen und in amtliche Verwahrung genommen wird.

2. Polizeiliche Sicherstellung. Die Untersuchungshaft, wie die vorläufige Entziehung der Fahrerlaubnis eine vorläufige Maßnahme, wird nach § 114 vom Richter angeordnet. Ist es erforderlich, den Beschuldigten alsbald festzunehmen, ist die Polizei nach § 127 zur vorläufigen Festnahme befugt. Der Anordnung der Untersuchungshaft nach § 114 entspricht die Anordnung der vorläufigen Entziehung der Fahrerlaubnis nach § 111a Abs. 1; eine Parallele zu § 127, die in einer Ermächtigung an die Polizei liegen könnte, den Führerschein bis zur Entscheidung des Richters wegzunehmen, ist für die vorläufige Entziehung der Fahrerlaubnis nicht vorgesehen. Damit hat der Gesetzgeber entschieden, daß die Polizei nach Strafprozeßrecht nicht befugt ist, dem Richter vorzugreifen und, um die Allgemeinheit alsbald vor einem ungeeigneten Kraftfahrer zu schützen, die Wirkung der vorläufigen Entziehung durch Sicherstellung des Führerscheins vorwegzunehmen. Es wäre ungesetzlich, wenn sie aus Gründen der Abschreckung den Führerschein an Ort und Stelle wegnähme.

Geht von dem Fahrer eine akute Gefahr aus, kann die Polizei ihm den Führerschein nach Polizeirecht abnehmen, wenn dadurch die Gefahr abgewendet werden kann (OLG. Braunschweig NJW. **1956** 1088). Das wird nur selten der Fall sein. Denn die Verschlechterung der Rechtsstellung wird in der Regel nichts an der tatsächlichen Gefahrenlage ändern. Diese kann wohl nur durch Wegnahme des Zündschlüssels oder durch Sicherstellung des Wagens beseitigt werden. Hat die Polizei zur Gefahrensicherung den Führerschein weggenommen, so muß sie ihn alsbald zurückgeben, wenn die akute Gefahr beseitigt ist (Gross DAR. **1958** 128; Guelde RdK. **1953** 58). Fährt der Beschuldigte vor der Rückgabe gleichwohl, so ist er nach § 4 Abs. 2 Satz 2 StVZO. in Vbdg. mit § 21 StVG. strafbar.

3. Beschlagnahme nach § 98. Wohl aber darf der Führerschein nach § 94 Abs. 1 von der Polizei deshalb in Gewahrsam genommen werden, weil er nach § 42m Abs. 3 Satz 2 StGB. der Einziehung unterliegt. Dazu ist die Polizei, wie sich aus § 94 Abs. 2 ergibt, indessen nur in der Lage, wenn der Beschuldigte den Führerschein freiwillig herausgibt. Tut er das nicht, bedarf es der Beschlagnahme; § 95 findet auf den Beschuldigten keine Anwendung (s. Hauptwerk, 3b zu § 95). Die Beschlagnahme darf grundsätzlich nur durch den Richter angeordnet werden, und nur bei Gefahr im Verzug auch durch die Staatsanwaltschaft und ihre Hilfsbeamten (§ 98 Abs. 1). Indessen kommen beide Formen regelmäßig nicht in Betracht. Der Richter wird nicht die Beschlagnahme des Führerscheins, sondern die vorläufige Entziehung der Fahrerlaubnis anordnen. Denn diese Anordnung wirkt zugleich als Beschlagnahme (Absatz 3). Er hat auch keinen Anlaß, sich etwa zunächst mit der Beschlagnahme zu begnügen. Denn auch diese kann er nur unter den Voraussetzungen des § 111a Abs. 1 anordnen (Bgrdg., BTDrucks. IV 651, S. 31, zu Art. 2 Nr. 1, Abs. 4; vgl. fürs alte Recht OLG. Köln GA. **1954** 380; OLG. Hamburg DAR. **1959** 129; Deinhardt NJW. **1953** 891). Den Hilfsbeamten der Staatsanwaltschaft aber ist in der Regel deshalb keine Beschlagnahme erlaubt, weil meist keine Gefahr im Verzuge vorliegt. Eine solche Gefahr ist nur anzunehmen, wenn die Umstände nahelegen, daß die Einziehung deshalb nicht möglich sein werde, weil der Beschuldigte in der Zeit bis zu einer richterlichen Beschlagnahme den Führerschein beseitigen werde. Das ist für den Regelfall nicht anzunehmen (Guelde RdK. **1953** 58); denn die richterliche Entscheidung kann, wie der Erlaß eines Haftbefehls, in kürzester Frist erwirkt werden. Nur wenn ausnahmsweise jene Gefahr besteht, und wenn neben den Voraussetzungen des § 98 Abs. 1 auch die des § 111a Abs. 1 vorliegen, dürfen die Hilfsbeamten der Staatsanwaltschaft die Beschlagnahme anordnen und durchführen. In diesem — seltenen — Falle sind sie dazu auch verpflichtet. — Die Ansicht (Müller-Sax, 7b zu § 111a), Gefahr im Verzuge liege auch vor bei „der Gefahr erneuten Mißbrauchs" (die ohnehin kaum auf den Führerschein bezogen werden kann), ist im Gesetz nicht begründet. Die Wendung

„Gefahr im Verzuge" bedeutet „Gefährdung des Erfolgs durch Verzögerung" (§ 81c Abs. 3). Der durch die Beschlagnahme erstrebte Erfolg ist allein die Sicherung einer künftigen Einziehung (§ 94 Abs. 1).

Fährt der Fahrer, dessen Führerschein nach § 94 Abs. 1 in Verwahrung genommen oder nach § 94 Abs. 2 beschlagnahmt worden ist, gleichwohl, so ist er nach § 24 Abs. 2 Nr. 2 StVG. strafbar.

4. Entscheidung über die polizeiliche Beschlagnahme (Absätze 3 und 4). Haben in den vorgenannten seltenen Fällen Hilfsbeamte der Staatsanwaltschaft eine Beschlagnahme angeordnet und durchgeführt, so sollen sie binnen drei Tagen die richterliche Bestätigung nachsuchen, wenn bei der Beschlagnahme weder der Beschuldigte noch ein erwachsener Angehöriger anwesend war, oder wenn der Beschuldigte, oder im Falle seiner Abwesenheit ein erwachsener Angehöriger, gegen die Beschlagnahme ausdrücklich Widerspruch erhoben hat (§ 98 Abs. 2 Satz 1). Ist in den drei Tagen die vorläufige Entziehung der Fahrerlaubnis angeordnet worden, so wirkt sie zugleich als die richterliche Bestätigung der Beschlagnahme (Absatz 3).

Ist dagegen die vorläufige Entziehung noch nicht angeordnet, so wird über die Bestätigung nicht entschieden. Vielmehr tritt an deren Stelle die Entscheidung über die vorläufige Entziehung der Fahrerlaubnis (Absatz 4). Das ist ebenso der Fall, wenn über die von einem Beamten angeordnete Beschlagnahme eine richterliche Entscheidung erforderlich wird, weil der Beschuldigte die richterliche Entscheidung nachsucht (§ 98 Abs. 2 Satz 2).

5. Abgeordnete. Weil für die Beschlagnahme des Führerscheins dieselben Voraussetzungen wie für die vorläufige Entziehung der Fahrerlaubnis vorliegen müssen (s. o. 3), ist bei Abgeordneten die Beschlagnahme ebenso wie die vorläufige Entziehung (s. o. III 3) vor der Genehmigung des Parlaments unzulässig. Das ergibt sich zusätzlich auch daraus, daß die Beschlagnahme zur Untersuchung gehört; damit fällt sie unter den Begriff des Zur-Verantwortung-Ziehens.

Auch für die frische Tat ergibt sich keine Ausnahme. Daß bei ihr die Verhaftung zulässig ist (Art. 46 Abs. 2, 2. Halbsatz GG.), könnte die Beschlagnahme allenfalls als Verhaftungsersatz rechtfertigen, wenn die Voraussetzungen eines Haftbefehls vorliegen (Nau NJW. **1958** 1670). Das wird nur selten der Fall sein. Die Auslegung, daß bei Flagrantendelikten die Genehmigung des Parlaments entbehrlich sei (Reh NJW. **1959** 87), könnte sich zwar auf Sinn und Zweck von Art. 46 Abs. 2 GG. stützen, scheitert aber doch an dem Wortlaut der Verfassungen, die lediglich bei Verhaftung nicht aber einem anderen Einschreiten gegen den auf frischer Tat Betroffenen oder Verfolgten von der parlamentarischen Genehmigung freistellen (Art. 46 Abs. 2, 2. Halbsatz GG. und beispielsweise Art. 28 Abs. 1 BayVerf., Art. 95 Brem. Verf., Art. 96 Abs. 1 Hess. Verf,. Art. 15 Abs. 1 Nds. Verf., Art. 46 Abs. 1 NRW. Verf.).

VI. Rückgabe des Führerscheins (Absatz 5).

1. Beschlagnahme. Wie schon bei § 98 ausgeführt (s. o. III 1a zu § 98), sagt die Strafprozeßordnung nicht, wann eine Beschlagnahme erlischt und wann und unter welchen Voraussetzungen sie aufzuheben ist. Auch § 111a macht hiervon keine Ausnahme; Absatz 5 regelt die Rückgabe des Führerscheins. Soweit diese Regelung die Rückgabe eines nach § 94 Abs. 1 ohne Beschlagnahme in Verwahrung genommenen (oder sichergestellten) Führerscheins behandelt, ist sie vollständig. Sie ist dagegen unvollständig, soweit sie sich auf die Rückgabe beschlagnahmter Führerscheine bezieht; denn es wird nicht bestimmt, was mit der Beschlagnahme zu geschehen hat. Da aber ein Gegenstand nicht wohl trotz bestehenbleibender Beschlagnahme zurückgegeben werden kann, ist zu folgern, daß unter den in Absatz 5 angegebenen Voraussetzungen die Beschlagnahme erlischt.

Dem Absatz 3 kann das nicht unmittelbar entnommen werden. Er verordnet, daß die vorläufige Entziehung als Anordnung der Beschlagnahme wirkt. Da aber nicht auf den Zustand des Entzogenseins abgestellt wird, sondern — wie in Absatz 4 ausdrücklich gesagt — auf die Entscheidung, daß die Fahrerlaubnis vorläufig entzogen werde, wird in Wirklichkeit der Anordnung der Entziehung die Wirkung der Anordnung der Beschlagnahme beigemessen. Daß die Entscheidung, mit der die vorläufige Entziehung aufgehoben wird (Absatz 2), zugleich die Wirkung einer die Beschlagnahme aufhebenden Entscheidung habe, wird in Absatz 3 nicht ausdrücklich bestimmt. Nach dem Sinn des Absatzes 3 und der Regelung in Absatz 5 kann das aber nicht anders sein: Die Beschlagnahme endet, wenn die vorläufige Entziehung der Fahrerlaubnis aufgehoben wird. Absatz 5 zieht

Neunter Abschnitt

Verhaftung und vorläufige Festnahme

Vorbemerkungen

1. **Schrifttum.** Alsberg, Festnahme und Untersuchungshaft, JW. **1925** 1433; Aschaffenburg, Die Bedeutung der Untersuchungshaft für die Ermittlung des Tatbestandes, MSchrKrPsych. **1932** 257; Baumann, Neue Haftgründe, JZ. **1962** 649; Conze, Die Freiheitsbeschränkung durch Verhaftung und vorläufige Festnahme, Diss. Göttingen 1928; Dahs, Recht und Unrecht der Untersuchungshaft, NJW. **1959** 505; Ebermayer, Die Haftunfähigkeit, JW. **1925** 1453; Floegel, Das Recht der Untersuchungshaft nach dem Inkrafttreten der Strafprozeßnovelle von 1926 im Lichte der Praxis, 1927; Hartung, Das Recht der Untersuchungshaft, 1927; v. Hentig, Die Bedeutung der Untersuchungshaft für die Ermittlung des Tatbestandes, MSchrKrPsych. **1932** 268; Hetzel, Die Untersuchungshaft nach deutschem, österreichischem, französischem und englischem Recht, 1899; Jescheck, Recht und Praxis der Untersuchungshaft in Deutschland, GA. **1962** 65; Klefisch, Zur Reform der Untersuchungshaft, JW. **1925** 1449; Kohlrausch, Untersuchungshaft, JW. **1925** 1440; v. Lilienthal,

Zur Reform der Untersuchungshaft, JW. **1925** 1448; Lobe-Alsberg, Die Untersuchungshaft, 1927; Ohm, Persönlichkeitswandel unter Freiheitsentzug, 1964; Roesen, Voraussetzungen eines Haftbefehls, NJW. **1958** 1733; Rosenberg, Zur Reform der Untersuchungshaft, JW. **1925** 1446; Die Reform der Untersuchungshaft, ZStW. **26** 339; Sauer, Die Praxis der Untersuchungshaft, NJW. **1959** 1993; Schmidt-Leichner, Haftbefehl und Regreß, NJW. **1959** 841; Untersuchungshaft und Kleine Strafprozeßreform, NJW. **1961** 339; Schmolz, Die Untersuchungshaft in Theorie und Praxis, Diss. Köln 1930; Sarstedt, Reform der Untersuchungshaft, Justiz **1963** 184; Seibert, Die Praxis in Haftsachen, DRiZ. **1949** 106; Der Haftbefehl, NJW. **1950** 773; Sieverts, Die Wirkungen der Freiheitsstrafe und der Untersuchungshaft, 1929; Spiecker, Reform der Haftjustiz, MSchrKrim. **45** 97.

Dreves, Die Bestimmungen des Strafprozeßänderungsgesetzes über den Haftbefehl, DRiZ. **1965** 110; Gegenfurtner, Das Strafprozeß-Änderungsgesetz in der Praxis, DRiZ. **1965** 334; Kleinknecht, Entscheidungen über die Untersuchungshaft, MDR. **1965** 781; Philipp, Das künftige Haftrecht und seine Folgen, DRiZ. **1965** 83; R. Schmitt, Strafprozessuale Präventivmaßnahmen, JZ. **1965** 193; Schorn, die Untersuchungshaft nach dem Strafprozeßänderungsgesetz, NJW. **1965** 841; Theuerkauf, Untersuchungshaft bei Widerruf der Strafaussetzung zur Bewährung; Waldschmidt, Probleme des neuen Haftrechts, NJW. **1965** 1575.

Carstens, Das Recht des Europarats, 1956; Echterhölter, Die Europäische Menschenrechtskonvention im Rahmen der verfassungsmäßigen Ordnung, JZ. **1955** 689; Die Europäische Menschenrechtskonvention in der juristischen Praxis, JZ. **1956** 142; Golsong, Das Rechtsschutz-System der Europäischen Menschenrechts-Konvention, 1958; Guradze, Der Stand der Menschenrechte im Völkerrecht, 1956; Herzog, Das Verhältnis der Europäischen Menschenrechtskonvention zu späteren deutschen Gesetzen, DÖV. **1959 44**; Hodler, Die Europäische Menschenrechtskonvention und das Bonner Grundgesetz, Diss. Göttingen 1953; Jescheck, Die Europäische Konvention zum Schutze der Menschenrechte und Grundfreiheiten, NJW. **1954** 783; Mattil, Zur Anwendung des Abschnitts I der Europäischen Menschenrechtskonvention, JR. **1965** 167; Münch, Zur Anwendung der Menschenrechtskonvention in der Bundesrepublik Deutschland, JZ. **1961** 153; von Weber, Die strafrechtliche Bedeutung der Europäischen Menschenrechtskonvention, ZStW. **65** 334; Die Durchsetzung der Grundrechte der Europäischen Menschenrechtskonvention in der innerdeutschen Strafrechtspflege, MDR. **1955** 386; Wiebringhaus, Die Rom-Konvention für Menschenrechte in der Praxis der Straßburger Menschenrechtskommission, 1959; Woesner, Die Menschenrechtskonvention in der deutschen Strafrechtspraxis, NJW. **1961** 1381; Die ersten Entscheidungen des Europäischen Gerichtshofs für Menschenrechte, NJW. **1963** 694.

2. Entstehungsgeschichte bis 1953. Obwohl die Regelung der Untersuchungshaft — vielleicht aber mehr die Handhabung der dazu erlassenen Bestimmungen — immer wieder Anlaß zu Angriffen gegeben hatte, war trotz vieler, zum Teil allerdings nur vorübergehender, Eingriffe in das Haftrecht der ursprüngliche Bestand des neunten Abschnitts, selbst in der Fassung (Hahn, Mat. **2** 2393), bis zum Strafprozeßänderungsgesetz weitgehend erhalten, wenn man die eingeschobenen Bestimmungen (§§ 114a bis 114d, 115a bis 115d, 126a a. F.) unberücksichtigt läßt. Namentlich die beiden Haftgründe des Fluchtverdachts und der Verdunkelungsgefahr sowie die Beschränkung auf sie, die jetzt das Strafprozeßänderungsgesetz aufgegeben hat, waren alter Inhalt des Abschnitts. Die Aussetzung des Vollzugs der Untersuchungshaft (§ 116) war ursprünglich nur gegen Sicherheitsleistung zulässig.

Die Haftkontrolle war zunächst sehr einfach geregelt: Der Haftbefehl war grundsätzlich als Sicherungsmittel nach Erhebung der öffentlichen Klage gedacht; § 112 sprach nur von dem Angeschuldigten. Er war zwar auch vor diesem Zeitpunkt zulässig, mußte dann aber aufgehoben werden, wenn die Klage nicht binnen einer Woche nach seiner Vollstreckung erhoben war und das Gericht die Haftfortdauer beschlossen hatte. Der Amtsrichter konnte die Frist um eine Woche und bei Verbrechen und Vergehen um weitere zwei Wochen verlängern. Das Problem war dadurch allerdings kaum gelöst: Die Staatsanwaltschaft war gezwungen, Voruntersuchung zu beantragen. Damit war der Angeschuldigte zwar dem Richter näher; seine Aussicht, bald aus der Untersuchungshaft entlassen zu werden, wurde aber nicht verbessert.

Die sonst in den Strafprozeß tief eingreifende „Emminger-Verordnung" (vom 4. 1. 1924 — RGBl. I 15 —) hatte das Haftrecht unberührt gelassen. Erst der weite Kreise erregende Fall Höfle, der Tod eines ehemaligen Ministers in der Untersuchungshaft, war Ansporn, das

Haftkontrollverfahren neu zu regeln. Das Gesetz zur Abänderung der Untersuchungshaft vom 27. 12. 1926 (RGBl. I 529) führte das periodische Haftprüfungsverfahren ein und stattete es mit den Sicherungen der Mündlichkeit und Unmittelbarkeit aus. Der Glaube, damit das Beste gefunden zu haben, war so groß, daß die periodische Haftprüfung in den Grundrechtsteil einiger Landesverfassungen aufgenommen worden ist (s. u. 8).

Durch Art. V des Gesetzes zur Änderung von Vorschriften des Strafrechts und des Strafverfahrens vom 24. 4. 1934 (RGBl. I 341) wurde die periodische Haftprüfung wieder abgeschafft und durch die Vorschrift ersetzt (§ 115a): „Solange der Beschuldigte sich in Untersuchungshaft befindet, ist jederzeit von Amts wegen darauf zu achten, ob die Fortdauer der Haft zulässig und notwendig ist." Kurze Zeit später wurden die beiden klassischen Haftgründe um zwei neue vermehrt. Art. 5 des Gesetzes zur Änderung von Vorschriften des Strafverfahrens und des Gerichtsverfassungsgesetzes vom 28. 6. 1935 (RGBl. I 844) erklärte die Untersuchungshaft für zulässig,

wenn zu befürchten war, daß der Beschuldigte die Freiheit zu neuen strafbaren Handlungen mißbrauchen werde; oder

wenn es mit Rücksicht auf die Schwere der Tat und die durch sie hervorgerufene Erregung der Öffentlichkeit nicht erträglich wäre, den Angeschuldigten in Freiheit zu lassen.

Nachdem in den einzelnen Besatzungszonen bereits 1946 der Haftgrund der Erregung der Öffentlichkeit beseitigt worden war, kehrte das Gesetz zur Wiederherstellung der Rechtseinheit auf dem Gebiete der Gerichtsverfassung, der bürgerlichen Rechtspflege, des Strafverfahrens und des Kostenrechts vom 12. 9. 1950 (BGBl. 455, 631) allgemein auf den Rechtszustand von 1926 zurück. Erhalten blieb der durch die Ausführungsverordnung zum Gesetz gegen gefährliche Gewohnheitsverbrecher und über Maßregeln der Sicherung und Besserung vom 24. 11. 1933 (RGBl. I 1000) eingefügte § 126a über die einstweilige Unterbringung von Zurechnungsunfähigen. Die §§ 114a (jetzt 114b), 128, 129 und 131 wurden an Art. 104 GG. angepaßt. Das Dritte Strafrechtsänderungsgesetz vom 4. 8. 1953 (BGBl. I 735) hat das Haftrecht durch eine Neufassung des § 117 verbessert. Konnte der Beschuldigte bis dahin mit dem Vollzug der Untersuchungshaft nur gegen Sicherheitsleistung verschont werden, so ist die Verschonung seitdem möglich auf Grund aller (zulässigen) Maßnahmen, die geeignet sind, die Fluchtgefahr erheblich zu vermindern.

Die Änderungen, die der Abschnitt durch das Strafprozeßänderungsgesetz erhalten hat (s. u. 4), können nur dann richtig beurteilt werden, wenn man sich die wichtigsten Reformwünsche vor Augen hält.

3. Aus der Reformgeschichte. Der Entwurf 1908 des Reichsjustizamts (N. E. 1) enthielt keine Vorschläge für tiefere Eingriffe ins Haftrecht. Hervorzuheben ist, daß der Gedanke der Verhältnismäßigkeit, der in § 113 nur anklingt, stärker betont werden sollte: Die Untersuchungshaft sollte bei Straftaten, die mit keiner schwereren Strafe als Gefängnis bis zu drei Monaten oder mit Geldstrafe bis zu 3000 M bedroht waren, nur wegen Fluchtverdachts zulässig sein. Dabei sollte Voraussetzung sein, daß der Beschuldigte mindestens Fluchtanstalten getroffen hatte oder keinen inländischen Aufenthalt besaß. Auch bei anderen strafbaren Handlungen sollten die gleichen Voraussetzungen nachgewiesen werden müssen, wenn nicht mehr als ein Monat Gefängnis oder 3000 M Geldstrafe zu erwarten war (§ 111). Bei Fluchtverdacht sollte die Begründung erleichtert sein, wenn eine Freiheitsstrafe von mehr als einem Jahr in Aussicht stand (§ 110 Abs. 2). In § 127 erscheint der Gedanke der periodischen Haftkontrolle, und in § 122 wird vorgeschlagen, daß der Beschuldigte mit der Untersuchungshaft sowohl bei Fluchtverdacht als auch bei Verdunkelungsgefahr verschont werden könne, solange der Flucht oder der Verdunkelungsgefahr „auf andere Weise" vorgebeugt werden könne (§ 122).

Die Reichstagsvorlage (N. E. II) enthielt keine Änderungen. Wohl aber machte die Reichstagskommission eine Anzahl von Vorschlägen, die zum Teil in den Entwurf 1920 (N. E. III) eines Gesetzes über den Rechtsgang in Strafsachen übernommen, zum Teil sogar überboten wurden: Die Begründungserleichterung (§ 112 Abs. 2 Satz 2 StPO. a. F.) entfällt. Über Einwendungen gegen den Haftbefehl ist in mündlicher Verhandlung zu entscheiden und dazu dem Beschuldigten ein Verteidiger zu bestellen (§ 137 Abs. 2). Zwei Monate, nachdem der Beschuldigte verhaftet oder nachdem nach der Verhaftung eine Haftbeschwerde verworfen worden ist, hat das Gericht von Amts wegen zu entscheiden, ob die Haft fortzudauern habe und dem Beschuldigten für dieses Prüfungsverfahren einen Verteidiger zu bestellen (§ 148).

Der Entwurf 1930 eines Einführungsgesetzes zum Allgemeinen Deutschen Strafgesetzbuch und zum Strafvollzugsgesetz enthielt in Art. 70 Nr. 64 bis 76 eine Neufassung des Abschnitts über die Untersuchungshaft, aus der folgendes hervorzuheben ist: Die Fälle der Flucht und des Verbergens waren — so wie es jetzt der Fall ist — sinnvoll von denen des Fluchtverdachts abgegrenzt (§ 112a Nr. 1 und 2). War Gegenstand des Haftbefehls ein Verbrechen oder war eine Freiheitsstrafe von mindestens einem Jahr zu erwarten, oder hatte endlich der Beschuldigte keinen inländischen Wohnsitz, dann war die Begründung des Haftbefehls erleichtert. Der Grundsatz der Verhältnismäßigkeit kam in ähnlicher Weise wie im Entwurf 1908 zum Ausdruck — es war auf angedrohte Freiheitsstrafe bis zu drei Monaten oder auf Geldstrafe abgestellt —, doch blieb der Entwurf hinter dem von 1908 insoweit zurück, als keine Sonderbestimmung für den Fall vorgeschlagen war, daß lediglich eine Bagatellstrafe zu erwarten stand. Das Vorführungs- und Haftprüfungsverfahren wurde so eingesetzt, wie es 1926 gesetzlich geregelt worden war, doch sollte Verzicht auf die Haftprüfung möglich sein. War der Entwurf 1930 mit dieser Haftkontrolle strenger als seine Vorgänger, so erreichte er den von 1920 nicht, soweit dieser in großzügiger Weise die Verteidigerbestellung vorgesehen hatte. Neu war der Vorschlag für einen richterlichen Verwahrungsbefehl, der bei Fluchtverdacht oder Verdunkelungsgefahr für die Dauer von fünf Tagen sollte erlassen werden können, wenn „der Sachverhalt zwar für eine endgültige Entscheidung über die Untersuchungshaft noch nicht genügend geklärt, . . . aber die Annahme gerechtfertigt" erschien, „daß der Tatverdacht durch die Beschaffung weiterer Unterlagen alsbald dringend wird" (§ 125).

Der Entwurf 1939 einer Strafverfahrensordnung übernahm den Bestand des gesetzlichen Haftrechts von 1934 und war damit nicht eben großzügig. Er enthielt aber doch auch eine Anzahl von Verbesserungen: Eine Begründungserleichterung war nicht mehr vorgesehen, allerdings wohl wegen der Vielzahl der Haftgründe auch entbehrlich. Die Verhältnismäßigkeit wurde erstmalig klar verlangt durch eine Vorschrift, der § 112 Abs. 1 Satz 2 unserer Fassung entspricht (§ 201 Abs. 2). Die Verschonung mit der Untersuchungshaft sollte nicht nur gegen Sicherheitsleistung zulässig sein (§ 207). Vernünftig und sinnvoll war auch die Bestimmung, daß der Staatsanwalt den Vollzug einer Haftentlassung dadurch hemmen konnte, daß er binnen 24 Stunden bei Freisprechung (§ 120 Abs. 1 Satz 2) einen neuen Haftbefehl beantragte (§ 210 Abs. 2) oder gegen den einen Haftbefehl aufhebenden Beschluß Beschwerde einlegte (§ 215 Abs. 3 Satz 2).

4. Das Strafprozeßänderungsgesetz will mit seinen Änderungen des Neunten Abschnitts sowohl die Verhaftungen als auch die Dauer der Untersuchungshaft einschränken. Es bedient sich dazu im wesentlichen folgender vier Mittel:

Die Voraussetzungen der Haft werden bestimmter und enger umschrieben (§ 112 Abs. 2); der Haftgrund der Verdunkelungsgefahr wird, indem der Nachweis der Absicht, zu verdunkeln, verlangt wird, aufs äußerste eingeschränkt (§ 112 Abs. 2 Nr. 3); die Begründungspflicht wird verschärft (§ 114). Die namentlich bei rückfälligen Dieben so beliebte und bequeme Begründung, daß der gesetzlich begründete Fluchtverdacht nicht ausgeräumt sei, war zwar schon bisher ein Mißverständnis; jetzt ist sie ausgeschlossen. Weil durch diese mehrfachen Einschränkungen jede weite Auslegung unmöglich wird, ist der zusätzliche Haftgrund bei Verbrechen wider das Leben geschaffen worden (§ 112 Abs. 4).

Bei Bagatelldelikten wird die Untersuchungshaft stärker als bisher ausgeschlossen. Wegen Verdunkelungsgefahr darf sie gar nicht, wegen Fluchtgefahr nur unter verschärften Voraussetzungen verhängt werden. Begrenzt werden die Bagatelldelikte durch eine Strafandrohung von drei Monaten Gefängnis, statt bisher sechs Wochen Haft (§ 113). Der darin liegende Gedanke, daß das Übel der Untersuchungshaft zu dem zu erwartenden Ergebnis des Verfahrens in einem angemessenen Verhältnis stehen müsse, wird darüber hinaus durch das Verbot betont, die Untersuchungshaft anzuordnen, wenn sie zu der Bedeutung der Sache und der zu erwartenden Strafe oder Maßregel außer Verhältnis steht (§ 112 Abs. 1 Satz 2).

Sollen diese beiden Bestimmungen die Anordnung der Untersuchungshaft einschränken, so dienen zwei weitere Änderungen dem Ziel, die Haft abzukürzen.

Daß die erste Haftprüfung bei mündlicher Verhandlung ein sehr wirksames Mittel sein kann, das Verfahren zu konzentrieren und damit abzukürzen (s. u. 1 zu § 118), kann nicht zweifelhaft sein. Die periodische Wiederholung der Haftprüfung (§ 115 a a. F.), selbst gegen den Willen des Beschuldigten, hat aber keinen Gewinn gebracht, sondern im Gegenteil manches Verfahren verzögert (Wagner JZ. **1959** 242). Das Strafprozeßänderungsgesetz läßt sie daher fallen, setzt die Haftprüfung in die Initiative des Beschuldigten (§ 117) und stellt ihm dazu in beschränktem Umfang die mündliche Verhandlung zur Verfügung, allerdings nicht über ein freiheitsentziehendes Urteil hinaus (§ 118).

Der Verzicht auf periodische Haftprüfung ist wohl dadurch erleichtert worden, daß die Untersuchungshaft vor einem freiheitsentziehenden Urteil nicht länger als sechs Monate dauern darf, wenn die längere Dauer nicht aus der Art des Verfahrens gerechtfertigt ist, und wenn nicht das Oberlandesgericht diese Voraussetzung in einer von Amts wegen anzustellenden Prüfung, die auch die allgemeinen Haftvoraussetzungen umfaßt, festgestellt hat (§ 121 Abs. 1 und 2). Mit dieser Regelung erfährt die Forderung der Menschenrechtskonvention, daß jeder Verhaftete den Anspruch hat, entweder in angemessener Frist abgeurteilt oder, wenn das nicht geschieht, freigelassen zu werden, ihre nationale Ausgestaltung (s. u. 9).

Von den sonstigen Änderungen ist hervorzuheben: Der bereits erwähnte Grundsatz der Verhältnismäßigkeit wird wiederholt durch die Anordnung, daß der Haftbefehl aufzuheben ist, wenn die weitere Untersuchungshaft zu der Bedeutung der Sache und zu der zu erwartenden Strafe oder Maßregel außer Verhältnis steht (§ 120 Abs. 1 Satz 1, 2. Halbsatz). — Kann der Festgenommene dem zuständigen Richter nicht fristgemäß vorgeführt werden, dann ist er dem nächsten Richter von Amts wegen vorzuführen (§ 115a Abs. 1) und nicht mehr nur dann, wenn er es verlangt (§ 114c Abs. 1 a. F.). Die Vorführung vom nächsten zum zuständigen Richter wird, was weder unbedenklich noch für das weitere Verfahren zweckmäßig ist, von einem Antrag des Beschuldigten abhängig gemacht. — Der Vollzug der Untersuchungshaft kann weitergehend als bisher ausgesetzt werden (§ 116), nicht nur (§ 117 a. F.) bei Fluchtgefahr.

Die bisherigen sichernden Maßnahmen vor dem Urteil (§ 111a: vorläufige Entziehung der Fahrerlaubnis; § 126a: einstweilige Unterbringung eines Zurechnungsunfähigen) baut der Gesetzgeber durch den Haftgrund der Wiederholungsgefahr bei Sittlichkeitsverbrechern weiter aus. Trotz der Benennung handelt es sich dabei nicht um Untersuchungshaft, sondern um Sicherungshaft (s. u. 13a zu § 112), zu der am Ende der übernächsten Anmerkung weitere Ausführungen zu machen sind.

5. Statistische Angaben. Ehe zu einer Kritik des geltenden Rechts fortgeschritten wird, erscheint es geboten, das Augenmerk auf einige statistische Unterlagen zu wenden, weil die Probleme der Untersuchungshaft vielfach mehr nach dem Gefühl beurteilt werden, das durch eine mehr oder minder große Zahl von Einzelfällen erregt worden ist, als auf der Grundlage einwandfreier Feststellungen. Das dafür vorliegende Material ist allerdings gering; es gestattet zwar Einblicke, aber keine abschließende Beurteilung.

Der Anteil der lediglich wegen Verdunkelungsgefahr Verhafteten betrug nach einer Reichsstatistik aus dem Jahre 1908 (Reichstag, Aktenstück 638, S. 3723; Materialien zur Strafrechtsreform, 13. Band) 0,49%, nach einer bremischen Statistik aus dem Jahre 1959 (MschrKrim. **45** 103) 0,37%.

Nach der Statistik von 1908 waren in Haft wegen Verdachts lediglich einer Übertretung 55,22%. Vergleichszahlen für die gegenwärtige Zeit ließen sich nicht ermitteln, doch kann mit Sicherheit gesagt werden, daß der Anteil der Übertretungssachen heute weit geringer ist.

Zur Dauer der Untersuchungshaft haben die Landesjustizverwaltungen im Jahre 1962 eine Erhebung in elf Landgerichtsbezirken durchgeführt. Durch die statistische Untersuchung wurden 19,4% der Gerichtseingesessenen der Bundesrepublik in Bezirken mit großstädtischem, mittelstädtischem und überwiegend ländlichem Charakter erfaßt. In der Zeit vom 1. 1. bis 31. 12. 1961 wurde in diesen Bezirken mit einer Gesamtbevölkerung von 10844497 Seelen in 441015 Fällen ein Strafverfahren entweder durch Verfügung der Staatsanwaltschaft oder durch rechtskräftige gerichtliche Entscheidung abgeschlossen. In diesen Verfahren wurden 9724 Beschuldigte in Untersuchungshaft genommen, d. s. 2,21%.

Diesen Erhebungen, die der Bundesminister der Justiz in der sog. Querschnittsstatistik zusammengestellt hat, sind über die Dauer der Untersuchungshaft die nachstehenden Zahlen zu entnehmen, denen die der oben erwähnten Reichsstatistik beigefügt sind.

Statistik	Dauer der Untersuchungshaft		
	bis zu 3 Monaten	mehr als 3 bis 6 Monate	mehr als 6 Monate
	bei	bei	bei
Querschnittsstatistik 1961	72,1%	20,0%	7,9%
Reichsstatistik 1908	94,1%	5,9%	
	der Untersuchungsgefangenen		

Vor der Anklageerhebung endete die Untersuchungshaft in 20,44% der Haftsachen. In 1,72% der Fälle dauerte die bei Anklageerhebung noch vollstreckte Untersuchungshaft länger als sechs Monate.

Über die Beendigung der Verfahren ergibt die Querschnittsstatistik:

Ohne Verurteilung ist das Verfahren in 9,8% der Fälle beendet worden, davon in 3,3% durch Freispruch. Einer preußischen Statistik für 1925 (DRiZ. **1926** 367) sind für die gleichen Gruppen die Sätze von 12,4% und von 4,5% zu entnehmen, der genannten bremischen die Zahlen von 11,9 und 3,29%.

Verurteilt worden sind:

Zu Geldstrafe	1,0 %,
zu einer zur Bewährung ausgesetzten Freiheitsstrafe	15,0 %,
zu einer Freiheitsstrafe, die nicht von längerer Dauer als die Untersuchungshaft war	11,4 %,
zu einer Freiheitsstrafe, die von längerer Dauer als die Untersuchungshaft war	62,8 %.

Die Dauer der in Haftsachen erkannten Freiheitsstrafen ist in der oben erwähnten bremischen Statistik wie folgt festgestellt:

Freiheitsstrafe bis zu 6 Wochen	22,16%,
Freiheitsstrafen von mehr als 6 Wochen bis zu 3 Monaten	10,63%,
Freiheitsstrafen von mehr als 3 Monaten bis zu 6 Monaten	10,63%,
Freiheitsstrafen von mehr als 6 Monaten bis zu 1 Jahr	17,57%,
Freiheitsstrafen von mehr als einem Jahr, unbestimmte Jugendstrafe, Zuchthaus, Sicherungsverwahrung, Heil- und Pflegeanstalt	24,54%,
zus.	85,53%.

Demnach machen die Verurteilungen bis zu 6 Monaten	43,42%
aus. Nimmt man dazu die Erledigungen ohne Urteil (8,61%), die Freisprüche (3,29%) und die Verurteilungen zu Geldstrafen (2,57%), die insgesamt	14,47%
betragen haben, so ergeben sich	57,89%

der Untersuchungsgefangenen, bei denen die Untersuchungshaft besonderer Rechtfertigung bedarf. Zum Teil kann sie darin gefunden werden, daß ein Teil der in einer Hafenstadt Straffälligen keine örtliche Bindung hat. So wurden nach einer bremischen Statistik für 1961 festgenommen

nach Fahndung oder Flucht	20,5 %,
weil ohne festen Wohnsitz in der Bundesrepublik	18,9 %.

6. Kritik. Der Untersuchungsgefangene gilt, da er noch nicht verurteilt ist, als unschuldig (Art. 6 Abs. 2 MenschRKonv.); zuweilen, wenn auch selten, ist er es. Mit der Anordnung der Untersuchungshaft ist von Rechts wegen kein Vorwurf verbunden. Gleichwohl belastet die Haft den Gefangenen schwer. Von der Außenwelt weitgehend abgeschlossen, um Familie, Beruf und soziale Stellung besorgt, kann er in eine seelische Erschöpfung geraten, die ihn in seiner Verteidigungsfähigkeit beeinträchtigt. Ein solcher Zustand läuft nicht nur seinem Interesse zuwider, sondern auch dem des Staates, der die freie Verteidigung als eine der Grundlagen, die Wahrheit zu finden, jederzeit sicherstellen muß. Daher darf die Untersuchungshaft nur dann verhängt und nur solange aufrechterhalten werden, als das unbedingt erforderlich ist (v. Hippel, § 66 B I).

Das neue Haftrecht ist, wenn es richtig angewendet wird, weitgehend geeignet, sowohl dem Zweck der Untersuchung zu dienen, als auch der Forderung nachzukommen, von der Untersuchungshaft nur den sparsamsten Gebrauch zu machen. Es ist keine Ideallösung; die gibt es nicht. Es läßt aber auch erfüllbare Wünsche für eine künftige Reform offen. Soweit den Statistiken und der Erfahrung der Praxis Anhaltspunkte entnommen werden können, ist dazu zu bemerken:

Will der Richter einen Beschuldigten in Haft nehmen, muß er die Voraussetzungen des § 112 nachweisen, sie nach § 114 begründen und sogleich nach § 116 prüfen, ob er davon absehen kann, die angeordnete Haft zu vollziehen. Die Regeln, die er nach den drei Bestimmungen zu beachten hat, sind zu vielfältig und kompliziert (s. u. spätere Änderungen Abs. 4 bei § 112; 7 Abs. 2 zu § 114; 4 Abs. 3 zu § 116). Haben sie ihren Zweck erfüllt, die Untersuchungshaft einzuschränken, wird ein künftiger Gesetzgeber einfachere Formulierungen vorziehen.

Der Haftgrund des Fluchtverdachts ist in keinem Strafprozeßrecht zu entbehren. Der Grundsatz der Verhältnismäßigkeit, den das neue Haftrecht zweimal betont (§ 112 Abs. 1 Satz 2; § 120 Abs. 1, 2. Halbsatz), verlangt jedoch bei Bagatellstrafsachen Zurückhaltung. Dem trägt § 113 Rechnung, doch hätte der Gesetzgeber dem Richter mehr Verantwortung abnehmen und die Ausnahmeregelung großzügiger gestalten können (s. u. spätere Änderungen Abs. 2 bei § 113).

Die Zahl der Fälle, in denen Untersuchungshaft ausschließlich wegen Verdunkelungsgefahr verhängt wird, ist klein. Von einem Mißbrauch dieses Haftgrunds wird man nicht sprechen können, wenn er auch in seltenen Fällen beobachtet worden ist („weil die Ermittlungen noch nicht abgeschlossen sind"). Der Haftgrund ist für Ausnahmefälle nicht zu entbehren (Rosenberg, S. 1447). Wenn jetzt auf die aus bestimmten Tatsachen erkennbare Absicht abgestellt wird, in genau umschriebenen Formen zu verdunkeln, ist die Grenze des für die Praxis Tragbaren erreicht. Der Haftgrund kann keineswegs, wie gelegentlich gefordert worden ist, an die Voraussetzung geknüpft werden, daß der Beschuldigte in der laufenden Strafsache bereits einmal zu verdunkeln unternommen habe.

Die neugeschaffene Untersuchungshaft bei Verbrechen wider das Leben (§ 112 Abs. 4) ist keine Bereicherung des Haftrechts. Der grobgeschnittene Tatbestand hat auch alsbald zu Auslegungsschwierigkeiten und zu einer Korrektur durch das Bundesverfassungsgericht geführt (s. u. 14 zu § 112; 7 zu § 116). Bei einer künftigen Reform sollte auf ihn verzichtet werden.

Das Gericht muß den Haftbefehl aufheben, „sobald" die Voraussetzungen der Untersuchungshaft nicht mehr vorliegen (§ 120 Abs. 1 Satz 1). Dazu muß der Richter unabhängig von Anträgen jederzeit prüfen, ob der Haftbefehl aufzuheben oder sein Vollzug auszusetzen ist (s. u. 20 zu § 112; I zu § 120). Es war ein überzeugender Gedanke, den Richter an diese dauernde Pflicht durch den Befehl periodischer Haftprüfung zu gemahnen. Die gute Idee hat sich indessen in der Praxis nicht bewährt. Haftbefehle sind häufiger auf wohlbegründete Anträge, auf Haftbeschwerden und namentlich auf weitere Beschwerden aufgehoben worden, als bei periodischen Haftprüfungen. Da mit diesen vielfach Zeit vertan worden ist, die besser den Ermittlungen gewidmet worden wäre, ist die Entscheidung der Novelle, die Haftprüfung in die Initiative des Beschuldigten zu stellen, ein beachtlicher Versuch; wie er sich auswirkt, wird sorgfältig zu beobachten sein. Die Staatsanwaltschaft wird die Haftfrage von Amts wegen bei der nicht geringen Zahl von Beschuldigten prüfen müssen, die sich aller Anträge und Beschwerden enthalten.

Erinnert man sich des verhältnismäßig großen Anteils von Gefangenen, deren Verfahren ohne Urteil, mit Freispruch, mit Geldstrafe oder mit geringen oder zur Bewährung ausgesetzten Freiheitsstrafen endet, dann empfindet man die doppelte Betonung des Grundsatzes der Verhältnismäßigkeit als den größten Gewinn, den die Neufassung erwarten läßt. Daneben kommt der Haftprüfung, die das Oberlandesgericht vor Ablauf von sechs Monaten anstellen muß, nahezu gleiche Bedeutung zu. Zu Unrecht bezeichnet Spiecker sie als eine bloße Verzögerung des Verfahrens (S. 101). Sie wird sich im Gegenteil wegen der strengen Anforderungen für eine Haftverlängerung als ein starker Antrieb erweisen, die Ermittlungen zu beschleunigen. Leider sind die §§ 121, 122 nicht klar genug abgefaßt und in einem Punkte auch nicht unbedenklich (s. u. 1 zu § 121).

Die durch die Statistik ausgewiesene Verlängerung der durchschnittlichen Haftzeit ist wohl in erster Linie auf eine Verlängerung der Bearbeitungszeit zurückzuführen. Dieser Umstand richtet das Augenmerk auf die Erkenntnis, daß letztlich nicht der Gesetzestext über die Güte des Haftrechts entscheidet, sondern seine Anwendung in der Praxis. Wenn die Praxis jede Routine vermeidet (Sauer, S. 1994), wenn sie der Erfahrung vertraut, daß der mit der Untersuchungshaft Verschonte nur sehr selten die Flucht ergreift (Alsberg, S. 1436), wenn sie sich durch gleichwohl gelegentlich getäuschtes Vertrauen nicht verhärten läßt, wird eine maßvolle Haftpraxis zu erzielen sein. Konzentrierte Bearbeitung und der Einsatz technischer Mittel, zu denen namentlich Hilfsakten (Nr. 12 Abs. 1 RiStV.) mit den Durchschlägen von Vernehmungsprotokollen usw. gehören (Spiecker, S. 102), werden das Verfahren in Haftsachen und damit die Untersuchungshaft wirksam abkürzen helfen. Allerdings scheint auf der Seite der Verteidigung ein Mißverständnis vorzuliegen, wenn sie einen Grundsatz des Strafrechts aufs Haftrecht übertragen will mit der Formel, „daß es eher gerechtfertigt sein kann, in zehn Fällen eine berechtigte Untersuchungshaft zu unterlassen, als in einem einzigen gesetzwidrig eine Untersuchungshaft zu verhängen" (Dahs NJW. **1959** 506). Die Annahme, daß willentlich Untersuchungshaft gesetzwidrig verhängt würde, sollte ausscheiden. Ersetzt man, wozu der Vergleich mit dem Grundsatz in dubio pro reo drängt, das Wort „gesetzwidrig" durch das wohl gemeinte Wort „zweifelhaft", so ist zu entgegnen: Was in bezug auf ein endgültiges Urteil notwendig ist, wäre fehlerhaft für eine vorläufige Maßnahme, die auf Verdachtsgrundlage das Verfahren sichern soll. Die Justiz darf diese Sicherung nicht übertreiben, aber sie ist nicht befugt, auf sie zu verzichten (Peters, § 47 VIII Abs. 2).

Kritik hat die „Untersuchungshaft" für Sittlichkeitsverbrecher erfahren, von denen Wiederholungsgefahr droht (§ 112 Abs. 3). Allerdings wäre es richtiger gewesen, sie klar als Sicherungshaft auszugestalten und mit der vorläufigen Entziehung der Fahrerlaubnis (§ 111 a) und der einstweiligen Unterbringung (§ 126 a) in einem Abschnitt zusammenzustellen. Diese vorläufigen Maßnahmen sind solange gerechtfertigt, als auch die endgültige Entziehung der Fahrerlaubnis (§ 42 m StGB.) und die Anordnung der Unterbringung in einer Heil- oder Pflegeanstalt (§ 42 b StGB.) dem Strafverfahren überlassen bleiben und nicht ins Verwaltungsverfahren zurückgegeben werden. Hält man danach die beiden vorläufigen Maßnahmen im Strafprozeß für zulässig, dann kann man nicht die Sicherungshaft für Wiederholungstäter ablehnen. Dem Einwand Baumanns (S. 693), eine vorläufige Verwahrung wäre nur sinnvoll, wenn das Strafrecht die Verwahrung gefährlicher Täter allgemein zuließe, ist entgegenzuhalten, daß die Strafe Elemente der Sicherung in sich trägt, und somit die Sicherungshaft für Sittlichkeitsverbrecher, von denen Wiederholungsgefahr droht, eine vorweggenommene Strafvollstreckung ist. Sie ist nicht systemwidriger als die vorweggenommene Unterbringung in einer Heil- oder Pflegeanstalt oder als die vorweggenommene Entziehung der Fahrerlaubnis.

Der Ernst, mit dem der Gesetzgeber die Sicherungshaft beschränkt hat, verdient Achtung; aber anzuerkennen ist das Ergebnis nicht. Ebenso wie der Sittlichkeitsverbrecher, der sich laufend an Kindern vergangen hat, können auch der arbeitsscheue Seriendieb und der Kreditbetrüger (Habenicht, S. 402), der ein Loch aufreißt, um ein anderes zu stopfen, feste Wohnung haben, in ihr Schicksal ergeben sein und keine Fluchtgedanken hegen. Aber vom Verbrechen werden sie ebenso wie der Sittlichkeitsverbrecher allenfalls dann lassen, wenn sie ihre Strafe verbüßt haben werden. Sie bilden eine Gefahr für die Allgemeinheit ebenso wie der Sittlichkeitsverbrecher, von dem Wiederholung droht, wie der geisteskranke Verbrecher (§ 126 a) und wie der gemeingefährliche Kraftfahrer (§ 111 a). Aber die Mittel, die für die drei genannten Gruppen zur Verfügung stehen, um die Öffentlichkeit vor weiteren Straftaten zu sichern, versagt das Gesetz gegenüber schuldfähigen Tätern, von denen auf anderen Gebieten als dem der Sittlichkeitsverbrechen und des Straßenverkehrs durch Wiederholung ihrer Straftaten eine Gefahr für die Allgemeinheit droht. Die meisten von ihnen sind Verbrecher, die Diebe und Betrüger wegen Rückfalls, und viele von ihnen kamen bisher in Untersuchungshaft, „weil der gesetzlich begründete Fluchtverdacht durch die persönlichen Verhältnisse des Beschuldigten nicht ausgeräumt wird". Sie bilden auch den größten Anteil an der Gruppe der Untersuchungshäftlinge, die keine Haftbeschwerde einlegen, so daß die gesetzlich nicht einwandfreie aber nicht unverständliche (Seibert NJW. **1950** 773: Man sollte „doch die Kirche im Dorfe lassen") Haftanordnung selten angegriffen wurde. Das neue Haftrecht läßt diese Begründung nicht mehr zu; der Richter wird ihm bekannte Neigungstäter entlassen müssen. Sie werden nicht fliehen, aber alsbald wieder straffällig werden, bis sie zum Strafvollzug eingesperrt und durch ihn für einige Zeit abgeschreckt sind. Es wäre daher erwünscht, daß — gewiß unter strengen Voraussetzungen — der Haftgrund des § 112 Abs. 3 zu einer allgemeinen vorläufigen Verwahrung für Neigungstäter ausgebaut würde, damit Beschuldigte in Haft genommen werden könnten, die wegen ihrer Neigung zu erheblichen Straftaten deshalb eine Gefahr für die Allgemeinheit bilden, weil zu erwarten ist, daß sie serienmäßig verübte Straftaten fortsetzen, solange sie nicht durch den Strafvollzug davon abgeschreckt worden sind. Die Menschenrechtskonvention läßt in Art. 5 Abs. 1 Buchst. c die Freiheitsentziehung zu dem Zweck zu, den Beschuldigten zu hindern, eine strafbare Handlung zu begehen. In Übereinstimmung damit sieht das Jugendgerichtsgesetz die einstweilige Unterbringung in einem Erziehungsheim vor, wenn Jugendstrafe zu erwarten und die Unterbringung geboten ist, u. a. um einem Mißbrauch der Freiheit zu neuen Straftaten entgegenzuwirken (§ 71 Abs. 2 JGG.).

Zum Abschluß sei noch auf einige Einzelheiten hingewiesen: Zwar wird man die zuweilen nicht ganz unbedenkliche Entlassung bei Freispruch (§ 120 Abs. 1 Satz 2) hinnehmen können. Dagegen ist es oft schwer tragbar, daß § 120 Abs. 2 auch bei sonstigen haftaufhebenden Entscheidungen verbietet, die Vollziehung auszusetzen (§ 307 Abs. 2), wenn Beschwerde erhoben wird. Eine aufschiebende Wirkung für die staatsanwaltliche Beschwerde (vgl. § 454 Abs. 2 Satz 2), wenn sie innerhalb von 24 Stunden eingelegt wird, für die Dauer von etwa drei Tagen wäre der Praxis dringend erwünscht. — Der in § 127 Abs. 3 zum Ausdruck kommende Grundsatz muß in § 114 aufgenommen werden. — Die Bestimmungen über die Sicherheitsleistung gehören zu den am schlechtesten gefaßten des Gesetzes (Gerding, S. 1), die 1. Alternative von § 123 Abs. 3 ist nahezu unverständlich (s. u. 7 zu § 123). — § 119 würde nach dem Vorbild von E. 1930 (§ 132) besser am Schluß des Abschnitts stehen.

7. Untersuchungshaft und einstweilige Unterbringung. Zweck der Untersuchungshaft ist, ein inländisches Strafverfahren („die Untersuchung") gegen Verdunkelung und gegen Flucht des Beschuldigten sowie den Antritt einer in diesem Verfahren erkannten Freiheitsstrafe (§ 112 Abs. 1, § 122 Abs. 1) zu sichern. Was für Freiheitsstrafe gilt, muß auch für freiheitsentziehende Maßregeln (§§ 42b, 42c, 42d, 42e, 42i StGB.) gelten, die einen Schuldfähigen treffen sollen (OLG. Köln NJW. **1956** 1289). Den Vollzug nicht freiheitsentziehender Maßregeln (§§ 42l, 42m StGB.) oder einer Geldstrafe sicherzustellen, ist dagegen nicht Zweck der Untersuchungshaft (s. u. II 4 zu § 122). Ebenso darf sie keine erzieherischen (s. u. 5c zu § 116) oder strafverhütenden Zwecke erfüllen. Grundsätzlich hat sie auch nicht, wie gelegentlich (Siegert JW. **1925** 930; Hartung, S. 926) behauptet worden ist, die Funktion, die Allgemeinheit vor weiteren Straftaten zu schützen (Sicherungshaft). Eine Ausnahme enthält das geltende Recht in § 112 Abs. 3 (Untersuchungshaft bei Sittlichkeitsverbrechern), doch bestätigt diese einmalige Ausnahme zugleich die Regel. Selbstverständlich ist, daß die Untersuchungshaft kein Druckmittel sein darf, um den Verhafteten geständnisreif zu machen (Kohlrausch, S. 1441), und keine Erleichterung, damit ungestört ermittelt werden kann (Seibert NJW. **1950** 773; Roesen, S. 1734; Schmidt-Leichner, S. 845).

Die Untersuchungshaft ist Einsperrung in einer geschlossenen Anstalt, wobei die zivile Lebensführung soweit als möglich unangetastet bleiben muß, aber so weit eingeschränkt werden darf, als es notwendig ist, den Haftzweck zu sichern und die Ordnung in der Anstalt aufrechtzuerhalten. Das Verhalten des Gefangenen wird nach dem Wortlaut des Gesetzes anhand (kaum zulänglicher) gesetzlicher Richtlinien durch eine Unzahl richterlicher Verfügungen geregelt. In Wirklichkeit wird es durch die Untersuchungshaftvollzugsordnung bestimmt, die im Einzelfall durch richterliche Anordnungen verdrängt werden kann (s. u. I 2 zu § 119).

Ist die Untersuchungshaft danach grundsätzlich lediglich eine prozeßsichernde Maßnahme, die an einem als unschuldig Geltenden (Art. 6 Abs. 2 MenschRKonv.) vollzogen wird, so wird sie doch „erlitten" (§ 60 StGB.); der Untersuchungsgefangene empfindet sie als ein Übel. Dieses trifft den Gestrauchelten oft härter als die Strafhaft; für den Kriminellen dagegen nimmt die Untersuchungshaft die Strafe in erleichterter Form vorweg. Wegen ihres Übelcharakters kann sie auf die Strafe angerechnet werden (§ 60 StGB.; dazu Ackermann NJW. **1950** 367). Die Anrechnung ist die Regel, doch wird die Untersuchungshaft, die während der Behandlung eines erfolglosen Rechtsmittels verbüßt wird, meistens nicht angerechnet, weil es nicht in der Hand eines Gefangenen liegen kann, durch aussichtslose Rechtsmittel einen Teil der Strafe in der erleichterten Form der Untersuchungshaft zu verbüßen. Die Überlegung sollte dazu zwingen, die Rechtsmittelhaft anzurechnen, wenn der Angeklagte sich, wenn auch rechtsirrig, subjektiv beschwert fühlen durfte. So wird auch weitgehend verfahren. Da es indessen schwierig ist, frivole Rechtsmittel von den zwar subjektiv aussichtsvollen, aber objektiv offensichtlich unbegründeten abzugrenzen, läßt sich diese Forderung nicht rein verwirklichen.

Die einstweilige Unterbringung (§ 126a) dient im Gegensatz zur Untersuchungshaft nicht der Verfahrenssicherung. Wie die Untersuchungshaft sichert sie den künftigen Vollzug einer Freiheitsentziehung, doch ist das nicht ihre Aufgabe. Der Zweck, der dazu geführt hat, die Rechtseinrichtung zu schaffen, ist vielmehr ein der Untersuchungshaft fremder: die Allgemeinheit vor weiteren Straftaten des verbrecherischen Geisteskranken zu schützen. Weil der einstweiligen Unterbringung der Charakter des Vorläufigen anhaftet, wird sie in vielen Beziehungen wie die Untersuchungshaft behandelt (§ 126a Abs. 2 Satz 1). Ihrer Bestimmung nach gehört sie mit der vorläufigen Entziehung der Fahrerlaubnis und mit der „Untersuchungshaft" gegen wiederholungsverdächtige Sittlichkeitsverbrecher (s. u. 13a zu § 112) zusammen.

Die äußere Grundlage für die Untersuchungshaft ist der Haftbefehl (§ 114), doch kann die Vollstreckung eines zu erwartenden Haftbefehls in Eilfällen vorweggenommen werden (§ 127 Abs. 2). Der einstweiligen Unterbringung dient der Unterbringungsbefehl (§ 126a). Grundlage des Vollzugs ist in beiden Fällen ein schriftliches richterliches Aufnahmeersuchen (§ 15 UVollzO.). Der Haftbefehl und der Unterbringungsbefehl können nur durch eine andere richterliche Anordnung aufgehoben werden. Automatische Folgen der Verletzung von richterlichen Pflichten, etwa einer unterlassenen Vernehmung (§ 114b), einer übersehenen Entscheidung auf einen Antrag auf mündliche Verhandlung (§ 114d Abs. 1), eines unterbliebenen Haftprüfungsverfahrens (§ 115a), sieht das Gesetz nicht vor. Deshalb kommt der Benachrichtigung eines Außenstehenden von jeder Entscheidung über die Fortdauer der Haft oder der einstweiligen Unterbringung (§ 114b Abs. 1; § 126a Abs. 2 Satz 1) besondere Bedeutung zu.

Im Privatklageverfahren sind Untersuchungshaft und einstweilige Unterbringung ausgeschlossen (Hartung, 6 zu § 112; Hippel, S. 442; SchwKleinknecht, 2 zu § 112; Sangmeister NJW. **1964** 16; s. u. 5 zu § 387; Begr. E. 1919 S. 68; a. A. OLG. Köln Alsb. E. **1** 249; Lobe-Alsberg, Einl. 8). Für den Ausschluß spricht allerdings nicht (so EbSchmidt, 7 zu § 112) die Fassung von § 125 Abs. 1, wo auf die Erhebung der öffentlichen Klage abgestellt ist. Denn nach Eröffnung des Hauptverfahrens richtet sich das weitere Verfahren nach den Vorschriften, die für den Offizialprozeß gegeben sind (§ 384 Abs. 1). Sie umfassen die Untersuchungshaft (Lobe-Alsberg, a. a. O.) ebenso wie etwa die Beschlagnahme (s. o. I 2a aa zu § 94; EbSchmidt, Vorbem. 5 zum achten Abschnitt), bei der in § 98 Abs. 2 Satz 3 ebenso wie in § 125 Abs. 1 nur von öffentlicher und nicht auch von Privatklage die Rede ist. Wohl aber spricht § 387 Abs. 3 gegen die Zulässigkeit der Untersuchungshaft in Privatklagesachen. Er läßt beim Ausbleiben des im Privatklageverfahren Angeklagten nur die Vorführung, aber keinen Haftbefehl zu. Aus dem Gegensatz zu § 230 Abs. 2 kann auf die Unzulässigkeit der Untersuchungshaft im Privatklageverfahren schlechthin geschlossen werden (EbSchmidt, a. a. O.; a. A. — § 114 und § 230 StPO. sind ganz und gar unterschiedlich — Sangmeister, a. a. O.). Ausschlaggebend ist aber wohl die Erwägung — die auch das gesetzgeberische Motiv für § 387 Abs. 3 sein dürfte —, daß nach dem Grundsatze der Verhältnismäßigkeit der schwere Eingriff der Untersuchungshaft — anders als die Beschlagnahme — bei solchen Delikten ausgeschlossen ist, die zu verfolgen der Staat dem Privaten überläßt, weil kein öffentliches Interesse besteht, das von Amts wegen zu tun. Auch die einstweilige Unterbringung scheidet aus ähnlichen Erwägungen aus. Kommt Untersuchungshaft oder einstweilige Unterbringung in Betracht, was nach Art der Delikte ohnehin selten der Fall sein wird, dann liegt die Verfolgung im öffentlichen Interesse (§ 376).

Ergänzende Anordnungen zur Untersuchungshaft und zur einstweiligen Unterbringung treffen § 207 Abs. 4 und § 268b (Entscheidung über die Fortdauer der Untersuchungshaft oder der einstweiligen Unterbringung bei Zulassung der Anklage und bei Verurteilung).

Weitere Vorschriften über Haft enthalten § 230 Abs. 2, § 236 (sog. Ungehorsamshaft; s. dazu u. 1 zu §§ 112, 113), § 457 (Haftbefehl zur Erzwingung des Strafantritts); § 177 GVG.; § 164 StPO. (Sitzungspolizei), § 178 GVG. (Ordnungsstrafe), § 183 GVG. (vorläufige Festnahme in der Sitzung). Besonders, aber in Anlehnung an das Haftrecht der Strafprozeßordnung, ist die Haft in Auslieferungssachen geregelt in §§ 10 bis 23, 30 DAG., und diejenige für Gerichte der SBZ. in § 4 Abs. 3 RAHG.

8. Landesverfassungsrecht. Einige Landesverfassungen enthalten Bestimmungen, durch die Schutzvorschriften des Haftrechts verschärft oder Anordnungen getroffen werden, die der Strafprozeßordnung entgegenstehen. Zur ersten Gruppe gehören Art. 19 Abs. 2 LVerf. Hessen und Art. 5 Abs. 2 Satz 1 LVerf. Rheinland-Pfalz. Danach ist der Festgenommene binnen 24 Stunden dem Richter vorzuführen, und nicht spätestens am Tage nach der Ergreifung oder vorläufigen Festnahme (§ 115 Abs. 1, § 115a Abs. 1, § 128 Abs. 1). Hierzu rechnet weiter Art. 102 Abs. 2 Satz 1 LVerf. Bayern. Nach dieser Vorschrift ist der Festgenommene spätestens am Tage nach der Festnahme dem zuständigen Richter vorzuführen. Die Möglichkeit, ihn zum nächsten Amtsrichter zu bringen (§ 115a Abs. 1), entfällt (wenn man nicht die Worte zuständiger Richter als gesetzlicher Richter lesen will). Zur anderen Gruppe zählen Art. 5 Abs. 4 Satz 3 LVerf. Bremen, Art. 19 Abs. 2 Satz 1 LVerf. Hessen und Art. 5 Abs. 2 Satz 2 LVerf. Rheinland-Pfalz. Dort wird angeordnet, daß das Gericht in bestimmten Zwischenräumen — in Hessen und Rheinland-Pfalz monatlich, in Bremen alle zwei Monate — von Amts wegen nachprüfen müsse, ob die Fortdauer der Haft gerechtfertigt sei. Diese Bestimmungen stehen in Widerspruch zu § 117, der abgesehen von einer Ausnahme (§ 117 Abs. 5) keine periodische Haftprüfung von Amts wegen mehr kennt; der Gesetzgeber hat sie vielmehr ausdrücklich verworfen (vgl. § 117 in der Fassung des Entwurfs und der zweiten Lesung; BTDrucks. IV 2378, S. 10).

Alle diese Vorschriften haben ihren Platz in den Grundrechtsteilen der Landesverfassungen. Wenn sie Landesgrundrechte enthalten, ist ihre Gültigkeit nach Art. 142 GG. zu beurteilen. Ob sie Grundrechte sind oder (nur) Verfassungsbefehle, die an Grundrechte angeschlossen sind, und ob sie im letzten Fall Grundrechtsrang haben und daher wie Grundrechte zu behandeln sind, kann dahingestellt bleiben. Denn alle Vorschriften sind in bezug auf die Strafprozeßordnung außer Gültigkeit (Spitta, LVerf. Bremen, Anmerkung zu Art. 5 Abs. 3 bis 5, letzter Satz; Stein in Zinn-Stein, LVerf. Hessen, 1 zu Art. 19; OLG. Bremen MDR. **1965** 317; a. A. Süsterhenn-Schäfer, LVerf. Rheinland-Pfalz, 2 zu Art. 5; Dürig in Maunz-Dürig, GG., 42 zu Art. 104; Baumann, Festschr. für EbSchmidt, S. 534.

Nach Art. 31 GG. bricht Bundesrecht Landesrecht; d. h. zulässiges Bundesrecht beseitigt Landesrecht, das zum gleichen Gegenstand wie Bundesrecht ergangen ist (v. Mangoldt-Klein, BGG., 3c zu Art. 31), auf jeden Fall, wenn es ihm entgegensteht (Maunz bei Maunz-Dürig, GG., 6 zu Art. 31), und zwar auch dann, wenn das Landesrecht Landesverfassungsrecht ist (Maunz, 5 zu Art. 31). Als Ausnahme hiervon bleiben nach Art. 142 GG. Bestimmungen der Landesverfassungen auch insoweit in Kraft, als sie in Übereinstimmung mit den Art. 1 bis 18 (genauer: 17) des Grundgesetzes Grundrechte gewährleisten. Die Vorschrift hat einen doppelten Inhalt: einmal bleiben mit Bundesgrundrechten übereinstimmende Landesgrundrechte als Landesrecht erhalten, was Bedeutung für den Weg zu den Landesverfassungsgerichten hat (v. Mangoldt, BGG., 2 zu Art. 142; Kratzer, Festschr. für Laforet, S. 112). Zum anderen bleiben Landesgrundrechte in Kraft, die über die Bundesgrundrechte hinausgehen, was sich aus dem Wort „auch" ergibt. Diese Ausnahmen finden aber dann keine Anwendung, wenn der Bundesgesetzgeber durch Gesetz in das Grundrecht eingreifen kann (BVerfGE. **1** 280 = NJW. **1952** 866; BayObLGZ. **1956** 431; Holtkotten, 4a zu Art. 142; v. Mangoldt, GG., 2 zu Art. 142).

Das Verfahren nach Festnahme (Vorführung zum Richter in bestimmter Frist) und bei der Entscheidung über die Haft (alleinige Entscheidungsgewalt des Richters) ist in Art. 104 GG. geregelt. Art. 104 ergänzt Art. 2 Abs. 2 Satz 2 GG., so daß Art. 142 GG. auch für ihn gilt (BayObLGZ. **1956** 431). In das Grundrecht der persönlichen Freiheit darf aber nach Art. 2 Abs. 2 Satz 3 GG. auf Grund eines Gesetzes eingegriffen werden. Das ist durch die Strafprozeßordnung geschehen. Damit sind die angeführten Bestimmungen der Landesverfassungen aufgehoben. Der Aufhebungstermin interessiert hier nicht; er liegt wohl beim Inkrafttreten des Grundgesetzes (Art. 125 GG.), spätestens des Vereinheitlichungsgesetzes.

Die hier wiedergegebene Auffassung entspricht dem System der Art. 71 ff. GG. Die gegenteilige Ansicht würde der wohlausgewogenen Regelung im Neunten Abschnitt des Ersten Buches der Strafprozeßordnung eine sie störende Vielfalt entgegensetzen. Gegenüber der bundesgesetzlichen Regelung könnten allenfalls die verkürzten Vorführungsfristen als eine Verbesserung angesehen werden, freilich recht geringfügiger Natur. Bedenklich ist schon die sicher wohlwollend gemeinte Vorschrift in Art. 102 Abs. 2 Satz 1 LVerf. Bayern, wonach der Beschuldigte spätestens am Tage nach der Festnahme dem zuständigen Richter vorzuführen ist. Wird auf Grund eines in Passau ergangenen Haftbefehls ein Beschuldigter auf einer ostfriesischen Insel im Winter verhaftet, dann kann die Vorführungsfrist selbst unter Benutzung von Flugzeug und Auto nicht innegehalten werden; der Vorführende muß sie überschreiten. Um die Überschreitung gering zu halten, müßte die Vorführung zum nächsten Amtsrichter (§ 115a Abs. 1) unterbleiben, obwohl sie dem Beschuldigten vielleicht am ehesten helfen könnte. Geradezu im Widerspruch mit den Absichten des Strafprozeßänderungsgesetzes steht die periodische Haftprüfung (Art. 5 Abs. 4 Satz 3 LVerf. Bremen, Art. 19 Abs. 2 Satz 1 LVerf. Hessen und

Art. 5 Abs. 2 Satz 2 LVerf. Rheinland-Pfalz). In der Strafprozeßordnung ist sie abgeschafft, weil sie das Verfahren mehr aufgehalten als gefördert hat. Wollte man ein weitergehendes Grundrecht auf periodische Haftprüfung zulassen, würde es in den davon betroffenen Ländern neben der Haftprüfung der §§ 117 und 118 stehen und durch diese Häufung die Verfahren schwer beeinträchtigen. Es ist daher allein sinnvoll, daß Art. 142 GG. weicht und Art. 31 GG. herrscht, wo durch Bundesgesetz der Eingriff in das Grundrecht möglich und vorgenommen ist.

9. Menschenrechtskonvention. Die Konvention hat für das Haftrecht allgemeine Bedeutung, namentlich aber wegen der in Art. 5 Abs. 3 Satz 2 und 3 aufgestellten Pflicht, den Verhafteten, wenn auch ggf. gegen Sicherheitsleistung, zu entlassen, falls er nicht innerhalb angemessener Frist abgeurteilt werden kann. Wegen dieser Bedeutung ist es notwendig, auf die Stellung der Konvention in der deutschen Gesetzgebung einzugehen.

Die Konvention ist durch Art. II des Gesetzes vom 7. 8. 1952 — BGBl. II 685, 953 — mit Gesetzeskraft veröffentlicht worden. Sie ist am 3. 9. 1953 in Kraft getreten (Guradze, S. 171; Carstens, S. 197). In ihrem ersten Abschnitt werden allen der Jurisdiktion der vertragschließenden Staaten unterstehenden Personen Rechte und Freiheiten zugesichert. Werden sie verletzt, kann der Verletzte nach Art. 13 MenschRKonv. bei einer nationalen Instanz Beschwerde einlegen und sich nach Art. 25 MenschRKonv. mit einem Gesuch an die Europäische Kommission für Menschenrechte wenden. Namentlich aus diesen Bestimmungen ist gefolgert worden, daß die Konvention unmittelbar verbindliches innerstaatliches Recht sei (BTVerhdlgen., 1. Wahlp., 9537 C; Hodler, S. 64; Guradze, S. 171; Golsong, S. 9; Echterhölter JZ. **1955** 689· Dürig bei Maunz-Dürig, GG., 59 zu Art. 1 Abs. 2; Münch, S. 154; Woesner, S. 1383; BVerfGE. **6** 440 = NJW. **1957** 868; BGHZ. **25** 61 = NJW. **1957** 1480; BayVGH. DVBl. **1957** 57; OVG. Münster NJW. **1956** 1375; OLG. Bremen NJW. **1960** 1265; OLG. Saarbrücken NJW. **1961** 377). Der Ansicht ist indessen nur im Grundsatz zuzustimmen.

Gem. Art. 60 MenschRKonv. werden durch die Konvention keine in der nationalen Gesetzgebung begründeten Menschenrechte oder grundsätzlichen Freiheiten beschränkt. Daraus folgt, daß nicht schlechthin auf den Wortlaut der Konvention abgestellt werden kann, sondern zunächst ein Vergleich mit dem nationalen Recht anzustellen ist. Dieser Vergleich führt aber nicht nur dann zur Anwendung des nationalen Rechts, wenn dies dem Verhafteten günstiger ist. Vielmehr ist die Geltung nationalen Rechts auch anzunehmen, wenn unbestimmte Begriffe der Konvention im nationalen Recht präzisiert und allgemeine modifiziert enthalten sind. So widerstreitet die vorläufige Unterbringung eines Zurechnungsunfähigen (§ 126a) nicht etwa deshalb der Konvention, weil er weder eine strafbare Handlung begangen hat (Art. 5 Abs. 1 Buchst. c) noch im Einzelfall ein Geisteskranker (Buchst. e) ist. Denn es ist davon auszugehen, daß die Mitgliedstaaten grundsätzlich ihr Recht als mit der Konvention vereinbar ansehen (von Weber ZStW. **65** 346; a. A. Echterhölter JZ. **1956** 142). Demzufolge wollen sie in erster Linie, daß die in der Konvention zugesicherten Rechte in der Form gelten, wie sie im nationalen Recht ausgestaltet sind (vgl. Art. 57). Alsdann kommt dem Grundsatz, daß die Konvention unmittelbar gilt, nur dann Bedeutung zu, wenn sie ein Recht gewährt, das eine der Konvention zeitlich vorangehende nationale Gesetzgebung entweder gar nicht oder nur in so mangelhafter Ausbildung kennt, daß es nicht als dessen Ausgestaltung angesehen werden kann (einschränkender Jescheck, S. 784, und Henrichs MDR. **1955** 140, die jeden Eingriff in das innerstaatliche Recht leugnen).

Für das Recht der Untersuchungshaft kommt eine selbständige Bedeutung der Konvention allenfalls noch für die Entschädigung eines Freigesprochenen für erlittene Untersuchungshaft in Betracht (Echterhölter JZ. **1956** 145; Spiecker, S. 101), doch ist diese Frage hier nicht zu behandeln. Die Bestimmung des Art. 5 Abs. 3 Satz 2 MenschRKonv., wonach jeder Gefangene Anspruch hat, entweder innerhalb angemessener Frist abgeurteilt oder aber — ggf. gegen Sicherheit — aus der Untersuchungshaft entlassen zu werden, ist im deutschen Recht nicht mehr unmittelbar anzuwenden. Denn dieser Haftaufhebungsgrund hat durch §§ 121, 122, namentlich durch § 121 Abs. 1, seine nationale Ausgestaltung erfahren. Diese gilt für die Beteiligten, die Gerichte und die nationalen Beschwerdeinstanzen. Zwar kann der Beschuldigte die Europäische Kommission für Menschenrechte unmittelbar angehen (Art. 25; Bekanntmachung vom 4. 11. 1955 — BGBl. II 914 — und vom 20. 9. 1961 — BGBl. II 1626) mit der Behauptung, die Frist von sechs Monaten (§ 121 Abs. 1) könne schlechthin nicht mehr als angemessen angesehen werden oder die Einschränkungen des Absatzes 1, letzter Halbsatz, seien mit Art. 5 Abs. 3 Satz 2 und 3

MenschRKonv. nicht vereinbar. Aber wenn der Ministerausschuß (Art. 32) oder der Gerichtshof (Art. 48, 50, 56; Bekanntmachung vom 29. 6. 1959 — BGBl. II 786 — und vom 20. 9. 1961 — BGBl. II 1627 —) auf Antrag der Kommission feststellt, daß das deutsche Recht von der Konvention abweicht, dann ist es Sache des Gesetzgebers, entweder eine Änderung der Konvention herbeizuführen oder eine der Strafprozeßordnung zu beschließen (BTVerhdlgen. I 9537 D). Solange das nicht geschehen ist, geht die der Konvention zeitlich nachfolgende gesetzliche Regelung, die die Entlassung nach Ablauf angemessener Frist durch §§ 121, 122 erfahren hat, als späteres Gesetz (Herzog, S. 44) dem Art. 5 Abs. 3 Satz 2 MenschRKonv. vor. Deutsche Gerichte könnten die Frage, ob die §§ 121, 122 nicht mehr als nationale Ausgestaltung des Art. 5 angesehen werden könnten, nur dann prüfen, wenn diese Konventionsbestimmung Verfassungsrang hätte. Das ist indessen zu verneinen.

Die Bestimmungen der Konvention können wegen ihrer beschränkten Geltung nicht als den Gesetzen vorgehende Regeln des allgemeinen Völkerrechts (Art. 25 GG.) angesehen werden (Hodler, S. 66; von Weber MDR. **1955** 386; Echterhölter JZ **1955** 690; Herzog, S. 45; Münch, S. 154; Dürig bei Maunz-Dürig, GG., 57 zu Art. 1 Abs. 2; Guradze, S. 174, erkennt zwar die Grundbestimmungen der Konvention als allgemeines Völkerrecht an, spricht diese Eigenschaft aber dem ganzen Art. 5 mit Ausnahme des ersten Satzes ab). Sie sind auch keine Positivierungen der Menschenrechte des Art. 1 Abs. 2 GG. (Herzog, S. 45; Geck DVBl. **1957** 41; a. A. Echterhölter JZ. **1955** 691; **1956** 142). Endlich liegt auch keine Übertragung gesetzgebender Gewalt nach Art. 24 Abs. 1 GG. vor (Herzog, S. 47). Gegen eine entsprechende Anwendung von Art. 25 und Art. 1 Abs. 3 GG. (Guradze, S. 177) sprechen die Erwägungen, die oben dazu geführt haben, schon die allgemeine unmittelbare Geltung der Konvention nur dem Grundsatze nach zu bejahen.

§ 112

(1) Die Untersuchungshaft darf gegen den Beschuldigten angeordnet werden, wenn er der Tat dringend verdächtig ist und ein Haftgrund (Absätze 2 und 3) besteht. Sie darf nicht angeordnet werden, wenn sie zu der Bedeutung der Sache und der zu erwartenden Strafe oder Maßregel der Sicherung und Besserung außer Verhältnis steht.

(2) Ein Haftgrund besteht, wenn auf Grund bestimmter Tatsachen

1. festgestellt wird, daß der Beschuldigte flüchtig ist oder sich verborgen hält,

2. bei Würdigung der Umstände des Einzelfalles, namentlich der Verhältnisse des Beschuldigten und der Umstände, die einer Flucht entgegenstehen, die Gefahr besteht, daß der Beschuldigte sich dem Strafverfahren entziehen werde (Fluchtgefahr), oder

3. die Absicht des Beschuldigten erkennbar ist,

a) Beweismittel zu vernichten, zu verändern, beiseitezuschaffen, zu unterdrücken oder zu fälschen,

b) auf Mitbeschuldigte, Zeugen oder Sachverständige in unlauterer Weise einzuwirken oder

c) andere zu solchem Verhalten zu veranlassen, und wenn deshalb die Gefahr droht, daß er die Ermittlung der Wahrheit erschweren werde (Verdunkelungsgefahr).

(3) Gegen den Beschuldigten, der eines Verbrechens wider die Sittlichkeit nach § 178 Abs. 1, nach den §§ 174, 175a, 176 oder nach § 177 des Strafgesetzbuches dringend verdächtig ist, besteht ein Haftgrund auch dann, wenn bestimmte Tatsachen die Gefahr begründen, daß der Beschuldigte vor rechtskräftiger Aburteilung ein weiteres Verbrechen der bezeichneten Art begehen werde, und die Haft zur Abwendung der drohenden Gefahr erforderlich ist.

(4) Gegen den Beschuldigten, der eines Verbrechens wider das Leben nach den §§ 211, 212 oder § 220a Abs. 1 Nr. 1 des Strafgesetzbuches dringend verdächtig ist, darf die Untersuchungshaft auch angeordnet werden, wenn ein Haftgrund nach Absatz 2 und 3 nicht besteht.

Entstehungsgeschichte: I. Entw. §§ 98, 99. II. Entw. § 99. III. Entw. § 101.

Änderungsvorschläge: N. E. I, II, § 110. N. E. II, III, § 130. Entw. EGStGB. Art. 70 Nr. 64, §§ 112 bis 112b.

Spätere Änderungen: Die Vorschrift lautete ursprünglich: „Der Angeschuldigte darf nur dann in Untersuchungshaft genommen werden, wenn dringende Verdachtsgründe gegen ihn vorhanden sind und entweder er der Flucht verdächtig ist oder Tatsachen vorliegen, aus denen zu schließen ist, daß er Spuren der Tat vernichten oder daß er Zeugen oder Mitbeschuldigte zu einer falschen Aussage oder Zeugen dazu verleiten werde, sich der Zeugnispflicht zu entziehen." Fluchtverdacht und Verdunkelungsgefahr waren zu begründen, doch war eine Erleichterung der Begründung des Fluchtverdachts für gewisse Fälle (Verbrechen, Ausländer, Landstreicher) eingeräumt. Das führte bei Verbrechen leicht zu einer zu großzügigen Verhaftung. Denn bei vielen Verbrechen wird trotz der Zuchthausandrohung regelmäßig auf nicht zu lange Gefängnisstrafen erkannt, die nicht ernstlich zur Flucht anreizen.

Durch Art. 5 des Gesetzes zur Änderung von Vorschriften des Strafverfahrens und des Gerichtsverfassungsgesetzes vom 28. 6. 1935 (RGBl. I 844) wurde nach dem oben angeführten Text eingefügt: „oder daß er die Freiheit zu neuen strafbaren Handlungen mißbrauchen werde oder wenn es mit Rücksicht auf die Schwere der Tat und die durch sie hervorgerufene Erregung der Öffentlichkeit nicht erträglich wäre, den Angeschuldigten in Freiheit zu lassen". Mit dem ersten Haftgrund wurde „zur Sicherung vor Verbrechen" der Haftgrund des § 96 Nr. 4 MStGO. in die Strafprozeßordnung übernommen; der zweite sollte dem Rechtsbewußtsein des Volkes Genüge tun, welches bei schweren Taten erwarte, daß der Täter sofort in Haft genommen werde (Lehmann, DJust. **1935** 1005; Amtl. Begrdg., abgedruckt im Ergänzungsband zur 19. Auflage, S. 25). Der letztere Haftgrund wurde 1946 beseitigt, der erste zunächst beibehalten, aber durch Art. 3 Nr. 44 VereinhG. gestrichen, weil er „mit rechtsstaatlichem Denken nicht vereinbar" erschien (Begrdg., BTDrucks. I 530, Anl. 19, S. 37). Zugleich umschrieb das Gesetz im Hinblick auf Art. 2 Abs. 2 und Art. 104 GG. die Voraussetzungen der Untersuchungshaft schärfer. Für den Fluchtverdacht wurde etwa die jetzige Fassung erzielt, doch hieß der letzte Halbsatz: „die Befürchtung begründet ist, daß sich der Angeschuldigte dem Strafverfahren entziehen werde". Verdunkelungsgefahr war gegeben, wenn bestimmte Tatsachen vorlagen, welche die Gefahr begründeten, daß der Angeschuldigte durch Vernichtung von Spuren der Tat oder von anderen Beweismitteln oder durch Beeinflussung von Zeugen oder Mitschuldigen die Ermittlung der Wahrheit erschweren werde.

Die gegenwärtige Fassung beruht auf Art. 1 Nr. 1 StPÄG. Sie ist gegenüber dem Regierungsentwurf (BTDrucks. IV 178) noch eindeutiger. Die Wendung, daß „auf Grund bestimmter Tatsachen" eine bestimmte „Gefahr" bestehe, war dort nur für die Definition der Verdunkelungsgefahr gebraucht. Ihre Verwendung auch für die Fluchtgefahr hat erst der Rechtsausschuß herbeigeführt (BTDrucks. IV 1020), von dem auch das Moment der Absicht des Beschuldigten bei der Verdunkelungsgefahr stammt.

Die Änderungsvorschläge des Regierungsentwurfs bezweckten, daß bei beiden Haftgründen auf die objektive Gefahr abgestellt werden soll. Deshalb wurde der Begriff „Befürchtung" ausgeschieden, weil er subjektive Bestandteile enthielt, auf die es nicht entscheidend ankommen sollte (Begrdg., BTDrucks. IV 178, S. 21). Indem der Bundestag die Haftvoraussetzungen noch schärfer gefaßt hat, bringt er seine Absicht zum Ausdruck, die Untersuchungshaft so weit einzuschränken, daß sie nur im äußersten Notfall angewendet wird. Man wird einräumen müssen, daß eine zuweilen zu laxe Haftpraxis zu der fortschreitenden Differenzierung der Haftvoraussetzungen geführt hat; aber es muß deutlich gesagt werden, daß mit den äußerst differenzierten Bestimmungen — zu denen noch die des stets zu prüfenden § 116 hinzuzunehmen sind — die Grenze dessen erreicht ist, was ein Haftrichter in der ihm zur Verfügung stehenden Zeit an Subsumtionsarbeit bewältigen kann.

Die Einschränkung der Untersuchungshaft gibt der Gesetzgeber durch die vom Rechtsausschuß eingefügten Absätze 3 (Wiederholungsgefahr bei Sittlichkeitsverbrechern) und 4 (Verbrechen wider das Leben) zum Teil wieder auf, um anderen für wichtig erachteten Grundsätzen Genüge zu tun.

Schrifttum: Dahs, Die Untersuchungshaft wegen „erkennbarer" Absicht der Verdunkelung, NJW. **1965** 889; Dünnebier, Untersuchungshaft bei Verbrechen wider das Leben, NJW. **1966** 231; Franzheim, Der Nachweis der Verdunklungsabsicht nach § 112 StPO., GA. **1966** 47; Habenicht, Haftgrund der Verdunklungsgefahr und Kleine Strafprozeßreform, JR. **1963** 401; Englische Haftpraxis und Haftgrund der Verdunklungsgefahr, JR. **1964** 401; Hanack, Rechtliches Gehör, Vollstreckbarkeit und Verhaftung beim Widerruf der Strafaussetzung zur Bewährung, JZ. **1966** 43; Hartung, Krankheit und Untersuchungshaft, JR. **1925** 928; Kanka, Untersuchungshaft bei Mord, Totschlag und Völkermord, NJW. **1966** 428; Löwenstein, Die Haftunfähigkeit, JW. **1925** 1458; Schmidt-Leichner, Untersuchungshaft und Grundgesetz, NJW. **1966** 425.

Übersicht

1. Abschließende Regelung. Die sachlichen Voraussetzungen der Untersuchungshaft sind in §§ 112, 113 abschließend aufgeführt. Flucht (Absatz 2 Nr. 1), Fluchtgefahr (Absatz 2 Nr. 2), Verdunkelungsgefahr (Absatz 2 Nr. 3) und Wiederholungsgefahr bei Sittlichkeitsverbrechern (Absatz 3) werden als Haftgründe bezeichnet. Im Gegensatz dazu steht der Fall des Absatzes 4 (Verbrechen wider das Leben; s. u. 5 zu § 114), bei dem ausdrücklich das Wort Haftgrund vermieden wird. Das hat Bedeutung für den Inhalt des Haftbefehls (§ 114 Abs. 2 Nr. 3), ist aber ohne Auswirkung auf den Inhalt der Vernehmung (§ 115 Abs. 3 Satz 2). Dringender Tatverdacht und Haftgrund ergeben zusammen die sachlichen „Voraussetzungen der Untersuchungshaft" (§ 120 Abs. 1 Satz 1); diese rechtfertigen die Haft aber nur, wenn sie nicht außer Verhältnis zu der Bedeutung der Sache und der zu erwartenden Strafe oder Maßregel der Sicherung und Besserung steht (§ 112 Abs. 1 Satz 2; § 120 Abs. 1 Satz 1). Formelle Haftvoraussetzung ist ein schriftlicher Haftbefehl des Richters (§ 114).

Die sachlichen Voraussetzungen der Untersuchungshaft gelten auch für die vorläufige Festnahme nach § 127 Abs. 2. Die vorläufige Festnahme nach § 127 Abs. 1 ist dagegen auch bei weniger strengen Voraussetzungen zulässig. Für die Ungehorsamshaft (§ 230 Abs. 2, § 236) gilt nur der Grundsatz der Verhältnismäßigkeit, wenn er auch nicht oft Anwendung finden wird; sonst ist sie von den eingangs aufgeführten Voraussetzungen ganz unabhängig; sie hat ihre Grundlage in dem Ungehorsam des Angeklagten gegenüber einer Ladung (§ 230 Abs. 2) oder Anordnung (§ 236) und in der Aufklärungspflicht des Gerichts. Die Haftgründe spielen bei ihr keine Rolle. Ebenso wird nicht dringender Tatverdacht gefordert, vielmehr genügt der in der Eröffnung des Haupverfahrens zum Ausdruck kommende hinreichende Verdacht (§ 203). Finden daher § 112 Abs. 1 Satz 1, Abs. 2, 3 und 4 wie auch die Einschränkungen des § 113 keine Anwendung, so gelten doch die §§ 114, 114a, 114b, 115, 115a, 116 bis 124 und 131 auch für sie.

2. Rechtskraft des Strafausspruchs. Die Untersuchungshaft kann bis zur Rechtskraft des Urteils angeordnet werden (s. u. 3). Daher ist die Untersuchungshaft nicht ausgeschlossen, wenn lediglich der Strafausspruch rechtskräftig geworden ist, das Verfahren aber wegen der Anordnung einer Maßregel der Sicherung und Besserung noch anhängig bleibt. Als Maßregeln kommen dabei in erster Linie die freiheitsentziehenden der Unterbringung in einer Heil- oder Pflegeanstalt (§ 42b StGB., jedoch nur gegen den vermindert zurechnungsfähigen Täter; § 126a Abs. 1), in einer Trinkerheilanstalt oder Entziehungsanstalt (§ 42c StGB.) oder in einem Arbeitshaus (§ 42d StGB.) sowie die Sicherungsverwahrung (§ 42e StGB.) in Betracht. Bei dieser wird die Frage kaum von Bedeutung sein; sie wird in der Regel nur beim Arbeitshaus Beachtung fordern. Sind nach Rechtskraft des Schuldspruchs lediglich nicht freiheitsentziehende Maßregeln — Untersagung der Berufsausübung (§ 421 StGB.) und Entziehung der Fahrerlaubnis (§ 42m StGB.) — oder nur eine Geldstrafe zu erwarten, dann ist die Untersuchungshaft zwar rechtlich nicht ausgeschlossen, wohl aber wegen des Grundsatzes der Verhältnismäßigkeit meist nicht zulässig (s. u. 15). Ist das Verfahren noch anhängig, weil über den Maßregelausspruch noch nicht rechtskräftig entschieden worden ist, dann steht auch der Umstand, daß die Strafe durch Anrechnung der Untersuchungshaft nicht nur rechtskräftig, sondern sogar schon vollstreckt ist, der Anordnung oder Fortdauer der Untersuchungshaft nicht entgegen. Denn das durch die Untersuchungshaft gesicherte Verfahren ist erst beendet, wenn es auch in bezug auf zu erwartende Maßregeln rechtskräftig abgeschlossen ist (OLG. Karlsruhe NJW. **1957** 312; OLG. Koblenz NJW. **1957** 313; OLG. Hamm NJW. **1957** 1812; OLG. München NJW. **1958** 431; OLG. Nürnberg MDR. **1958** 363; OLG. Frankfurt NJW. **1958** 1009; OLG. Bremen NJW. **1960** 2260; Händel MDR. **1956** 209; SchwKleinknecht, 1 zu § 112; a. A. OLG. Köln MDR. **1956** 629; EbSchmidt, 7 zu § 123 und MDR. **1956** 630; Schwarz, 22. Aufl., 2 Bb zu § 112).

3. Rechtskraft des Urteils. Die Untersuchungshaft kann gegen den Beschuldigten angeordnet werden, d. h. also (§ 157) gegen den Beschuldigten im Ermittlungsverfahren, gegen den Angeschuldigten nach Erhebung der öffentlichen Klage, gegen den Angeklagten nach Eröffnung des Hauptverfahrens und auch noch nach Erlaß eines Urteils (Schneidewin NJW. **1954** 298; a. A. — kein Haftbefehl nach Erlaß eines Urteils — Wolf NJW. **1954** 60); Beschuldigter ist danach auch der Angeschuldigte und der Angeklagte bis zur rechtskräftigen Verurteilung (OLG. Hamm NJW. **1954** 403). Mit der Rechtskraft enden die Untersuchung und daher grundsätzlich sowohl die Untersuchungshaft (Ausnahme s. u. II 10 Abs. 3 zu § 120) als auch die Befugnis des Gerichts, Entscheidungen über die Untersuchungshaft zu erlassen (Ausnahmen s. u. 6 zu § 126). Ein Haftbefehl kann zwar in zwei Ausnahmefällen auch nach Rechtskraft des Urteils erlassen werden (s. u. 4), aber niemals nach Abschluß der Untersuchung.

Die Möglichkeit einer Untersuchungshaft nach Rechtskraft kann nicht (so Sax bei Bettermann-Scheuner-Nipperdey, Grundrechte, III 2, 977) aus § 450 Abs. 1 hergeleitet werden. Dort ist die Anrechnung der Untersuchungshaft geregelt, die der Angeklagte erlitten hat, nachdem er darauf verzichtet hat, ein Rechtsmittel einzulegen oder nachdem er ein eingelegtes Rechtsmittel zurückgenommen hat. Daß das Urteil damit rechtskräftig würde, ist — mag es auch praktisch meist so sein — von Rechts wegen nicht der Fall. Man kann also nicht sagen, daß der Gesetzgeber in jener Bestimmung Haft nach Rechtskraft als Untersuchungshaft bezeichne.

Auch der Schluß, nach Rechtskraft müsse ein Haftbefehl deshalb erlassen werden können, weil sonst die Sicherung der Strafvollstreckung nicht erreicht werden könne (Pohlmann, 3b zu § 38 StVollstrO.), trifft nicht zu. Strafurteile sind vollstreckbar, sobald sie rechtskräftig geworden sind (§ 449). Die Anordnung, daß die Strafvollstreckung auf Grund einer mit der Bescheinigung der Vollstreckbarkeit versehenen beglaubigten Abschrift der Urteilsformel zu betreiben sei (§ 451 Abs. 1), ist eine technische Vorschrift. Essentiale ist allein das rechtskräftige Urteil (§ 449); die Rechtskraftbescheinigung ist nur eine — für den normalen Geschäftsablauf durchaus gebotene — Sicherung. Deshalb kann der Staatsanwalt, wenn die schriftliche Urteilsformel (§ 268 Abs. 2 Satz 1) verlesen ist, Haftbefehl erlassen, wenn der Verurteilte der Flucht verdächtig ist (§ 457), sofern dieser und der Staatsanwalt im Anschluß ans Urteil auf Rechtsmittel verzichtet haben. Daß dieser Haftbefehl schriftlich sein müßte, ist — wenn das auch der Regelfall sein wird — nicht vorgeschrieben. Der Staatsanwalt kann also ggf. auch mündlich Haftbefehl erlassen, wenn der Verurteilte fliehen will. Im übrigen ist es, wenn Gefahr im Verzuge ist, Minutensache, die Rechtskraftbescheinigung zu erteilen. Auch für sie genügt es, daß die Urteilsformel verlesen ist (§ 268 Abs. 2); das Protokoll braucht weder unterschrieben, noch auch nur abgesetzt zu sein.

4. Haftbefehle nach Rechtskraft des Urteils sind gleichwohl in zwei Fällen möglich; in beiden läuft jedoch nach der Rechtskraft eine neue Untersuchung; sie rechtfertigt die Untersuchungshaft.

Der erste Fall ist die Untersuchungshaft im Wiederaufnahmeverfahren. Hierzu ist gelegentlich die Auffassung vertreten worden, sie sei erst zulässig, wenn die Wiederaufnahme des Verfahrens angeordnet (§ 370) und dadurch das erste Urteil beseitigt sei (Lobe-Alsberg, III 2 zu § 123). Aus § 120 Abs. 1 ist das jedoch nicht herzuleiten; dessen Schranke gegen einen neuen Haftbefehl wird vielmehr gerade durch neue Tatsachen und Beweismittel beseitigt (s. u. II 9 zu § 120).

Diese sind stets Voraussetzung der Wiederaufnahme zu ungunsten des Angeklagten. Bei der Wiederaufnahme zugunsten des Verurteilten (§ 359) sind sie allerdings nicht denkbar, weil sie dort nicht, um den Schuldspruch zu stützen, sondern um ihn zu beseitigen, vorgebracht werden, doch kommt, wenn das Verfahren zugunsten des Verurteilten wieder aufgenommen werden soll, auch keine Untersuchungshaft in Betracht. Auch sonst sind keine Gründe gegen eine Untersuchungshaft für das Beweisverfahren ersichtlich, das dem Beschluß aus § 370 voraufgeht. Sie ist vielmehr gegen den Angeklagten, zu dessen Ungunsten die Wiederaufnahme betrieben wird, statthaft, sobald der Antrag für zulässig befunden worden ist (s. u. 6 zu § 369). Wenn das Gericht die Wiederaufnahme des Verfahrens angeordnet hat (§ 370 Abs. 2), wird das Verfahren wieder anhängig. Für die Untersuchungshaft, die dann — theoretisch — auch gegenüber dem Verurteilten zulässig ist, zu dessen Gunsten die Wiederaufnahme betrieben wird, gelten nunmehr die allgemeinen Vorschriften.

Der andere Fall eines Haftbefehls nach Rechtskraft des Urteils ist die Sicherungshaft gegen einen Jugendlichen, der zu Jugendstrafe unter Aussetzung zur Bewährung verurteilt worden ist, wenn in Betracht kommt, die Aussetzung zu widerrufen. Hier kann der Richter, um sich der Person des Jugendlichen während der Vorbereitung seiner Entscheidung zu versichern, vorläufige Maßnahmen treffen, notfalls einen Haftbefehl (über dessen Inhalt s. u. 1 Abs. 4 zu § 114) erlassen (§ 61 Abs. 1 JGG.). Der Haftbefehl nach § 61 Abs. 1 JGG. ist gegenüber dem Untersuchungshaftbefehl der Strafprozeßordnung eine Anomalie. Er wird oft eher zu dem Vollstreckungshaftbefehl des § 457 in Parallele gesetzt (OLG. Düsseldorf NJW. **1964** 69; OLG. Hamburg NJW. **1964** 605). Doch ist das fraglich, weil im letzten Falle eine vollstreckbare Entscheidung vorliegt, im ersten keine. Immerhin läßt sich die gesetzgeberische Entscheidung mit der Erwägung rechtfertigen, daß die Untersuchung wieder aufgenommen wird mit dem (wahrscheinlichen) Erfolg, eine nicht ausgesetzte Strafe herbeizuführen. Einer ausdehnenden Auslegung auf das Erwachsenenstrafrecht ist die Ausnahmebestimmung nicht zugänglich.

Noch weniger darf die Untersuchungshaft angeordnet werden, wenn nach Verurteilung mit Strafaussetzung zur Bewährung die Strafaussetzung widerrufen worden ist (OLG. Karlsruhe NJW. **1964** 1085). Dazu besteht auch kein Anlaß, weil das Urteil nunmehr vollstreckt und daher ein Haftbefehl nach § 457 erlassen werden kann. Die Ansicht des OLG. Karlsruhe (der Pohlmann Rpfleger **1964** 147 und Theuerkauf MDR. **1965** 179 zustimmen), daß vor der Vollstreckung des Urteils der Widerrufsbeschluß rechtskräftig geworden sein müsse, trifft nicht zu.

Grundlage der Vollstreckung ist das Urteil in Verbindung mit dem Beschluß, der die im Urteil angeordnete Strafaussetzung zur Bewährung widerruft. Daß Beschlüsse vor ihrer Vollstreckung rechtskräftig sein müßten, sagt die Strafprozeßordnung nicht; das Gegenteil ist aus § 449 zu entnehmen, der das nur für Urteile vorschreibt. In der Tat werden täglich Haftbefehle und Beschlagnahmeanordnungen vollstreckt, die gar nicht in Rechtskraft erwachsen können. Wenn zudem eine vollzugsfähige Entscheidung nach § 307 Abs. 1 vor der Rechtskraft vollstreckt werden kann, fehlt es an jeder Begründung, warum bei einer nicht vollzugsfähigen die Wirkung, daß die Nichtvollstreckbarkeit des von ihr betroffenen rechtskräftigen Urteils beseitigt werde, die Rechtskraft des Widerrufsbeschlusses voraussetzen sollte. Das Oberlandesgericht vermengt Rechtskraft und Vollstreckbarkeit. Die Rechtskraft schützt den Beteiligten vor einer anderen Beurteilung des gleichen Sachverhalts durch einen anderen Richter. Daß § 449 sie zur Voraussetzung der Urteilsvollstreckung macht, ist ein aus dem Wesen der Rechtskraft nicht abzuleitender positiver Gesetzesbefehl, der z. B. im Gesetz über Ordnungswidrigkeiten in bezug auf die Rechtsbeschwerde nicht wiederholt worden ist (§ 57 Abs. 2 OWG.). Angesichts dieser Rechtslage könnte allenfalls die Frage aufgeworfen werden, ob zwar nicht § 449 selbst, wohl aber sein Grundgedanke es verbietet, ein Urteil, in dem eine Freiheitsstrafe zur Bewährung ausgesetzt ist, zu vollstrecken, bevor der Widerrufsbeschluß rechtskräftig geworden ist. Das ist aber nicht anzuerkennen (Kaiser NJW. **1964** 1947). Der Strafausspruch ist rechtskräftig, nur seine Vollstreckung ist ausgesetzt. Die Aussetzung ist mit dem Vorbehalt versehen, daß sie durch Beschluß beseitigt werden kann. Hätte der Gesetzgeber bei dieser Regelung ausnahmsweise die Rechtskraft des Widerrufsbeschlusses zur Voraussetzung der Vollstreckung des rechtskräftigen Urteils machen wollen, dann hätte er die Anordnung des § 449 in § 453 Abs. 3 wiederholen müssen.

Hanack vergleicht Urteile, bei denen die Strafe zur Bewährung ausgesetzt ist, mit solchen, die nur teilweise in Rechtskraft erwachsen sind, und will dann, wie bei diesen auch bei jenen die Untersuchungshaft zulassen (JZ. **1966** 52). Seine Auffassung beruht auf der Voraussetzung, daß die Strafaussetzung nicht bloß ein Vollstreckungshindernis sei, sondern eine rechtskräftige

Modifizierung des Strafausspruchs. So sehr nach dem Inhalte des Instituts einer solchen Betrachtung zuzustimmen ist (meine Auffassung, die ausgesetzte Strafe sei eine Mischsanktion — ZStW. 72, 33 — geht noch weiter), so wenig läßt sich übersehen, daß die äußere Ausgestaltung der Aussetzung mit der „auflösenden Bedingung guter Führung" (BTDrucks. I 3713, S. 30) nur ein Vollstreckungshindernis abgibt. Daher geht auch die Rechtsprechung dahin, daß die Strafaussetzungsentscheidung nur die Vollstreckung, nicht aber die Strafe betreffe (BGH. JZ. **1956** 101). Für die Praxis scheint das ganz selbstverständlich zu sein (Ostendorff, SchlHA. **1966** 28: Modifikation der Gefängnisstrafe hinsichtlich ihrer Vollstreckung).

5. Dringender Tatverdacht. Erste Voraussetzung eines Haftbefehls ist, daß der Beschuldigte einer Straftat dringend verdächtig ist. Der Verdacht muß sich darauf erstrecken, daß der Beschuldigte eine strafbare Handlung als Täter, Mittäter oder mittelbarer Täter begangen oder daß er den Täter zu der von diesem vorsätzlich (BGHSt. **9** 370) begangenen Tat angestiftet oder ihm dazu Beihilfe geleistet hat. Der Verdacht besteht nicht, wenn Gründe vorliegen, welche die Tat rechtfertigen oder entschuldigen.

Der dringende Tatverdacht steht begrifflich im Gegensatz zu dem Verdacht einer strafbaren Handlung (§ 160 Abs. 1) und dem genügenden Anlaß, die öffentliche Klage zu erheben (§ 170 Abs. 1); der letzte fällt mit dem Begriff des hinreichenden Verdachts (§ 203) zusammen (Lüttger GA. **1957** 195). Verdacht (§ 160 Abs. 1) liegt vor, wenn zureichende tatsächliche Anhaltspunkte gegeben sind, gegen den Beschuldigten einzuschreiten (§ 152 Abs. 2), hinreichender Verdacht, wenn die Wahrscheinlichkeit besteht, daß die demnächst vom Gericht festgestellten Tatsachen bei Annahme der Strafbarkeit der Handlung die Verurteilung erwarten lassen. Der Begriff des dringenden Tatverdachts bringt einen stärkeren Verdachtsgrad zum Ausdruck, verlangt daher eine erhebliche Wahrscheinlichkeit der Täterschaft (EbSchmidt, 10 zu § 112; Peters, § 47 II 2a; Henkel, § 75 II 1a; Rosenberg, S. 348; Alsberg, S. 1434), anders ausgedrückt, einen hohen Grad von Wahrscheinlichkeit (Kern, § 31 III 1), große Wahrscheinlichkeit (SchwKleinknecht, 2 zu § 112) oder höhere Wahrscheinlichkeit der Täterschaft und der Schuld (Müller-Sax, 2b zu § 112. Strenger: Feisenberger, 3 zu § 112: an Sicherheit grenzende Wahrscheinlichkeit der Täterschaft; Beling, § 102 II 1b Anm. 4: nahe an Gewißheit heranreichender Verdacht). Der Verdacht bezieht sich nur auf die Tatfrage (vgl. § 152 Abs. 2); für die Rechtsfrage gibt es keine Wahrscheinlichkeit (Lüttger GA. **1957** 211; Stratenwerth JZ. **1957** 301). Daher kann der Richter bei zweifelhafter Rechtslage die Auslegung nicht mit der Begründung offen lassen, wenn es auch zweifelhaft sei, ob eine (nach den Tatsachen eindeutig zu beurteilende) Tat den Tatbestand einer strafbaren Handlung erfülle, so sei (wegen der Zweifelhaftigkeit der Auslegung) doch auf jeden Fall dringender Tatverdacht begründet. Aus diesem Grunde darf der Richter, wenn er die Entscheidung des Bundesverfassungsgerichts einholt, weil er ein Strafgesetz für verfassungswidrig hält, keinen Haftbefehl erlassen und hat einen bestehenden aufzuheben (Stratenwerth, a. a. O.; zum letzten Punkt OLG. Köln NJW. **1955** 1409).

Der begriffliche Unterschied zwischen hinreichendem und dringendem Tatverdacht darf jedoch nicht dazu führen, den dringenden Verdacht an dem hinreichenden Verdacht des § 203 zu messen. Denn dieser ist auf den Zeitpunkt der Anklageerhebung bezogen, der dringende Verdacht dagegen auf den jeweiligen Stand der Ermittlungen (Müller-Sax, 2 zu § 112). Demgemäß ist er nicht für das ganze Verfahren gleich (Peters, § 47 II 2a), so daß etwa zu Beginn der Ermittlungen einzelne starke Indizien auch dann einen dringenden Tatverdacht begründen, wenn die Indizienkette noch nicht geschlossen ist und die Möglichkeit besteht, daß der dringende Tatverdacht bei weiteren Ermittlungen wieder zerstört werde (BGHZ. **27** 351). Sobald aber feststeht, daß Lücken im Indizienbeweis auch bei weiterer Ermittlung nicht ausgefüllt werden können, ist der Verdacht nicht mehr dringend. Im Zeitpunkt der Anklageerhebung muß der dringende Verdacht stets stärker als ein hinreichender sein, doch kann, was keiner Ausführung bedarf, dieses Verhältnis auch schon früher entstehen, und kann ein zur Anklageerhebung nötigender Verdacht stärker als hinreichend, also etwa dringend sein.

Ist der Angeklagte in erster Instanz verurteilt, so ist das in der Regel ein Indiz für dringenden Tatverdacht.

6. Tatsachengrundlage (Absatz 2). Bei den vier Haftgründen der Absätze 2 und 3 darf der Schluß, daß der Haftgrund vorliege — „festgestellt wird" (Nr. 1); „erkennbar ist" (Nr. 3) —, nur auf Grund bestimmter Tatsachen gezogen werden. Damit sind Vermutungen ausgeschlossen, die beim Fluchtverdacht des alten Rechts auf Grund der früheren Begründungserleichterung in der Praxis eine gewisse Rolle gespielt hatten. Die Tatsachen müssen „bestimmte" sein. Da aus unbestimmten Tatsachen ohnehin nichts gefolgert werden kann, soll sich der Ausdruck auf die Feststellung der Tatsachen durch den Beobachter beziehen (BTDrucks. zu IV 1020, S. 2, zu § 112 Abs. 2: „bestimmte (objektiv) festgestellte Tatsachen"). Damit scheint der Gesetzeswortlaut, da die meisten unserer Wahrnehmungen Schlüsse sind, als Grundlage des logischen Urteils des Haftrichters äußerlich wahrnehmbare Ereignisse zu fordern, die zu deuten der Beobachter keiner oder nur einfacher Schlüsse bedarf (Passage buchen, Abreisen, einen Brief erbitten, einen Zeugen fragen, ob er sich an den Umstand X erinnere, obwohl der Zeuge, wie der Beschuldigte weiß, den Umstand Y wahrgenommen hat). Für den Haftgrund der Verdunkelungsgefahr — aus dessen alter Fassung die Klausel stammt — dürfte ein solcher Tatsachenbegriff auch der Vorstellung des Gesetzgebers entsprechen. Im übrigen aber kann die Textfassung nicht fordern, nur auf äußerlich zutage liegende Tatsachen abzustellen. Das ergibt der vierte Haftgrund. Dort sind die bestimmten Tatsachen, die die Gefahr begründen, daß der Beschuldigte ein weiteres Sittlichkeitsverbrechen begehen werde, nicht die Vortaten und die Lebensumstände des Beschuldigten, sondern sein nach wissenschaftlichen Erkenntnissen daraus zu erschließender Hang, bestimmte Straftaten zu begehen. Ist aber Inhalt des Tatsachenbegriffs nicht allein das äußerlich wahrnehmbare, leicht zu deutende Ereignis, dann muß auch bei der Fluchtgefahr das als Tatsache bewertet werden, was nach der Lebenserfahrung aus dem Inneren eines Menschen erschlossen werden kann, nämlich die Antwort auf einen Fluchtreiz. Strafe und die Änderung aller Lebensumstände reizen den Beschuldigten, der sie zu erwarten hat, regelmäßig dazu an, sich ihnen zu entziehen. Daß eine Anzahl Beschuldigter diesem Anreiz nachgibt, wenn eine hohe Strafe zu erwarten ist, lehrt die Lebenserfahrung. Zwar ist die Regel nach den Umständen des Falles zu prüfen; sie wird oft zu verneinen sein (so wohl OLG. Frankfurt NJW. **1965** 1342). Die Einzelbewertung ändert aber nichts an der Erkenntnis, daß die aus der Straferwartung herzuleitende Fluchtneigung eine Tatsache im Sinne der Absätze 2 und 3 sein kann (im Ergebnis ebenso OLG. Braunschweig JZ. **1965** 619; KG. NJW. **1965** 1390; Kleinknecht, MDR. **1965** 781, die aber auf die Straferwartung abstellen; a. A. — Straferwartung ist keine Tatsache — Philipp, S. 84).

Mit dieser Auslegung ist indessen nicht anerkannt, daß die sachlichen Voraussetzungen der Untersuchungshaft durch die Worte „auf Grund bestimmter Tatsachen" sich nicht wesentlich geändert hätten, wie das Kammergericht in dem angegebenen, in mehreren Formulierungen nicht unbedenklichen Beschluß meint. In der Häufung der hafteinschränkenden Klauseln kommt der eindeutig bekundete Wille des Gesetzgebers klar zum Ausdruck. Er geht dahin, „noch stärker, als es das geltende Recht bereits tut", und noch entschiedener als die Regierungsvorlage „sicher(zu)stellen, daß die Untersuchungshaft nur ausnahmsweise ... angeordnet wird" (BT-Drucks. zu IV 1020, S. 1, zu Art. 1).

7. Gefahr. Bei den Haftgründen der Fluchtgefahr (Absatz 2 Nr. 2), der Verdunkelungsgefahr (Absatz 2 Nr. 3) und der Wiederholungsgefahr bei Sittlichkeitsverbrechern (Absatz 3) ist die Anordnung der Untersuchungshaft davon abhängig, daß eine bestimmte Gefahr bestehe, drohe oder begründet sei. Gefahr ist die hohe Wahrscheinlichkeit eines aus der Sachlage nach den Gesetzen der Kausalität und der Lebenserfahrung zu erwartenden schädlichen Erfolges (RGSt. **6** 397; **66** 100; BGH. NJW. **1951** 769). In anderem Zusammenhang (Gemeingefahr) hat der Bundegerichtshof angenommen, Gefahr liege nur vor, wenn es wahrscheinlicher sei, daß ein Erfolg eintrete, als daß er ausbleibe (BGHSt. **8** 31). Zwar ist der Gefahrenbegriff an den vielen Stellen, wo er im Strafgesetzbuch und in der Strafprozeßordnung verwendet wird, keineswegs überall gleichmäßig auszulegen (Mannheim, Revision, S. 50); deshalb ist es abgelehnt worden, für § 98 die genannte Rechtsprechung zu übernehmen (s. o. II 2a zu § 98). Im Haftrecht dagegen ist die Gefahrenklausel eine der geradezu gehäuften Kautelen, mit denen der Gesetzgeber bemüht ist, die Untersuchungshaft aufs äußerste zu beschränken. Daher liegt es im Sinne dieser Gesetzesstelle, den Begriff so auszulegen, daß der Gefahrenfall möglichst selten eintritt. Es ist daher dafür, daß der zu vermeidende Erfolg eintritt, eine sehr hohe Wahrscheinlichkeit zu fordern, die stets höher sein muß als die, daß er ausbleibt (OLG. Celle NdsRpfl. **1963** 214).

Wenn auch durch die Gesetzesfassung erreicht werden soll, daß Untersuchungshaft nur mit äußerster Zurückhaltung angeordnet wird, so kann doch der Gesetzgeber nichts Unmögliches verlangt haben. Daß die Gefahr bestehe, drohe oder begründet sei, kann im Haftverfahren regelmäßig nicht mit der gleichen Sicherheit festgestellt werden, wie bei Notwehr oder Verkehrsgefährdung in einer Hauptverhandlung. Es muß vielmehr der hohe Grad von Wahrscheinlichkeit ausreichen, wie er für die Feststellung des dringenden Tatverdachts erforderlich aber auch genügend ist (OLG. Bremen NJW. **1955** 1891; Dreves, S. 110; Franzheim, S. 50).

8. Flucht (Absatz 2 Nr. 1). Der erste Haftgrund liegt vor, wenn der Täter flüchtig ist oder sich verborgen hält. Flüchtig ist, wer, um unerreichbar zu sein, seine Wohnung verlassen hat, ohne eine neue zu beziehen oder wenigstens eine feste Anschrift zu haben, unter der ihn Post sicher erreichen kann. Danach kann flüchtig sein, wer dauernd sein Quartier wechselt, auch wenn er täglich Meldezettel ausfüllt. Dagegen ist z. B. der Seemann nicht flüchtig, der über seine Reederei, der Reisende, der über seine Firma erreicht werden kann. Flüchtigsein setzt den Willen voraus, für Behörden unerreichbar zu sein, doch kommt es nicht darauf an, ob der Täter sich gerade wegen der Sache nicht erreichen lassen will, in der über die Untersuchungshaft zu entscheiden ist (BayObLGSt. **13** 359; a. A wohl Kleinknecht MDR. **1965** 732). Wer jedoch ohne sicheres Wissen der Strafbarkeit eines Verhaltens, ohne Kenntnis eines wider ihn eingeleiteten Verfahrens und ohne den Willen, unerreichbar zu sein, sich auf Reisen begibt, ist nicht flüchtig, auch wenn er tatsächlich nicht erreichbar ist. Ist in der Annahme, er sei flüchtig, gegen ihn Haftbefehl ergangen, so muß er freigelassen werden, wenn feststeht, daß er nicht fliehen wollte, und daß er unter einer festen Anschrift erreicht werden kann.

Verborgen hält sich der Täter, der seinen Aufenthalt den Behörden vorenthält, namentlich unangemeldet oder unter falschem Namen lebt. Für die subjektive Seite gilt dabei das oben Gesagte entsprechend.

Daß der Beschuldigte flüchtig ist oder sich verborgen hält, muß der Richter auf Grund bestimmter Tatsachen (s. o. 6) feststellen. Bei den Nummern 2 und 3 und bei Absatz 3 genügt die Feststellung, daß die Gefahr besteht (droht, begründet ist), ein gewisses Ereignis (Flucht, Verdunkelung, Wiederholung eines Sittlichkeitsverbrechens) werde eintreten. Hier — bei Nummer 1 — wird dagegen die Feststellung gefordert, daß ein bestimmtes Ereignis (Flucht, Verbergen) eingetreten ist. Nähme man die Vorschrift wörtlich, dann könnte der erste Haftgrund nur festgestellt werden, wenn der Beschuldigte einem anderen vor der Flucht offenbart hat, daß er fliehen wolle, oder nach ihr, daß er geflohen sei. Denn daß eine nicht erreichbare Person verunglückt oder verschleppt worden ist oder mit verlorenem Gedächtnis umherirrt, ist, wenn man ihren Willen nicht kennt, nach den äußeren Umständen allein theoretisch meist nicht auszuschließen. Daher sind sichere Feststellungen nur selten möglich, bevor der Täter wieder aufgefunden ist. Von einem so wörtlichen Begriff der Feststellbarkeit kann aber der Gesetzgeber, dem die Regelfälle des täglichen Lebens nicht fremd sind, nicht ausgegangen sein. Es muß daher ausreichen, daß nach den Umständen (Verschwinden, nachdem ein Strafverfahren eingeleitet worden ist) Flucht oder Verbergen näher liegen als — theoretisch ebenfalls denkbare — andere Gründe der Unerreichbarkeit.

Der Haftgrund ist nicht mehr gegeben, wenn der Täter, der flüchtig war oder sich verborgen gehalten hatte, ereilt oder aufgespürt worden ist. Daß jemand flüchtig war oder sich verborgen gehalten hatte, ist kein gesetzlicher Haftgrund. Ob die Untersuchungshaft, nachdem der Flüchtige festgenommen worden ist, aufrechterhalten werden kann, ist nunmehr nach Nummer 2 zu beurteilen. Allerdings wird es in der Regel nicht zweifelhaft sein, daß Fluchtgefahr besteht, wenn der Beschuldigte schon einmal geflohen war oder sich verborgen gehalten hatte.

9. Fluchtgefahr (Absatz 2 Nr. 2) ist gegeben, wenn auf Grund bestimmter Tatsachen (s. o. 6) die hohe Wahrscheinlichkeit (s. o. 7) besteht, der Täter werde sich demjenigen Verfahren entziehen, in dem erwogen wird, die Untersuchungshaft anzuordnen. Entziehen ist das vom Beschuldigten oder mit seinem Wissen von anderen vorgenommene Verhalten, das den vom Beschuldigten beabsichtigten, erkannten oder in Kauf genommenen Erfolg hat, den Fortgang des Verfahrens dauernd oder vorübergehend durch Aufheben der Bereitschaft zu verhindern, für Ladungen, Vollzugs- und Vollstreckungsmaßnahmen zur Verfügung zu stehen (s. u. II 5 zu § 124). Dem Verfahren entzieht sich noch nicht, wer auf Terminsladungen nicht erscheint. Gegen ihn ist zunächst das mildere Zwangsmittel der Vorführung anzuwenden. Nur wenn die Gefahr besteht, der Beschuldigte werde es auch unmöglich machen, ihn vorzuführen, ist Haftbefehl zulässig.

Bei der Prüfung der Fluchtgefahr sind alle Umstände des Einzelfalles zu würdigen, namentlich die persönlichen Verhältnisse des Täters. Stets sind die Umstände, die für eine Flucht sprechen, gegen diejenigen abzuwägen, die ihr entgegenstehen. Zu den Umständen, die zur Flucht anreizen, gehört auch die Verfolgung wegen des dringenden Verdachts weiterer Straftaten, auch wenn sie nicht Gegenstand des Verfahrens sind, in dem der Haftbefehl erlassen werden soll. Indessen genügt es nicht, daß die äußeren Gelegenheiten einer Flucht günstig sind, vielmehr ist zu prüfen, ob der Beschuldigte von ihnen auch Gebrauch machen wird (OLG. Köln NJW. **1959** 544). Das wird in der Regel anzunehmen sein, wenn der Beschuldigte schon einmal geflohen war oder sich verborgen gehalten hatte. Die Tatsachen, die der Fluchtgefahr zugrunde liegen, brauchen nicht zur vollen richterlichen Gewißheit i. S. von § 267 StPO. festzustehen, vielmehr reicht derjenige Grad von Wahrscheinlichkeit aus, der im Haftverfahren erfordert wird, den Tatverdacht festzustellen (OLG. Bremen NJW. **1955** 1891).

Familiäre Bindungen und gesicherte Arbeits- und Wohnverhältnisse streiten in der Regel gegen Fluchtgefahr, gesellschaftlicher und wirtschaftlicher Ruin, der durch die Straftat oder durch eine Verurteilung eintreten wird, sprechen für sie. Die Erwartung einer hohen Strafe wird eine Neigung zur Flucht (s. dazu o. 6) zwar nicht für sich allein, aber doch bei sonst ungünstigen Verhältnissen in aller Regel erwecken und damit Fluchtgefahr begründen. Je höher die in Aussicht stehende Strafe, desto größer die Fluchtgefahr (Hahn, Mat. **1** 658). Zwar darf Fluchtgefahr nicht routinemäßig angenommen werden, wenn eine Strafe von einem Jahr zu erwarten ist (OLG. Celle NJW. **1950** 240; a. A. OLG. Nürnberg HESt. **2** 86), doch werden nur besondere Umstände die Lebenserfahrung ausschließen können, daß Fluchtgefahr besteht, wenn mehrjährige Zuchthausstrafe oder die Sicherungsverwahrung in Aussicht steht. Damit wird die Schwere der Straftat für die Wahrscheinlichkeit der Flucht bedeutsam. Nicht jedoch werden (so OLG. Hamburg NJW. **1961** 1881 und Kleinknecht MDR. **1965** 783) bei schweren Straftaten die Anforderungen für die Annahme der Fluchtgefahr erleichtert; dieser Begriff ist für alle Delikte einheitlich (Dahs NJW. **1961** 1881; EbSchmidt, JR. **1962** 28).

Bei dem Entziehen vom Verfahren ist in erster Linie daran gedacht, daß der Täter flüchten oder sich verbergen werde. Dem Verfahren kann sich aber auch entziehen, wer sich durch Einwirkung auf seinen Körper, namentlich durch Rauschgifte, verhandlungsunfähig macht, oder wer Selbstmord begeht (OLG. Bremen JZ. **1956** 375). Die gegen diese Ansicht gerichteten Angriffe (Bader JZ. **1956** 375; Müller-Sax, 3b zu § 112; SchwKleinknecht, 5 zu § 112; OLG. Oldenburg NJW. **1961** 1984) übersehen, daß in der ganzen Welt der Vollzug, namentlich schwerster Strafen, so gesichert wird, daß der Täter ihm nicht durch Selbstmord entrinnen kann. Erkennt man die Berechtigung des Staates an, auf diese Weise den Vollzug einer erkannten Strafe sicherzustellen, dann muß man ihm auch zugestehen, in gleicher Weise das Verfahren und den Vollzug der zu erwartenden Strafe zu sichern.

10. Verdunkelungsgefahr (Absatz 2 Nr. 3). Gegenüber dem bisherigen Recht ist der Haftgrund der Verdunkelungsgefahr wohl am bedeutsamsten eingeengt worden. Bisher lag er vor, wenn durch bestimmte Tatsachen die Gefahr begründet wurde, der Beschuldigte werde durch gewisse Verhaltensweisen die Ermittlung der Wahrheit erschweren. Jetzt wird verlangt, daß auf Grund bestimmter Tatsachen die Absicht des Beschuldigten erkennbar ist, er werde bestimmte Tätigkeiten vornehmen, und daß deshalb die Gefahr droht, er werde dadurch die Ermittlung der Wahrheit erschweren. Die Notwendigkeit, eine erkennbare Absicht auf Grund bestimmter Tatsachen festzustellen, wird es praktisch sehr weitgehend ausschließen, den Haftgrund der Verdunkelungsgefahr anzuwenden. Das entspricht dem Willen des Gesetzgebers, der diesem Haftgrund am mißtrauischsten gegenübersteht. Nur wenn die Absicht des Beschuldigten, Verdunkelungshandlungen vorzunehmen, erkennbar ist, ist Absatz 2 Nr. 3 anzuwenden. Der Begriff „erkennbar" weicht ab von dem Begriff „festgestellt wird", der in Nummer 1 verwendet wird, und ist schwächer als dieser. Es muß also der Umriß der Verdunkelungshandlung hervortreten; die Einzelheiten können noch im Dunkeln liegen (Dahs, S. 891). — Bei den danach verbleibenden seltenen Fällen ist der Haftgrund allerdings unentbehrlich.

Die Absicht, Verdunkelungshandlungen auszuführen, berechtigt noch nicht, die Untersuchungshaft anzuordnen. Vielmehr muß aus dieser Absicht die Gefahr drohen, der Beschuldigte werde die Ermittlung der Wahrheit gefährden. Daraus folgt, daß die Handlung tauglich sein muß, die Wahrheitsermittlung zu erschweren. Das ist nur der Fall, wenn das angegriffene Beweismittel sich auf einen zulässigen und erheblichen Beweis bezieht.

Wegen des Gefahrbegriffs s. o. 7.

11. Verdunkelungsabsicht. Der Beschuldigte handelt absichtlich, wenn es ihm darauf ankommt, eine der drei im Gesetz aufgeführten Verhaltensweisen zu verwirklichen (§ 17 StGB. E 1962). Da das Gesetz die Verdunkelung verhindern, nicht aber die Beweggründe des Beschuldigten bestrafen will, darf nicht auf den Beweggrund sondern nur auf die Zielvorstellung des Beschuldigten abgestellt werden. Wer seine Wohnung von Blut säubert, das einen Kampf verrät, kann das aus dem Motiv tun, wieder sauber zu wohnen, vielleicht aus dem unbewußten, vor sich und der Umwelt rein zu erscheinen. Dieses Ziel kann er aber nur auf dem Umwege erreichen, daß er eine ihn belastende Spur vernichtet. Auch auf dieses Zwischenziel ist seine Absicht gerichtet. In der Regel wird allerdings die Zielvorstellung zugleich der treibende Beweggrund des Beschuldigten sein. Wird mit der vom Gesetzgeber gewählten Form ausschlaggebend auf den Willen des Beschuldigten abgestellt, so rücken Dahs (S. 891) und SchwKleinknecht (6A zu § 112) das Wissen des Beschuldigten in den Vordergrund, indem sie den bedingten Vorsatz genügen lassen. Das ist abzulehnen. Absicht ist ein gesetzestechnischer Ausdruck, mit dem, mag seine Bedeutung sonst zwar nicht völlig eindeutig sein, auf jeden Fall der bedingte Vorsatz ausgeschlossen wird.

Die Zielvorstellung, die Absicht des Beschuldigten, muß auf Grund bestimmter Tatsachen (s. o. 6) erkennbar sein. Daher darf Verdunkelungsgefahr niemals aus der in nahezu jeder Strafsache möglichen Vermutung geschlossen werden, der Beschuldigte werde die Ermittlung der Wahrheit erschweren (OLG. Köln NJW. **1959** 544). Auf keinen Fall rechtfertigen noch ausstehende Ermittlungen (OLG. Schleswig SchlHA. **1954** 25) die Untersuchungshaft. Da der Beschuldigte nicht zur Einlassung verpflichtet ist (§ 136 Abs. 1 Satz 2), wird dadurch, daß er sich nicht zur Sache erklärt, keine Verdunkelungsgefahr begründet (OLG. Frankfurt NJW. **1960** 352).

Die bisherige Fassung ließ die Auslegung zu, die Verdunkelungsgefahr werde sich oft aus unternommenen oder durchgeführten Verdunkelungsmaßnahmen — z. B. der Verwendung ge- oder verfälschter Schriftstücke, der Einschüchterung, Bedrohung oder Bestechung von Zeugen — ergeben (OLG. Frankfurt NJW. **1960** 352), selbst wenn der Beschuldigte diese Maßnahmen vor dem anhängigen Verfahren angewendet hatte, etwa in einem Zivilprozeß, aus dem ein Verfahren wegen Verleitung zum Meineid hervorgegangen war. Diese Auslegung ist nicht mehr zulässig Aus früherer Tätigkeit kann man auf eine künftige nur mit einer Vermutung schließen. Der Beweis — selbst in der eingeschränkten Form, die im Haftverfahren anerkannt ist (s. o. 7 Abs. 2) — einer erkennbaren Absicht des Beschuldigten ist das nicht. Auch der Begründungsverzicht in Staatssicherheitssachen (§ 114 Abs. 2 Nr. 4) gibt für die Feststellung der Absicht keine Erleichterung (s. u. 6 Abs. 2 zu § 114). Dagegen ist die Ansicht, Verdunkelungsgefahr bestehe, wenn die ganze Lebensführung des Beschuldigten auf Verheimlichen, Verbergen und Verdunkeln, auf Täuschung, Drohung und Gewalt abgestellt sei (gewerbsmäßige Hehler, Zuhälter, Spione und Verräter; OLG. Köln NJW. **1961** 1880; JMBlNRW. **1963** 252), auch für das geänderte Recht richtig, weil Absicht und Gefahr hier auf der Hand liegen (Dahs, S. 893). Doch ist immer zu prüfen, ob es (noch) etwas zu verdunkeln gibt.

12. Verdunkelungshandlungen. Der Haftgrund der Verdunkelungsgefahr besteht nur, wenn auf Grund bestimmter Tatsachen die Absicht erkennbar ist, der Beschuldigte werde eine der drei im Gesetz aufgeführten Verdunkelungshandlungen begehen, und wenn weiter durch diese Absicht die Gefahr droht, der Beschuldigte werde die Ermittlung der Wahrheit in dem Verfahren wegen derjenigen Straftat erschweren, deren er dringend verdächtig ist. Die Vermutung weiterer Straftaten, die sich noch nicht zu einem dringenden Tatverdacht verdichtet hat, hat außer Betracht zu bleiben (Sauer NJW. **1960** 351). Die Verdunkelungshandlungen müssen zu dem Zweck der Verdunkelung geeignet (KG. JR. **1956** 192), der Zweck muß ein künftiger sein. Die Untersuchungshaft wegen Verdunkelungsgefahr ist keine Prozeßstrafe. Selbst wenn der Beschuldigte Beweismittel vernichtet und Zeugen beeinflußt hat, ist sie unzulässig, wenn keine durch Tatsachen begründete Absicht erwiesen ist, daß der Beschuldigte auch in Zukunft Verdunkelungshandlungen vornehmen werde, und daß deshalb die Gefahr drohe, er werde durch diese Handlungen (RG. GA. **60** 89) die weitere Wahrheitsermittlung erschweren.

Verdunkelungshandlungen sind im einzelnen:

a) Das **Vernichten,** Beiseiteschaffen und Unterdrücken, das Verändern und Verfälschen von Beweismitteln. Ob der Beschuldigte berechtigt ist, über das Beweismittel zu verfügen (ein von ihm gefertigtes Tonband zu löschen, einen von ihm geschriebenen, aber noch nicht abgesandten Brief zu verbrennen; die in seinem Eigentum stehende Mordwaffe zu vernichten; eine in der Natur gesetzte Spur zu verwischen), ist gleichgültig. Wer die Absicht erkennen läßt, Beweismittel anzugreifen, setzt sich der Verhaftung aus, gleichviel ob sein Verhalten „anstößig" ist (Kleinknecht JZ. **1965** 116) oder edel (etwa um eine an der Tat unbeteiligte Frau nicht zu kompromittieren). Das Merkmal „unlauter" des Buchstaben b) darf nicht auf den Fall des Buchstaben a) übertragen werden.

Zu den Beweismitteln zählen auch die bisher besonders genannten Spuren der Tat. Beiseiteschaffen ist auch jede Veräußerung, wenn sie bewirkt, daß das Beweismittel nicht mehr jederzeit unverändert zur Verfügung steht. Das Verändern umfaßt auch das Unbrauchbarmachen, etwa das Löschen eines Tonträgers. Dagegen verändert ein Beweismittel nicht, wer sich einer Blutalkoholuntersuchung entzieht (s. o. 9 zu § 81 a, u. III 3 zu § 127); er verhindert nur, daß von einem sich verändernden und vergehenden Beweismittel Gebrauch gemacht werden kann.

b) Die **Einwirkung auf** Mitbeschuldigte, **Zeugen** und Sachverständige, jedoch nur, wenn sie in unlauterer Weise vorgenommen wird. Das ist immer der Fall, wenn der Mitbeschuldigte oder Zeuge beeinflußt wird, die Unwahrheit zu sagen, oder der Sachverständige, ein falsches Gutachten abzulegen oder Befundtatsachen (vgl. BGHSt. **18** 108) falsch zu bekunden. Dagegen ist die bloße Besprechung mit Verfahrenszeugen (OLG. Köln NJW. **1959** 544), die Frage, wie sich ein Hergang ereignet oder ob sie sich an einen bestimmten Umstand erinnerten, nicht unlauter; sie wird es aber, wenn ihnen eine Erinnerung, die sie nicht haben — auch wenn sie sie haben könnten — suggeriert wird. Es ist auch nicht unlauter, daß der Beschuldigte Zeugen bittet, von ihrem Zeugnisverweigerungsrecht Gebrauch zu machen (OLG. Bremen MDR. **1951** 55). Denn zu seinen Gunsten ist es dem Zeugen eingeräumt, und der Beschuldigte kann ihm wohl die Folgen einer Aussage vorstellen (zust. EbSchmidt, 10 zu § 112; einschränkend — Verdunkelung bei Ausnutzung eines Autoritätsverhältnisses — Müller-Sax, 4a (2) zu § 112).

c) Die **Veranlassung eines anderen,** die vorgenannten Verdunkelungshandlungen vorzunehmen. Der Beschuldigte muß den Anlaß geben, daß der andere handelt, gleichviel ob der andere weiß, welchem Ziel seine Handlungen dienen. Auf der Seite des Beschuldigten genügt nicht jede, auch eine fahrlässige Veranlassung, vielmehr nur eine, die von der Absicht des Beschuldigten getragen ist, das Handeln des anderen herbeizuführen.

13. Sittlichkeitsverbrechen (Absatz 3).

a) Inhalt. Der Gesetzgeber hat richtig erkannt, daß Wiederholungstäter von weiteren Taten nicht dadurch abgehalten werden können, daß ein Strafverfahren gegen sie eingeleitet wird, sondern allenfalls durch die Vollstreckung der Strafe. Wie die vorläufige Entziehung der Fahrerlaubnis (§ 111 a) die Vollstreckung der endgültigen Entziehung (§ 42 m StGB.), wie die einstweilige Unterbringung (§ 126 a) den Vollzug der Unterbringung in einer Heil- oder Pflegeanstalt (§ 42 b StGB.) vorwegnimmt, so wird hier die zu erwartende Strafe vollzogen, damit sie alsbald ihre die Öffentlichkeit sichernde und den Beschuldigten abschreckende Wirkung entfallen kann. Mit Untersuchungshaft hat diese Verwahrung — mag sie auch deren Rolle zuweilen mit übernehmen — allerdings nichts zu tun. Denn der Untersuchungszweck kann nur erfordern, daß der Beschuldigte zur Hauptverhandlung zur Stelle ist, und daß die Beweismittel nicht angestastet werden. Obwohl das Wort „Untersuchungshaft" gebraucht wird, handelt es sich der Sache nach um eine vorbeugende Verwahrung für Sittlichkeitsverbrecher, von denen weitere Sittlichkeitsverbrechen zu erwarten sind (vgl. BTProt. IV 6438, Bundesjustizminister Dr. Bucher: „Sicherungshaft"). Warum das Institut auf diesen Verbrechenskreis beschränkt worden ist, liegt nicht auf der Hand; in der Praxis spielen Serieneinbrecher und reisende Rückfallbetrüger eine größere Rolle, und im Bundestag war auch versucht worden, den Haftgrund der Wiederholungsgefahr, wenn auch unter strengen Voraussetzungen, zu erweitern (BTProt. IV 6437ff., 6504). Die Einschränkung ist wohl mit den Erwägungen zu begründen, daß es besonders unerträglich ist, mit großer Wahrscheinlichkeit einem neuen Sittlichkeitsverbrechen entgegenzusehen, und daß die in der Literatur (Baumann, S. 693) angegriffene Maßnahme einer vorbeugenden Verwahrung mit Zurückhaltung eingesetzt und namentlich für Verletzung bloßer Vermögensinteressen ausgeschlossen worden ist (vgl. BTProt. IV 6443 A, Abg. Jahn: „... haben wir es für notwendig gehalten, diesen Haftgrund auf das äußerste Mindestmaß zu beschränken").

Es ist bedauerlich, daß der Gesetzgeber die Vorschrift nicht mit § 111 a und § 126 a zu einem besonderen Abschnitt über vorbeugende Maßnahmen vor dem Urteil zusammengefaßt hat. Die Notwendigkeit, von den Regeln der Untersuchungshaft mehrfach abzuweichen, hätte das geboten (vgl. BTProt. IV 6445 A). Die Erkenntnis ihres Charakters sollte dazu führen, diese „Untersuchungshaft", wenn der Haftbefehl allein auf Absatz 3 beruht, stets ganz auf die Strafe anzurechnen (§ 60 StGB.), wie dies für die Sicherungshaft des § 61 Abs. 1 JGG. vorgeschrieben ist (§ 61 Abs. 2 Satz 1 JGG.), und den Beschuldigten stets dann zu entlassen, wenn die Haft die Höhe der zu erwartenden Strafe erreicht hat.

b) Voraussetzungen. Voraussetzung der Untersuchungshaft nach Absatz 3 ist, daß der Beschuldigte dringend verdächtig ist eines Verbrechens wider die Sittlichkeit nach

§ 173 Abs. 1 StGB. (Blutschande zwischen Verwandten auf- und absteigender Linie, begangen von Verwandten aufsteigender Linie);

§ 174 StGB. (Unzucht mit Abhängigen);

§ 175a StGB. (erschwerte Unzucht mit einem Mann);

§ 176 StGB. (erzwungene Vornahme unzüchtiger Handlungen an einer Frau; Mißbrauch einer Willensunfreien zum außerehelichen Beischlaf; Unzucht mit Kindern unter vierzehn Jahren);

§ 177 StGB. (Notzucht).

Versuch, Anstiftung und Beihilfe zu den genannten Verbrechen sind nach dem Sprachgebrauch des Strafgesetzbuchs unter dem Begriff des Verbrechens mit zu verstehen (vgl. RGSt. **31** 40, **68** 169; BGHSt. **2** 361). Das gleiche wird für die versuchte Anstiftung und die Verabredung zu einem jener Verbrechen anzunehmen sein (vgl. BGHSt. **2** 360, **6** 213).

Weitere Voraussetzung ist, daß bestimmte Tatsachen die Gefahr begründen, der Beschuldigte werde ein weiteres Verbrechen der bezeichneten Art begehen, bevor er in der Sache rechtskräftig abgeurteilt ist, wo die Untersuchungshaft angeordnet wird. Das Verbrechen, das befürchtet wird, braucht nicht den gleichen Tatbestand zu erfüllen wie das verübte, es muß nur zu dem Katalog des Absatzes 3 gehören. Die Vorschrift zeigt klar, daß der Begriff „Tatsache" in § 112 nicht einheitlich verwendet worden ist. Nach dem Zweck der Vorschrift können die Tatsachen nicht darin erblickt werden, daß der Beschuldigte sich anschickt, ein neues Sittlichkeitsverbrechen zu begehen; denn daran soll er gerade gehindert werden. Die Tatsachen liegen also in der Vergangenheit; sie sind die Vortaten und alle Lebensverhältnisse des Beschuldigten, die eine Prognose zulassen, ob er künftig neue Taten begehen werde (s. auch o. 6).

Liegen alle diese Voraussetzungen vor, dann ist die „Untersuchungshaft" gleichwohl nur zulässig, wenn sie erforderlich ist, die drohende Gefahr abzuwenden. Sind also andere Möglichkeiten gegeben, eine neue Tat zu verhindern, so sind diese zu wählen. Dafür kommen etwa in Betracht die Vollstreckung einer Reststrafe, die freiwillige Verbringung eines gefährdeten Kindes in ein Heim, der freiwillige Eintritt des Beschuldigten in eine Nervenheilanstalt und ähnl.

c) Volltrunkenheit. Das Oberlandesgericht Frankfurt (zust. Müller-Sax, 5 zu § 112; SchwKleinknecht, 7 zu § 112) will die Haft nach Absatz 3 auch bei Beschuldigten zulassen, die der Volltrunkenheit (§ 330a StGB.) dringend verdächtig sind, wenn dabei als Bedingung der Strafbarkeit eine der in Absatz 3 bezeichneten Taten in Betracht kommt (NJW. **1965** 1728). Es begründet seine Ansicht im wesentlichen mit folgenden Erwägungen: Sinn des Haftgrundes der Wiederholungsgefahr sei, die Allgemeinheit vor Hangtätern zu schützen, die zu Sittlicheitsverbrechen neigen. Es sei kein Grund ersichtlich, warum der Haftgrund ausscheiden solle, wenn der Täter möglicherweise infolge eines Rauschzustandes unzurechnungsfähig gewesen sei. Die Ausdehnung des Haftgrundes auf Sittlichkeitsdelikte, die im Vollrausch begangen sind, werde dem Präventivcharakter der Vorschrift gerecht. — Ob die Argumente dem Gesetzgeber hätten Anlaß geben können, den in Absatz 3 genannten Verbrechen das Vergehen der Volltrunkenheit an die Seite zu stellen, das sich auf eine der mit Strafe bedrohten Handlungen nach § 173 Abs. 1, nach den §§ 174, 175a, 176 oder nach § 177 StGB. bezieht, kann zweifelhaft sein, braucht aber nicht erörtert zu werden. Denn der Gesetzgeber hat jenen Schritt nicht getan, und der Rechtsprechung ist nicht erlaubt, ihn zu korrigieren. Sie könnte es, wenn der Gesetzgeber den Vollrauschfall hätte einbeziehen wollen, das aber bei der Redaktion versehentlich unterlassen hätte. Sie könnte es wohl auch (wenn das auch nicht unbestritten ist), wenn der Gesetzgeber (irrtümlich) angenommen hätte, der Fall der Volltrunkenheit sei selbstverständlich einbezogen.

Für beide Voraussetzungen bietet die Entstehungsgeschichte keinen Anhalt. Wenige Wochen vor Erlaß des § 112 Abs. 3 ist dem Strafgesetzbuch § 42m Abs. 2 StGB. eingefügt worden. Dort wird die Vermutung aufgestellt, ein Täter sei ungeeignet, Kraftfahrzeuge zu führen, wenn er bestimmte Delikte begangen habe, und als letztes dieser Delikte ist die Volltrunkenheit genannt, die sich auf eine der mit Strafe bedrohten Handlungen nach den vorher genannten Strafbestimmungen bezieht. Angesichts dieses Vorbilds, das in frischer Erinnerung war, ist es unzulässig anzunehmen, der Gesetzgeber habe geglaubt, der Fall der Volltrunkenheit sei als selbstverständlich einbezogen, auch wenn § 330a nicht genannt werde.

Auch ein Redaktionsversehen liegt nicht nahe. Es könnte nur angenommen werden, wenn die klare Absicht des Gesetzgebers im Gesetzestext nicht zum Ausdruck gekommen ist — ein Fall, der ausscheidet — oder wenn zwar die Absicht des Gesetzgebers unbekannt geblieben ist, seine Regelung aber sinnlos wäre, wenn man sie nicht nach einer Absicht ergänzte, auf die deshalb zu schließen ist, weil jede andere Regelung — und darunter die des Gesetzestextes — sinnlos wäre. Davon kann keine Rede sein. Die Mehrheit des Bundestages hat den Tatbestand der Wiederholungsgefahr stark eingeschränkt und dabei nicht unberechtigte kriminalpolitische Wünsche abgelehnt. Es ist sowohl denkbar, daß sie zunächst vorsichtig vorangehen wollte, als auch — und das wird ausschlaggebend gewesen sein — daß sie nicht allein auf den Schutzzweck abstellen, sondern von den Tätern, wie schon die Auswahl zeigt, nur Verbrecher treffen wollte. Dann wäre es verständlich, daß das Vergehen des Vollrausches nicht als ausreichend befunden worden ist, zumal da es, entgegen der Ansicht des Oberlandesgerichts, die Tat keineswegs nur hinsichtlich ihrer subjektiven Tatseite modifiziert. Da sohin beachtliche Gründe maßgebend gewesen sein können, die Voraussetzungen der Haft des Absatzes 3 zu beschränken, ist es unzulässig, die gesetzliche Beschränkung im Wege der Auslegung wieder aufzugeben.

14. Verbrechen wider das Leben (Absatz 4).

a) Gesetzesinhalt. Die Untersuchungshaft bei Verbrechen wider das Leben schließt sich, anders als der soeben behandelte Haftgrund, wieder den klassischen Haftgründen an, wenn auch die Grundlagen des neuen Instituts nicht ganz klar zutage liegen. Voraussetzung der Untersuchungshaft ist nach dem Wortlaut allein der dringende Verdacht eines Verbrechens nach § 211 StGB. (Mord), § 212 StGB. (Totschlag) oder § 220a Abs. 1 Nr. 1 StGB. (Völkermord), doch findet, wie noch darzulegen, eine scharfe Typenkorrektur statt. Für Versuch, Anstiftung und Beihilfe (OLG. Hamm NJW. **1965** 1729; OLG. Düsseldorf NJW. **1965** 2119), für die mißlungene Anstiftung und die Verabredung (§ 49a StGB.) sowie für die Volltrunkenheit (§ 330a StGB.), die sich auf eine mit Strafe bedrohte Handlung nach den vorher genannten Bestimmungen bezieht, gilt das o. 13b Abs. 2, 13c Ausgeführte entsprechend (a. A. für Versuch und mißlungene Anstiftung Kanka, S. 430).

Absatz 4 findet nach der Tatbestandstechnik keine Anwendung, wenn zu erwarten ist, daß die Strafe den §§ 213, 216 und 217 StGB. zu entnehmen sein wird (Dünnebier, S. 231; Kanka, S. 430; für § 213 a. A. Creifelds NJW. **1965** 950; Grauhan NJW. **1965** 1363; Waldschmidt NJW. **1965** 1576; wie hier SchwKleinknecht, 8 zu § 112; OLG. Düsseldorf NJW. **1965** 2119). Die Vorschrift ist ferner nicht anzuwenden — wodurch viele Fälle des Versuchs und der Beihilfe ausscheiden werden —, wenn der „unausgesprochene Haftgrund" des Absatzes 4 nicht gegeben ist. Dieser ist nach der NJW. **1966** 232 mitgeteilten Entstehungsgeschichte in der Unerträglichkeit zu sehen, einen solchen Beschuldigten in Freiheit zu lassen, der dringend verdächtig ist, eine der in Absatz 4 genannten Straftaten begangen zu haben und dem Typus des „brutalen Mörders" zu entsprechen. Fehlt dieser Haftgrund, kann gleichwohl ein Haftbefehl ergehen, wenn einer der Haftgründe der Absätze 2 oder 3 vorliegt (OLG. Oldenburg NJW. **1965** 1613; OLG. Hamm NJW. **1965** 2117; Waldschmidt NJW. **1965** 2117; a. A. — Haftbefehl, der sich auf Mord und Totschlag bezieht, darf nur nach Absatz 4 erlassen werden — OLG. Düsseldorf NJW. **1965** 2119).

Kanka (S. 429) will bei Absatz 4 von keinem Haftgrund sprechen, die Vorschrift aber auch nicht auf alle. sondern nur auf besonders gelagerte Fälle der drei genannten Verbrechen angewendet wissen. Ob solche Fälle vorliegen, sollen die Gerichte von Fall zu Fall entscheiden auf Grund der „Bestimmung, daß in diesen Fällen der Haftbefehl erlassen werden darf". Das Wort „darf", das im übrigen für alle Haftgründe gilt, kann indessen nicht die Grundlage der von Kanka angenommenen Freiheit bieten (s. u. 17). Vor allem ist ihm keine Richtlinie für eine Typenkorrektur des lakonischen Tatbestandes des Absatzes 4, die doch auch Kanka für erforderlich hält, zu entnehmen. Diese ist nur dadurch zu gewinnen, daß man aus der Entstehungsgeschichte den verborgenen Haftgrund des Absatzes 4 erkennt; ein technischer Haftgrund i. S. der Absätze 2 und 3 ist er freilich nicht.

b) Das **Bundesverfassungsgericht** (NJW. **1966** 243) hält Absatz 4 für unvereinbar mit dem Grundgesetz, wenn dieser dahin ausgelegt wird, daß bei dringendem Verdacht der genannten

Verbrechen die Untersuchungshaft ohne weiteres verhängt werden dürfte. Es läßt „weder die Schwere des Verbrechens ... noch die Schwere der (noch nicht festgestellten) Schuld", noch weniger die „Rücksicht auf eine mehr oder minder deutlich feststellbare ‚Erregung der Bevölkerung' ..., die es unerträglich finde, wenn ein ‚Mörder' frei umhergehe", für sich allein als Grundlage der Verhaftung genügen. Dagegen hält es Absatz 4 für vereinbar mit dem Grundgesetz bei folgender Auslegung: „Es müssen ... Umstände vorliegen, die die Gefahr begründen, daß ohne Festnahme des Beschuldigten die alsbaldige Aufklärung und Ahndung der Tat gefährdet sein könnte. Der zwar nicht mit ‚bestimmten Tatsachen' belegbare, aber nach den Umständen des Falles doch nicht auszuschließende Flucht- oder Verdunkelungsverdacht kann u. U. bereits ausreichen. Ebenso könnte die ernstliche Befürchtung, daß der Beschuldigte weitere Verbrechen ähnlicher Art begeht, für den Erlaß eines Haftbefehls genügen". Diese Auslegung enthält „mit Rücksicht auf die Schwere der hier bezeichneten Straftaten" eine Lockerung der „strengen Voraussetzungen der Haftgründe des Absatzes 2 ..., um die Gefahr auszuschließen, daß gerade besonders gefährliche Täter sich der Bestrafung entziehen". Darüber hinaus wird für Verbrechen wider das Leben ein Haftgrund der Wiederholungsgefahr geschaffen, für den ebenfalls weniger strenge Voraussetzungen gelten als für Absatz 3. Da aber Flucht-, Verdunkelungs- und Wiederholungsgefahr vorliegen müssen, läuft die Auslegung auf eine Vermutung der Haftgründe, wenn nur gewisse Anhaltspunkte für sie vorliegen, und damit letztlich auf eine Begründungserleichterung hinaus.

Der Gesetzgeber hat indessen weder das gewollt, was das Bundesverfassungsgericht als mit dem Grundgesetz unvereinbare Auslegung erwägt, noch was es als verfassungskonforme Auslegung zuläßt.

Wie an anderer Stelle dargelegt (NJW. **1966** 231), ergibt sich aus der Entstehungsgeschichte (S. 232 II a, b) und der Auslegung des Gesetzestextes (II c), daß die Schwere des Unrechts und der Schuld allein den unbenannten Haftgrund des Absatzes 4 nicht ausmacht (vgl. Abg. Dr. h. c. Güde, BTRAusschußProt. 37, 11; Abg. Dr. Kanka, BTProt. IV 6439 A; abgedruckt a. a. O., S. 232; OLG. Hamburg NJW. **1965** 2116; OLG. Stuttgart, Justiz **1965** 359; Oppe, NJW. **1966** 94). Auf die „Erregung der Bevölkerung", die das Bundesverfassungsgericht ins Auge faßt, hat die Mehrheit des Bundestags gewiß nicht abgestellt (Kanka, S. 429). Auch sollte im Falle des Absatzes 4 die Untersuchungshaft nicht — wie die Praxis nach den von Schmidt-Leichner mitgeteilten Beispielen (S. 427) zuweilen angenommen zu haben scheint — „ohne weiteres" verhängt werden dürfen, sondern nur, wenn die Unerträglichkeit objektiv empfunden wird, einen Menschen in Freiheit zu lassen, der dringend verdächtig ist, einen Mord begangen zu haben, und dem Typus des „brutalen Mörders" zu entsprechen (a. a. O., S. 233, II d). Man wird indessen nicht fehlgehen, wenn man annimmt, daß das Bundesverfassungsgericht auch dann nicht anders entschieden hätte, wenn es den Willen des Gesetzgebers und den Inhalt des Gesetzes im Sinne der vom Verfasser vertretenen Auffassung gesehen hätte.

Andererseits darf man ausschließen, daß der Gesetzgeber das gewollt hat, was das Bundesverfassungsgericht als verfassungskonforme Auslegung zugesteht. Die Auffassung, daß bei schweren Verbrechen die Haftvoraussetzungen gelockert werden dürften (OLG. Hamm NJW. **1965** 1729; ähnlich Kleinknecht MDR. **1965** 782) — die oben 9 abgelehnt worden ist (ebenso Dahs NJW. **1961** 1881; EbSchmidt JR. **1962** 28; Schmidt-Leichner, S. 428) —, dürfte gewiß den Gesetzgeber nicht geleitet haben, der ausdrücklich das Ziel verfolgt hat, die „apokryphen Haftgründe" abzuschaffen, d. h. der Neigung entgegenzuwirken, „einen der ... Haftgründe, obwohl er bei strenger Anwendung des Gesetzes nicht gegeben ist, in solchen Fällen dennoch als gegeben anzusehen, in denen es aus anderen besonders triftigen Gründen angebracht erscheint, über den dringend verdächtigen Beschuldigten die Untersuchungshaft zu verhängen" (Abg. Kanka, zu BTDrucks. IV 1020, S. 2). Auch ist es undenkbar, daß der Gesetzgeber eine erkennbare Begründungserleichterung (§ 112 Abs. 2 Satz 2 a. F.) abschafft und im gleichen Augenblick eine viel weitergehende verdeckte einführt.

Auch die verfassungskonforme Auslegung ist nicht frei. Sie kann wohl den Willen des Gesetzgebers und des Gesetzes verkürzen, soweit er dem Grundgesetz zuwiderläuft. Sie kann aber dem Gesetz nicht einen Sinn unterlegen, den es nach dem erkennbaren Willen des Gesetzgebers gerade nicht haben soll. Wenn daher zufolge des Beschlusses des Bundesverfassungsgerichts als verfassungswidrig das nicht erlaubt ist, was der Gesetzgeber gewollt hat, der Gesetzgeber aber das nicht gewollt hat, was das Bundesverfassungsgericht als verfassungsgemäß zugesteht, dann ist für eine verfassungskonforme Auslegung kein Raum; vielmehr ist Absatz 4, weil verfassungswidrig, ungültig (ebenso Dahs NJW. **1966**, 761 und, wenn auch aus anderen Erwägungen, Schmidt-Leichner, S. 428).

15. Verhältnismäßigkeit (Absatz 1 Satz 2). Mit der Untersuchungshaft wird in das Grundrecht des Beschuldigten auf Freiheit seiner Person (Art. 2 Abs. 2 Satz 2 GG.) eingegriffen. Da der Eingriff, um das Grundrecht so lange wie möglich zu erhalten, so zurückhaltend wie möglich auszuüben ist, darf die Untersuchungshaft nicht angeordnet werden, wenn sie zu der Bedeutung der Sache und der zu erwartenden Strafe oder Maßregel der Sicherung und Besserung außer Verhältnis steht. Dieser Grundsatz der Verhältnismäßigkeit, der in § 120 Abs. 1 für die Frage der Aufhebung des Haftbefehls nochmals wiederholt wird, ist eine der bedeutendsten Sicherungen gegen eine zu großzügige Verwendung der Untersuchungshaft. Der Grundsatz berührt sich mit der Anordnung in Art. 5 MenschRKonv., daß jedermann Anspruch auf Hauptverhandlung innerhalb angemessener Frist oder auf Entlassung gegen Sicherheitsleistung hat — ein Anspruch, der jetzt in § 121 seine Ausformung erhalten hat —; er ist aber von ihr zu unterscheiden.

Der Grundsatz der Verhältnismäßigkeit kommt in der negativen Form zum Ausdruck, daß die Untersuchungshaft nicht angeordnet werden darf, wenn sie zu der Sanktion außer Verhältnis steht. Sinn hat diese Fassung nur, wenn damit der Grundsatz in dubio pro reo ausgeschlossen werden soll (vgl. SchwKleinknecht, 3B zu § 112). Ihr liegt also die Auffassung zugrunde, daß dieser Grundsatz auch bei Wertungen selbst anzuwenden ist (SchwKleinknecht, 8C zu § 261), und nicht nur für die den Wertungen zugrunde liegenden Tatsachen. Ist man dagegen der Ansicht, daß die Regel in dubio pro reo sich nur auf die Tatsachenfeststellung bezieht (Henkel, § 16 I 4; Kern, § 15 D 2), dann kommt der negativen Fassung keine Bedeutung zu; sie zwingt nicht zu der Theorie, der sie entsprungen ist. Die Feststellung, daß die Haft zur Sanktion nicht außer Verhältnis stehe, kann dann zu keinem anderen Ergebnis führen, als daß die Haft zur Sanktion in einem (angemessenen) Verhältnis stehe. Hätte das Gesetz diese Fassung erhalten, wäre es einfacher geworden; die Verhältnismäßigkeit wäre als Haftvoraussetzung herausgestellt, was sie nach überwiegender Auffassung auch ist; damit hätte die umständliche Fassung des § 120 Abs. 1 Satz 1 vermieden werden können. Immerhin hat die Fassung die Bedeutung, den Richter darauf hinzuweisen, daß er nach Lage der Akten zu entscheiden hat und keine Ermittlungen anzustellen braucht, um die Tatfolgen zu klären (Begrdg., BTDrucks., IV 178, S. 22), die vielleicht erst ein sicheres Urteil über die Verhältnismäßigkeit zulassen. Aber das ist selbstverständlich; im Haftverfahren sind alle Beurteilungen vorläufiger Art auf der Grundlage eines der Veränderung unterworfenen Tatsachenmaterials.

Nach Absatz 1 Satz 2 darf die „erlittene" (§ 60 StGB.) Untersuchungshaft dem Grundsatze nach nicht schwerer wiegen, als das durch die Haft gesicherte Verfahrensziel, die Strafe oder die Maßregel der Sicherung und Besserung. Dazu ist abzuschätzen, welche Freiheitsstrafe der Beschuldigte zu erwarten hat. Weiter ist zu prüfen (Schultz JR. **1963** 297), ob sie vielleicht ganz (§ 23 StGB.) oder teilweise (§ 26 StGB.) auszusetzen ist, oder ob nicht nur eine Geldstrafe oder eine nicht freiheitsentziehende Maßregel zu erwarten ist. In diesen Fällen, die nach der Statistik ein Sechstel aller Untersuchungshaftfälle ausmachen, wird in der Regel schon Fluchtverdacht, grundsätzlich aber die Verhältnismäßigkeit zu verneinen sein. Im Einzelfall kann jedoch, namentlich wenn der Beschuldigte flüchtig ist, und insbesondere im Hinblick auf eine später mögliche Rückfallverschärfung, durchaus die Verurteilung als solche bedeutungsvoll genug sein, die Untersuchungshaft zu verhängen (Müller-Sax, 8b zu § 112). Da indessen die Untersuchungshaft ein schwerer Eingriff in die Freiheit einer Person ist, deren Schuld erst festgestellt werden muß (Nr. 35 Satz 1 RiStV.), ist sie als eine Ausnahmemaßnahme anzusehen, die nur angewendet werden darf, wenn sie unbedingt notwendig ist. Bei Abwägung werden die Art des verletzten Rechtsgutes und die Schuld des Täters, in geringerem Umfange auch das Unrecht der Tat, Berücksichtigung erheischen (a. A. Baumann, S. 652, der die Tatschwere nur im Sinne der zu erwartenden Strafhöhe bedeutsam sein läßt).

16. Subsidiarität. Sind alle vorhergenannten Voraussetzungen erfüllt, so darf die Untersuchungshaft gleichwohl nicht verhängt werden, wenn der Beschuldigte freiwillig Pflichten übernimmt oder sich freiwillig Beschränkungen unterwirft, durch welche die erstrebte Wirkung auch ohne Verhaftung erreicht wird (OLG. Frankfurt JR. **1951** 92). § 116 sieht bei Maßnahmen, welche die Fluchtgefahr erheblich vermindern, die Aussetzung des Vollzugs eines Haftbefehls vor. Ist es indessen nicht notwendig, dem Beschuldigten Pflichten und Beschränkungen aufzuerlegen, wird vielmehr der Haftgrund schon dadurch ausgeschlossen, daß er sie freiwillig übernimmt, dann entfallen damit die Haftvoraussetzungen. Das kann auch bei Verdunkelungsgefahr der Fall sein, etwa wenn ein kindlicher Zeuge in ein Heim verbracht und sichergestellt wird, daß der Beschuldigte dort mit ihm nicht in Verbindung treten kann. In der Regel wird es allerdings die Fluchtgefahr sein, die durch Übernahme von Pflichten ausgeschlossen wird. So kann z. B. bei Vermögenslosen die Abgabe des Reisepasses die Fluchtgefahr beseitigen, weil ohne einen Paß im Ausland keine Arbeitsgenehmigung erteilt zu werden pflegt.

Freiwillige Übernahme von Pflichten und Beschränkungen macht die Untersuchungshaft allerdings nur entbehrlich, wenn eine große Sicherheit dafür gegeben ist, daß sie auch innegehalten werden, und wenn weder behördliche Überwachung notwendig ist, noch andere Sanktionen als der Erlaß eines Haftbefehls geboten sind. Ist dagegen die stärkere Drohung erforderlich, es werde alsbald ein bereits erlassener Haftbefehl vollstreckt werden, dann ist der Weg des § 116 zu wählen. Er ist allein zulässig bei einer Sicherheitsleistung, weil bei formloser Sicherheitsbestellung § 122 (Verfall) keine Anwendung finden könnte.

In Jugendsachen ist das dem allgemeinen Haftrecht angehörende Subsidiaritätsprinzip in § 72 Abs. 1 JGG. ausdrücklich festgelegt. Nach dieser Bestimmung darf Untersuchungshaft nur verhängt werden, wenn ihr Zweck nicht durch eine vorläufige Anordnung über die Erziehung oder durch andere Maßnahmen erreicht werden kann. Als solche kommen in Betracht Weisungen über den Aufenthalt, den Arbeitsplatz, Meldepflichten und ähnl. (Dallinger-Lackner, 8 zu § 71), jedoch ist es unzulässig, die vorläufige Fürsorgeerziehung anzuordnen (§ 71 Abs. 1 Satz 2 JGG.).

17. Gesamtwürdigung. Ist unter Berücksichtigung aller dieser Umstände die Untersuchungshaft zulässig, so sollte — scheint es — ein Zwang (so Siegert JW. **1925** 929) bestehen, sie zu verhängen. Denn wenn das Mittel der Untersuchungshaft einem bestimmten Verfahrenszweck dient, so scheint der Richter, weil er diesen Zweck nicht nach Belieben preisgeben kann, dieses Mittel, wenn es zulässig ist, auch anwenden zu müssen. Das Gesetz verordnet aber ausdrücklich, daß die Untersuchungshaft, wenn bestimmte Voraussetzungen vorliegen, verhängt werden darf, nicht daß sie alsdann zu verhängen ist. Darin liegt die Erkenntnis, daß sich die Haftvoraussetzungen niemals mathematisch berechnen lassen. Der Richter muß nicht nur abwägen, was etwa für und gegen eine Flucht spricht, sondern auch, ob der Fluchtverdacht mehr oder weniger dringend ist, und ob bei Abwägung dieser Umstände die Nachteile der Haft, etwa für Gesundheit, Beruf und Familie, im rechten Verhältnis zu der zu erwartenden Strafe stehen (Dürig bei Maunz-Dürig, GG., 54 zu Art. 2 Abs. 2). Die Erwägungen greifen oft ineinander und betreffen verschiedene Haftvoraussetzungen. Wenn sich der Haftrichter auch über jede einzelne von ihnen Rechenschaft zu geben hat, so muß er zuletzt doch auf Grund einer Gesamtwürdigung entscheiden, ob der Zweck des Verfahrens das Mittel der Untersuchungshaft erfordert. Bejaht er das, dann muß er allerdings die Haft verhängen und kann nicht in einer Art Gnadenentscheidung willkürlich in dem einen Fall von einer Verhaftung absehen und sie in einem anderen Fall anordnen.

18. Haftunfähigkeit. § 455 enthält zwei Gründe, die der Vollstreckung einer Freiheitsstrafe entgegenstehen:

wenn der Verurteilte in Geisteskrankheit verfällt;

wenn von der Vollstreckung wegen anderer Krankheiten eine nahe Lebensgefahr für den Verurteilten zu besorgen ist.

Endlich kann die Strafvollstreckung aufgeschoben werden,

wenn sich der Verurteilte in einem körperlichen Zustand befindet, bei dem eine sofortige Vollstreckung mit der Einrichtung der Strafanstalt unverträglich ist.

Die Vorschrift bezieht sich nach ihrem Wortlaut nicht auf die Untersuchungshaft, ist aber doch teilweise auf sie entsprechend anzuwenden.

a) Geisteskrankheit. Der erste dieser Gründe schließt schon seiner Natur nach die Untersuchungshaft regelmäßig aus: Gegen einen Geisteskranken kann, weil er nicht verhandlungsfähig ist, kein Verfahren und nach § 455 Abs. 1 Satz 1 keine Vollstreckung stattfinden. Demzufolge ist auch die Untersuchungshaft, weil sie der Sicherung des Verfahrens und einer künftigen Vollstreckung dient, unzulässig. Das gilt immer, wenn ein Ende der Geisteskrankheit nicht abzusehen ist. Ist das nach ärztlichem Gutachten ausnahmsweise der Fall, kann wohl ein Haftbefehl ergehen, doch kann er erst nach Beendigung der Geisteskrankheit vollstreckt werden. Denn vorher ist wegen Verhandlungsunfähigkeit das Haftverfahren (§ 114b Abs. 2 und 3, § 114d Abs. 1, § 115a Abs. 4) nicht durchführbar. Hat die Geisteskrankheit schon bei der Tat vorgelegen, ist einstweilige Unterbringung nach § 126a zulässig.

b) Lebensgefährdung durch den Vollzug der Untersuchungshaft schließt diese in der Regel ebenfalls aus. Wenn diese Gefährdung den Staat zu dem Verzicht veranlaßt, einen Schuldigen einzusperren (§ 455 Abs. 2), so ist diesem Umstand der Wille des Gesetzgebers zu entnehmen, auch auf die Inhaftierung eines Beschuldigten zu verzichten, der noch als unschuldig gilt (Art. 6 Abs. 2 MenschRKonv.) und es vielleicht sogar ist. Das Ergebnis folgt aus den oben dargestellten Grundsätzen der Verhältnismäßigkeit (Beling, § 102 II 7b Abs. 3; Hartung, S. 930; Kohlrausch, S. 1440) und der Gesamtwürdigung (Löwenstein JW. **1925** 1458). Das Leben des Beschuldigten steht höher als der Untersuchungszweck (Ebermayer, S. 1455); der Staat hat nicht das Recht, jenem Zweck ein Menschenleben zu opfern (v. Lilienthal, S. 1448).

Aus den Grundsätzen der Verhältnismäßigkeit und der Gesamtwürdigung, aus denen das Ergebnis gewonnen ist, ergibt sich auch die Ausnahme von ihm: Ein wegen schwerster Taten dringend Verdächtiger, der höchste Strafen und bei deren Verbüßung den Tod im Zuchthaus oder in der Sicherungsverwahrung zu erwarten hat, muß wegen des hohen Sühneverlangens auch der Lebensgefahr bei Verhaftung ausgesetzt werden (Klefisch, S. 1450; Strassmann JW. **1925** 1453; a. A. — bei Lebensgefährdung darf auch gegen Mörder kein Haftbefehl ergehen — „Judex" JR. **1925** 918), wenn — was in der Regel nicht der Fall sein wird — der Fluchtverdacht sehr dringend ist. Das wird zu bejahen sein, wenn Angehörige Anstalten treffen, den Beschuldigten in ein Gebiet zu verbringen, aus dem er nicht ausgeliefert werden wird. Steht allerdings mit Sicherheit zu erwarten, daß der Beschuldigte die Hauptverhandlung nicht erleben wird, dann ist die Untersuchungshaft, weil für das Verfahren sinnlos, unzulässig.

c) Sonstige Krankheiten stehen der Anordnung der Untersuchungshaft nicht entgegen. Der Gedanke des § 455 Abs. 2 („Die Strafvollstreckung kann aufgeschoben werden, wenn sich der Verurteilte in einem körperlichen Zustand befindet, bei dem eine sofortige Vollstreckung mit der Einrichtung der Strafanstalt unverträglich ist") kann ggf. die Vollstreckung der Untersuchungshaft gegen einen Seuchenkranken unmöglich machen. Doch wird dabei auf Anstaltszwecke abgestellt, die mit den Haftvoraussetzungen nichts zu tun haben. Die Gefahr der Verschlimmerung einer Krankheit, meist zufolge der seelischen Belastung der Untersuchungshaft, ist bei der Prüfung des Grundsatzes der Verhältnismäßigkeit und bei der Gesamtwürdigung zu berücksichtigen, kann aber für sich allein die Anordnung der Untersuchungshaft nicht hindern.

Die entwickelten Gedanken gelten auch für die Schwangerschaft. Doch wird der Erwägung, daß durch die Ungewißheit der Haft seelische Belastungen entstehen und dadurch Komplikationen hervorgerufen werden können, in den letzten Schwangerschaftsmonaten besonderes Gewicht beizumessen sein.

19. Haft in anderer Sache. Strafhaft oder Untersuchungshaft in anderer Sache ist vom Richter beim Erlaß des Haftbefehls nicht zu berücksichtigen, weil sie, in der Regel ohne seinen Einfluß, jederzeit beendet werden kann. Dagegen spielt sie beim Vollzug des Haftbefehls eine Rolle (s. u. 11 bis 13 zu § 114).

20. Haftprüfung. Die Untersuchungshaft ist nur zulässig, wenn die Voraussetzungen der §§ 112, 113, einschließlich der Verhältnismäßigkeit, gegeben sind. Daraus folgt, daß sie unzulässig ist, wenn diese Voraussetzungen nicht bestehen und weiter, daß sie unzulässig wird, sobald sie weggefallen sind. Deshalb ist der Haftbefehl aufzuheben, „sobald" die Voraussetzungen der Untersuchungshaft nicht mehr vorliegen (§ 120 Abs. 1 Satz 1), d. h. in dem Augenblick, in dem sie entfallen sind. Um diesem Befehl des Gesetzes zu gehorchen, muß der Richter unabhängig von Anträgen jederzeit prüfen, ob die Voraussetzungen des Haftbefehls noch bestehen oder ob der Haftbefehl aufzuheben oder wenigstens sein Vollzug nach § 116 auszusetzen ist. Die gleiche Pflicht trifft den Staatsanwalt (Nr. 43 Abs. 1 Satz 1 RiStV.), gleichviel ob das Ermittlungsverfahren noch läuft oder ob öffentliche Klage erhoben ist. Zu diesem Zweck wird der Staatsanwalt während des Ermittlungsverfahrens die Sachakten regelmäßig nicht aus der Hand geben (Nr. 43 Abs. 3 Satz 1 RiStV.). Muß er das ausnahmsweise tun, wird er die Haftsache an Hand von Hilfsakten fortlaufend weiter bearbeiten (Nr. 12 Abs. 1 Satz 4 RiStV.) und dabei dauernd die Haftfrage prüfen. Auch wenn Anklage erhoben ist, bleibt der Staatsanwalt dafür verantwortlich, daß nach den §§ 116, 120 verfahren wird, sobald das irgend möglich ist. Er hat daher die Haftsachen weiterhin an Hand der Handakten im Auge zu behalten und namentlich darauf zu achten, ob die weitere Untersuchungshaft zu der zu erwartenden Strafe noch in einem angemessenen Verhältnis steht (Nr. 43 Abs. 1 Nr. 2 RiStV.).

S. auch u. § 120.

21. Hinweise. Anordnung der Untersuchungshaft: § 114 Abs. 1; Inhalt des Haftbefehls: § 114 Abs. 2 und 3; Vollstreckung des Haftbefehls: §§ 115, 115a; Aussetzung des Vollzugs des Haftbefehls: § 116; Aufhebung des Haftbefehls: § 120; zuständiges Gericht: §§ 125, 126.

Haftprüfung: §§ 117 bis 118c; Sechsmonatsprüfung: §§ 121, 122; Vollstreckung der Untersuchungshaft: § 119.

Einstweilige Unterbringung für geisteskranke Täter: § 126a.

22. Übergangsrecht. Durch die neue Fassung der §§ 112, 113 sind die Voraussetzungen der Untersuchungshaft verschärft worden; der bisher schon geltende Grundsatz der Verhältnismäßigkeit hat in § 112 Abs. 1 Satz 2 und in § 120 Abs. 1 Satz 2 ausdrücklich gesetzliche Ausformung erhalten. Da die Untersuchungshaft nur zulässig ist, wenn die Voraussetzungen der §§ 112, 113 gegeben sind, müßten beim Inkrafttreten des Strafprozeßänderungsgesetzes sämtliche Haftbefehle von Amts wegen überprüft werden. Davon stellt Art. 15 Abs. 2 StPÄG. den Richter durch die Vorschrift frei, daß bei einem vor dem Inkrafttreten des Strafprozeßänderungsgesetzes erlassenen Haftbefehl die (strengeren) Voraussetzungen des neuen Rechts von Amts wegen erst dann zu prüfen sind, wenn der Richter bei einer Haftprüfung, die nach den bisher geltenden Vorschriften vorzunehmen ist, oder aus einem sonstigen Grund mit dem Haftbefehl erneut befaßt wird. Wegen des Relativsatzes „die nach den bisher geltenden Vorschriften vorgenommen wird“ s. u. 10 zu § 117. Im übrigen ist eine Kommentierung wegen des Zeitablaufs entbehrlich.

§ 113

(1) Ist die Tat nur mit Gefängnis bis zu sechs Monaten, mit Haft oder mit Geldstrafe, allein oder nebeneinander, bedroht, so darf die Untersuchungshaft wegen Verdunkelungsgefahr nicht angeordnet werden.

(2) In diesen Fällen darf die Untersuchungshaft wegen Fluchtgefahr nur angeordnet werden, wenn der Beschuldigte

1. sich dem Verfahren bereits einmal entzogen hatte oder Anstalten zur Flucht getroffen hat,

2. im Geltungsbereich dieses Gesetzes keinen festen Wohnsitz oder Aufenthalt hat oder

3. sich über seine Person nicht ausweisen kann.

(3) Die Beschränkungen des Absatzes 2 entfallen, wenn der Beschuldigte einer Tat verdächtig ist, wegen deren die Unterbringung in einem Arbeitshaus angeordnet werden kann.

Entstehungsgeschichte: I. Entw. § 98 Abs. 2. II. Entw. § 100. III. Entw. § 102.

Änderungsvorschläge: N. E. I, II § 111. N. E. III § 115. Entw. EGStGB. Art. 70 Nr. 64 § 112c.

Spätere Änderungen: Die Einschränkung der Untersuchungshaft fand früher bei Taten statt, die nur mit Haft oder Geldstrafe bedroht waren. Eine Ausnahme war zunächst vorgesehen für Übertretungen, bei denen Überweisung an die Landespolizeibehörde angeordnet werden konnte. Durch Art. 2 Nr. 5 des G. vom 24. 11. 1933 wurde dafür die Anordnung der Unterbringung in einem Arbeitshaus eingesetzt. Diese Änderung wurde durch Art. 3 Nr. 44 VereinhG. aufrechterhalten. Ihre jetzige Fassung, die namentlich mit dem weiteren Strafrahmen die Einschränkung erweitert, hat die Vorschrift erhalten durch Art. 1 Nr. 1 StPÄG.

Die Bestimmung zeigt die Möglichkeiten, mit denen der Gesetzgeber die Untersuchungshaft wohl wirksamer einschränken kann, als wenn er fortfährt, die Voraussetzungen der Haft mit Hilfe von Klauseln und Kautelen zu erschweren, die die Praxis kaum anwenden kann, ja in einigen Fällen unbeachtet lassen muß, wenn sie dem erkennbaren Willen des Gesetzgebers genügen will. Im Falle des § 113 wird, von den in Absatz 2 aufgeführten Ausnahmen abgesehen, selbst bei eindeutiger Fluchtgefahr die Verhaftung untersagt, obwohl im Einzelfall eine Strafe von sechs Monaten erwartet werden kann. Das ist ein klarer Verzicht des Gesetzgebers, nicht nur auf die Haft, sondern ggf. auch auf die Durchführung des Verfahrens überhaupt. Der Verzicht sollte nicht auf die Strafdrohung, sondern auf die zu erwartende Strafe aufbauen und diese Strafe mit neun Monaten bemessen. Damit würde der Gesetzgeber die Entscheidung übernehmen, die die Praxis ihm, wie sich gezeigt hat, nicht abgenommen hat und wohl auch nicht abnehmen will. Würde auf diese Weise die Kleinkriminalität großzügig von der Untersuchungshaft ausgenommen, dann wären wohl die augenfälligsten Beschwerden beseitigt.

1. Bagatelldelikte. Aus dem allgemein im Haftrecht geltenden Grundsatz der Verhältnismäßigkeit (s. o. 15 zu § 112) zieht der Gesetzgeber in § 113 selbst die Folgerung, daß er bei Straftaten, die nur mit geringer Strafe bedroht sind, die Untersuchungshaft nur sehr eingeschränkt zuläßt: Nur bei Flucht (§ 112 Abs. 2 Nr. 1) bleibt die Untersuchungshaft ohne einschränkende Voraussetzungen zulässig. Dagegen darf sie wegen Verdunkelungsgefahr (§ 112 Abs. 1 Nr. 3) überhaupt nicht angeordent werden und wegen Fluchtgefahr (§ 112 Abs. 1 Nr. 2) nur, wenn diese besonders naheliegt. Als Strafrahmengrenze werden bezeichnet Gefängnis bis zu sechs Monaten, Haft oder Geldstrafe, allein oder nebeneinander, gleichgültig, ob neben der Hauptstrafe auch auf Nebenstrafen, z. B. auf Einziehung erkannt werden kann oder muß. Darunter fallen alle Übertretungen (§ 1 Abs. 3 StGB.) und eine nicht unbedeutende Zahl von Vergehen, die freilich in der Haftpraxis keine große Rolle spielen, z. B. Parlamentsbannmeilenbruch (§ 106a Abs. 1 StGB.), Hausfriedensbruch (§ 123 Abs. 1 StGB.), Verletzung amtlicher Anschläge (§ 134 StGB.), Siegelbruch (§ 136 StGB.), Verleitung zur Abgabe einer falschen Versicherung an Eides Statt oder einer falschen uneidlichen Aussage (§ 160 StGB.), Ehebruch (§ 172 StGB.), Verkauf schamloser Schriften an Jugendliche (§ 184a StGB.), Bedrohung (§ 241 StGB.), mittelbare Falschbeurkundung (§ 271 StGB.), Beteiligung am Glücksspiel (§ 284a StGB.), unbefugtes Fischen in deutschen Küstengewässern (§ 296a StGB.), Verletzung des Briefgeheimnisses (§ 299 StGB.), Bruch des Berufsgeheimnisses (§ 300 Abs. 1 StGB.), Ausbeutung Minderjähriger (§ 301 StGB.), Kreditwucher (§ 302a StGB.), Nachwucher (§ 302c in Vbdg. mit § 302a StGB.), Bestechlichkeit (§ 331 StGB.), fahrlässiges Entweichenlassen eines Gefangenen.

Das Gesetz erwähnt die Einschließung nicht, obwohl bei zwei Tatbeständen (§ 201: Herausforderung zum Zweikampf; § 203: Kartelltragen) Einschließung mit der Höchststrafe von sechs Monaten angedroht ist. Da Einschließung gegenüber Gefängnis die mildere Strafe darstellt, und da kein Grund zu erkennen ist, sie von § 113 auszunehmen, muß ein Redaktionsversehen angenommen werden. Es wird dadurch entstanden sein, daß der Regierungsentwurf nur drei Monate Gefängnis vorgesehen hatte (BTDrucks. IV 178, S. 2). Da die mildeste Einschließungsstrafe die bis zu sechs Monaten ist, konnte der Regierungsentwurf sie nicht berücksichtigen. Als der Bundestag die Gefängnisstrafe auf sechs Monate erhöht hat (BTDrucks. IV 1020, S. 3; BTProt. IV 3107 B), ist wohl übersehen worden, die Einschließung einzubeziehen. § 113 ist daher auch bei den beiden genannten Tatbeständen anzuwenden (eingehend Amft und Gintzel NJW. **1966** 95). Ob man sich den Eingang des § 113 um die Worte „mit Einschließung bis zu neun Monaten" (vgl. § 21 StGB.) oder „bis zu sechs Monaten" ergänzt vorstellen muß, kann dahingestellt bleiben, weil es Einschließung bis zu neun Monaten nicht gibt.

Die gleichen Erwägungen müssen für § 39 Abs. 2 WStG. (Mißbrauch der Disziplinarstrafgewalt in besonders leichten Fällen) gelten, den einzigen Tatbestand, wo Strafarrest (Höchstmaß sechs Monate, § 9 Abs. 1 WStG.) allein angedroht ist. Strafarrest ist nach § 8 WStG. die leichteste der im Wehrstrafgesetz angedrohten Strafen; er ist jedenfalls gegenüber der Gefängnisstrafe die der Art nach mildere Strafe (BGHSt. **12** 246).

Die Ungehorsamshaft (§ 230 Abs. 2, § 236) wird von § 113 nicht berührt.

2. Fluchtgefahr. Während bei Delikten dieser Gruppe Untersuchungshaft wegen Verdunkelungsgefahr in keinem Fall angeordnet werden darf, ist sie wegen Fluchtgefahr nur zulässig, wenn besondere Voraussetzungen vorliegen. Sie werden in der Regel Fluchtgefahr begründen, brauchen das aber nicht immer. Sie brauchen auf der anderen Seite nicht die Tatsachen zu sein, aus denen sich die Fluchtgefahr ergibt. Daraus und weil § 113 den § 112 einschränkt, folgt, daß bei Bagatelldelikten sowohl die Voraussetzungen des § 112 als auch diejenigen des § 113 Abs. 2 festgestellt werden müssen (Kleinknecht MDR. **1965** 782; a. A. — Haftgründe des § 112 brauchen nicht vorzuliegen — Dreves DRiZ. **1965** 112). Die besonderen Voraussetzungen sind gegeben, wenn der Beschuldigte

sich dem Verfahren bereits einmal, z. B. durch Flucht oder Verbergen, entzogen hatte, oder wenn er Anstalten zur Flucht getroffen hat. Das kommt in Betracht, wenn er nach einer Straftat, namentlich aber nachdem ihm die Strafverfolgung bekannt geworden ist, Geld flüssig macht, sich Fahrkarten versorgt, einen Reisepaß erteilen läßt, und wenn kein Anlaß (Geschäftsreise, Verwandtenbesuch) zu der Reise ersichtlich ist;

in der Bundesrepublik und in West-Berlin keinen festen Wohnsitz (s. o. 1 zu § 8) oder Aufenthalt hat. Gefordert wird nicht der gewöhnliche Aufenthalt (s. o. 2 zu § 8), sondern lediglich ein tatsächlicher, an dem der Beschuldigte erreichbar ist. Wohnsitz im Ausland, in der SBZ. oder in Ostberlin reicht nicht aus;

sich über seine Person nicht ausweisen kann. Solchen Personen ist gleichzustellen, wer sich nicht ausweisen will, wer seinen Namen verschweigt oder falsch angibt (OLG. Hamburg GA. **72** 275). Im übrigen kommt es auf den guten oder bösen Willen nicht an: Die Tatsache, daß sich jemand nicht ausweisen kann, ist entscheidend; die Gründe hierfür spielen keine Rolle, können aber zu dringlichen, ggf. telefonischen, Ermittlungen nötigen. Die Vorschrift findet keine Anwendung, wenn der Beschuldigte, der sich nicht ausweisen kann, bekannt ist (Feisenberger, 7 zu § 112).

3. Arbeitshaus. Ist der Beschuldigte einer Tat verdächtig, wegen deren die Unterbringung in einem Arbeitshaus angeordnet werden kann, dann entfallen die Beschränkungen des Absatzes 2, der Beschuldigte kann also wegen Fluchtgefahr in Untersuchungshaft genommen werden, falls die Voraussetzungen des § 112 vorliegen. Untersuchungshaft wegen Verdunkelungsgefahr bleibt unzulässig. Das Gesetz gebraucht abkürzend das Wort „verdächtig", doch ist nicht zweifelhaft, daß auf den in § 112 Abs. 1 genannten Verdacht, also den dringenden Verdacht, Bezug genommen werden soll.

Die Unterbringung in einem Arbeitshaus kann angeordnet werden bei Übertretungen nach § 361 Nr. 3 bis 5 StGB. (Verletzungen von Beschränkungen bei Polizeiaufsicht, Betteln, Landstreichen, Verkommen), 6a bis 8 StGB. (Unzuchtsdelikte, Weigerung des Unterstützten, zu arbeiten, verschuldete Obdachlosigkeit) und bei jemandem, der gewohnheitsmäßig zum Erwerbe Unzucht treibt, bei Übertretungen nach § 361 Nr. 6 StGB. (Anbieten zur Unzucht).

4. Wegen des **Übergangsrechts** s. o. 22 zu § 112.

§ 114

(1) Die Untersuchungshaft wird durch schriftlichen Haftbefehl des Richters angeordnet.

(2) In dem Haftbefehl sind anzuführen

1. der Beschuldigte,

2. die Tat, deren er dringend verdächtig ist, Zeit und Ort ihrer Begehung, die gesetzlichen Merkmale der strafbaren Handlung und die anzuwendenden Strafvorschriften,

3. der Haftgrund sowie

4. die Tatsachen, aus denen sich der dringende Tatverdacht und der Haftgrund ergibt, soweit nicht dadurch die Staatssicherheit gefährdet wird.

(3) Wenn die Anwendung des § 112 Abs. 1 Satz 2 naheliegt oder der Beschuldigte sich auf diese Vorschrift beruft, sind die Gründe dafür anzugeben, daß sie nicht angewandt wurde.

Entstehungsgeschichte: I. Entw. § 100. II. Entw. § 101. III. Entw. § 103.

Änderungsvorschläge: N. E. I, II §§ 112, 114. N. E. III §§ 129, 134, 135 Entw. EGStGB. Art. 70 Nr. 64 bis 66, §§ 113b, 114.

Spätere Änderungen: § 114 Abs. 1 und 2 lautete früher: „Die Verhaftung erfolgt auf Grund eines schriftlichen Haftbefehls des Richters. In dem Haftbefehl ist der Angeschuldigte genau zu bezeichnen und die ihm zur Last gelegte Handlung sowie der Grund der Verhaftung anzugeben". Die gegenwärtige Fassung beruht auf Art. 1 Nr. 1 StPÄG. Neu sind Absatz 2 Nr. 3

und Absatz 3. Der frühere Absatz 3 (Bekanntmachung des Haftbefehls) hat jetzt als § 114a eine selbständige Stellung erhalten.

Schrifttum: Creifelds, Die Begründung des Haftbefehls nach dem Strafprozeß-Änderungsgesetz, NJW. **1965** 946.

1. Haftbefehl. Die §§ 112 und 113 enthalten die sachlichen Voraussetzungen des Haftbefehls, § 114 Abs. 2 und 3 trifft — abschließend — Bestimmungen über seinen Inhalt. Absatz 1 behält die Anordnung der Untersuchungshaft in Ausführung von Art. 104 Abs. 1 Satz 2 GG. dem Richter vor. Die Vorschrift wird ergänzt durch § 125; dort wird bestimmt, welcher Richter in den verschiedenen Verfahrensabschnitten zuständig ist, den Haftbefehl zu erlassen. Die alleinige Zuständigkeit des Richters, die Untersuchungshaft anzuordnen, erei[det keine Ausnahme. Zwar ist in § 127 Abs. 1 und 2 für genau abgegrenzte Fälle die Verhaftung ohne Haftbefehl zugelassen; die Anordnung der Untersuchungshaft, d. i. die Entscheidung über die Zulässigkeit einer Freiheitsentziehung i. S. von Art. 104 Abs. 2 Satz 1 und 2 GG., ist aber auch dort dem Richter vorbehalten (§ 128 Abs. 2 Satz 1).

Haftbefehl ist nach der Definition des Absatzes 1 die gerichtliche Entscheidung, daß gegen den Beschuldigten die Untersuchungshaft angeordnet wird. Diese Anordnung („Gegen den Beschuldigten wird die Untersuchungshaft angeordnet"; „der Beschuldigte ist zur Untersuchungshaft zu bringen") ist notwendiger Inhalt des Haftbefehls. Fehlt ein die Untersuchungshaft anordnender Satz, dann liegt kein Haftbefehl vor; die Bezeichnung als Haftbefehl ersetzt die ausdrückliche Anordnung nicht. Der Mangel kann jederzeit, auch vom Beschwerdegericht, geheilt werden, kann aber die Festnahme rechtswidrig machen, wenn nicht bei ihr die Voraussetzungen dafür vorliegen, den Beschuldigten auch ohne Haftbefehl festzunehmen (§ 127 Abs. 2).

Die Untersuchungshaft kann nur schriftlich angeordnet werden, doch ist der Schriftform genügt, wenn der Haftbefehl in ein Protokoll aufgenommen ist (EbSchmidt, 3 zu § 114; Müller-Sax, 1 zu § 114; SchwKleinknecht, 1 zu § 114). Die Angaben des Absatzes 2, und ggf. des Absatzes 3, müssen dann ebenfalls im Protokoll enthalten sein; die Personalangaben (s. u. 3) können dem Protokolleingang entnommen werden (a. A. — auch die Personalangaben müssen wiederholt werden — Müller-Sax, 1 zu § 114), die Unterschrift kann der Richter bei Abschluß des Protokolls anfügen. Ein solches Verfahren ist aber schon deshalb nicht zu empfehlen, weil der Beschuldigte bei seiner Verhaftung eine Abschrift des Haftbefehls zu erhalten hat; sie ist leichter nach dem amtlichen Vordruck als aus dem Protokoll anzufertigen. Es wird daher grundsätzlich ein Haftbefehl nach dem amtlichen Vordruck auszustellen, zu unterschreiben und dem Protokoll als Anlage beizufügen sein.

Auf den Haftbefehl nach § 61 Abs. 1 JGG. ist § 114 sinngemäß anzuwenden. Da der Jugendliche schon verurteilt ist, können die Tat, deren er dringend verdächtig ist, und die Tatsachen, die den Verdacht rechtfertigen, nicht eingesetzt werden. Dafür ist das Urteil unter Angabe der Strafe aufzuführen; die Straftat braucht nur kurz (wegen Diebstahls) bezeichnet zu werden. Als Haftgrund ist die Notwendigkeit anzugeben, den Widerruf der Aussetzung zu prüfen.

2. Prozeßvoraussetzungen. Ein Haftbefehl darf nicht erlassen werden, wenn Prozeßhindernisse (z. B. Verjährung) der Bestrafung entgegenstehen (Lobe-Alsberg, 2 zu § 112), auch wenn sie noch beseitigt werden können. Daher darf, soweit die Strafverfolgung von der Genehmigung des Parlaments abhängt (Art. 46 Abs. 2), ein Haftbefehl erst ergehen, nachdem die Verhaftung genehmigt worden ist, es sei denn, daß der Abgeordnete bei Begehung der Tat oder im Laufe des folgenden Tags festgenommen worden ist. Im letzteren Fall bedarf weder die Strafverfolgung im allgemeinen noch die Verhaftung im besonderen der parlamentarischen Genehmigung. Soweit der Abgeordnete nicht verfolgbar ist (Art. 46 Abs. 1 GG.), darf gegen ihn auch kein Haftbefehl ergehen. Ebenso ist kein Haftbefehl zulässig gegen Exterritoriale, d. s. die Missionschefs (Botschafter, Legaten und Nuntien, Gesandte, außerordentliche Gesandte und Geschäftsträger), ihre Familien und ihr nichtdeutsches Personal (§§ 18, 19 GVG.; Dahm, Völkerrecht I 315, 325, 341).

Dagegen wird die Anordnung der Untersuchungshaft nicht ausgeschlossen (vgl. § 127 Abs. 3; § 130 Satz 1) durch das noch behebbare Fehlen eines Strafantrags (§ 61 StGB.), der noch gestellt werden kann, einer Ermächtigung (§ 95 Abs. 4, § 97 Abs. 2, § 100c Abs. 2 Satz 2, § 104a, § 197 Satz 2, § 353a Abs. 2 StGB.), eines Strafverlangens (§ 104a StGB.), einer Anordnung (§ 353b Abs. 4, § 353c Abs. 6 StGB.), einer Zustimmung (§ 353b Abs. 4 StGB.) oder eines

Behördenantrags (z. B. § 122b Abs. 3 StGB.). Da indessen die Klage nicht erhoben werden kann, solange kein Strafantrag gestellt oder keine Ermächtigung usw. erteilt ist, kommt dem Erlaß eines Haftbefehls ohne Strafantrag usw. nur für das staatsanwaltschaftliche Ermittlungsverfahren Bedeutung zu. Die Vorschriften des § 127 Abs. 3, § 130 Satz 1 sind Ausnahmevorschriften. Ihnen kann kein allgemeiner Gedanke entnommen werden, daß dringende Prozeßhandlungen nicht anstehen dürfen, bis Prozeßvoraussetzungen, die noch geschaffen werden können, erfüllt worden sind, so daß etwa ein Abgeordneter schon vor der Genehmigung des Parlaments verhaftet werden dürfte. Es ist auch unmöglich, aus ihnen zu folgern, daß die Prozeßvoraussetzungen vor dringenden Zwangsmaßnahmen nicht geprüft zu werden brauchen (so EbSchmidt, 18 zu § 112; Stratenwerth JZ. **1957** 302). Denn der Grundsatz, daß Prozeßhandlungen untersagt sind, wenn ihnen Prozeßhindernisse entgegenstehen oder Prozeßvoraussetzungen für sie fehlen, ist so bedeutsam, daß er nur durch ausdrückliche Gesetzesvorschriften beeinträchtigt werden kann.

3. Personalangaben (Absatz 2 Nr. 1). In der alten Fassung des § 114 Abs. 2 war angeordnet, daß der Beschuldigte im Haftbefehl „genau“ zu bezeichnen sei. Obwohl dieses Wort jetzt fehlt, ist der Anordnung, daß der Beschuldigte „anzuführen“ ist, keine Abschwächung zu entnehmen. Denn der Haftbefehl, der oft weit entfernt vom Orte des Erlasses vollstreckt wird, muß den Beschuldigten eindeutig angeben. Die Bezeichnung muß so genau sein, daß die Identität derjenigen Person, über die der Richter die Untersuchungshaft verhängt hat, mit derjenigen, gegen die der Haftbefehl vollstreckt werden soll, außer Zweifel steht. Dazu sind Vor- und Familiennamen, Geburtstag und -ort erforderlich, soweit die Geburtsdaten nicht ausnahmsweise unbekannt sind. Auch die Wohnung zur Zeit der Verhaftung ist, wenn irgend möglich, beizufügen. Eine Personalbeschreibung (§ 131 Abs. 3 Satz 1) ist in der Regel entbehrlich, aber erforderlich, wenn der Beschuldigte nur mit Spitz- oder Decknamen bezeichnet werden kann. Bei Ausländern sollte die Staatsangehörigkeit angegeben werden.

Soll eine Auslieferung aus dem Auslande nach Deutschland beantragt werden, so muß der Haftbefehl eine genaue Beschreibung des Verfolgten enthalten (Nr. 117 Buchst. a RiVASt.).

4. Straftat (Absatz 2 Nr. 2). Der strafrechtliche Vorwurf, der die Untersuchungshaft rechtfertigen soll, ist in ähnlicher Weise wie in der Anklageschrift (§ 200 Abs. 1 Satz 1) zu bezeichnen (OLG. Hamm HESt. **3** 21). Es sind also anzugeben

die Tat, deren der Beschuldigte dringend verdächtig ist. Dazu ist der historische Vorgang so genau anzugeben, daß der Beschuldigte den Vorwurf und seine Begrenzung genau erkennen kann;

der Ort der Tat und die Zeit, zu der sie begangen sein soll, zumindest nach dem Jahre (nicht: in nicht rechtsverjährter Zeit) und wenn die Tat der Zeit nach verjährt ist, die Handlungen, die die Verjährung unterbrochen haben;

die strafbare Handlung, welche die Tat darstellt, nach ihren gesetzlichen Merkmalen und die anzuwendenden Strafvorschriften. Die Tatbeschreibung und die Angabe der gesetzlichen Merkmale können ineinander verflochten werden. Dabei können die Handlungsangaben die Tatmerkmale in einfachen Fällen ersetzen („eine Geldkassette, Eigentum des Gastwirts Müller, diesem in der Absicht weggenommen zu haben, sie sich rechtswidrig zuzueignen).

Die Untersuchungshaft braucht nicht wegen sämtlicher Taten angeordnet zu werden, wegen deren die Untersuchung geführt wird (a. A. SchwKleinknecht, 4a zu § 114). Oft ist es zweckmäßig, sie auf „sichere Fälle“ zu beschränken. Ideell konkurrierende Strafvorschriften können wegbleiben (a. A. Creifelds, S. 94). Denn der Haftbefehl dient nicht dazu, den Beschuldigten über den Verfahrensgegenstand zu unterrichten, sondern allein die Grundlage des Haftbefehls darzulegen.

Soll eine Auslieferung aus dem Auslande nach Deutschland beantragt werden, dann bedarf die Tatdarstellung besonderer Angaben, die den ausländischen Behörden die Prüfung ermöglichen, ob die Tat auch dort mit Strafe bedroht und verfolgbar ist (Nr. 117 Buchst. b RiVASt.).

5. Haftgründe (Absatz 2 Nr. 3). Nach Absatz 2 Nr. 3 ist im Haftbefehl der Haftgrund anzugeben. Haftgründe sind nach § 112 Abs. 2 und 3 Flucht, Fluchtgefahr, Verdunkelungsgefahr und Wiederholungsgefahr bei Sittlichkeitsverbrechern. Nach § 112 Abs. 4 ist Untersuchungshaft bei bestimmten Verbrechen wider das Leben zulässig, doch spricht das Gesetz dabei nicht von einem Haftgrund. Dessen bedarf es nicht, weil sich die Rechtfertigung der nach § 112 Abs. 4 angeordneten Untersuchungshaft ohne weiteres aus den zu Nr. 1 geforderten Angaben ergibt.

Demzufolge ist im Haftbefehl anzugeben, ob der Beschuldigte wegen Flucht (§ 112 Abs. 2 Nr. 1), wegen Fluchtgefahr (§ 112 Abs. 2 Nr. 2), wegen Verdunkelungsgefahr (§ 112 Abs. 2 Nr. 3) oder wegen Wiederholungsgefahr eines Sittlichkeitsverbrechens (§ 112 Abs. 3) oder aus mehreren Gründen in Untersuchungshaft genommen wird. Wird der Haftbefehl auf § 112 Abs. 4 gestützt — sofern die Vorschrift für anwendbar gehalten wird —, sollte das zum Ausdruck kommen („. . . wird die Untersuchungshaft nach § 112 Abs. 4 StPO. angeordnet"), doch ist es, da sich aus dem Haftbefehl ergibt, daß der Beschuldigte eines Verbrechens nach den §§ 211, 212 oder 220a Abs. 1 Nr. 1 StGB. dringend verdächtig ist (§ 114 Abs. 1 Nr. 2), unschädlich, wenn die Worte „nach § 112 Abs. 4 StPO." wegbleiben (OLG. Oldenburg NJW. **1965** 1613 ist durch BVerfG. NJW. **1966** 243 überholt). — Bei den Haftbefehlen nach § 230 Abs. 2, § 236 ist anzugeben, aus welchem Grunde (unentschuldigtes Ausbleiben, ggf. trotz der Aufforderung, persönlich zu erscheinen) die Verhaftung angeordnet wird.

Liegen mehrere Haftgründe vor, braucht der Haftbefehl nicht auf alle gestützt zu werden. Oft empfiehlt es sich, allein den Haftgrund anzugeben, der keinem Angriff ausgesetzt ist.

6. Begründung (Absatz 2 Nr. 4). Während der bisherige Text eine Einschränkung des in § 34 verordneten Begründungszwanges enthielt, fordert jetzt Absatz 1 Nr. 4 als Spezialvorschrift zu § 34 ausdrücklich als Begründung die Angabe der Tatsachen, aus denen sich der dringende Tatverdacht und der Haftgrund ergeben. Die schriftliche Begründung dient einmal der Selbstkontrolle des Richters, zum anderen der Nachprüfung durch den Beschuldigten und seinen Verteidiger sowie durch das Beschwerdegericht. Bei der Raschheit, mit der in Haftsachen oft gearbeitet werden muß, kann die Tatsachenangabe allerdings nur in knapper Form gefordert werden, doch sind alle (wesentlichen) Tatsachen aufzuführen (Creifelds, S. 947). Auch werden die Beweismittel („nach der Angabe seines Arbeitgebers"; „auf Grund seines Briefes vom . . . an seinen Tatgenossen . . .") stets kurz anzugeben sein, damit der Beschuldigte in die Lage versetzt wird, sie zu entkräften, den Haftbefehl sachgemäß im Haftprüfungsverfahren oder mit der Beschwerde anzugreifen, Material zu seiner Verteidigung herbeizubringen, oder das Verfahren durch ein Geständnis abzukürzen. Größere Ausführlichkeit, wenn auch bei Knappheit im Ausdruck, wird den Haftgründen zu widmen sein, damit jede Routine vermieden wird. Begründung ist auch erforderlich, wenn der Haftbefehl auf § 112 Abs. 4 (Verbrechen wider das Leben) gestützt wird. Es sind die Umstände anzugeben, die im Beschluß des Bundesverfassungsgerichts (NJW. **1966** 244) aufgeführt sind.

§ 114 Abs. 2 ist Spezialvorschrift gegenüber § 34 (a. A. Kleinknecht MDR. **1965** 784).

Die Tatsachen sind nicht anzuführen, wenn „dadurch" die Staatssicherheit gefährdet würde. Die Gefährdung kann nur auf die schriftliche Niederlegung bezogen werden. Die Tatsachen, die den dringenden Tatverdacht und den Haftgrund rechtfertigen, dürfen dem Beschuldigten nicht vorenthalten werden. Sie sind ihm beim Gehör nach dem Ergreifen (§ 115 Abs. 3) mündlich zu eröffnen und darüber hinaus dem Verteidiger, unter Geheimschutz entweder mündlich oder durch Akteneinsicht bekannt zu machen.

7. Begründung der Verhältnismäßigkeit (Absatz 3). Nach § 112 Abs. 1 Satz 2 darf die Untersuchungshaft nicht angeordnet werden, wenn sie zu der Bedeutung der Sache und zu der zu erwartenden Strafe oder Maßregel der Sicherung und Besserung außer Verhältnis steht. Absatz 3 verlangt, daß der Haftbefehl sich darüber verhält, warum diese Vorschrift nicht angewendet worden ist, in zwei Fällen: einmal wenn ihre Anwendung naheliegt, zum anderen, wenn der Beschuldigte sich auf diese Vorschrift beruft. Der letzte Fall wird selten eintreten, weil Haftbefehle in der Regel ohne Gehör des Beschuldigten ergehen und dieser daher vor der Anordnung kaum die Unverhältnismäßigkeit geltend machen kann. Tut er es nach der Verhaftung, besteht keine Verpflichtung, den Haftbefehl zu ergänzen; das Gericht lehnt, wenn es den Haftbefehl nicht aufhebt, die Anwendung von § 112 Abs. 1 Satz 2 vielmehr in dem Beschluß ab, mit dem es einen auf diese Vorschrift gestützten Haftentlassungsantrag verwirft.

Die Regel des ersten Falls (wenn die Anwendung des § 112 Abs. 1 Satz 2 naheliegt) ist keine glückliche Vorschrift; sie wird in der Praxis nur geringe Bedeutung erlangen. Die Verhältnismäßigkeit zu prüfen, ist die notwendige Gedankenarbeit jedes Haftrichters. Ihre Erörterung wird im Beschwerdeverfahren eine große Rolle spielen; der Haftrichter dagegen, der einen Haftbefehl erläßt, wird kaum einräumen, daß es nahelag, von der Verhaftung abzusehen, und er wird schwer erklären können, warum die Nähe der Anwendbarkeit der Klausel eben doch noch nicht die Anwendungsnotwendigkeit selbst war. Die Begründung nach Absatz 3 wird z. B. dann zu geben sein, wenn eine Geldstrafe oder eine auszusetzende Freiheitsstrafe zu erwarten ist, der Beschuldigte aber gleichwohl verhaftet werden muß, etwa weil er geflohen war und auf die Durchführung des Verfahrens nicht verzichtet werden kann.

8. Veranlassung der Entscheidung. Der Haftbefehl ergeht auf Antrag der Staatsanwaltschaft oder von Amts wegen. Wenn die Staatsanwaltschaft die öffentliche Klage noch nicht erhoben hat, darf der Amtsrichter (§ 162 Abs. 1, § 125 Abs. 1) oder der Ermittlungsrichter des Bundesgerichtshofs (§ 168a Abs. 1) die Untersuchungshaft grundsätzlich nur auf Antrag der Staatsanwaltschaft anordnen, und in entsprechender Anwendung von § 120 Abs. 3 Satz 1 über deren Antrag, den Haftbefehl nur wegen bestimmter Taten zu erlassen (s. o. 4 Abs. 2), nicht hinausgehen; er kann aber den Antrag ablehnen oder hinter ihm zurückbleiben, das letztere aber nur, wenn er wegen einer von mehreren Taten den dringenden Tatverdacht oder den Haftgrund verneint, nicht — wie der Staatsanwalt — aus Gründen der Zweckmäßigkeit. Bei Gefahr im Verzuge kann der Richter die Untersuchungshaft auch von Amts wegen anordnen (§§ 165, 125 Abs. 1), doch ist der Haftbefehl auf Antrag der Staatsanwaltschaft aufzuheben (§ 120 Abs. 3 Satz 1) oder in entsprechender Anwendung dieser Vorschrift auf von der Staatsanwaltschaft zu bestimmende Straftaten zu beschränken.

Gefahr im Verzuge liegt vor, wenn ohne das Handeln des Amtsrichters die Verhaftung in Frage gestellt würde, oder wenn ein vorläufig Festgenommener (§ 127 Abs. 1 und 2) bei vorheriger Entschließung der Staatsanwaltschaft nicht unverzüglich, spätestens am Tage nach der Verhaftung, dem Richter vorgeführt werden könnte.

9. Anhören der Beteiligten.

a) Die **Staatsanwaltschaft** ist vor Anordnung der Untersuchungshaft zu hören, gleichviel ob die Entscheidung im Laufe einer Hauptverhandlung (§ 33 Abs. 1) oder außerhalb einer solchen (§ 33 Abs. 2) ergeht. Der Pflicht zur Anhörung ist genügt, wenn das Gericht auf einen Antrag der Staatsanwaltschaft entscheidet, gleichgültig ob es ihm entspricht oder ob es ihn ablehnt.

Bei Gefahr im Verzuge (§ 165; wegen des Begriffs s. o. 8 Abs. 2) braucht die Staatsanwaltschaft nicht gehört zu werden. Die Staatsanwaltschaft hat alsdann (§ 167) alsbald nach Anordnung der Untersuchungshaft zu prüfen, ob auch sie den Haftbefehl für erforderlich hält; das Ergebnis der Prüfung wird sie zu den Akten vermerken. Verneint sie die Notwendigkeit eines Haftbefehls, hat sie nach § 120 Abs. 3 Satz 1 zu verfahren. Hält sie zwar den Haftbefehl, nicht aber die Vollstreckung für notwendig, wird sie beantragen, den Vollzug des Haftbefehls auszusetzen. Es entspricht nicht der Amtspflicht der Staatsanwaltschaft, wenn sie die Entlassung unterläßt, weil der Beschuldigte, in Erwartung, daß die Untersuchungshaft angerechnet werde, selbst keinen Antrag stellt.

b) Beschuldigter. Ergeht der Haftbefehl im Laufe einer Hauptverhandlung, so ist der Angeklagte vorher zu hören (§ 33 Abs. 1). Das Gericht wird beim Anhören einen schriftlichen Haftbefehl bereithalten, diesen nach Anhören durch stillschweigende Verständigung beschließen und während dieses Vorganges Sicherungen treffen, um den Beschuldigten alsbald festnehmen zu können.

Wird die Untersuchungshaft außerhalb der Hauptverhandlung angeordnet, gilt grundsätzlich § 33 Abs. 3. Danach ist der Beschuldigte zu hören, bevor zu seinem Nachteil Tatsachen oder Beweisergebnisse verwertet werden, zu denen er noch nicht gehört worden ist. Das wird regelmäßig wenigstens in bezug auf die Tatsachen der Fall sein, die den Haftgrund rechtfertigen. Indessen würde durch das vorherige Gehör oftmals die Verhaftung unmöglich werden, es sei denn, daß ein Vorführungsbefehl zum Zwecke der Anhörung erginge. Das würde das Problem aber nicht lösen, sondern nur verschieben, weil § 33 Abs. 3, wenn er ohne Ausnahme gälte, auch auf den Vorführungsbefehl Anwendung finden müßte. Weil es meist notwendig ist, den Beschuldigten zu überraschen, ist daher — in Übereinstimmung mit der Rechtsprechung des Bundesverfassungsgerichts (BVerfGE. **9** 89 = NJW. **1959** 427) — in § 33 Abs. 4 bestimmt, daß bei Anordnung der Untersuchungshaft außerhalb der Hauptverhandlung vom vorherigen Gehör des Beschuldigten abzusehen ist, wenn es den Zweck der Anordnung, den Beschuldigten zur Haft zu bringen, gefährden würde. Das wird bei einem nicht vorläufig festgenommenen Beschuldigten regelmäßig der Fall sein. Für den Fall der vorläufigen Festnahme ist das Gehör in § 128 Abs. 1 Satz 2 ausdrücklich vorgeschrieben. Der nicht vorher gehörte Beschuldigte ist nach seiner Verhaftung zu hören (§ 115 Abs. 2 und 3).

10. Vollstreckung. Der Haftbefehl wird vollstreckt durch die Verhaftung. Verhaftung ist der Akt, durch den sich der Staat auf Grund des Haftbefehls des Beschuldigten tatsächlich bemächtigt. Sie ist nach § 36 Sache der Staatsanwaltschaft, die sich dazu ihrer Hilfsbeamten (§ 152 GVG.) und der sonstigen Behörden und Beamten des Polizeidienstes (§ 161) bedient, ohne Rücksicht darauf, in welchem Lande der Bundesrepublik die Verhaftung vorzunehmen ist (§ 160 GVG.).

Wegen der Mittel der Vollstreckung vgl. § 131 (Steckbrief), §§ 102 bis 104 (Durchsuchung), § 167 GVG. (Nacheile).

Bei Abgeordneten bedarf die Verhaftung der Genehmigung des Bundestags, es sei denn, daß der Abgeordnete bei Begehung der Tat oder im Laufe des folgenden Tages festgenommen wird (Art. 46 Abs. 2 GG.). Wird ein Abgeordneter im Bundestag verhaftet, so ist dazu die Genehmigung des Präsidenten erforderlich. Denn zum Zwecke der Verhaftung muß der Bundestag durchsucht werden (§ 103 Abs. 1), und die Durchsuchung darf nicht ohne Genehmigung des Präsidenten stattfinden (Art. 40 Abs. 2 Satz 2 GG.). — Dasselbe gilt nach den Landesverfassungen für die Abgeordneten der Länder.

Soll in deutschen Hoheitsgewässern, namentlich in einem deutschen Seehafen an Bord eines ausländischen Handelsschiffes oder seiner Hilfsfahrzeuge eine Verhaftung vorgenommen werden, so ist, wenn nicht Gefahr im Verzuge vorliegt, die konsularische Vertretung, die zur Wahrnehmung der Interessen des Flaggenstaates zugelassen ist, vorher zu benachrichtigen (GV. vom 18. 12. 1936 — RMBl. **1936** 519).

Zur Nachtzeit kann ohne Beschränkung verhaftet werden (RGSt. **40** 67), wenn der zu Verhaftende außerhalb einer Wohnung, eines Geschäftsraumes oder eines befriedeten Besitztums betroffen wird oder diese Örtlichkeiten auf Aufforderung freiwillig verläßt. Tut er das nicht und muß eine Wohnung usw. zum Zwecke der Verhaftung betreten werden, dann liegt darin eine Durchsuchung, die nur unter den Voraussetzungen des § 104 zulässig ist (RGSt. **31** 307).

11. Überhaft. Wird ein Haftbefehl erlassen, der erst nach Ablauf von Untersuchungshaft in anderer Sache oder von Strafhaft vollstreckt werden soll (Überhaft), so ist er dem Beschuldigten bekanntzumachen (§ 35), damit dieser gegen ihn mit der Beschwerde angehen kann. Die Vorschriften der §§ 114b bis 115a, 117 bis 118b finden jedoch erst Anwendung, wenn der Haftbefehl vollzogen wird (OLG. Königsberg JW. **1932** 965; a. A. Kunt DStRZ. **1920** 46). Dagegen ist alsbald Beschwerde gegeben und sind die §§ 116, 116a anwendbar. Der Haftbefehl ist der Haftanstalt mitzuteilen (Nr. 7 Satz 2 UVollzO.). Diese notiert Überhaft und vollzieht den Haftbefehl ohne weitere Anordnung von dem Augenblick an, in dem der zunächst vollstreckte Haftbefehl aufgehoben, sein Vollzug ausgesetzt oder eine Strafvollstreckung beendet oder unterbrochen wird. Es ist Sache der zuständigen Gerichte, für das Verfahren nach § 115 besorgt zu sein. Die Staatsanwaltschaft hat hierzu Anträge zu stellen.

12. Doppelhaft. Der Vollzug der Untersuchungshaft ist unmöglich, wenn der Beschuldigte bereits in anderer Sache in Untersuchungshaft einsitzt und zum Zwecke des Vollzugs des neuen Haftbefehls in eine andere Anstalt gebracht werden müßte. Denn die auswärtige Staatsanwaltschaft kann, auch wenn sie die bei einem höheren Gericht ist, nicht in einer fremden Anstalt verhaften lassen. Dagegen ist der Vollzug der Untersuchungshaft aus mehreren Haftbefehlen nicht unmöglich, wenn dieselbe Haftanstalt zuständig ist. In solchen Fällen müssen sich die Richter über die für den Vollzug der Untersuchungshaft erforderlichen Verfügungen (§ 119 Abs. 5) einigen. Es ist unzulässig, an Stelle der (Mit-)Vollstreckung des neuen Haftbefehls dem Beschuldigten in der Sache, in der er bereits Untersuchungshaft erleidet, Beschränkungen aufzuerlegen, um damit den Untersuchungszweck in der neuen Sache zu sichern. Diese Sicherung (EbSchmidt, 31 zu § 112) scheitert für den Richter der zweiten Sache daran, daß der Beschuldigte in seiner Sache nicht verhaftet (§ 148) ist, für den Richter der ersten Sache daran, daß er für die zweite nicht zuständig ist.

13. Unterbrechung. Wenn solche seltenen Ausnahmefälle nicht vorliegen und die besondere Notwendigkeit besteht, einen späteren Haftbefehl alsbald zu vollstrecken, kann die Untersuchungshaft in der ersten Sache unterbrochen werden, um die später angeordnete Untersuchungshaft zu vollstrecken. Für die erste Untersuchungshaft wird dann Überhaft notiert.

Ebenso kann die Untersuchungshaft unterbrochen werden, um Strafhaft zu vollstrecken (Nr. 92 Abs. 1 Satz 1 UVollzO.). Davon sollte Gebrauch gemacht werden, wenn die Strafe in einer festen Anstalt zu vollstrecken ist und die Untersuchungshaft nicht wegen Verdunkelungsgefahr verhängt ist. Jedoch darf der Strafvollzug ohne Einwilligung des Gefangenen nicht wegen einer schwebenden Untersuchung modifiziert werden, ein gebotener gelockerter Vollzug also nicht zu dem Zwecke unterbleiben, daß die Strafhaft die Zwecke der Untersuchungshaft mit übernimmt (a. A. — der Gefangene ist von der Außenarbeit auszuschließen und von anderen Gefangenen getrennt zu halten — Nr. 92 Abs. 2 Satz 3 und 4 UVollzO.).

Die Unterbrechung hat der Richter zu bewilligen, der für die Entscheidungen zuständig ist, die sich auf die zu unterbrechende Untersuchungshaft beziehen. Er kann seine Zustimmung davon abhängig machen, daß ihm der Briefverkehr des Gefangenen zur Mitprüfung vorgelegt wird (Nr. 92 Abs. 3 UVollzO.); wenn der Gefangene in die Unterbrechung eingewilligt hat, auch davon, daß vor der Zulassung von Besuchen seine Zustimmung eingeholt wird (weitergehend Nr. 92 Abs. 3 UVollzO.).

Wenn es auch grundsätzlich zu vermeiden sein wird, die Strafhaft zu unterbrechen, um Untersuchungshaft zu vollstrecken, so ist die Unterbrechung doch rechtlich möglich und in seltenen Fällen nicht zu umgehen, etwa wenn sich der Verurteilte im gelockerten Vollzug in einer halboffenen Anstalt befindet oder wenn bei Verdunkelungsgefahr die Überwachung im Strafvollzug nicht gewährleistet ist (Nr. 93 Abs. 1 UVollzO.; OLG. Düsseldorf JMBlNRW. **1957** 108). Zuständig, die Strafvollstreckung zu unterbrechen, ist die Staatsanwaltschaft, welche die Strafe vollstreckt.

14. Beschwerdeberechtigte.

a) Beschuldigter. Dem Beschuldigten steht gegen den Haftbefehl und gegen ihn ändernde Beschlüsse, soweit diese Entscheidungen nicht von einem Strafsenat erlassen sind (§ 304 Abs. 5), das Recht der Beschwerde zu (§ 304 Abs. 1), auch wenn der Haftbefehl vom erkennenden Gericht erlassen worden ist (§ 305 Satz 2). Die Beschwerde ist auch dann statthaft, wenn der Haftbefehl nicht alsbald vollstreckt, sondern Überhaft notiert wird. Gegen die Unterbrechung der Untersuchungshaft und der Strafhaft (s. o. 13) hat der Beschuldigte kein Rechtsmittel, weil er im Rechtssinne nicht beschwert ist, wenn eine Untersuchungshaft oder eine Strafe nicht vollstreckt wird, mag ihm auch im letzteren Falle die Strafunterbrechung unerwünscht sein.

Wegen des Verteidigers und des gesetzlichen Vertreters s. u. §§ 297, 298; wegen des Antrags auf Haftprüfung, der die Beschwerde unzulässig macht, s. u. 4 zu § 117.

Beschwerdeentscheidungen des Landgerichts können mit der weiteren Beschwerde angefochten werden (§ 310 Abs. 1). Beschwerdegericht über landgerichtliche Entscheidungen in Haftsachen ist auch in Bayern das Oberlandesgericht, nicht das Bayerische Oberste Landesgericht (vgl. BayObLGSt. **1954** 119 = NJW. **1955** 233). Gegen den Haftbefehl nach § 61 Abs. 1 JGG. will das Oberlandesgericht Düsseldorf die weitere Beschwerde versagen mit der Begründung, daß jener Haftbefehl eine dem Jugendrecht entsprechende Ergänzung des § 457 StPO. sei (NJW. **1964** 69). Das trifft indessen nicht zu. Zwar steht der Haftbefehl des § 61 Abs. 1 JGG. dem nach § 457 StPO. nahe. Er beruht aber nicht wie dieser auf der Verurteilung zu einer zu vollstreckenden Strafe oder auf einem Beschluß, mit dem eine Aussetzung widerrufen worden ist, soll vielmehr eine künftige Vollstreckung für den Fall sichern, daß die Strafaussetzung widerrufen wird. Daher dient er der Sicherung eines zu einem Teil (der alsbaldigen Vollstreckbarkeit des Strafausspruchs) noch nicht rechtskräftigen Verfahrens und ist deshalb insoweit Untersuchungshaft. Zwar mag er auch Elemente der vorbeugenden Verwahrung in sich tragen; aber auch diese ist, soweit sie zulässig ist (§ 112 Abs. 3), nach den Grundsätzen der Untersuchungshaft ausgestaltet. Nach alledem ist auch bei Haftbefehlen nach § 61 Abs. 1 JGG. weitere Beschwerde statthaft.

b) Die Staatsanwaltschaft hat die gleichen Rechtsmittel, sowohl wenn sie zugunsten des Beschuldigten (§ 296 Abs. 2) als auch, wenn sie zu seinen Ungunsten Beschwerde einlegt. Zwar ist die weitere Beschwerde (§ 310 Abs. 1) zugunsten des Beschuldigten geschaffen worden, weil die Verhaftung empfindlich in sein Leben eingreift. Das gesetzgeberische Motiv hat aber im Gesetzestext keinen Ausdruck gefunden. Denn § 310 Abs. 1 spricht nicht von Entscheidungen, die die Verhaftung anordnen, sondern von solchen, die die Verhaftung betreffen. Das ist auch dann der Fall, wenn die begehrte Verhaftung abgelehnt worden ist. Demzufolge steht die weitere Beschwerde in Haftsachen auch der Staatsanwaltschaft zu (Kleinknecht, JR. **1965** 475; a. A. — keine weitere Beschwerde der Staatsanwaltschaft, wenn sowohl das Amts- als auch das Landgericht die Anordnung der Untersuchungshaft abgelehnt haben — OLG. Braunschweig, NJW. **1965** 1288). Die staatsanwaltschaftliche Beschwerde zuungunsten des Beschuldigten kommt in Betracht, wenn das Gericht es ablehnt, einen beantragten Haftbefehl überhaupt oder in dem beantragten Umfang (s. o. 8) zu erlassen.

Die der Staatsanwaltschaft zustehenden Rechtsmittel hat auch der Nebenkläger (§ 401 Abs. 1), wenn dem auch, weil er sich dem Verfahren erst nach erhobener öffentlicher Klage anschließen kann (§ 395 Abs. 1 Satz 1), im wesentlichen nur für die Voruntersuchung größere praktische Bedeutung zukommt. Er kann indessen nicht zugunsten des Beschuldigten Beschwerde einlegen (a. A. Sarstedt, u. 4 zu § 401), weil sich dieses Recht und die mit ihm verbundene Pflicht, von der Rechtsmittelbefugnis auch Gebrauch zu machen, aus der Stellung der Staatsanwaltschaft ableiten, die nicht nur in § 296 Abs. 2, sondern auch in § 160 Abs. 2 zum Ausdruck kommt. Diese öffentlich-rechtliche Stellung können der Privatkläger und der Nebenkläger nicht einnehmen. Behörden als Nebenkläger spricht die herrschende Ansicht das Recht zu, zugunsten des Beschuldigten Rechtsmittel einzulegen (s. u. 4 zu § 401). Dieser Auffassung kann nur für den Fall beigepflichtet werden, daß der Nebenklägerbehörde ausdrücklich nicht nur die Rechte der Staatsanwaltschaft zugesprochen, sondern auch deren Pflichten auferlegt worden sind. Dies ist für das Finanz-(Hauptzoll)amt nach § 437 AO. der Fall.

15. Beschwerdeverfahren. Es gelten die allgemeinen Vorschriften. Danach kann das Beschwerdegericht Ermittlungen anordnen oder selbst vornehmen (§ 308 Abs. 2). Das kann geboten sein, wenn zu erwarten ist, daß der Beschuldigte entlassen und der Haftbefehl aufgehoben (§ 120) oder sein Vollzug ausgesetzt (§ 116; § 72 Abs. 1 JGG.) wird. Dagegen sind keine Ermittlungen zulässig, die einen aufhebungsreifen Haftbefehl vielleicht stützen könnten. Das Beschwerdegericht hat zu entscheiden, ob in dem Augenblick, wo ihm die Sache zur Entscheidung vorgelegt wird, der Tatverdacht dringend und ein gesetzlicher Haftgrund gegeben ist. Muß es das verneinen, dann ist es nicht berechtigt, den alsdann zu Unrecht einsitzenden Gefangenen länger festzuhalten (OLG. Bremen NJW. **1951** 46). Zum Zwecke seiner Entscheidung kann das Beschwerdegericht auf Antrag des Beschuldigten oder von Amts wegen mündliche Verhandlung anordnen (§ 118 Abs. 2).

Wegen der Anhörung der Beteiligten gilt nach § 308 Abs. 1 Satz 2 dasselbe, wie unter 9b für die Anordnung der Untersuchungshaft ausgeführt. Hat der erste Richter einen Antrag der Staatsanwaltschaft, einen Haftbefehl zu erlassen, ohne Gehör des Beschuldigten zurückgewiesen, so braucht das von der Staatsanwaltschaft angegangene Beschwerdegericht, das der Beschwerde stattgeben will, den Beschuldigten — entgegen § 308 Abs. 1 Satz 1 — nicht zu hören, wenn durch vorgängiges Anhören das mit der Untersuchungshaft verfolgte Ziel gefährdet würde. Der Beschuldigte kann seine Einwendungen mit weiterer Beschwerde vorbringen. Ist das Beschwerdegericht ein Oberlandesgericht, so muß es den Verhafteten auf Antrag nachträglich hören (§ 311a Abs. 1 Satz 1). Die Anhörung ist auch ohne Antrag zulässig. Sie ist geboten, wenn wesentliche neue Tatsachen die Entscheidung tragen und der Beschuldigte, der aus Ungeschicklichkeit keinen Antrag stellt, erkennen läßt, daß er die verwendeten Tatsachen leugnet und sich gegen sie verteidigen möchte. Zufolge des Gehörs kann das Gericht den Vollzug des Haftbefehls aussetzen (§ 311a Abs. 2 in Vbdg. mit § 307 Abs. 2) — was in der Regel unangebracht sein wird — und Ermittlungen anstellen (§ 311a Abs. 2 in Vbdg. mit § 308 Abs. 2). Auf Grund der Einlassung des Beschuldigten und etwaiger Ermittlungen hat es seine Entscheidung zu prüfen und auf Antrag des Beschuldigten zu ändern oder aufzuheben (§ 311a Abs. 1 Satz 1). Das kann es auch ohne Antrag tun (§ 311a Abs. 1 Satz 2). Die Notwendigkeit, auch ohne Antrag zu entscheiden, ergibt sich aus der Verpflichtung des jeweils mit der Sache befaßten Gerichts, alsbald den Haftbefehl aufzuheben, wenn der dringende Tatverdacht oder die Haftgründe entfallen sind, oder eine Entscheidung nach § 116 zu treffen, wenn dessen Voraussetzungen vorliegen.

Die Entscheidung des Beschwerdegerichts ist für das Gericht, dessen Entscheidung angefochten war — nicht auch für eines, an das es im Prozeßverlaufe gelangt — bindend. Es bleibt aber befugt und verpflichtet, eine abweichende Entscheidung zu treffen, wenn die Veränderung der Sachlage eine solche gebietet.

16. Zuständigkeit. Zur Entscheidung über die Beschwerde ist das Gericht zuständig, das als nächsthöheres im Instanzenzug demjenigen Gericht übergeordnet ist, dessen Entscheidung angefochten wird. Tritt ein Wechsel in der Zuständigkeit ein, nachdem die dann später angefochtene Entscheidung erlassen war — sei es weil die Sache einem anderen Amtsrichter übertragen wird (§ 126 Abs. 1 Satz 2), sei es weil sie im Prozeßgange an ein anderes Gericht gelangt —, dann fällt nicht nur die Zuständigkeit des Gerichts weg, das mit der Sache nicht mehr befaßt ist, sondern auch die der ihm übergeordenten Gerichte (OLG. Oldenburg NJW. **1957** 233), wenn diese nicht zugleich über dem neuen Gericht stehen. Ist das nicht der Fall, dann ist die Beschwerde, da ein Rechtsmittelgericht nicht über Entscheidungen ihm nicht nachgeordneter Gerichte befinden kann, durch die Prozeßgestaltung gegenstandslos geworden (OLG. Dresden JW. **1931** 2859). Das gilt auch dann, wenn die Beschwerde vor dem Zuständigkeitswechsel eingelegt, bei diesem aber noch nicht über sie entschieden war (OLG. Hamburg MDR. **1966** 256). Die Beschwerdeberechtigten müssen bei dem nunmehr zuständigen Gericht Anträge stellen und ggf. die darauf ergehenden Entscheidungen neu anfechten. Das zuständig gewordene Gericht wird unerledigte Beschwerden, die mit der Sache zu ihm gelangen, in der Regel in Anträge, meist auf Aufhebung des Haftbefehls, umdeuten (OLG. Oldenburg NJW. **1957** 232).

Mit der Rechtskraft des Urteils verwandelt sich die Untersuchungshaft in Strafhaft (s. o. 3 zu § 112). Unerledigte Beschwerden werden damit gegenstandslos. Das kann das Beschwerdegericht feststellen. Wegen der Aufhebung des Haftbefehls nach Rechtskraft s. u. II 10 zu § 120.

17. Änderung. Der Haftbefehl kann jederzeit in der Weise geändert werden, daß er für die Zukunft auf anderen Haftvoraussetzungen beruht, d. h. daß sich der dringende Tatverdacht zusätzlich oder allein auf eine andere als die bisher angenommene Tat erstreckt oder daß neben oder anstelle von Fluchtgefahr nunmehr Verdunkelungsgefahr oder ein anderer Haftgrund eingesetzt wird und umgekehrt. War der Haftbefehl z. B. aus Gründen der Vereinfachung nur auf Landstreicherei gestützt, so kann er, wenn der Tatverdacht deshalb nicht mehr dringend ist, nunmehr auf einen weiterhin begangenen Betrug umgestellt werden. War er wegen Verdunkelungsgefahr ergangen und ist diese weggefallen, so kann er auf eine gleichfalls bestehende Fluchtgefahr gestützt werden. Ein nach § 230 Abs. 2 erlassener Haftbefehl kann in einen nach § 112 umgestellt werden (OLG. Celle NdsRpfl. **1964** 238). In allen diesen Fällen muß der Haftrichter einen den Haftbefehl ergänzenden Beschluß erlassen; das Beschwerdegericht kann die Änderung in den Gründen seiner Beschwerdeentscheidung vornehmen. Der Text des Haftbefehls braucht nicht geändert zu werden, doch empfiehlt es sich, das in jedem Falle zu tun.

Eine jede solche Änderung ist wie ein neuer Haftbefehl zu behandeln, d. h. sie löst alle in den §§ 114a ff. geregelten Folgen und Verpflichtungen aus, wie es ein neuer Haftbefehl nach Aufhebung des alten tun würde (OLG. Hamm NJW. **1960** 587) und eröffnet — als selbständige Entscheidung — die Beschwerde, auch wenn sie nur dagegen eingelegt wird, daß dem einen Haftgrund ein weiterer angefügt wird (OLG. Nürnberg MDR. **1964** 943). Vor der Änderung ist der Beschuldigte zu hören, wenn zu seinem Nachteil Tatsachen oder Beweisergebnisse verwertet werden sollen, zu denen er noch nicht gehört worden ist (§ 33 Abs. 3). Die Vorschrift des § 33 Abs. 4, nach der bei Anordnung der Untersuchungshaft unter Umständen vom Gehör des Beschuldigten abgesehen werden kann, findet keine Anwendung. Denn der Beschuldigte ist in Haft; wird er vorher gehört, kann das den Zweck nicht gefährden, der mit der Umstellung des Haftbefehls verfolgt wird. Im Beschwerdeverfahren gilt das gleiche nach § 308 Abs. 1 Satz 1. Die Bestimmung des § 33 Abs. 2 (Gehör der Staatsanwaltschaft) gilt nach § 309 Abs. 1 nicht uneingeschränkt, obwohl die meisten Beschwerdegerichte sie regelmäßig anwenden. Auch wo das nicht geschieht, sollte vor Umstellung von Haftbefehlen die Staatsanwaltschaft jedenfalls dann stets gehört werden, wenn sie die öffentliche Klage noch nicht erhoben hat. Denn dann liegt es in ihrer Hand, ob sie die Umstellung hinnehmen oder die Entlassung des Gefangenen verfügen und die Aufhebung des Haftbefehls beantragen will (§ 120 Abs. 3 Satz 1; s. u. III 2 zu § 120). Das Beschwerdegericht sollte es aber vermeiden, daß die Gerichte in die Lage geraten, einen ohne Zustimmung der Staatsanwaltschaft umgestellten Haftbefehl auf deren Antrag aufheben zu müssen.

Die Grundsätze gelten auch, wenn ein Haftbefehl deshalb aufgehoben wird, weil der Täter zur Tatzeit geisteskrank war, und gleichzeitig ein Unterbringungsbefehl nach § 126a ergeht.

§ 114a

(1) Der Haftbefehl ist dem Beschuldigten bei der Verhaftung bekanntzugeben. Ist dies nicht möglich, so ist ihm vorläufig mitzuteilen, welcher Tat er verdächtig ist. Die Bekanntgabe des Haftbefehls ist in diesem Fall unverzüglich nachzuholen.

(2) Der Beschuldigte erhält eine Abschrift des Haftbefehls.

Entstehungsgeschichte: I. Entw. § 100 Abs. 3. II. Entw. § 101 Abs. 3. III. Entw. § 103 Abs. 3. Frühere Bezeichnung: § 114 Abs. 3.

Änderungsvorschläge: N. E. I, II § 114 Abs. 3. N. E. III § 135 Abs. 1, Entw. EGStGB. 1930 § 114.

Spätere Änderungen: Die Vorschrift ging ursprünglich dahin, daß dem Beschuldigten der Haftbefehl bei der Verhaftung, spätestens am Tage nach seiner Einlieferung ins Gefängnis bekanntzumachen sei. Durch A Nr. 2 des G. vom 27. 12. 1926 wurde bestimmt, daß der Beschuldigte darauf hinzuweisen sei, er könne, wenn der Haftbefehl durch Verkünden bekanntgemacht werde, eine Abschrift verlangen. Auch wurden die jetzigen Sätze 2 und 3 eingefügt. Die derzeitige Fassung stammt aus Art. 1 Nr. 1 StPÄG. Neu an ihr ist die Anordnung des Absatzes 2.

1. Inhalt. Grundsätzlich sind Entscheidungen dem Betroffenen bekanntzumachen, bevor sie vollstreckt werden (§ 35). Beim Haftbefehl ist das in der Regel entweder nicht möglich (z. B. wenn der Beschuldigte flüchtig ist oder sich verborgen hält) oder aber unangebracht, weil der Erfolg der Haft, z. B. Flucht oder Verdunkelung zu verhindern, vereitelt werden könnte, wenn dem Beschuldigten der Haftbefehl vor dem Zugriff bekannt würde. Deshalb befreit § 33 Abs. 4 schon von der Pflicht, den Beschuldigten, ehe der Haftbefehl erlassen wird, zu hören, wenn sonst dessen Zweck gefährdet würde. § 114a Abs. 1 Satz 1 schiebt aus dem gleichen Grunde die Pflicht, den Haftbefehl bekanntzugeben, bis zur Vollstreckung hinaus.

2. Bekanntmachung. Die Form der Bekanntmachung ist § 35 zu entnehmen. Danach ist der Haftbefehl zu verkünden, wenn er in Anwesenheit des Beschuldigten erlassen worden ist (§ 35 Abs. 1; s. o. 3 zu § 35). Ist er in seiner Abwesenheit ergangen, so genügt, da durch seine Bekanntmachung keine Frist in Lauf gesetzt wird, daß er dem Beschuldigten formlos mitgeteilt wird (§ 35 Abs. 2 Satz 2); ihn zuzustellen, wird in der Regel nicht geboten sein. Die formlose Mitteilung besteht darin, daß dem Beschuldigten eine Ausfertigung oder Abschrift des Haftbefehls ausgehändigt oder sein Inhalt schriftlich mitgeteilt wird. Da die Mitteilung formlos ist, kann sie auch in der Weise ausgeführt werden, daß der Haftbefehl, namentlich im Vorführungstermin (§ 115), verkündet wird (ebenso Müller-Sax, 1a zu § 114a; verneinend KleinknM, 3b zu § 114), und zwar auch durch einen anderen Richter als den, der die Untersuchungshaft angeordent hat (s. o. 6 zu § 35).

3. Vorläufige Mitteilung. Dem mit der Verhaftung beauftragten Polizeibeamten wird, damit er den Haftbefehl bekanntmachen kann, eine Ausfertigung oder Abschrift des Haftbefehls mitzugeben sein. Doch werden die Umstände (Gegenwehr — RG. R. 8 424 —, Anwesenheit Unbeteiligter) die Bekanntmachung nicht immer gestatten. Auch liegt keine Abschrift bereit, wenn der Beschuldigte auf Grund eines Steckbriefs (§ 131) oder sonst auf Grund einer Ausschreibung in Fahndungsblättern festgenommen wird. Alsdann hat ihm der Festnehmende mitzuteilen, welcher strafbaren Handlung er verdächtig ist; den Haftgrund braucht er ihm nicht zu eröffnen. Der Haftbefehl ist dann unverzüglich bekanntzugeben, sobald das möglich ist, in der Regel vom Richter, wenn der Beschuldigte ihm vorgeführt wird (§ 115). Wegen des Begriffs unverzüglich s. u. 4 Abs. 2 zu §§ 115, 115a.

4. Abschrift des Haftbefehls. Welche Form der Bekanntmachung auch immer gewählt wird, auf jeden Fall hat der Beschuldigte eine Abschrift des Haftbefehls zu erhalten. Die Abschrift ist, wie im Behördenverkehr selbstverständlich, zu beglaubigen. Es ist unschädlich, wenn dem Beschuldigten statt der beglaubigten Abschrift eine Ausfertigung des Haftbefehls erteilt wird. Die Abschrift erhält er als Verteidigungsunterlage von Amts wegen, doch ist dieser Akt keine Voraussetzung des weiteren Verfahrens. Demzufolge kann der Beschuldigte auf die Abschrift verzichten. Ihm einen Verzicht nahezulegen, widerspräche jedoch der Absicht des Gesetzgebers. Absatz 2 enthält keine Zeitangabe, ist aber nach dem Zweck der Vorschrift dahin zu verstehen, daß der Beschuldigte die Abschrift bei der Verhaftung erhält. Dazu ist dem mit der Verhaftung beauftragten Beamten eine Abschrift mitzugeben. Ist das ausnahmsweise nicht möglich, z. B. weil der Haftbefehl fernschriftlich übermittelt wird und daher keine beglaubigte Abschrift erstellt werden kann, ist die Aushändigung auf dem schnellsten Wege nachzuholen. Auf jeden Fall muß der Beschuldigte die Abschrift in seiner Hand haben, bevor er vom zuständigen Richter nach § 115 vernommen wird. Vor der Vernehmung durch den nächsten

Richter (§ 115a) sollte stets versucht werden, wenigstens eine unbeglaubigte Abschrift an Hand des Fernschreibens anzufertigen.

Abschrift ist auch von Beschlüssen, sei es des Haftrichters, sei es des Beschwerdegerichts, zu erteilen, mit denen ein Haftbefehl geändert oder ergänzt wird (s. o. 17 zu § 114), doch werden diese Beschlüsse ohnehin in der Regel dadurch bekanntgemacht, daß dem Beschuldigten eine Abschrift zugesandt oder zugestellt wird.

§ 114b

(1) Von der Verhaftung und jeder weiteren Entscheidung über die Fortdauer der Haft wird ein Angehöriger des Verhafteten oder eine Person seines Vertrauens unverzüglich benachrichtigt. Für die Anordnung ist der Richter zuständig.

(2) Außerdem ist dem Verhafteten selbst Gelegenheit zu geben, einen Angehörigen oder eine Person seines Vertrauens von der Verhaftung zu benachrichtigen, sofern der Zweck der Untersuchung dadurch nicht gefährdet wird.

Entstehungsgeschichte: Durch A Nr. 2 des Gesetzes zur Abänderung der Strafprozeßordnung vom 27. 12. 1926 (RGBl. I 529) wurde als § 114a eine dem jetzigen § 114a Abs. 2 entsprechende Bestimmung eingefügt. Statt „Person seines Vertrauens" war von „anderen Personen" die Rede. Die Benachrichtigung war auf Verlangen des Verhafteten von Amts wegen zu bewirken. Die jetzige Fassung beruht auf Art. 3 Nr. 45 VereinhG., durch das namentlich der jetzige Absatz 1 eingefügt worden ist. Sie geht zurück auf einen Vorschlag des Bundesrats (Anl. II zu BT-Drucks. 530, S. 15) und will § 114a an Art. 104 Abs. 4 GG. angleichen. Da dieser auch dem öffentlichen Interesse und auch dem der Angehörigen dient, soll durch die Fassung sichergestellt werden, daß die Benachrichtigung auch gegen den begründeten Widerspruch des Verhafteten durchzuführen ist. Vgl. weiterhin Vhdlgen. des 23. Ausschusses des BT. über das VereinhG., S. 56, 65. Frühere Bezeichnung: § 114a.

Änderungsvorschläge: —

Spätere Änderungen: Absatz 1 Satz 2 ist eingefügt durch Art. 1 Nr. 1 StPÄG.; die Einfügung soll lediglich der Klarstellung (Begrdg., BTDrucks. III 2037 S. 21) einer schon bestehenden Rechtslage (BVerfGE. **16** 123 = NJW. **1963** 1821) dienen.

Verwandte Vorschrift: Art. 104 Abs. 4 GG.

Schrifttum: Kohlhaas, Benachrichtigungspflicht bei Verhaftungen, NJW. **1951** 262; Lorenzen, Die Nachricht von der Verhaftung, SchlHA. **1959** 163; Wagner und Dünnebier, Die Benachrichtigung gemäß Art. 104 Abs. 4 GG., § 114a StPO., JZ. **1963** 689.

1. Sinn der Vorschrift. Absatz 1 führt das Gebot des Art. 104 Abs. 4 GG. für den Strafprozeß durch. Durch die Benachrichtigung soll verhindert werden, daß die öffentliche Gewalt einen Staatsbürger, mag seine Verhaftung selbst auch gerechtfertigt sein, spurlos verschwinden lassen könne (v. Mangoldt, GG., 1. Aufl., 2 zu Art. 104). Die Vorschrift dient letztlich dem Beschuldigten: Er soll nicht hilflos und verlassen, in seiner Handlungsfähigkeit durch die Haft beschränkt, dem Verfahren ausgesetzt sein. Sie ist indessen keine Schutzvorschrift für den einzelnen Beschuldigten. Nach Zweck und Entstehungsgeschichte steht vielmehr das öffentliche Interesse im Vordergrund (s. u. 5). Sinn der Vorschrift ist, sicherzustellen, daß jedermann gewiß ist, niemand kann in Haft sein, ohne daß das ein Angehöriger oder Vertrauter weiß. Für den Verhafteten selbst hat die Vorschrift einen doppelten Inhalt: Auf der einen Seite garantiert sie ihm, daß er Beistand von außen erbitten kann. Auf der anderen Seite beschränkt sie seine Befugnis, die Haft geheimzuhalten. Daher kann er nicht darauf verzichten, daß ihr genügt wird. Freilich ist das Opfer, das von ihm verlangt wird, nicht viel größer als das, was jeder Angeklagte erbringt, wenn er sich in öffentlicher Hauptverhandlung verteidigen muß. Durch die Möglichkeit, eine Vertrauensperson zu benennen, wird seinen Interessen soweit als möglich Rechnung getragen. Aber seine Interessen sind nicht ausschlaggebend. Letztlich besagt die Norm, daß es kein Geheimverfahren gibt, sobald der Beschuldigte vernommen worden ist. Sie dient, wie der Grundsatz der Öffentlichkeit (§ 169 GVG.), in deren Kreis sie gehört (Lorenzen, S. 167), dem Vertrauen in die Rechtspflege. Alsdann ist sie, wenn auch mit dem Ziel, individuelle Interessen zu schützen, eine verfassungsrechtliche Schutzvorschrift zugunsten der Allgemeinheit (Dallinger SJZ. **1950** 738; Lorenzen, S. 167; a. A. — im Vordergrund steht das Interesse des Festgehaltenen — Dürig bei Maunz-Dürig, GG., 43 zu Art. 104; Wagner, S. 691). Ausgestaltet ist sie als Befehl an den Richter; zugleich verleiht sie dem Gefangenen ein subjektives Recht darauf, daß sie beachtet wird (BVerfGE. **16** 122 = NJW. **1963** 1820).

2. **Verhaftung** ist jede in der Strafprozeßordnung geregelte Festnahme zu dem Zwecke, eine Person für das Strafverfahren festzuhalten. Außer der Untersuchungshaft (§ 114) zählen hierher die Ungehorsamshaft (§ 230 Abs. 2, § 236) — nicht aber die in den genannten Vorschriften geregelte bloße Vorführung — und die Sicherungshaft nach § 61 JGG. zufolge der ausdrücklichen Anordnung in § 61 Abs. 2 JGG. Verhaftung ist auch der Haftbeginn in einer Sache, für die bisher Überhaft notiert war, nach Beendigung der alten Haft (s. o. 11 zu § 114). Die vorläufige Festnahme (§ 127) ist nur eine einstweilige Maßnahme, die alsbald ihr Ende finden oder in Untersuchungshaft übergehen muß. Sie löst die Benachrichtigungspflicht noch nicht aus (Kohlhaas, S. 262; a. A. Lang DJZ. **1927** 782). Nach dem Standort bezieht sich die Vorschrift nicht auf die Strafhaft (§ 457) sowie auf die Erzwingungshaft (§ 70 Abs. 1 und 2), die Haft der Ordnungsstrafe (§ 178 GVG.) und der Sitzungspolizei (§ 164; § 177 GVG.). Ob bei diesen Haftarten Art. 104 Abs. 4 GVG. unmittelbar anzuwenden ist, ist hier nicht zu untersuchen.

3. **Weitere Entscheidungen** über die Fortdauer der Haft sind solche, mit denen die Fortdauer ausdrücklich beschlossen (§ 207 Abs. 4, § 268b), der Haftbefehl aufrechterhalten (§ 115 Abs. 4, § 117, § 118 Abs. 1, § 118a Abs. 4, § 122 Abs. 3) oder die Beschwerde (§ 304 Abs. 1; BVerfGE. **16** 123 = NJW. **1963** 1820) oder weitere Beschwerde (§ 310 Abs. 1) gegen einen Haftbefehl oder gegen eine der vorgenannten Entscheidungen verworfen wird (§ 309 Abs. 1, § 310). Entscheidungen, die die Haft endgültig (§ 120) oder vorläufig (§ 116) beenden, fallen nach Wortlaut und Sinn der Vorschrift nicht unter Absatz 1 (Müller-Sax, 1 zu § 114b; Dalcke-Fuhrmann, 1 zu § 114a; SchwKleinknecht, 1 zu § 114b; a. A. — Nachricht auch von Entlassung — EbSchmidt, 9 zu § 114a). Denn § 114b soll nicht den Aufenthalt eines Beschuldigten nachweisen, sondern sicherstellen, daß die Verhaftung, die Haft und ihre Fortdauer einem Angehörigen oder einer Vertrauensperson bekannt werden. Doch dürfen die Entlassung und in der Regel auch die Entlassungsanschrift dem benachrichtigten Angehörigen mitgeteilt werden, wenn er darum nachsucht. Denn das Dienstgeheimnis verbietet, da ihm durch die Nachricht von der Verhaftung die Haft bekannt ist, es nicht, ihm auch ihr Ende mitzuteilen. In seltenen Fällen kann aber der Wille des Entlassenen erkennbar sein, daß er seine Anschrift nur den Behörden anvertrauen will.

4. **Angehöriger oder Vertrauter.** Der Begriff Angehöriger ist, da das Gesetz keine Begriffsbestimmung gibt, durch Auslegung zu bestimmen; § 52 Abs. 2 StGB. kann, weil er in einem der hier geregelten Materie fremden Zusammenhang steht, nicht angewendet werden. Nach dem Zweck der Vorschrift und wegen der Zusammenstellung mit dem Wort „Vertrauensperson" ist der Begriff im weitesten Sinne zu verstehen. Demnach sind selbst Personen, die nur in einem entfernten Grade oder auch gar nicht mit dem Betroffenen verwandt oder verschwägert sind, Angehörige im Sinne von § 114b Abs. 1. Namentlich zählen hierzu der Ehegatte sowie Adoptiv- und Pflegeeltern.

Personen des Vertrauens sind u. a. Freunde, Vereins- und Parteimitglieder, Berufskollegen, Seelsorger, u. U. auch berufliche Vorgesetzte, bei Ausländern der zuständige Konsul. Der Wahlverteidiger ist stets als Vertrauensperson anzusehen, der Pflichtverteidiger dann, wenn der Beschuldigte sich ihn selbst als Pflichtverteidiger gewünscht hat, oder wenn er ihn als Vertrauensperson bezeichnet (BVerfGE. **16** 124 = NJW. **1963** 1821). Bei Zonenflüchtlingen kann u. U. auch die Benachrichtigung einer Organisation als Vertrauensperson in Betracht kommen.

Die Vertrauensperson entscheidet aus eigener Entschließung, ob sie Angehörige benachrichtigt, wann und welche von ihnen. Sie hat die Wünsche des Beschuldigten zu beachten, ist aber unabhängig von ihnen und von der Auffassung des Gerichts.

5. **Benachrichtigungspflicht.** Nach dem Sinn der Vorschrift ist die Pflicht zur Benachrichtigung zwingend; sie unterliegt nicht dem Verzicht des Beschuldigten (Nr. 38 Abs. 3, 2. Halbsatz RiStV.; LG. Frankfurt NJW. **1959** 61; Henkel, § 75 V 2b Anm. 15; Peters, § 47 III 3c Abs. 2; Müller-Sax, 2a zu § 114b; SchwKleinknecht, 1B zu § 114b; Dalcke-Fuhrmann, 4 zu § 114a; Dallinger SJZ. **1950** 738; Kohlhaas, S. 262; Erdsiek NJW. **1959** 232; Loren-

zen, S. 163). Die Gegenmeinung, die Ausnahmen zugesteht, insbesondere einen Widerspruch des Beschuldigten beachtet wissen will (Händel NJW. **1959** 544; Eckels NJW. **1959** 1908; Odersky MDR. **1958** 832; Wagner, S. 690; teilweise auch Dürig bei Maunz-Dürig, GG., 42 2c zu Art. 104), geht von der Auffassung aus, als Gesetzeszweck stehe im Vordergrund das Interesse des Festgehaltenen. Diese Ansicht wird indessen durch den Zweck der Vorschrift, nach dem System der beiden Vorschriften über die Haftbenachrichtigung und aus der Entstehungsgeschichte des Art. 104 Abs. 4 GG. widerlegt (Dünnebier, S. 694). Technische Schwierigkeiten, denen zuweilen Gewicht beigemessen wird, müssen, um dem Verfassungsbefehl zu genügen, überwunden werden (s. u. 7 Abs. 1). Angehörige werden täglich von der Polizei ermittelt; dem Richter ist es alsdann, wenn der Beschuldigte einmal schweigen sollte, auch möglich.

Die Benachrichtigung darf namentlich nicht unterbleiben oder aufgeschoben werden, wenn durch sie der Untersuchungszweck gefährdet wird, wie ein Vergleich der Absätze 1 und 2 zweifelsfrei ergibt (Nüse JR. **1950** 554; Loesdau, MDR. **1962** 774), doch kann die Gefährdung durch die Bestimmung des Mitteilungsempfängers (s. u. 7 Abs. 2) gemildert werden.

6. Ausnahmen. Art. 104 Abs. 4 GG. gehört zu der wertgebundenen Ordnung des Grundgesetzes. Dieses bestimmt selbst, inwieweit wegen des mit Art. 104 Abs. 4 GG. erstrebten Zweckes die Freiheit des Individuums zurückzutreten habe. Daher muß man es ablehnen, das Grundgesetz aus Erwägungen einzuschränken, die dem Grundgesetzgeber bekannt gewesen sind. Damit scheiden Rücksichten auf Ruf, Fortkommen, Familienwohl und Ähnliches aus. Dagegen war, als das Grundgesetz erlassen wurde, nicht vorauszusehen, ein Angehöriger könne in seiner Freiheit und Menschenwürde durch die Benachrichtigung gefährdet werden. Zum Schutze dieser Rechtsgüter ist daher, wenn die Nachricht die Rechte anderer ernstlich gefährden könnte, im Einzelfall abzuwägen, ob die Benachrichtigung unterbleiben kann. Dabei ist allerdings zu berücksichtigen, daß ein Beschuldigter für seine Angehörigen „spurlos verschwinden“ kann, wenn man die Mitteilung unterläßt. Da der Sicherheit, daß der grundgesetzliche Auftrag verfehlt wird, immer nur die Möglichkeit einer Gefährdung gegenübersteht, kann nur eine naheliegende schwere Gefahr für Dritte es zulassen, von der Benachrichtigung abzusehen.

Eine weitere Ausnahme ist zuzugestehen, wenn zu befürchten ist, die Sicherheit des Staates werde gefährdet. Daß eine solche Gefährdung eintreten kann, wenn die Benachrichtigung in die Hand eines fremden Nachrichtendienstes fällt, wird — wenn auch nur für wenige Fälle — zu bejahen sein. Freilich ist der Verlust möglicher nachrichtendienstlicher Gewinne, die einzuholen wären, wenn die Haft unbekannt bliebe, keine Staatsgefährdung. Eine solche läge aber etwa vor, wenn mit der Festnahme eigener Agenten zu rechnen wäre, falls sie nicht zurückgerufen werden könnten, bevor die Verhaftung des Beschuldigten bekannt würde.

Nicht jede Gefährdung der Staatssicherheit berechtigt aber, von der Benachrichtigung abzusehen. Der Verfassungsgesetzgeber hat sein Gebot unbeschränkt aufgestellt. Mit Überlegungen, die er selbst anstellen konnte, kann man es alsdann nicht einengen. Mit Sicherheit aber hat der Parlamentarische Rat, als er den Verfassungsbefehl des Art. 104 Abs. 4 GG. aufstellte, auch an Personen gedacht, die aus Interessen des Staatsschutzes festgenommen werden. Nach den traurigen und schmerzlichen Erfahrungen, die in der nationalsozialistischen Zeit gemacht worden sind, wollte man zusätzliche Sicherungen schaffen. Wenn man daher aus Gründen der Staatssicherheit von einer Benachrichtigung — sei es ganz, sei es vorübergehend — absehen will, dann kann man nicht wie bei der Frage der Gefährdung davon ausgehen, daß der Tatbestand für den Gesetzgeber nicht voraussehbar war. Wer Art. 104 Abs. 4 GG. in Staatsschutzsachen einschränken will, kann sich vielmehr nur darauf berufen, daß seit 1949 Möglichkeiten der Gefährdung erwachsen sind, die sich der Verfassungsgeber nicht vorstellen konnte. Man wird das bejahen müssen und darf für diese Fälle neuer Gefahren im einzelnen Fall abwägen, ob die Benachrichtigung zurückgestellt werden oder ganz unterbleiben kann, um einer erheblichen konkreten durch die Benachrichtigung drohenden Gefahr entgegenzutreten.

Bei der Abwägung muß klar erkannt werden, daß die Benachrichtigung vornehmlich im Interesse der Allgemeinheit liegt. Es steht nicht allein ein Einzelinteresse dem Allgemeininteresse gegenüber; vielmehr ist hauptsächlich zwischen zwei Grundsätzen abzuwägen, die gleicherweise dem Interesse der Allgemeinheit dienen. Dabei ist zu beachten, daß der Verfassungsgesetzgeber grundsätzlich die Abwägung selbst getroffen hat, indem er davon abgesehen hat, den Tatbestand einzuschränken oder mit einem — an sich naheliegenden — Gesetzesvorbehalt zu versehen. Daher bleibt nur Raum für Fälle bedeutender Schädigungen.

7. Verfahren. Die Benachrichtigung ist ohne eine nicht durch die Sachlage begründete Verzögerung zu geben, also so bald als möglich. Der Richter hat ggf. — nicht in den Sachakten, sondern in einem besonderen Vorgang — Ermittlungen nach Angehörigen anzustellen. Er kann sie unterlassen, wenn der Beschuldigte keine Namen benennt und auch sonst keine Anhaltspunkte gegeben sind. Das wird jedoch selten der Fall sein. Anhaltspunkte können bei Vorbestraften dem Strafregisterauszug, den Vor- und Anstaltsakten, bei Erstbestraften Vorgängen des Jugendrichters zu entnehmen sein. Die besonderen Vorgänge werden nach Erledigung zu den Sachakten gegeben.

Den Empfänger der Benachrichtigung bestimmt der Richter. Er wird dem Wunsche des Beschuldigten weitgehend Rechnung tragen, ist aber nicht an ihn gebunden. Er kann dem Beschuldigten zwar keine Vertrauensperson aufzwingen, ist aber frei, ob er eine solche oder einen Angehörigen benachrichtigt, auch wenn der Beschuldigte die Nachricht gerade an einen Vertrauten wünscht (a. A. Kohlhaas, S. 262; Müller-Sax, **2a** zu § 114b). Namentlich braucht er nicht etwa einem der Mittäterschaft Verdächtigen die Nachricht zukommen zu lassen (Kern MDR. **1950** 585; Müller-Sax, a. a. O.). Auf diese Weise hat er Gelegenheit, Verfahrensgefährdungen zu verringern.

Mittel der Benachrichtigung ist zweckmäßig eine schriftliche Mitteilung, doch kann u. U. eine mündliche Benachrichtigung — etwa an den Verteidiger — geboten sein. Die Mitteilung beschränkt sich auf die Tatsache, daß der Beschuldigte verhaftet, eine Haftbeschwerde verworfen sei usw.; die Gründe dafür werden, schon mit Rücksicht auf das Dienstgeheimnis, nicht mitgeteilt.

8. Zuständigkeit (Satz 2). Der Richter ist zuständig, die Benachrichtigung anzuordnen, d. h. den Empfänger und das Benachrichtigungsmittel zu bestimmen. Die erste Nachricht erläßt der Richter, dem der ergriffene Beschuldigte gemäß § 115 Abs. 1 nach der Verhaftung zugeführt wird. Wird der Beschuldigte nicht vor den zuständigen, sondern vor den nächsten Richter gebracht (§ 115a Abs. 1), dann benachrichtigt dieser (EbSchmidt, 6 zu § 114a), wenn er das alsbald tun kann. Sind dazu Ermittlungen erforderlich, kann er diese und die Benachrichtigung dem zuständigen Richter überlassen. Welcher Richter in den einzelnen Verfahrensabschnitten zuständig ist, bestimmt § 126; werden Haftbeschwerden verworfen, ist es das Beschwerdegericht (BVerfGE. **16** 123 = NJW. **1963** 1821).

Behält sich der Richter die Benachrichtigung nicht selbst vor, dann führt sie die Geschäftsstelle aus. Polizei und Staatsanwaltschaft haben keine Zuständigkeit, zu benachrichtigen. Der Staatsanwalt wird aber die Benachrichtigung beantragen, wenn der Richter sie unterlassen hat, damit er sie ggf. durch Beschwerde erzwingen kann. Auch die dazu ergehenden Vorgänge sollten zunächst getrennt von den Hauptakten geführt werden, damit die Akten nicht dem Verfahren entzogen werden (s. o. 7 Abs. 1).

9. Zugangsbrief (Absatz 2). Die Vorschrift will dem Verhafteten die Möglichkeit geben, seine Angehörigen oder Vertrauten zu beruhigen, sie um Beistand zu bitten und Vorsorge für seine persönlichen Angelegenheiten (Miete, Vieh, Arbeitsplatz) zu treffen. Damit dient Absatz 2 den Interessen des Gefangenen. Wegen dieses Zwecks steht er völlig selbständig neben Absatz 1, der öffentliche Interessen sicherstellt. Aus dieser Selbständigkeit folgt: Weder kann der Richter von der Benachrichtigung nach Absatz 1 absehen, weil der Beschuldigte ihm seine eigene zur Postkontrolle und Beförderung übergibt, noch kann dem Beschuldigten seine Benachrichtigung nach Absatz 2, der sog. Zugangsbrief, mit der Begründung versagt werden, daß schon amtliche Nachricht ergangen sei.

Während nach Absatz 1 eine dauernde Benachrichtigungspflicht bei allen Entscheidungen über die Fortdauer der Untersuchungshaft besteht, ist das Recht auf den Zugangsbrief einmalig und auf den Zeitpunkt der Verhaftung beschränkt. Dem Beschuldigten ist Gelegenheit zu geben, sein Recht auszuüben; dazu ist ihm Briefpapier, und, wenn er mittellos ist, Porto zur Verfügung zu stellen (Nr. 29 Abs. 2 UVollzO.). Auf eigene Kosten kann er sich auch des Fernsprechers oder des Telegrafen bedienen, wenn er dringende Anordnungen zu treffen hat. Nimmt der Gefangene die Gelegenheit nicht wahr, einen Zugangsbrief zu schreiben, kann er das nicht nach Jahr und Tag nachholen; doch ist ihm Zeit einzuräumen, eine wohlüberlegte Nachricht zu geben.

Der Untersuchungszweck darf der Benachrichtigung nicht entgegenstehen. Daher darf der Beschuldigte nicht an Tatgenossen schreiben. Erfordert es der Untersuchungszweck, die Verhaftung geheimzuhalten (eine Bande soll unsicher werden und auffliegen), so kann dieser Zweck nur dadurch berücksichtigt werden, daß die Auswahl der Empfänger beschränkt wird. Beseitigt werden darf das Recht des Gefangenen auf den Zugangsbrief mit dieser Begründung aber nicht. Denn Absatz 1 schließt die Geheimhaltung der Verhaftung aus und äußert insoweit seine Wirkung auch auf Absatz 2.

10. Beschwerde. Gegen die Entscheidung, daß keine Benachrichtigung gegeben werde, und gegen die Ablehnung, einen Zugangsbrief zu befördern, ist, wenn die Entscheidung nicht von einem Strafsenat ergeht (§ 304 Abs. 4), Beschwerde der Staatsanwaltschaft und des Beschuldigten statthaft. Die Beschwerde ist auch gegen Entscheidungen des erkennenden Gerichts (§ 305) gegeben, weil diese nicht der Urteilsvorbereitung dienen. Weitere Beschwerde ist unstatthaft, da die Entscheidungen nicht die Verhaftung selbst betreffen (§ 310; Müller-Sax, 6b zu § 115; a. A. — weitere Beschwerde statthaft — EbSchmidt, 12 zu § 114a). Da Absatz 1 auf dem Grundgesetz beruht (Art. 104 Abs. 4), wird die Staatsanwaltschaft Beschwerde einzulegen haben, wenn das Gericht die Amtsbenachrichtigung unterläßt. Eine Beschwer des Nebenklägers ist nicht gegeben.

Die Beschwerde ist im Falle des Absatzes 1 nicht nur zulässig, wenn das Gericht es ausdrücklich ablehnt, Benachrichtigung zu geben, sondern auch, wenn es die vorgeschriebene Benachrichtigung unterläßt. Denn das Gericht bringt, wenn es von dem Verfassungsbefehl abweicht, eine ablehnende Verfügung deutlich zum Ausdruck. Der Staatsanwaltschaft, die in solchen Fällen in erster Linie zur Beschwerde verpflichtet ist, steht es indessen, ebenso wie dem Gefangenen, frei, eine ausdrückliche Entscheidung nachzusuchen.

11. Weitere Mitteilungen. Die Verhaftung eines Jugendlichen und Heranwachsenden ist nach Nr. 35 Abs. 2 Buchst. b MiStra. dem Erziehungsberechtigten und dem gesetzlichen Vertreter mitzuteilen.

Zu den Aufgaben der diplomatischen oder konsularischen Vertretungen gehört es, den Angehörigen des von ihnen vertretenen Staates und ihren sonstigen Schutzbefohlenen Rat und Beistand zu gewähren. Einem Ausländer, der in Haft genommen wird, ist daher zu gestatten, die Vertretung seines Landes schriftlich oder telegrafisch von der Verhaftung und von seinem Aufenthaltsort zu benachrichtigen, sofern der Zweck der Untersuchung dadurch nicht gefährdet wird (Nr. 183 Abs. 1 RiVASt.). Gegenüber einzelnen Staaten besteht eine vertragliche Verpflichtung, die konsularische Vertretung von Amts wegen zu benachrichtigen.

§ 115

(1) Wird der Beschuldigte auf Grund des Haftbefehls ergriffen, so ist er unverzüglich dem zuständigen Richter vorzuführen.

(2) Der Richter hat den Beschuldigten unverzüglich nach der Vorführung, spätestens am nächsten Tage, über den Gegenstand der Beschuldigung zu vernehmen.

(3) Bei der Vernehmung ist der Beschuldigte auf die ihn belastenden Umstände und sein Recht hinzuweisen, sich zur Beschuldigung zu äußern oder nicht zur Sache auszusagen. Ihm ist Gelegenheit zu geben, die Verdachts- und Haftgründe zu entkräften und die Tatsachen geltend zu machen, die zu seinen Gunsten sprechen.

(4) Wird die Haft aufrechterhalten, so ist der Beschuldigte über das Recht der Beschwerde und die anderen Rechtsbehelfe (§ 117 Abs. 1, 2, § 118 Abs. 1, 2) zu belehren.

Entstehungsgeschichte: Eingefügt durch G. vom 27. 1. 1926. Frühere Bezeichnung: § 114b, von Absatz 2 vor 1926: § 115.

Änderungsvorschläge: N. E. I § 115. Entw. EGStGB. Art. 70 Nr. 66.

Spätere Änderungen: Durch Art. 1 Nr. 1 StPÄG. ist Absatz 3 in Übereinstimmung mit § 136 Abs. 1 gebracht und Absatz 4 angefügt worden. Die Rechtsmittelbelehrung war früher in § 115 für den Zeitpunkt der Bekanntmachung des Haftbefehls vorgesehen.

§ 115a

(1) Kann der Beschuldigte nicht spätestens am Tage nach der Ergreifung vor den zuständigen Richter gestellt werden, so ist er unverzüglich, spätestens am Tage nach der Ergreifung, dem nächsten Amtsrichter vorzuführen.

(2) Der Amtsrichter hat den Beschuldigten unverzüglich nach der Vorführung, spätestens am nächsten Tage, zu vernehmen. Bei der Vernehmung wird, soweit möglich, § 115 Abs. 3 angewandt. Ergibt sich bei der Vernehmung, daß der Haftbefehl aufgehoben oder der Ergriffene nicht die in dem Haftbefehl bezeichnete Person ist, so ist der Ergriffene freizulassen. Erhebt dieser sonst gegen den Haftbefehl oder dessen Vollzug Einwendungen, die nicht offensichtlich unbegründet sind, oder hat der Amtsrichter Bedenken gegen die Aufrechterhaltung der Haft, so teilt er sie dem zuständigen Richter unverzüglich und auf dem nach den Umständen angezeigten schnellsten Wege mit.

(3) Wird der Beschuldigte nicht freigelassen, so ist er auf sein Verlangen dem zuständigen Richter zur Vernehmung nach § 115 vorzuführen. Der Beschuldigte ist auf dieses Recht hinzuweisen und gemäß § 115 Abs. 4 zu belehren.

Entstehungsgeschichte: Eingefügt durch das G. vom 27. 12. 1926. Frühere Bezeichnung: § 132, später § 114c.

Änderungsvorschläge: N. E. I § 115. Entw. EGStGB. Art. 70 Nr. 66, 67.

Spätere Änderungen: Die Vorschrift ist durch Art. 1 Nr. 1 StPÄG. in dreifacher Hinsicht geändert worden: Einmal ist in Absatz 1 die Vorführung, die bisher nur auf Verlangen des Beschuldigten zu bewirken war, obligatorisch gemacht worden. Zum anderen ist Satz 4 des Absatzes 2 angefügt worden. Endlich ist in Absatz 3 bestimmt worden, daß der nicht freigelassene Untersuchungsgefangene nur auf sein Verlangen dem zuständigen Richter vorzuführen ist.

Erläuterung zu den §§ 115 und 115 a

Übersicht

1. Inhalt
2. Haftbefehl
3. Vorführung
4. Vorführungsfrist
5. Vorführung zum zuständigen Richter (§ 115 Abs. 1)
6. Vorführung zum nächsten Amtsrichter (§ 115a Abs. 1)
7. Vernehmung
   a) Zeitpunkt
   b) Form
8. Inhalt der Vernehmung
   a) Vernehmung durch den zuständigen Richter (§ 115 Abs. 3)
   b) Vernehmung durch den nächsten Amtsrichter (§ 115a Abs. 2)
9. Entscheidung
   a) Zuständiger Richter
   b) Nächster Amtsrichter
10. Rechtsmittelbelehrung
11. Weiteres Verfahren
12. Mehrere Haftbefehle

1. Inhalt. Die Vorschriften beruhen auf Art. 114 Abs. 2 WeimVerf. Danach war Personen, denen die Freiheit entzogen worden ist, unverzüglich Gelegenheit zu geben, Einwendungen gegen ihre Freiheitsentziehung vorzubringen. Daß sie dazu einem Richter vorzuführen waren, war nicht bestimmt, folgte aber jedenfalls für den Strafprozeß aus der Tatsache, daß dort Verhaftungen, soweit sie nicht auf einem Strafurteil beruhen, nur ein Richter anordnen kann. Ausdrücklich angeordnet wird die unverzügliche Vorführung vor einen Richter („oder einen anderen, gesetzlich zur Ausübung richterlicher Funktionen ermächtigten Beamten") in Art. 5 Abs. 3 MenschRKonv. Dagegen bezieht sich Art. 104 Abs. 3 GG. nur auf vorläufig Festgenommene; ihm entspricht § 128. Doch ist jener Verfassungsvorschrift der allgemeine Gedanke zu entnehmen, daß ein Verhafteter alsbald nach seiner Verhaftung Anspruch auf richterliches Gehör hat (EbSchmidt, 2 zu § 114b). Dieser Anspruch kann sinnvoll nur durch Vorführung vor den Richter erfüllt werden, der die Strafsache gegen den Beschuldigten kennt, und der zuständig ist, den Vollzug des Haftbefehls auszusetzen (§ 116), den Haftbefehl aufzuheben (§ 120) und die Entscheidungen zu treffen, die sich auf die Untersuchungshaft beziehen (§ 126). Demzufolge ist der Verhaftete grundsätzlich dem zuständigen Richter vorzuführen (§ 115 Abs. 1) und nur hilfsweise dem nächsten Amtsrichter (§ 115a Abs. 1).

Diesem System ist ein doppelter Zweck zu entnehmen: Einmal soll der Gefangene in richterliche Obhut gelangen, zum anderen soll die Möglichkeit geboten werden, die Untersuchung zu fördern. Indem die neue Fassung von § 115a Abs. 3 es dem zum nächsten Amtsrichter gebrachten Gefangenen überläßt, ob er es dabei bewenden lassen oder seine Vorführung zum zuständigen Richter verlangen will, wird der Gesichtspunkt der Sachförderung zurückgesetzt und der Initiative des Richters, des Staatsanwalts oder des Beschuldigten größere Bedeutung eingeräumt. Damit wird zugleich das Gewicht der Vorschrift mehr auf ihren ersten Zweck verlagert, die alleinige Gewalt des unabhängigen Richters über den der Freiheit beraubten Gefangenen sicherzustellen.

2. Haftbefehl. Das Verfahren findet Anwendung, wenn der Beschuldigte auf Grund eines Haftbefehls ergriffen wird. Es ist gleichgültig, ob der Haftbefehl vor (§ 125 Abs. 1) oder nach (§ 125 Abs. 2 und 3) Erhebung der öffentlichen Klage erlassen worden ist oder vollstreckt wird, solange nur noch die Untersuchung andauert, d. h. noch kein rechtskräftiges Urteil vorliegt. Denn mit der Rechtskraft des Urteils erlischt die Möglichkeit, einen Haftbefehl sowohl zu erlassen, als auch zu vollstrecken (s. o. 3 zu § 112), wenn man von dem nicht mehr der Untersuchung, sondern der Vollstreckung dienenden Haftbefehl des § 457 Abs. 1 absieht. Für diesen gelten, weil er nach beendeter Untersuchung ergeht, die §§ 115, 115a nicht (OLG. Königsberg DRiZ. **1931** 782). Sie beziehen sich auf die in § 114 Abs. 1, § 128 Abs. 2, § 230 Abs. 2, § 236, § 61 Abs. 1 JGG. bezeichneten Haftbefehle. Die Vorführung eines ohne Haftbefehl Festgenommenen (§ 127 Abs. 1 und 2) zum Richter ist für Festnahmen vor Klageerhebung in § 128 Abs. 1 und für solche nach Klageerhebung in § 129 geregelt.

Unter Ergreifung ist die Festnahme des Beschuldigten durch die öffentliche Gewalt zum Zwecke der Vollstreckung des Haftbefehls zu verstehen (s. o. 10 zu § 114).

3. Vorführung. Das Wort „vorführen" kann — entgegen der Ansicht von Dürig (Maunz-Dürig, GG., Nr. 42 Anm. 1) — nicht wörtlich genommen werden. Denn der Vorführende kann nicht über die Zeit des Richters verfügen; bei größeren Gerichten hat er in der Regel gar nicht die Möglichkeit, mit dem Gefangenen selbst zum Richter zu gehen. Wo er es kann, ist es oft unangebracht, das zu tun, weil der Vorführ- und Überwachungsdienst auf die dienstlichen Bedürfnisse des Richters und des Gerichtspersonals abgestimmt und keinen Eingriffen zugänglich ist. Vorführen bedeutet daher, den Festgenommenen in den Machtbereich des Richters zu bringen (EbSchmidt, 5 zu § 114b), ihn dem Richter so zu überantworten, daß dieser die Möglichkeit erhält, über die Person des Gefangenen zu verfügen, d. h. ihn durch das Personal des Gerichts oder des Gefängnisses körperlich vor sich bringen zu lassen. Dazu ist der Festgenommene in der Regel in die für den Richter zuständige Untersuchungshaftanstalt einzuliefern (Müller-Sax, 1b zu § 115) und dem Richter die Möglichkeit zu verschaffen, von dem Beginn der Untersuchungshaft Kenntnis zu nehmen. Ob er das tut, ist für die weitere Frist des Absatzes 2 gleichgültig; der Richter hat dafür Sorge zu tragen, daß er sie innehält. Wenn die Polizei nach Dienstschluß keinen Notdienst vorfindet und die Akten mit der Nachricht, daß der Beschuldigte in die Untersuchungshaftanstalt eingeliefert sei, in den Briefkasten einwirft, ist der Beschuldigte vorgeführt. Es ist Sache des Richters, den Vorführungsdienst so zu regeln, daß er von den Vorführungsakten unverzüglich Kenntnis erhält.

Kann ein vorläufig Festgenommener nicht in den dienstlichen Machtbereich des Richters gebracht werden, etwa weil er im Gefängnislazarett oder in einer Heil- oder Pflegeanstalt liegt, dann sind die Akten gleichwohl unverzüglich dem Richter vorzulegen (sog. „symbolische Vorführung"; Nr. 39 RiStV.).

Zur Vorführung gehört die Übermittlung etwaiger Akten oder Vorgänge, die in der Hand des vorführenden Beamten oder der Behörde sind, der er angehört. Befindet sich am Sitze des Gerichts eine Staatsanwaltschaft, dann werden die Akten, wenn die Zeit es zuläßt, dort vorzulegen sein, damit durch die Anhörung (§ 33) keine weitere Zeit verloren geht. Das ist namentlich geboten, wenn die öffentliche Klage noch nicht erhoben ist, weil sich dann die Vorgänge bei der Staatsanwaltschaft befinden, diese auch ggf. nach § 120 Abs. 3 verfahren kann.

4. Vorführungsfrist. Der ergriffene Beschuldigte ist nach § 115 Abs. 1 unverzüglich dem zuständigen Richter vorzuführen. In der früheren Fassung (§ 114b) war die Vorführung „unverzüglich, spätestens am Tage der Ergreifung" angeordnet, doch galt zugleich der mit dem jetzigen § 115a Abs. 1 übereinstimmende § 114c Abs. 1. Danach war — und ist — der Beschuldigte spätestens am Tage nach der Ergreifung dem nächsten Amtsrichter vorzuführen, wenn er in dieser Frist nicht dem zuständigen Richter vorgeführt werden kann. Mit der neuen Fassung von § 115 Abs. 1 soll das Verhältnis beider Vorschriften klarer dargestellt werden: Der Beschuldigte ist auf jeden Fall spätestens am Tage nach der Ergreifung dem Richter vorzuführen, und zwar entweder dem zuständigen Richter oder dem nächsten Amtsrichter (Begr., BTDrucks. IV/178, S. 23). Die beiden Richter stehen dem vorführenden Beamten aber nicht zur Wahl (s. u. 6).

Die Vorführung ist unverzüglich nach der Festnahme, spätestens am Tage nach ihr, zu bewirken. Tag ist jeder Kalendertag, so daß die Vorführung auch an Werktagen, an denen nicht gearbeitet wird, namentlich an Sonnabenden, und an Sonn- und Feiertagen durchzuführen und die Möglichkeit dazu durch die Dienstgestaltung sicherzustellen ist. Unverzüglich bedeutet: ohne eine durch die Lage der Sache nicht gerechtfertigte Verzögerung oder positiv ausgedrückt: mit der nach Lage der Sache und unter Berücksichtigung der Geschäftsverhältnisse der beteiligten Behörden notwendigen Beschleunigung. Weitere Ermittlungen zur Sachaufklärung rechtfertigen eine Verzögerung nicht (EbSchmidt, 7 zu § 114b), doch darf der Beamte ein Protokoll aufnehmen und einen Festnahmebericht fertigen. Der Vorführende darf die Frist nicht „ausnutzen"; wenn irgend möglich, muß er den Gefangenen früher als am Tage nach der Ergreifung einliefern (OLG. Frankfurt HESt. 2 350). Die Frist gestattet im Grundsatz keinerlei Verlängerung. Sie kann nur in Fällen höherer Gewalt (Krieg, Seuchen, Streik) überschritten werden.

5. Vorführung zum zuständigen Richter (§ 115 Abs. 1). Den Gefangenen innerhalb der Vorführungsfrist dem zuständigen Richter vorzuführen, muß das Ziel der mit der Vorführung befaßten Beamten sein. Die von der Festnahme benachrichtigte Staatsanwaltschaft beim zuständigen Richter hat dazu die notwendigen Anordnungen zu treffen. Zur Überführung ist ein Einzeltransport zu wählen, wenn dadurch der zuständige Richter noch rechtzeitig erreicht werden kann. Der Umstand, daß das bei einem Sammeltransport nicht möglich ist, berechtigt nur dann, von der Vorführung zum zuständigen Richter abzusehen und die zum nächsten Amtsrichter zu wählen, wenn Sicherheitsgründe dem Einzeltransport entgegenstehen (so auch Beschluß der Justizministerkonferenz vom 9. 12. 1954, Punkt 24 der TO.). Ein Verzicht auf die innerhalb der Frist mögliche Vorführung zum zuständigen Richter ist ohne Wirkung. Das gilt auch für die Unverzüglichkeit (EbSchmidt, 11 zu § 114b). Die Einwilligung des Beschuldigten in eine spätere Vorführung, etwa zu dem Zwecke, Vernehmungen von Zeugen durchzuführen und Gegenüberstellungen möglich zu machen, ist wirkungslos; sie ist bei einem der Freiheit Beraubten niemals mit Sicherheit wirklich frei.

Der zuständige Richter ist in der Regel derjenige, der den Haftbefehl erlassen hat. In Ausnahmefällen ist ein Zuständigkeitswechsel denkbar; der zuständige Richter ist dann nach § 126 zu ermitteln. Er wird der Staatsanwaltschaft, die die Vollstreckung des Haftbefehls angeordnet hat (§ 36 Abs. 1 Satz 1), bekannt sein; diese wird den festnehmenden Beamten benachrichtigen. Liegen die Akten — etwa zufolge der Beschwerde des Verteidigers eines flüchtigen und dann wieder ergriffenen Gefangenen — beim Beschwerdegericht, so ist nicht dieses, sondern vor Klageerhebung der Amtsrichter zuständig, der den Haftbefehl erlassen hat, und nach diesem Zeitpunkt das mit der Sache selbst befaßte Gericht.

6. Vorführung zum nächsten Amtsrichter (§ 115a Abs. 1). Der Beschuldigte darf dem nächsten Amtsrichter nicht aus Bequemlichkeit oder Routine vorgeführt werden. Das Verfahren ist nur zulässig, wenn der Gefangene nicht bis zum Ende des Tages nach seiner Ergreifung vor den zuständigen Richter gebracht werden kann. In diesem Falle aber ist es unerläßlich; die Vorführung zum nächsten Amtsrichter darf nicht etwa deshalb aufgeschoben werden, weil der Beschuldigte damit einverstanden ist, unter Fristversäumnis vor den zuständigen Richter gebracht zu werden. Denn die Gewalt über den Gefangenen soll am Tage nach der Verhaftung von der Polizei auf den unabhängigen Richter übergehen. Diese Kontrolle der Freiheitsentziehung liegt im öffentlichen Interesse und kann nicht der Verfügung des Beschuldigten überlassen bleiben.

Nächster Amtsrichter ist nicht der räumlich nächste, sondern derjenige, der im Hinblick auf die Verkehrsmittel am raschesten erreicht werden kann. Er braucht seinen Sitz nicht in dem Bezirke zu haben, in dem der Beschuldigte verhaftet worden ist. Ob der Amtsrichter für die Bearbeitung von Straf- oder Haftsachen zuständig ist, wenn die Landesjustizverwaltung von der Zuweisung von Strafsachen an bestimmte Amtsgerichte (§ 58 Abs. 1 GVG.) Gebrauch gemacht hat, ist nach Wortlaut und Zweck des Gesetzes gleichgültig. Der vorführende Beamte hat jedoch auf solche Zuweisungen, wie auch darauf, ob sich am Gerichtsort Hafträume befinden, Bedacht zu nehmen und kann dazu durch allgemeine Anweisungen angehalten werden. Die Verzögerung, die eintritt, weil er solche Umstände beachtet, ist nach der Sachlage gerechtfertigt. Wird jedoch die Frist — Tag nach der Ergreifung — in Frage gestellt, dann hat der vorführende Beamte alle anderen Erwägungen beiseitezustellen und den Gefangenen dem nächsten Amtsrichter vorzuführen, den er erreichen kann. Denn nur beim Richter kann sich der Gefangene mit Sicherheit gegen unzulässige, etwa zu lang ausgedehnte, Vernehmungen wehren und die Pflicht auslösen, Angehörige zu benachrichtigen.

7. Vernehmung.

a) Zeitpunkt. Der Richter — sowohl der zuständige als auch der nächste — hat den Beschuldigten unverzüglich nach der Vorführung, spätestens am Tage nach ihr, zu vernehmen. Für die Begriffe „unverzüglich“ und „Tag“ gilt das o. 4 Abs. 2 Ausgeführte. Die Notwendigkeit, die Sache durchzuarbeiten, rechtfertigt einen Aufschub, der seine Grenze am Ende des Tages nach der Vorführung findet. Da die Vorführung in der Bereitstellung für den Richter liegt, kommt es nicht darauf an, wann diesem die Akten vorgelegt werden. Ist der Gefangene am Sonnabend nachmittag eingeliefert worden, und sind die Akten in den Briefkasten des unbesetzten Gerichts eingelegt worden, dann läuft die Vernehmungsfrist am Sonntag ab, auch wenn der Richter erst an diesem Tage Kenntnis von der Einlieferung und von den Akten erhält. Es ist seine Amtspflicht, die technischen Voraussetzungen zu schaffen, daß ihm Vorführungen rechtzeitig zur Kenntnis gebracht werden.

Die Vernehmungsfrist des § 115 Abs. 2 kann ebenso wie die Vorführungsfrist grundsätzlich nicht verlängert werden, jedoch gestattet höhere Gewalt (Krieg, Seuchen, Streik) Ausnahmen. Eine weitere Ausnahme ergibt sich aus dem Zustande des Beschuldigten: Ist ein Verhafteter nicht in den Machtbereich des Richters gebracht worden (s. o. 3 Abs. 2), dann ist es dessen Pflicht, sich zur Vernehmung an den Verwahrungsort zu begeben. Die Verpflichtung ruht indessen, solange der Beschuldigte nicht vernehmungsfähig ist, etwa weil er operiert werden mußte oder weil er einen Selbstmordversuch unternommen hatte. Die Vernehmungsunfähigkeit muß, jedenfalls bei einem Zeitraum von mehreren Tagen, amtsärztlich festgestellt werden; es ist fortlaufend zu prüfen, ob sie behoben ist.

b) Form. Der Richter, sowohl der zuständige als auch der nächste Amtsrichter, hat einen Urkundsbeamten zuzuziehen. Über die Vernehmung ist ein Protokoll aufzunehmen; es ist vom Beschuldigten zu unterschreiben, oder es ist darin anzugeben, weshalb die Unterschrift unterblieben ist (§§ 168, 187, 188). Ist zuständiges Gericht ein Kollegialgericht, kann es den Beschuldigten in Beschlußbesetzung vernehmen, die Vernehmung aber auch einem beauftragten Richter übertragen (s. u. 5 zu § 126). Die Vernehmung zur Tatfrage kann unterbleiben, wenn der Haftbefehl ergeht, nachdem der Angeklagte in der Hauptverhandlung vernommen worden ist; namentlich wenn der Haftbefehl im Anschluß an die Vernehmung oder unmittelbar nach der Urteilsverkündung erlassen wird; sie wäre dann eine leere Formalität. Dagegen muß der Angeklagte stets, also auch in den genannten Fällen, zu den Haftgründen vernommen werden. Findet die Hauptverhandlung am Tage der Vorführung, oder wenn der Beschuldigte erst am Tage nach der Ergreifung vernommen werden kann, an diesem Tage statt, dann kann die Vernehmung nach § 115 mit der nach § 243 Abs. 2 verbunden werden; sie muß dann aber auf den besonderen Inhalt von § 115 Abs. 3 (s. u. 8a) erstreckt werden.

An der Vernehmung können Staatsanwalt und Verteidiger teilnehmen (§ 169 Abs. 1, § 192 Abs. 2 Satz 1). Sie sind von dem Termin zu benachrichtigen, soweit das ohne Aufenthalt für die Sache möglich ist. Terminsverlegung können sie nicht beanspruchen. Die Benachrichtigung der Staatsanwaltschaft (fernmündlich von Kanzlei zu Kanzlei) bietet keine Schwierigkeit. Daß der Beschuldigte einen Verteidiger hat, wird der Richter oft nicht wissen; meist wird der Beschuldigte noch keinen gewählt haben. Wünscht der Beschuldigte einen Verteidiger zu bestellen und zuzuziehen, ist ihm Gelegenheit zu geben, das — in der Regel fernmündlich — zu tun. Der Richter wird dann (trotz § 192 Abs. 2 Satz 3) die Vernehmung um einige Stunden zurückstellen, doch darf er die Fristen des § 115 Abs. 2 und des § 115a Abs. 2 Satz 1 nicht überschreiten.

8. Inhalt der Vernehmung.

a) Vernehmung durch den zuständigen Richter (§ 115 Abs. 3). Der Beschuldigte ist über den Gegenstand der Beschuldigung zu vernehmen (§ 115 Abs. 2). Dabei sind mit ihm die belastenden Umstände und die Verdachts- und Haftgründe zu erörtern. Die Erwähnung der Gründe für den (dringenden) Verdacht weist auf die Notwendigkeit hin, dem Beschuldigten die Beweisgrundlage mitzuteilen. Ihm soll Gelegenheit gegeben werden, die Verdachts- und Haftgründe zu entkräften und die Tatsachen geltend zu machen, die zu seinen Gunsten sprechen. Daher darf der Richter nicht warten, ob der Beschuldigte Erklärungen abgeben will; er hat ihn vielmehr ausdrücklich auf die Möglichkeit hinzuweisen, daß er das tun kann. Haftgründe sind — wie in § 114 Abs. 2 Nr. 3 (s. o. 1 zu § 112; 5 zu § 114) — sowohl die in § 112 Abs. 2 aufgeführten (Flucht, Fluchtgefahr, Verdunkelungsgefahr) als auch die Wiederholungsgefahr bei Sittlichkeitsverbrechern (§ 112 Abs. 3). Im Falle der Verhaftung wegen eines Verbrechens wider das Leben (§ 112 Abs. 4) sind, wenn man die Vorschrift überhaupt für anwendbar hält (s. o. 14b Abs. 5 zu § 112) die Umstände zu erörtern, die der Verhaftung nach der Rechtsprechung des Bundesverfassungsgerichts zu Grunde liegen (s. o. 14b Abs. 1 zu § 112).

Die Vorschriften enthalten eine Verstärkung der richterlichen Verpflichtung gegenüber sonstigen Vernehmungen. Sie ist in der Notwendigkeit der Fürsorge für den von der Außenwelt abgeschnittenen Gefangenen begründet. Das rechtfertigt die Erweiterung gegenüber § 136, der indessen zusätzlich zu beachten ist. Diese Vorschrift gilt für eine jede erste Vernehmung (a. A. Dreves, DRiZ. **1965** 113; Gegenfurtner, DRiZ. **1965** 334), also auch für die nach § 115. Nach § 136 Abs. 1, dessen Inhalt nur teilweise in § 115 Abs. 3 wiederholt wird, ist der Beschuldigte darauf hinzuweisen, daß es ihm freistehe, sich zu der Beschuldigung zu äußern oder nicht zur Sache auszusagen; daß er jederzeit, auch schon vor seiner Vernehmung, einen von ihm zu wählenden Verteidiger befragen darf; in geeigneten Fällen auch, daß er sich schriftlich äußern kann. Verweigert der Beschuldigte seine Einlassung, so dürfen daraus keine Schlüsse zu seinem Nachteil gezogen werden (s. u. 4a zu § 136; a. A. — aus dem Schweigen des Angeklagten kann seine Schuld gefolgert werden — OLG. Hamburg GA. **74** 315).

Veranlaßt die Vernehmung zu einer der angeführten Voraussetzungen den Richter, den Haftbefehl aufzuheben (§ 120), den Vollzug des Haftbefehls auszusetzen (§ 116) oder bei einem Jugendlichen von der Vollstreckung des Haftbefehls abzusehen (§ 72 Abs. 1 JGG.), dann wird er die Vernehmung nur dann auf weitere Voraussetzungen zu erstrecken brauchen, wenn er — bei zweifelhafter Sachlage — mit einer Beschwerde der Staatsanwaltschaft rechnen muß (Lobe-Alsberg, II 2a zu § 114b).

b) Vernehmung durch den nächsten Amtsrichter (§ 115a Abs. 2). Der nächste Amtsrichter hat seine Vernehmung, soweit möglich, ebenso zu gestalten wie der zuständige Richter. Die Möglichkeit besteht immer für die in § 115 Abs. 3 und in § 136 Abs. 1 aufgeführten Hinweise auf die Rechte des Beschuldigten. Im übrigen muß die Vernehmung in der Regel notwendigerweise von der des zuständigen Richters abweichen. Der Hinweis auf die belastenden Umstände (§ 115 Abs. 3) setzt ebenso Aktenkenntnis voraus, wie das Einräumen von Gelegenheit, den dringenden Tatverdacht und die Haftgründe zu entkräften. Diese Kenntnis fehlt dem nächsten Amtsrichter. Gleichwohl muß er versuchen, seiner Verpflichtung nachzukommen; die Erfahrung in der Bearbeitung von Haftsachen wird ihm dabei Hilfe leisten, mehr zu tun, als den Haftbefehl zu erläutern und Erklärungen entgegenzunehmen. Ggf. hat er sich mit dem zuständigen Richter ins Benehmen zu setzen (§ 115a Abs. 2 Satz 3).

9. Entscheidung.

a) Der zuständige Richter hat in vollem Umfang sämtliche Haftvoraussetzungen nachzuprüfen und daraufhin zu entscheiden, ob der Haftbefehl aufrechtzuerhalten oder aufzuheben (§ 120), der Vollzug (§ 116 Abs. 1 bis 3) oder bei einem Jugendlichen die Vollstreckung des Haftbefehls auszusetzen ist (§ 72 Abs. 1 JGG.). Beweisanträgen des Beschuldigten, die auf eine Freilassung zielen, hat er dazu nachzukommen (§ 166 Abs. 1).

b) Der nächste Amtsrichter hat dagegen weit geringere Befugnisse. Ihm ist, da er immer nur beschränkt unterrichtet sein kann, zu Recht nicht die Macht erteilt worden, über den Haftbefehl zu verfügen. Daher darf er aus eigenem Recht weder den Haftbefehl aufheben noch dessen Vollzug nach § 116 oder bis zur Entscheidung des zuständigen Richters vorläufig aussetzen (so Lang, DJZ. **1927** 780). Seiner Prüfung unterliegen nur die Fragen, ob ein wirksamer Haftbefehl besteht, d. h. ob ein Haftbefehl von einem Gericht erlassen (s. o. 1 zu § 114) und, wenn dies geschehen, nicht wieder aufgehoben ist, sowie ob der Ergriffene und der Verfolgte personengleich sind. Muß der nächste Amtsrichter diese Fragen verneinen, so hat er den Beschuldigten freizulassen. Dagegen darf er die Wirksamkeit des Haftbefehls nicht verneinen, weil die beigefügte Begründung fehlerhaft (Beisp.: Annahme von Verdunkelungsgefahr, „weil die Ermittlungen noch nicht abgeschlossen sind") ist (so Enzian NJW. **1956** 1786). Denn er ist weder ein Beschwerderichter noch hat er dessen Unterlagen, aus denen sich durchaus ergeben kann, daß der Haftrichter bei einem guten Haftgrund eine schlechte Begründung gegeben hat. Ebenso darf er einen Haftbefehl nicht, wie Dreves (DRiZ. **1965** 113) annimmt, deshalb aufheben, weil Verjährung oder Amnestie vorliegen kann; weil der Haftbefehl schwere Mängel hat; weil die rechtskräftige Erledigung der Sache oder die Unschuld urkundlich erwiesen ist. Der letzte Punkt bedarf keiner Widerlegung. Die Verjährung kann unterbrochen, die Angabe der unterbrechenden Akte im Haftbefehl (s. o. 4 zu § 114) übersehen worden sein. Amnestievoraussetzungen sind nicht immer eindeutig; meist kommt es auf die Strafe an, die der Täter zu erwarten hat, oft gibt es Amnestiehindernisse (vgl. § 9 Abs. 2 StFG. 1954), und regelmäßig können weitere Taten die Einstellung ausschließen (z. B. § 11 StFG. 1954). Das alles kann der nächste Richter nicht beurteilen. Die Frage der anderweiten Verurteilung ist stets schwierig und ohne Akten nicht zu entscheiden. Mängel in der Begründung des Haftbefehls können jederzeit behoben werden; sie rechtfertigen die Entlassung nicht. Der Text des § 115a ist eindeutig. Die Vorschrift hat zwar nur einen beschränkten Zweck; sie ist aber nicht, wie Dreves meint, sinnlos, wenn man die Befugnis des nächsten Richters verneint, in weiteren Fällen als in Absatz 2 Satz 2 angegeben, den Haftbefehl aufzuheben (s. o. 1 Abs. 2 zu § 115a).

Schon die Frage nach dem Bestand eines Haftbefehls wird sich nicht immer allein aus der Vernehmung und aus den Ausschreibungsunterlagen ergeben, sondern ggf. durch Rückfragen beim zuständigen Richter geklärt werden müssen. Die Verpflichtung, mit diesem ins Benehmen zu treten, wird in § 115a Abs. 2 Satz 3 dem nächsten Amtsrichter auferlegt, wenn der Beschuldigte Einwendungen gegen den Haftbefehl oder dessen Vollzug erhebt, die nicht offensichtlich unbegründet sind, oder wenn der Amtsrichter selbst Bedenken trägt, die Haft aufrechtzuerhalten. In diesen Fällen hat er die Einwendungen oder Bedenken dem zuständigen Richter fernmündlich oder fernschriftlich mitzuteilen, dessen Entscheidung herbeizuführen und diese, wenn sie in einer Freilassung besteht, im Wege der Rechtshilfe durchzuführen.

Die Einwendungen des Beschuldigten können sich gegen den Tatverdacht oder gegen den Haftgrund richten. Sie können aber auch — unter Berufung auf § 116 oder auf § 72 Abs. 1 JGG. — allein gegen den Vollzug des Haftbefehls erhoben werden. Offensichtlich unbegründet sind Einwendungen, bei denen auf der Hand liegt, daß sie entweder unglaubhaft sind, oder daß sie keinerlei Einfluß auf die Entscheidung haben können. Bedenken des Amtsrichters, die Haft aufrechtzuerhalten, werden z. B. entstehen, wenn er Verjährung oder Amnestie annehmen kann, oder wenn er nach den ihm bekannten Umständen erkennt, daß der zuständige Richter irrigerweise Fluchtgefahr angenommen hatte, oder daß eine früher zu Recht angenommene inzwischen weggefallen ist.

10. Rechtsmittelbelehrung. Hält der zuständige Richter die Haft aufrecht, dann hat er den Beschuldigten über das Recht der Beschwerde (§ 304 Abs. 1) und über die Rechtsbehelfe der Haftprüfung (§ 117 Abs. 1) sowie der mündlichen Verhandlung im Haftprüfungsverfahren (§ 118 Abs. 1) und im Beschwerdeverfahren (§ 118 Abs. 2) zu belehren (§ 115 Abs. 4) und ihn darauf hinzuweisen, daß durch den Antrag auf Haftprüfung die Beschwerde ausgeschlossen wird (§ 117 Abs. 2). Das hat auch der nächste Amtsrichter zu tun, wenn er den Beschuldigten nicht freiläßt (§ 115a Abs. 3). Der Wortlaut bedeutet in beiden Fällen dasselbe: Die Belehrung ist nur zu erteilen, wenn der Beschuldigte in Haft verbleibt; sie entfällt, wenn der Vollzug der Haft nicht aufrechterhalten, d. h. der Beschuldigte freigelassen wird, mag auch die Anordnung der Untersuchungshaft, der Haftbefehl, selbst bestehen bleiben, wie das bei der Aussetzung des Vollzugs der Untersuchungshaft nach § 116 oder nach § 72 Abs. 2 JGG. der Fall ist. Bei dem Wortlaut von § 115a Abs. 3 („nicht freigelassen") ist das zweifelsfrei. Bei der Fassung von § 115 Abs. 4 („die Haft aufrechterhalten") könnten Zweifel bestehen, ob der Vollzug oder die Anordnung der Haft gemeint ist, zumal da die Haftbeschwerde zulässig bleibt, auch wenn der Vollzug des Haftbefehls ausgesetzt wird. Da aber Haftprüfung und mündliche Verhandlung bei ihr nur zulässig sind, wenn die Untersuchungshaft vollzogen wird (s. u. 2b zu § 117), wäre eine Anordnung sinnlos, die eine Belehrung auch bei einem vollzogenen Haftbefehl vorschriebe. Demzufolge kann sich das Wort „Haft" in § 115 Abs. 4 nur auf den Vollzug der Haft, nicht aber auf ihre Anordnung beziehen.

Die Belehrung haben der nächste Amtsrichter und das zuständige Gericht stets zu geben, es sei denn, daß der Haftbefehl von einem Strafsenat erlassen worden ist (§ 304 Abs. 4). Dagegen ist über die Möglichkeit der weiteren Beschwerde (§ 310 Abs. 1) nicht zu belehren. Erläßt das Oberlandesgericht einen in der unteren Instanz abgelehnten oder aufgehobenen Haftbefehl auf Beschwerde der Staatsanwaltschaft, ohne den Beschuldigten vorher zu hören (§ 33 Abs. 4), so hat es den Beschuldigten auf seinen Antrag oder, wenn er einen solchen nicht stellt, von Amts wegen nachträglich zu hören (§ 311a Abs. 1).

Eine Belehrung des gesetzlichen Vertreters (§ 118b, § 298 Abs. 1) ist nicht vorgeschrieben und in der Regel nicht angebracht.

11. Weiteres Verfahren. Verbleibt der Beschuldigte in Untersuchungshaft, so regelt sich das weitere Verfahren nach den folgenden Bestimmungen des Abschnitts. Wenn jedoch das Verbleiben in der Haft nicht auf einer Entschließung des zuständigen Richters beruht, vielmehr der nächste Amtsrichter den Beschuldigten nicht freigelassen hat, dann kann dieser verlangen, daß er dem zuständigen Richter vorgeführt werde. Der nächste Amtsrichter hat ihn über dieses Recht zu belehren (§ 115a Abs. 3 Satz 2). Er wird ihm den Antrag nahelegen, wenn er bei seiner Vernehmung den Eindruck gewonnen hat, daß der zuständige Richter, weil diesem die Akten vorliegen, den Beschuldigten besser vernehmen und entweder zu einer dem Beschuldigten günstigeren Beurteilung der Haftfrage gelangen könnte oder Aussagen erzielen werde, die das Verfahren fördern könnten. Verlangt der Beschuldigte die Vorführung zum zuständigen Richter, dann ist sie unverzüglich durchzuführen. Das Gesetz sagt das zwar nicht, es ist ihm aber zu entnehmen. Denn die Vorführung zum nächsten Richter ist nur ein Behelf. Der Beschuldigte kann sämtliche Möglichkeiten, die Freilassung zu erzielen, nur dadurch ausschöpfen, daß der zuständige Richter ihn vernimmt und dann entscheidet. Daher kann allein die unverzügliche Vorführung zum zuständigen Richter im Sinne des Vorführungssystems liegen. Auch für sie ist grundsätzlich der Einzeltransport zu wählen.

Auch wenn der Gefangene die Vorführung zum zuständigen Richter nicht verlangt, ist dafür Sorge zu tragen, daß er in dessen Bezirk verbracht wird, weil er nur dort seine weiteren Rechte auf Haftprüfung und auf mündliche Verhandlung sinnvoll wahrnehmen kann. Im allgemeinen wird die Verschubung von der Staatsanwaltschaft beim zuständigen Gericht, vom Untersuchungsrichter oder nach Rechtshängigkeit auch vom Vorsitzenden des zuständigen Gerichts veranlaßt werden. Doch hat auch der nächste Amtsrichter dafür Sorge zu tragen, daß der Gefangene nicht ohne Not länger als erforderlich bei einem unzuständigen Gericht einsitzt.

12. Mehrere Haftbefehle. Liegen mehrere Haftbefehle vor, so ist der Verfolgte allen zuständigen Richtern nacheinander vorzuführen, doch wird in der Regel feststehen, daß er nicht allen am Tage nach der Ergreifung vorgeführt werden kann. Der vorführende Beamte muß daher zunächst die Vorführungen soweit bewirken, als das bis zum Tage nach der Festnahme möglich ist. Kann er mehrere Richter erreichen, hat er den nächsten von ihnen auszuwählen, doch ist es gerechtfertigt, wenn er den Beschuldigten zu dem Gericht vorführt, das den Haftbefehl wegen des schwersten Delikts erlassen hat. Nachdem der Beschuldigte von diesem vernommen worden ist, ist er den nächsten weiter zuständigen Richtern vorzuführen, wenn das noch am Tage nach der Festnahme geschehen kann.

Ist das nicht möglich, ist der Beschuldigte dem nächsten Amtsrichter wegen aller noch unerledigten Haftbefehle vorzuführen. Ist einer der zuständigen Richter, denen der Beschuldigte bis zum Tage nach der Festnahme vorgeführt wird, ein Amtsrichter, so ist er zugleich der nächste Amtsrichter für alle Haftbefehle, wegen deren der Beschuldigte nicht mehr bis zum Tage nach der Ergreifung dem zuständigen Gericht vorgeführt werden kann. Ein Kollegialgericht dagegen hat keine Zuständigkeit, die Geschäfte des nächsten Amtsrichters zu übernehmen (a. A. Eb. Schmidt, 20 zu § 114b).

Nach der Vernehmung durch den nächsten Amtsrichter ist der Beschuldigte nacheinander denjenigen zuständigen Richtern, die ihn noch nicht vernommen haben, vorzuführen, zu denen er die Vorführung verlangt. Diese Umständlichkeit wird sich vermeiden lassen, wenn die beteiligten Richter unter sich Fühlung nehmen und vereinbaren, daß nur einer der Haftbefehle vollstreckt, für die anderen aber Überhaft vermerkt wird.

Wird ein Haftbefehl nicht vollzogen, sondern nur Überhaft notiert (s. o. 8a zu § 114), so finden die §§ 115, 115a erst Anwendung, wenn die Überhaft vollstreckt wird (OLG. Königsberg JW. **1932** 965; a. A. Kunt DStRZ. **1920** 46). Alsdann ist — wofür Gericht und Staatsanwaltschaft durch Fristnotierung Sorge zu tragen haben — das Verfahren der §§ 115, 115a durchzuführen, doch ist es auch zulässig, das schon vorher zu tun.

§ 116

(1) Der Richter setzt den Vollzug eines Haftbefehls, der lediglich wegen Fluchtgefahr gerechtfertigt ist, aus, wenn weniger einschneidende Maßnahmen die Erwartung hinreichend begründen, daß der Zweck der Untersuchungshaft auch durch sie erreicht werden kann. In Betracht kommen namentlich

1. die Anweisung, sich zu bestimmten Zeiten bei dem Richter, der Strafverfolgungsbehörde oder einer von ihnen bestimmten Dienststelle zu melden,

2. die Anweisung, den Wohn- oder Aufenthaltsort oder einen bestimmten Bereich nicht ohne Erlaubnis des Richters oder der Strafverfolgungsbehörde zu verlassen,

3. die Anweisung, die Wohnung nur unter Aufsicht einer bestimmten Person zu verlassen,

4. die Leistung einer angemessenen Sicherheit durch den Beschuldigten oder einen anderen.

(2) Der Richter kann auch den Vollzug eines Haftbefehls, der wegen Verdunkelungsgefahr gerechtfertigt ist, aussetzen, wenn weniger einschneidende Maßnahmen die Erwartung hinreichend begründen, daß sie die Verdunkelungsgefahr erheblich vermindern werden. In Betracht kommt namentlich die Anweisung, mit Mitbeschuldigten, Zeugen oder Sachverständigen keine Verbindung aufzunehmen.

(3) Der Richter kann auch den Vollzug eines Haftbefehls, der nach § 112 Abs. 3 erlassen worden ist, unter der Bedingung aussetzen, daß der Beschuldigte bestimmte Anweisungen befolgt.

(4) Der Richter ordnet in den Fällen der Absätze 1 bis 3 den Vollzug des Haftbefehls an, wenn

1. der Beschuldigte den ihm auferlegten Pflichten oder Beschränkungen gröblich zuwiderhandelt,

2. der Beschuldigte Anstalten zur Flucht trifft, auf ordnungsmäßige Ladung ohne genügende Entschuldigung ausbleibt oder sich auf andere Weise zeigt, daß das in ihn gesetzte Vertrauen nicht gerechtfertigt war, oder

3. neu hervorgetretene Umstände die Verhaftung erforderlich machen.

Entstehungsgeschichte: I. Entw. § 103. II. Entw. § 104. III. Entw. § 106. Frühere Bezeichnung: § 117.

Änderungsvorschläge: N. E. I, II §§ 118, 122. N. E. III § 139. Entw. EGStGB. Art. 70 Nr. 72.

Spätere Änderungen: Die Strafprozeßordnung hatte ursprünglich (in § 117) die Verschonung des Beschuldigten mit dem Vollzug der Untersuchungshaft nur für den Fall vorgesehen, daß sie allein wegen Fluchtverdachts gerechtfertigt war. Einziges Mittel zur Abwendung des Haftvollzugs war zunächst die Sicherheitsleistung. Durch Art. 4 Nr. 16 des 3. StRÄndG. wurde die Verschonung allgemein auf Grund von Maßnahmen zugelassen, welche die Fluchtgefahr erheblich zu vermindern geeignet waren. Ihre jetzige Fassung hat die Bestimmung erhalten durch Art. 1 Nr. 1 StPÄG. Danach sind namentlich eingefügt der Katalog des Absatzes 1, die Möglichkeit, den Vollzug des Haftbefehls bei sämtlichen Haftgründen auszusetzen, und die Regelung des Widerrufs der Aussetzung durch Absatz 4.

1. Inhalt. Das Haftrecht wird, wie § 112 Abs. 1 Satz 2, § 120 Abs. 1 Satz 1, aber auch § 121 Abs. 1, dartun, besonders eindeutig von dem Grundsatze beherrscht, daß das angewendete Mittel zu dem erstrebten Zweck in einem angemessenen Verhältnis stehen muß (Grundsatz der Verhältnismäßigkeit). Auch die Bestimmung des § 116 ist eine Ausprägung dieser Maxime. Sie verlangt, wenn schon auf einen Eingriff in die Freiheit des Beschuldigten nicht verzichtet werden kann, daß dann auf jeden Fall die am wenigsten einschneidende Maßnahme auszuwählen ist. Da kein Mittel angewendet werden darf, das vom Zweck nicht gefordert wird, sind grundsätzlich keine Ausnahmen gerechtfertigt. Das Gesetz sieht sie in zwei Fällen vor: Bei dem Haftgrund der Flucht (§ 112 Abs. 2 Nr. 1) und bei Haftbefehlen wegen Verbrechens wider das Leben (§ 112 Abs. 4). Wegen des letzten Falles s. u. 7. Im ersten Falle kann der Vollzug nicht ausgesetzt werden, weil der Haftbefehl erlassen wird, um den Beschuldigten zu ergreifen. Im übrigen kann der Vollzug des Haftbefehls bei jedem Haftgrund ausgesetzt werden. Das frühere Recht ließ das nur bei Fluchtgefahr zu (§ 117 a. F.), und die Anknüpfung an den Wortlaut des alten Rechts dürfte der Grund für den etwas umständlichen Aufbau der Vorschrift sein. Allerdings kommt auch den Fällen des Absatzes 1 die größte Bedeutung zu. Denn wenn der Haftvollzug auch bei Flucht-, Verdunkelungs- und Wiederholungsgefahr gleicherweise ausgesetzt werden kann, so gibt es doch weniger Maßnahmen, die Verdunkelungs- oder Wiederholungsgefahr vermindern, als solche, die die Fluchtgefahr herabsetzen.

2. Anwendungsbereich. § 116 dient dem Zweck, den Vollzug der Untersuchungshaft soweit als möglich einzuschränken. Daher ist er anzuwenden, wenn ein Haftbefehl erlassen wird, und dann solange, als ein erlassener nicht aufgehoben (§ 120) oder durch Rechtskraft erledigt ist. Seine Anwendung ist bei der Anordnung der Haft, bei jeder Haftprüfung und bei jeder Beschwerdeentscheidung von Amts wegen zu erwägen. Dabei kommt es nach dem Wortlaut von Absatz 3 auf den im Haftbefehl angegebenen Haftgrund an, während bei den Absätzen 1 und 2 bei der Entscheidung geprüft werden muß, aus welchem Grunde die Untersuchungshaft gerechtfertigt ist. In Wirklichkeit ist auch bei den Fällen des Absatzes 3 die Prüfung unentbehrlich, ob nicht auch Flucht- oder Verdunkelungsgefahr vorliegt, im Falle des Absatzes 2, ob auch Fluchtgefahr, und im Falle des Absatzes 1, ob auch Verdunkelungsgefahr gegeben ist. Nur darf in den Fällen der Absätze 1 und 2 nicht untersucht werden, ob die Haft nicht auch nach § 112 Abs. 3 gerechtfertigt ist; denn für diesen Fall ist der im Haftbefehl angegebene Haftgrund maßgebend (Absatz 3). Da der Richter aber auch im Falle des Absatzes 3 nicht gehindert ist, den Haftbefehl auf einen der beiden genannten Gründe umzustellen oder zu erweitern (s. o. 12 zu § 114), ist nach alledem nur bedeutsam, daß die obligatorische Aussetzung des Absatzes 1 nur geboten ist, wenn der Haftbefehl lediglich wegen Fluchtverdachts gerechtfertigt ist; liegt außerdem noch Verdunkelungsgefahr vor, dann müssen zugleich auch die Voraussetzungen des Absatzes 2 erfüllt sein, und steht die Aussetzung im — freilich beschränkten (s. u. 3 Abs. 2) — Ermessen des Gerichts.

Aus der unbeschränkten Wirksamkeit des Grundsatzes der Verhältnismäßigkeit folgt trotz des Wortlauts des § 116 Abs. 1, daß die Vorschrift auch bei der sog. Ungehorsamshaft (§ 230 Abs. 2, § 236) anzuwenden ist. Denn mit einem Haftbefehl nach den genannten Vorschriften soll ebenso wie mit einem nach § 114 verhindert werden, daß sich der Beschuldigte dem Strafverfahren entzieht (§ 112 Abs. 2 Nr. 2). Dagegen erfaßt § 117 nicht die Vorführung (§ 134), weil sie zu keinem längeren Festhalten führen kann, sowie die sitzungspolizeiliche (§ 177 GVG.) und die Ordnungsstrafhaft (§ 178 GVG.), weil sie keine Untersuchungshaft sind.

§ 116 findet nach § 61 Abs. 2 JGG. auf die Sicherungshaft des § 61 Abs. 1 JGG. nicht ausdrücklich Anwendung. Der Sache nach gilt er aber auch. Denn nach § 61 Abs. 1 JGG. hat der Richter vorläufige Maßnahmen zu treffen, „notfalls" einen Haftbefehl zu erlassen. Unter diese Befugnis fallen auch die Anordnung der Sicherungshaft und die Aussetzung ihres Vollzugs.

3. Aussetzung des Vollzugs. Mit der Wortfassung, daß der Vollzug des Haftbefehls ausgesetzt wird, trägt das Gesetz dem Umstand Rechnung, daß der Haftbefehl bestehen bleibt. Bestehen bleiben kann der Haftbefehl nur, wenn die Haftgründe ebenfalls fortbestehen. Da die Haftgründe nur bei einer durch Tatsachen belegten konkreten Gefahr gegeben sind, ist auch die den Fortbestand des Haftbefehls rechtfertigende fortbestehende Gefahr nicht nur eine theoretische, sondern eine konkrete, wenn auch eine gegenüber dem nicht durch Maßnahmen gesicherten Zustand erheblich herabgesetzte. Das Gesetz nimmt also ein gewisses Risiko in Kauf. Diese gesetzgeberische Entscheidung ist bei der Auswahl und Bewertung der Maßnahmen zu berücksichtigen. Wird durch die Übernahme von Pflichten oder von Beschränkungen, etwa bei einem Sittlichkeitsverbrecher durch den Eintritt in eine Heilanstalt, der Haftgrund nicht nur abgeschwächt, sondern ganz beseitigt, darf kein Haftbefehl erlassen und muß ein erlassener aufgehoben werden.

Liegen die Voraussetzungen des § 116 vor, ist im Falle des Absatzes 1 der Vollzug des Haftbefehls auszusetzen (der Richter „setzt . . . aus"). Für die Absätze 2 und 3 gibt das Gesetz dem Richter eine größere Freiheit (der Richter „kann . . . aussetzen"). Er ist aber gleichwohl gebunden durch den Grundsatz, daß stets die am wenigsten einschneidende Maßnahme zu wählen ist. Wird der Zweck der Untersuchungshaft durch solche Maßnahmen erreicht, so ist der Vollzug des Haftbefehls auszusetzen (BVerfG. NJW. **1966** 244). Das in den beiden Absätzen gebrauchte Wort „kann" stellt ihn daher nicht in der Entscheidung frei, sondern nur in der Begründung, weil bei der Auslegung der unbestimmten Rechtsbegriffe die ausschlaggebenden Abwägungen nicht stets deutlich in Worte zu fassen sind. Der früher zur Haftverschonung gegen Sicherheitsleistung geführte Streit, ob der Beschuldigte, wenn die Voraussetzungen der Absätze 2 und 3 vorliegen, ein Recht auf Aussetzung des Vollzugs habe (so Peters, § 47 A II 2b cc Abs. 2; a. A. EbSchmidt, 3 zu § 117; KleinknM, 3a zu § 117; vermittelnd Lobe-Alsberg, II zu § 117), ist müßig. Der Frage käme nur Bedeutung zu, wenn das Ermessen nicht oder nur beschränkt nachprüfbar wäre. Das ist aber nicht der Fall. Denn im Beschwerdeverfahren spielt die Unterscheidung zwischen Rechts- und Ermessensentscheidung keine Rolle. Das Beschwerdegericht hat, wenn ein Ermessen obwalten darf, seines an die Stelle desjenigen des Vorderrichters zu setzen.

Der Richter kann den Vollzug der Untersuchungshaft auch nur auf eine bestimmte Zeit aussetzen, etwa zu wichtigen Geschäftsverhandlungen. Dabei wird meist die Leistung einer angemessenen Sicherheit (Nr. 4), aber auch die Aufsicht einer bestimmten Person (Nr. 3), zu verlangen sein.

4. Voraussetzungen. Nach **§ 72 Abs. 1 JGG.** darf Untersuchungshaft nur verhängt und vollstreckt werden, wenn ihr Zweck nicht durch eine vorläufige Anordnung über die Erziehung oder durch andere Maßnahmen erreicht werden kann. In der Terminologie des § 116 heißt das, daß der Jugendrichter den Vollzug des Haftbefehls gegen einen Jugendlichen aussetzt, wenn der Zweck der Untersuchungshaft auch durch weniger einschneidende Maßnahmen erreicht werden kann. Das stimmt nahezu überein mit der Fassung von **Absatz 1** (Aussetzung bei Fluchtgefahr), nur wird dort das Unsicherheitsmoment, das notwendigerweise bei der Abschätzung der Wirkung einer Maßnahme auftritt, betont durch die Worte, daß weniger einschneidende Maßnahmen die Erwartung „hinreichend" begründen, der Haftzweck werde durch sie erreicht werden „können". Da die Aussetzung des Vollzugs stets, also auch im Jugendrecht, ein Risiko in sich birgt, ist der Unterschied in der Fassung nicht erheblich, doch macht § 116 Abs. 1 ganz deutlich, daß der Richter keine Sicherheit anstreben, keine fest bestimmten Erwartungen hegen darf, sondern eine hinreichend begründete Erwartung ausreichen lassen muß. Hinreichend begründet ist die Erwartung, wenn die Maßnahme zwar keinen sicheren Erfolg, aber bei Übernahme eines gewissen Risikos die große Wahrscheinlichkeit des Erfolges begründet, der Beschuldigte werde sich nicht dem Strafverfahren entziehen.

Auch in **Absatz 2** (Aussetzung bei Verdunkelungsgefahr) kehrt die Verbindung der weniger einschneidenden Maßnahmen mit einer hinreichend begründeten Erwartung wieder. Hier geht die Erwartung aber nicht dahin, daß der Haftzweck erreicht werden könne, sondern daß die Verdunkelungsgefahr erheblich vermindert werde. Es wird also weniger verlangt als in Absatz 1; die Fassung ähnelt der des alten § 117, wo Verschonung möglich war auf Grund von Maßnahmen, welche die Fluchtgefahr erheblich zu vermindern geeignet sind. Die mindere Anforderung wird ausgeglichen durch eine freiere Stellung des Richters, der hier nicht (wie in Absatz 1 und im Jugendrecht) auszusetzen hat, sondern aussetzen kann (vgl. Begr. BTDrucks. IV/178, S. 23 und die Ausführungen o. 3 Abs. 2). In **Absatz 3** (Wiederholungsgefahr bei Sittlichkeitsverbrechern) ist wiederum die gleiche Fassung „kann" gewählt, doch werden hier gar keine Voraussetzungen mehr aufgestellt. Gleichwohl ist der Richter nicht frei. Nach dem System der Vorschrift kann er vielmehr sinnvollerweise den Vollzug auch hier nur aussetzen, wenn durch die von ihm gestellten Bedingungen der Haftzweck erreicht, d. h. also die Wiederholungsgefahr, die von dem Sittlichkeitsverbrecher ausgeht, gebannt wird.

Es ist nicht zu leugnen, daß alle Fassungen in Nuancen voneinander abweichen. Die Praxis wird wohl nur in der Lage sein, zwischen der strengeren Anforderung des Absatzes 1 verbunden mit der obligatorischen Aussetzung und den weniger strengen Anforderungen der Absätze 2 und 3 verbunden mit fakultativer Aussetzung zu unterscheiden. Die übrigen Unterschiede wird sie kaum beachten oder gar die Beachtung begründen können. Sie wird in diesen Fällen fragen, ob durch weniger einschneidende Maßnahmen die Gefahr, der mit der Verhaftung begegnet werden soll, so erheblich vermindert wird, daß, wenn man ein gewisses Risiko in Kauf nimmt, erwartet werden kann, der Haftzweck werde auch ohne Haftvollzug erreicht werden. Es wäre erwünscht, daß bei einer großen Prozeßreform die Voraussetzungen für die Aussetzung des Vollzugs des Haftbefehls handlicher, einfacher und weniger nuancenreich gefaßt würden.

5. Maßnahmen.

a) Allgemein. Die Absätze 1 und 2 lassen die Aussetzung des Vollzugs des Haftbefehls gegen Maßnahmen zu, die weniger einschneidend sind als die Haft, und die geeignet sein müssen, die in Anmerkung 4 angegebenen Erwartungen zu begründen. Die Maßnahmen werden meist in der Auferlegung von Pflichten und Beschränkungen (§ 116 Abs. 3 Nr. 1) bestehen, können aber auch einen anderen Inhalt haben, selbst Handlungen eines Dritten sein, wie sich aus § 116a ergibt. Absatz 3 spricht von der Bedingung, daß der Beschuldigte bestimmte Weisungen befolgt, doch sagt das, da man Pflichten und Beschränkungen durch Weisungen auferlegen kann, nichts anderes.

In den Absätzen 1 und 2 sind Beispielsfälle angegeben, in Absatz 3 und in § 72 Abs. 1 JGG. nicht. Die Beispiele beziehen sich zwar auf den jeweils geregelten Fall; sie können aber auch in anderen Fällen als Beispiel dienen, wenn das sinnvoll ist. Die Sicherheitsleistung wird dabei grundsätzlich nur zur Abwendung der Fluchtgefahr verwendet werden können, weil sie nicht nur den Zweck hat, den ungestörten Gang der Untersuchung zu gewährleisten, sondern darüber hinaus sicherstellen soll, daß der zu Freiheitsstrafe oder zu einer freiheitsentziehenden Maßregel der Sicherung und Besserung Verurteilte diese auch antritt (§ 124 Abs. 1). Gesetzlich ausgeschlossen ist sie aber als sonstige Maßregel des Absatzes 2 oder als Inhalt einer Weisung nach Absatz 3 nicht, wenn sie in den letzteren Fällen auch stets und zur Minderung der Verdunkelungsgefahr regelmäßig ungeeignet sein wird.

Zu den Beispielsfällen:

b) Absatz 1. Nr. 1: Die Anweisung wird in der Regel die Meldung auf einem bestimmten Polizeirevier zum Inhalt haben, deren Beamte dazu gewohnheitsrechtlich zur Verfügung stehen. Die Anweisung, der Beschuldigte solle sich bei der Strafverfolgungsbehörde melden, setzt, da das Gericht über deren Personal nicht verfügen kann, das Einverständnis dieser Behörde voraus.

Nr. 2: Ob der Beschuldigte die Anweisung befolgt, einen bestimmten Ort nicht unerlaubt zu verlassen, ist nicht kontrollierbar. Die Aussetzung des Vollzugs kommt daher einer Entlassung auf Ehrenwort nahe; sie setzt ein Vertrauen des Richters in den Beschuldigten voraus. Verspricht der Beschuldigte, der Anweisung nachzukommen, so kann darin bei ehrenhaften Menschen eine größere Sicherung liegen, als sie etwa mit der Meldeauflage zu erzielen ist.

Nr. 3: Der Anweisung, die Wohnung nur unter Aufsicht zu verlassen, wird namentlich bei Jugendlichen Bedeutung zukommen. Bei Erwachsenen wird es einer sehr sorgfältigen Auswahl der Aufsichtsperson bedürfen, damit die Aufsicht nicht zur Demütigung wird. Die Aufsichtsperson muß zudem in der Lage sein, die Kontrolle zu übernehmen, daß der Beschuldigte nicht ohne seine Aufsicht handelt. Die Aufsicht braucht nicht in steter Begleitung zu bestehen. Es kann u. U. genügen, daß der Beschuldigte sich beim Gange zur Arbeit und von ihr bei der Aufsichtsperson meldet, wenn diese zugleich die Gelegenheit hat, durch Stichproben festzustellen, daß der Beschuldigte auch wirklich zur Arbeit geht.

Der Katalog der Maßnahmen ist nicht abschließend. Die Umstände des Einzelfalles lassen dem Richter Raum zu sonstigen Maßnahmen, die durchaus einen freiwilligen Verzicht auf die Ausübung von Grundrechten bewirken können, ihre Grenze aber in der Achtung der Menschenwürde finden (vgl. § 305a Abs. 1 Satz 2; Kleinknecht MDR. **1965** 784 mit Beispielen). Danach ist z. B. die Entlassung auf Ehrenwort zulässig, aber kaum empfehlenswert, weil sie zu Berufungen führt, denen nur mit peinlicher Begründung begegnet werden kann. Als weitere Maßnahme kommt die Verpflichtung in Betracht, den Reisepaß abzuliefern. Zwar hindert das nicht die Flucht ins Ausland, erschwert es dem Beschuldigten aber, dort Arbeit aufzunehmen. Damit wird bei einem auf Verdienst angewiesenen Beschuldigten die Fluchtgefahr dann erheblich vermindert, wenn er eine ordentliche Lebensführung gewöhnt ist. Will das

Gericht dem Beschuldigten einen Auslandsaufenthalt gestatten, so kann es anordnen, daß er einen Zustellungsbevollmächtigten zu bestellen hat.

Alle Maßnahmen können einzeln oder mit anderen verbunden angeordnet werden. Die Handlungen und Unterlassungen müssen, auch wenn sie auf einer Anweisung beruhen, stets freiwillig erbracht werden, wenn auch unter dem Druck, daß sonst die Haft fortbestehen werde. Die „Beschlagnahme" des Passes ist unzulässig.

Die Auflage, den Personalausweis abzugeben, kann dem Beschuldigten nicht erteilt werden, weil er dadurch die Möglichkeit verlieren würde, sich auszuweisen. Dieser Möglichkeit soll der Ausweis aber gerade dienen (§ 1 Abs. 1 des G. über Personalausweise vom 19. 12. 1950 — BGBl. I 807 —). Zwar könnte sich der Beschuldigte bei Behörden und Beamten darauf berufen, daß er seinen Ausweis bei einer Behörde hinterlegt habe, doch könnten schon dabei (Kontrolle auf der Straße) Mißhelligkeiten eintreten. Mit dem Zweck der Auflage wären aber die Schwierigkeiten nicht mehr zu vereinbaren, die dem Beschuldigten bei Abgabe seines Ausweises erwachsen würden, wenn er ihn benötigt, um ein Arbeitsverhältnis einzugehen, Kredit aufzunehmen und ähnl. Der Praxis wäre Abhilfe erwünscht. Sie könnte aber nur der Gesetzgeber schaffen, indem er die Möglichkeit einführte, die Gültigkeit von Ausweisen oder Ersatzausweisen auf das Inland zu beschränken (zu der Streitfrage vgl. Oske und Fuhrmann, JR. **1964** 454).

Die Sicherheitsleistung (Nr. 4) ist bei § 116a behandelt.

c) **Absatz 2:** Die Anweisung, mit Mitbeschuldigten, Zeugen oder Sachverständigen keine Verbindung aufzunehmen, kann mit der nach Absatz 1 Nr. 2 gekoppelt werden, namentlich wenn der Beschuldigte kein Telefon hat. Mit der genannten Maßregel hat sie gemeinsam, daß sie ein Vertrauen des Richters voraussetzt. Auch die Anweisung nach Absatz 1 Nr. 3 kann in Betracht kommen, die unter Nr. 1 nur in Ausnahmefällen, nämlich wenn dadurch die persönliche Verbindung mit weit entfernt wohnenden Zeugen unterbunden würde und eine sonstige Verbindung (schriftlich oder durch Mittelsmänner) als Verdunkelungsmöglichkeit ausschiede.

d) In den Fällen des **Absatzes 3** kann bei einem Sittlichkeitsverbrecher, der sich an seinen Töchtern vergangen hat, die Weisung, auswärts Wohnung und Arbeit zu nehmen, bei Verbrechern mit gesteigertem Geschlechtstrieb diejenige, sich in eine Anstalt zu begeben oder sich einer ärztlichen Behandlung zu unterziehen, den Haftzweck sichern.

e) **Bei Jugendlichen** kommt als vorläufige Anordnung über die Erziehung namentlich die Unterbringung in einem Erziehungsheim in Betracht (§ 71 Abs. 2 JGG.), das geeignet ist, den Jugendlichen an der Flucht oder Verdunkelung zu hindern. Eine solche Unterbringung ist während des Strafverfahrens gegen einen Jugendlichen auch zulässig, um einem Mißbrauch der Freiheit zu neuen Straftaten entgegenzuwirken oder um den Jugendlichen vor einer weiteren Gefährdung seiner Entwicklung zu bewahren. Diese Gründe rechtfertigen aber auf der anderen Seite in keinem Fall, die Untersuchungshaft gegen einen Jugendlichen anzuordnen. In den Fällen von Absatz 3 (Wiederholungsgefahr bei Sittlichkeitsverbrechen) wird regelmäßig die Unterbringung in einem Erziehungsheim die einzige Maßnahme zur Aussetzung der Haftvollstreckung sein, die sinnvoll angewendet werden kann.

6. Wirkung der Aussetzung. Nach dem Wortlaut des Gesetzes wird nur der Vollzug des Haftbefehls, also die Verwahrung des Beschuldigten in der Untersuchungshaftanstalt, ausgesetzt, nicht aber die Vollstreckung. Demgegenüber ist der Wortlaut von § 72 Abs. 1 JGG., der auf ein Absehen von der Vollstreckung abstellt, richtiger. Der Inhalt des Haftbefehls, die Anordnung der Untersuchungshaft (§ 114 Abs. 1), wird nicht mehr vollstreckt. Vollstreckt, etwa durch das Überwachen von Meldeterminen, wird der Aussetzungsbeschluß. Es ist also nicht nur der Vollzug, sondern — wie im Jugendrecht — auch die Vollstreckung des Haftbefehls ausgeschlossen. Der Haftbefehl bleibt, wie durch den Wortlaut eindeutig klargestellt, bestehen.

Die Wirkung der Aussetzung tritt im allgemeinen mit der Entscheidung ein, doch gelten für die Sicherheitsleistung Besonderheiten (s. u. 6 zu § 116a). Auch sonst kann das Gericht die Entlassung aus der Haft von dem Eintritt eines Ereignisses abhängig machen, so z. B. von der Zusage einer Anstalt, einen Beschuldigten aufzunehmen.

7. Beim **Haftbefehl nach § 112 Abs. 4** ist im Gesetz keine Aussetzung des Vollzugs vorgesehen. Das war bei einem Haftbefehl sinnvoll, der bei äußerster Beschränkung der Zulässigkeit nur dann ergehen durfte, wenn es unerträglich war, den Beschuldigten in Freiheit zu lassen. Denn wenn das Freisein verhütet werden sollte, konnte es nicht über § 116 gewährt werden (vgl. zu den zu § 112 Abs. 4, § 116 entstandenen, für § 116 inzwischen erledigten Streitfragen Dünnebier NJW. **1966** 231 und die dort angegebene Literatur und Rechtsprechung; Schmidt-Leichner, NJW. **1966** 425). Das Bundesverfassungsgericht hat jedoch bindend (§ 31 Abs. 1 BVerfGG.) entschieden, daß nach dem verfassungsrechtlichen Grundsatz der Verhältnismäßigkeit auch bei einem auf § 112 Abs. 4 gestützten Haftbefehl eine Haftverschonung in entsprechender Anwendung des § 116 möglich ist (NJW. **1966** 243). Das ist wiederum folgerichtig; denn der Beschluß des Bundesverfassungsgerichts führt im Ergebnis die durch das Strafprozeßänderungsgesetz abgeschafften apokryphen Haftgründe wieder ein. Es verlangt für einen Haftbefehl nach § 112 Abs. 4 geringere Voraussetzungen als für solche nach § 112 Abs. 2 und 3, und muß daher den für diese Fälle geltenden § 116 auch auf den Fall des § 112 Abs. 4 anwenden. Da das Gericht von der „möglichen" Haftverschonung spricht, dürfte es die entsprechende Anwendung des Absatzes 3 ins Auge gefaßt haben (der Richter „kann" ... aussetzen). Doch ist der Unterschied zu Absatz 1 (der Richter „setzt ... aus") nur gering, wie o. 3 Abs. 2 ausgeführt.

Wegen der verfassungsrechtlichen Gültigkeit des § 112 Abs. 4 s. o. 14b zu § 112.

8. Widerruf (Absatz 4). Das Gericht ist an seine Beurteilung der Umstände, auf denen die Vollzugsaussetzung beruht, gebunden. Es kann sie nicht, etwa in neuer Besetzung, bei gleichbleibenden Umständen ändern und den Vollzug der Untersuchungshaft anordnen, weil es inzwischen den Erfolg der getroffenen Maßnahmen weniger günstig beurteilt als zur Zeit ihrer Anordnung. Ändern sich indessen die Verhältnisse, dann hat das Gericht die Frage der Vollzugsaussetzung erneut zu prüfen.

Ist durch die Veränderung der Haftgrund beseitigt, etwa durch Heirat die Fluchtgefahr oder durch Sachaufklärung die Verdunkelungsgefahr, dann hat das Gericht den Haftbefehl und die bei der Vollzugsaussetzung getroffenen Maßnahmen aufzuheben (§ 123 Abs. 1 Nr. 1). Hat sich dagegen die Lage verschlechtert, kann der Richter die ursprünglich angeordneten Maßnahmen ändern, namentlich verschärfen, z. B. die Sicherheit erhöhen. Begründen neu hervorgetretene Umstände die Befürchtung, der Beschuldigte werde sich dem Verfahren entziehen, er werde auf Zeugen einwirken, er werde, wenn er als Sittlichkeitsverbrecher verfolgt wird, weitere Sittlichkeitsverbrechen begehen, dann hat das Gericht den Vollzug oder den Wiedervollzug des Haftbefehls anzuordnen. Nach Vollzug des Haftbefehls hat es die zur Abwendung der Haft getroffenen Maßnahmen aufzuheben (§ 123 Abs. 1 Nr. 2), doch bestehen keine Bedenken, wenn es das in geeigneten Fällen gleichzeitig tut. Eine solche Verbindung wird sich empfehlen, wenn mit Sicherheit feststeht, daß der Haftbefehl ohne Schwierigkeit vollzogen werden kann, aber auch dann, wenn ohnehin nicht mehr zu erwarten ist, daß der Beschuldigte den Anweisungen nachkommt. Über die Sicherheit ist stets gesondert nach den §§ 123, 124 zu entscheiden. — Die Maßnahmen sind auch dann aufzuheben, wenn eine in dem Verfahren erkannte Freiheitsstrafe oder Maßregel der Sicherung und Besserung vollzogen wird (§ 123 Abs. 1 Nr. 2).

9. Widerrufsumstände. Die soeben erwähnten neu hervorgetretenen Umstände können sich nicht auf den Tatverdacht beziehen. Dieser mußte dringend gewesen sein, als der Haftvollzug ausgesetzt wurde — sonst hätte der Haftbefehl aufgehoben werden müssen — und dringender kann er nicht werden. Wohl aber kann es ein neuer Umstand sein, wenn neue Taten (OLG. Karlsruhe Amtsbl. Baden-Württemberg **1963** 63) oder Einzelakte einer fortgesetzten Handlung aufgedeckt werden. Meist werden die Umstände jedoch die Haftgründe berühren: Tritt zur Fluchtgefahr auch noch Verdunkelungsgefahr, dann können sich die getroffenen Maßnahmen als unzulänglich erweisen. Verschärft sich die Fluchtgefahr, dann können die bisher bestehenden Maßnahmen unwirksam sein, den Zweck der Untersuchungshaft auch jetzt noch zu erreichen. Eine solche Verschärfung liegt auf jeden Fall vor (Nr. 2),

wenn der Beschuldigte Anstalten zur Flucht trifft, d. h. eine Veränderung seiner Umstände in die Wege leitet, die es den Strafverfolgungsbehörden unmöglich machen soll, seiner habhaft zu werden. Es ist selbstverständlich, daß es den Fluchtveranstaltungen gleichsteht, wenn der Beschuldigte tatsächlich geflohen ist oder sich verborgen hat;

wenn der Beschuldigte auf Ladungen ausbleibt, ohne sich genügend zu entschuldigen. Unter Ladungen sind dabei solche zu gerichtlichen Terminen zu verstehen, zu denen der Beschuldigte erscheinen muß, gleichviel ob sie an den Beschuldigten oder an seinen Zustellungsbevollmächtigten (§ 116a Abs. 3) gerichtet waren.

Bei den beiden ebengenannten Widerrufsgründen muß zwingend der Vollzug des Haftbefehls angeordnet werden. Lobe-Alsberg (III zu § 120) sprechen deshalb von einer gesetzlichen Vermutung, doch enthalten die Merkmale „Anstalten ... trifft" und „ohne genügende Entschuldigung" hinreichend Raum für eine richterliche Wertung. Eine solche ist immer erforderlich, wenn die Frage zu beurteilen ist, ob der Beschuldigte den ihm auferlegten Verpflichtungen und Beschränkungen in gröblicher Weise zuwidergehandelt hat (Nr. 1). Dabei wird mehr gefordert als ein Verstoß aus Versehen, Unmut oder Verzweiflung, wenn es auch nicht auf böse Gesinnung ankommt; dauernde Schlamperei kann durchaus als gröbliche Zuwiderhandlung gewertet werden. Die Nummer 3 umfaßt die Nrn. 1 und 2, weil die dort aufgeführten Handlungen neu hervorgetretene Umstände sind, und gibt im übrigen Raum, alle Veränderungen der Tatsachengrundlage für die Aussetzung zu berücksichtigen. Dabei ist nochmals zu betonen, daß neu hervorgetretene Umstände es nicht stets erforderlich machen, den Beschuldigten zu verhaften. Es kann ausreichen, die Beschränkungen zu verschärfen; es kann aber auch notwendig werden, den Haftbefehl aufzuheben.

10. Verfahren. Das Gericht entscheidet über die Aussetzung des Vollzugs auf Antrag des Beschuldigten, der Staatsanwaltschaft oder von Amts wegen, über die Anordnung des Vollzugs auf Antrag der Staatsanwaltschaft oder von Amts wegen. Es hat die Frage der Aussetzung, bei Jugendlichen des Absehens von der Vollstreckung, bei jeder Haftentscheidung zu prüfen. Vor der Entscheidung ist die Staatsanwaltschaft zu hören (§ 33), der Beschuldigte dann, wenn nicht — was der Regelfall sein wird — anzunehmen ist, daß er einer in Aussicht genommenen Maßnahme nachkommen wird. Die Entscheidung ergeht als Beschluß. Der Beschluß ist zu begründen (§ 34), doch können längere Ausführungen weder bei der Ablehnung noch bei der Bewilligung gemacht werden, weil letztlich eine schwer in Worte zu fassende Abwägung ausschlaggebend ist. Jedoch wird die Begründung bei der Anordnung des Vollzugs ausführlicher sein (KG. JR. **1956** 192). Der Aussetzungsbeschluß kann, da durch seine Bekanntmachung keine Frist in Lauf gesetzt wird, formlos mitgeteilt werden (§ 35 Abs. 2). Im Hinblick auf die Folgen, welche die Zuwiderhandlung gegen auferlegte Pflichten oder Beschränkungen nach sich zieht, ist jedoch bei Beschlüssen, die auf Aussetzung des Vollzugs oder bei Jugendlichen auf Absehen von der Vollstreckung lauten, in der Regel die förmliche Zustellung vorzuziehen.

Wegen der Zuständigkeit s. u. § 126. Zuständig ist auch das zur Entscheidung über eine Beschwerde angegangene Beschwerdegericht.

Gegen die Entscheidungen ist, wenn sie nicht von einem Strafsenat erlassen werden (§ 304 Abs. 4), Beschwerde zulässig, auch wenn sie solche eines erkennenden Gerichts sind. Gegen Beschwerdeentscheidungen des Landgerichts ist die weitere Beschwerde zulässig. Denn Entscheidungen nach § 116 haben die Vollstreckung eines Haftbefehls zum Gegenstand (OLG. Nürnberg GA. **1961** 157). Sie sind damit Entscheidungen über die Verhaftung (§ 305 Satz 2); Beschlüsse des Landgerichts darüber betreffen die Verhaftung (§ 310 Abs. 1).

Im Falle der Anordnung des Vollzugs ist der Haftbefehl wieder zu vollstrecken. Schon vor dem Widerruf ist bei Gefahr im Verzuge vorläufige Festnahme statthaft. Das Verfahren der §§ 114b ff. beginnt. War der Beschuldigte schon in Haft, so beginnt es von neuem.

11. Mehrere Haftbefehle. Die Aussetzung des Vollzugs und bei Jugendlichen des Absehens von der Vollstreckung haben Wirkung nur in dem Verfahren, in dem sie bewilligt worden sind. Sie haben daher, wenn in mehreren Verfahren Haftbefehle ergangen oder zu erwarten sind, für den Beschuldigten in der Regel nur dann Bedeutung, wenn er in allen Verfahren Haftverschonung erfährt. Dazu wird er entsprechende Anträge zu stellen haben. Wenn auch, anders als bei der Gewährung sicheren Geleits (s. u. 3d zu § 295), kein amtliches Interesse daran besteht, daß sich die beteiligten Gerichte von Amts wegen verständigen, so kann das doch durch die Fürsorgepflicht für den Beschuldigten, aber auch aus Gründen der Zweckmäßigkeit, jedenfalls dann geboten sein, wenn eine Bewilligung sämtlicher Anträge zu erwarten ist.

§ 116a

(1) Die Sicherheit ist durch Hinterlegung in barem Geld, in Wertpapieren, durch Pfandbestellung oder durch Bürgschaft geeigneter Personen zu leisten.

(2) Der Richter setzt Höhe und Art der Sicherheit nach freiem Ermessen fest.

(3) Der Beschuldigte, der die Aussetzung des Vollzugs des Haftbefehls gegen Sicherheitsleistung beantragt und nicht im Geltungsbereich dieses Gesetzes wohnt, ist verpflichtet, eine im Bezirk des zuständigen Gerichts wohnende Person zum Empfang von Zustellungen zu bevollmächtigen.

Entstehungsgeschichte: I. Entw. §§ 104, 105. II. Entw. §§ 105, 106. III. Entw. §§ 107, 108. Frühere Bezeichnung von Absatz 1 und 2: § 118, von Absatz 3: § 119.

Änderungsvorschläge: N. E. I, II § 118. N. E. III § 139.

Spätere Änderungen: Die Absätze 1 und 2 sind inhaltlich unverändert, sprachlich geringfügig geändert durch Art. 1 Nr. 1 StPÄG. Durch dieselbe Vorschrift sind die Worte „Geltungsbereich dieses Gesetzes" an die Stelle der früheren Fassung „Inland" gesetzt worden.

1. Zweck. Nach § 116 Abs. 1 kann der Richter den Vollzug eines Haftbefehls, der lediglich wegen Fluchtgefahr gerechtfertigt ist, aussetzen, wenn Maßnahmen, die weniger einschneidend sind als die Untersuchungshaft, die Erwartung hinreichend begründen, daß der Haftzweck auch durch sie erreicht werden kann. Als Beispielsfall ist in Nr. 4 die Leistung einer angemessenen Sicherheit durch den Beschuldigten oder einen anderen genannt. Während die sonstigen Maßnahmen dem Zweck dienen, die Anwesenheit des Beschuldigten während der Untersuchung sicherzustellen, soll durch die Sicherheitsleistung darüber hinaus auch der Antritt einer erkannten Freiheitsstrafe oder einer freiheitsentziehenden Maßregel der Sicherung oder Besserung unmittelbar sichergestellt werden (§ 124 Abs. 1), ein Ziel, dem andere Maßnahmen nur mittelbar förderlich sind. Weitere Zwecke verfolgt sie indessen nicht. Sie verfällt insbesondere nicht — wie der Wortlaut des § 124 Abs. 1 eindeutig besagt —, wenn der Verurteilte eine Geldstrafe nicht bezahlt oder eine Ersatzfreiheitsstrafe nicht antritt (s. u. II 2 und 4 zu § 124) oder die Gerichtskosten nicht begleicht (BayObLGSt. **7** 330).

Während in den anderen Fällen des § 116 (Absatz 1 Nr. 1 bis 3) der Vollzug des Haftbefehls von Amts wegen ausgesetzt werden kann und dem Beschuldigten Pflichten und Beschränkungen durch Anweisungen auferlegt werden können, darf der Haftvollzug gegen Sicherheitsleistung nur auf Antrag (Absatz 3) ausgesetzt werden. Der Beschuldigte kann nicht zur Sicherheitsleistung gezwungen werden. Es darf auch nicht eine Sicherheit festgesetzt und dem Beschuldigten die Wahl zwischen Sicherheit und Haft gelassen werden, wie das Art. 5 Abs. 3 Satz 3 MenschRKonv. zuläßt. Es steht vielmehr allein im Belieben des Beschuldigten, ob er gegen Sicherheitsleistung aus der Haft entlassen werden will.

2. Als **Arten** der Sicherheitsleistung führt das Gesetz abschließend auf:

Hinterlegung von barem Geld oder von Wertpapieren, ohne daß es auf Mündelsicherheit ankäme, in beiden Fällen des In- oder Auslands, regelmäßig nach der Hinterlegungsordnung, aber auch bei einem Treuhänder, z. B. einer Bank;

Pfandbestellung. Der Ausdruck ist nicht im bürgerlich-rechtlichen Sinne zu verstehen, umfaßt vielmehr jede Art der Sicherung an beweglichen (Pfand, Sicherungsübereignung) und unbeweglichen Sachen (Grundschulden; Nr. 44 Abs. 2 RiStV.) und an Vermögenswerten (Sicherungsabtretung);

Bürgschaft geeigneter Personen. Die Bürgschaft ist, schon weil eine Schuld des Beschuldigten fehlt, nicht nach bürgerlichem Recht zu beurteilen. Daher bedarf sie nicht der Schriftform (a. A. OLG. Celle GA. **60** 480) und hat der Bürge nicht die Einrede der Vorausklage. Sie kann als aufschiebend bedingtes selbstschuldnerisches Zahlungsversprechen (OLG. Celle, a. a. O.), abgegeben werden. In der Regel wird die „Bürgschaft" aber darin bestehen, daß der Dritte Geld oder Wertpapiere bei einer Bank hinterlegt und ihr gegenüber den Staat ermächtigt, die Herausgabe zu verlangen. Der Staat kann von dieser Ermächtigung erst nach Verfall der Sicherheit (§ 124) Gebrauch machen. In dem zuletzt genannten Falle haftet der Dritte nur mit der hinterlegten Sache, im ersten mit seinem gesamten Vermögen. Der darin liegende Vorteil wird durch den Nachteil aufgehoben, daß eine besondere Vollstreckung notwendig ist.

Die Bürgschaft darf nur angenommen werden, wenn sich der Beschuldigte mit ihr einverstanden erklärt, d. h. den nach Absatz 3 erforderlichen Antrag stellt. Denn nur, wenn der Beschuldigte einwilligt, kann von der Bürgschaft die seelische Einwirkung auf das Verhalten des Beschuldigten ausgehen, die den Sinn der Sicherheitsleistung bildet (Lobe-Alsberg, 4 zu § 118).

Die verschiedenen Arten der Sicherheit stehen dem Gericht zur Wahl, nicht dem Beschuldigten. Das Gericht kann sie nebeneinander anordnen und kann sich auch von dem Beschuldigten und einem Dritten nebeneinander Sicherheiten bestellen lassen.

3. Bemessung. Die Sicherheit des Beschuldigten ist nach Art und Höhe so zu bemessen, daß anzunehmen ist, dieser werde lieber das Verfahren und die Strafe als den Verlust der Vermögenswerte hinnehmen. Dazu muß der Verlust empfindlich sein. Zu diesem Zwecke ist die Sicherheit nach dem Vermögen des Beschuldigten zu bemessen. Ist das Vermögen gering (Sparkassenbuch), kann auch eine niedrige Sicherheitsleistung den Beschuldigten von der Flucht abhalten. Es wäre verfehlt, nur absolut beträchtliche Summen als Sicherheitsleistung zuzulassen. Tiedemann (GA. **1964** 374) behauptet eine — gegen Art. 3 Abs. 1 GG. verstoßende — Praxis, von einer niedrigen Sicherheitsleistung so gut wie keinen Gebrauch zu machen. Die Behauptung ist nicht nachprüfbar, doch darf nicht übersehen werden, daß die Entlassung gegen Sicherheitsleistung von einem Antrag des Gefangenen abhängt, der ihm freilich nahegelegt werden kann. Gerichtliche Entscheidungen, die eine niedrige Sicherheit allein wegen ihrer absoluten Geringfügigkeit ablehnen, obwohl ihr Verlust den Beschuldigten empfindlich treffen würde, sind nicht bekannt geworden.

Die Sicherheit Dritter wird nur zuzulassen sein, wenn nach der Persönlichkeit des Beschuldigten und nach seinen Beziehungen zu dem Dritten zu erwarten ist, er werde diesen nicht durch Verlust der Sicherheit zu Schaden kommen lassen. Dazu muß, damit der Dritte die Sicherheit nicht als ein Freundschaftsgeschenk ansehen kann, die Bürgschaftssumme nach dem Vermögen des Leistenden festgesetzt werden. In bezug auf den Beschuldigten, der kein Vermögen, sondern seine Ehre aufs Spiel setzt, verlangt die Form der Bürgschaft geeigneter Personen ein gewisses Vertrauen.

Bei der Bemessung der Sicherheit ist lediglich der Wunsch des Beschuldigten, die verstrickten Vermögenswerte sich oder dem Bürgen zu erhalten, dem Verlangen des Beschuldigten gegenüberzustellen, sich einer Bestrafung zu entziehen. Diese Abwägung ist nicht begründbar; daher gesteht das Gesetz dem Richter für die Festsetzung von Art und Höhe der Sicherheitsleistung freies Ermessen zu. Indessen ist auch das „freie" Ermessen nicht ohne Bindung auszuüben. So dürfen keine übermäßigen Sicherheiten verlangt werden; insoweit hat auch die zu erwartende Strafe einen Einfluß auf die Höhe der Sicherheit. Dagegen ist die bloße Angleichung der Sicherheit an die Höhe einer etwa zu erwartenden Geldstrafe — ohne die im ersten Satze geforderte Abwägung — oder die Rücksicht auf Gerichtskosten und Ersatzansprüche des Verletzten nicht zulässig.

4. Zustellungsvollmacht (Absatz 3). Für die prozessuale Last, einen Zustellungsbevollmächtigten zu bestellen, stellt das Gesetz zwei Voraussetzungen auf. Die erste ist ein Antrag des Beschuldigten auf Aussetzung des Vollzugs des Haftbefehls gegen Sicherheitsleistung. Grundsätzlich ist mit dem Antrage sowohl ein Bevollmächtigter zu benennen als auch die Annahme des Mandats nachzuweisen. Die Bestellung eines Zustellungsbevollmächtigten ist indessen nicht, (so Lobe-Alsberg, II zu § 119; EbSchmidt, 4 zu § 119) eine Verfahrensvoraussetzung, sondern eine im Gesetz besonders genannte Maßnahme (§ 116). Demzufolge kann das Gericht einen Antrag, dem es nachkommen möchte, zwar zurückweisen, wenn in ihm kein Zustellungsempfänger und dessen Mandatsannahme nachgewiesen sind; es braucht das aber nicht. Stattdessen kann es dem Beschuldigten Gelegenheit geben, die Benennnug nachzuholen, kann aber auch dem Antrag alsbald stattgeben und dem Beschuldigten in dem Aussetzungsbeschluß auferlegen, einen Zustellungsbevollmächtigten zu bestellen. Die Freilassung hängt dann davon ab, daß der Beschuldigte diese Pflicht erfüllt hat (Hartung, 1, 3 zu § 119).

Die zweite Voraussetzung ist, daß der Beschuldigte nicht im räumlichen Geltungsbereich der Strafprozeßordnung, d. h. in der Bundesrepublik einschl. West-Berlin wohnt. Es kommt nicht auf den Wohnsitz an, sondern darauf, daß der Beschuldigte tatsächlich für eine auf eine gewisse Dauer berechnete Zeit außerhalb des räumlichen Geltungsbereichs der Strafprozeßordnung seinen Aufenthalt genommen hat. Der Zweck der Regelung ist, die oft nicht unerheblichen Erschwernisse einer Zustellung im Auslande sowie in der SBZ. und in Ostberlin zu vermeiden, wenn dem fluchtverdächtigen Beschuldigten schon der Vollzug der Untersuchungshaft erspart und der weitere Aufenthalt außerhalb der Bundesrepublik nachgelassen wird.

5. Zustellungsbevollmächtigter (s. o. 6a zu § 37) ist eine verhandlungsfähige Person, meist ein Rechtsanwalt, die der Vollmachtgeber ermächtigt hat, Zustellungen für ihn in Empfang zu nehmen, und die bereit ist, solche Zustellungen entgegenzunehmen.

Dem Zweck der Vorschrift, einen außerhalb der Bundesrepublik einschl. Westberlin wohnenden Beschuldigten für die Zustellung so zu behandeln, als ob er dort wohnte, hätte es — zumal im Hinblick auf die Freiheit der Anwaltswahl — entsprochen, eine Wohnung des Zustellungsbevollmächtigten im räumlichen Geltungsbereich der Strafprozeßordnung zu verlangen. Weitergehend fordert das Gesetz indessen aus Gründen der Geschäftserleichterung eine solche im Bezirke des zuständigen Gerichts. Hat indessen das Gericht seinen Sitz selbst außerhalb seines Bezirks, wie das Landgericht München II, so muß auch eine Wohnung am Gerichtssitz für ausreichend erachtet werden. Auch sonst kann das Gericht einen außerhalb seines Bezirks wohnenden Bevollmächtigten zulassen. Zwar ist der Beschuldigte verpflichtet, wenn das Gericht das verlangt, sich auf die Wahl eines im Gerichtsbezirk ansässigen Verteidigers zu beschränken. Dem Gericht schreibt das Gesetz eine gleiche Beschränkung nicht vor.

Indem das Gesetz von Wohnen und nicht vom Wohnsitz spricht, verlangt es über die Wohnungsanmeldung hinaus einen tatsächlichen, wenn auch nicht ununterbrochenen Aufenthalt an einem Ort des Gerichtsbezirks.

Die Bevollmächtigung hat Wirksamkeit, bis die Sicherheit frei wird (§ 123 Abs. 2) oder verfällt (§ 124) oder bis das Strafverfahren durch den Tod des Beschuldigten endet (BayObLGSt. **21** 100) in der Weise, daß alle für den Beschuldigten bestimmten Zustellungen an den Zustellungsbevollmächtigten bewirkt werden können. Er tritt, soweit Zustellungen in Betracht kommen, an die Stelle des Angeklagten (RGSt. **77** 214). Dabei besteht kein Unterschied nach der Art oder dem Inhalt des Zustellungsstücks; dem Zustellungsbevollmächtigten können danach auch Ladungen (BGHSt. **10** 63) und Urteile (RGSt. **77** 212) zugestellt werden. Alle Zustellungen an den Zustellungsbevollmächtigten haben die Folge, als ob sie an den Beschuldigten selbst bewirkt worden wären (s. o. 6 zu § 37). Diesem kann selbstverständlich jederzeit auch selbst zugestellt werden.

Ersatzzustellung an den Zustellungsbevollmächtigten ist zulässig.

6. Die **Wirkung** der Sicherheitsleistung, nämlich die Aussetzung des Vollzugs, tritt ein, wenn die Sicherheitsleistung erbracht, ein Zustellungsbevollmächtigter ernannt, und nachgewiesen ist, daß er das Mandat angenommen hat. Im vorbereitenden Verfahren kann die Staatsanwaltschaft den Beschuldigten alsdann ohne weitere gerichtliche Entscheidung freilassen. Ist die öffentliche Klage erhoben, muß das Gericht die Entlassung anordnen und veranlassen (vgl. wegen des Vollzugs der Entlassungsanordnung u. II 6 Abs. 3 zu § 120). Das Gericht hat das auch vor Klageerhebung zu tun, wenn die Staatsanwaltschaft sich der Entlassung enthält, weil sie Zweifel hat, ob die erbrachte Sicherheit die auferlegte ist oder weil das Gericht einen erst nachträglich benannten Zustellungsbevollmächtigten noch nicht zugelassen hat.

7. Die **Änderung der Verhältnisse** kann auch zu einer Änderung der Maßnahmen führen (s. o. 7 zu § 116). So können Kursänderungen von Wertpapieren oder ausländischen Geldsorten Anlaß bieten, die Sicherheit nominell zu verstärken, um sie ihrem Werte nach auf der ursprünglichen Höhe zu belassen. Dabei ist jedoch zu beachten, daß eine Sicherheit ihren Wert nicht nur aus ihrer absoluten Höhe erhält, sondern weitgehend aus ihrem Verhältnis zum Gesamtvermögen des Leistenden. Daher kann auch der Tod des Bürgen ein Anlaß sein, die Sicherheit in ihrer Höhe zu verändern, weil nunmehr auf die Vermögensverhältnisse des Erben abzustellen ist. Der Tod des Bürgen kann auch nötigen, den Haftbefehl zu vollziehen (§ 116 Abs. 4), wenn das besondere Vertrauensverhältnis zwischen Bürgen und Beschuldigtem, das den Beschuldigten zwingt, lieber seine Freiheit als seine Ehre zu verlieren, zu dem Erben nicht besteht.

Wenn auch Ersatzzustellungen an den Zustellungsbevollmächtigten zulässig und wirksam sind, so braucht das Gericht sich auf Erschwerungen und Unsicherheiten bei der Zustellung nicht einzulassen. Es kann daher den Zustellungsbevollmächtigten als weggefallen ansehen, wenn er seine Bereitschaft, Zustellungen entgegenzunehmen, widerruft; wenn er ohne einen solchen Widerruf die Zustellung durch Verweigerung der Annahme erschwert; oder wenn er, ohne die Annahme zu verweigern, Zustellungen durch Abwesenheit in ihrer Wirkung unsicher (§ 44) macht.

Dagegen muß, wenn das Verfahren auf das Gericht eines anderen Bezirks übergeht, der Bevollmächtigte nicht etwa deshalb abberufen werden, weil er nunmehr nicht mehr im Bezirk des zuständigen Gerichts wohnt; denn das Gericht ist in der Zulassung des Bevollmächtigten nicht beschränkt (s. o. 5). Es ist aber, da die Vorschrift auf die Zweckmäßigkeit für das zuständige Gericht abstellt, berechtigt, einen Wechsel zu verlangen.

8. **Widerruf.** Die allgemeine Vorschrift, daß der Richter den Vollzug des Haftbefehls anordnet (§ 116 Abs. 4) und die getroffenen Maßnahmen aufhebt (§ 123 Abs. 1 Nr. 2), wenn die besonderen Umstände des § 116 Abs. 4 vorliegen, gilt zwar auch für die Aussetzung des Vollzugs gegen Sicherheitsleistung, jedoch mit der Besonderheit, daß nach den §§ 123, 124 entschieden wird, ob die Sicherheit freigeworden oder verfallen ist.

Der Beschuldigte kann auch selbst bewirken, daß die Sicherheit frei wird. Zwar ist sie unkündbar, gleichviel ob der Beschuldigte oder ein Dritter sie bestellt hat (a. A. — Rücknahme der Sicherheitsleistung statthaft — EbSchmidt, 4 zu § 118), doch können der Beschuldigte und der Dritte, dieser allerdings nur im Einverständnis mit dem Beschuldigten, sie freimachen: Traut der Beschuldigte sich nicht mehr die Kraft zu, seinem Fluchtbegehren zu widerstehen, oder benötigt er die Sicherheit zu anderen Zwecken, so muß er sich in die Haft begeben, vertraut ihm der Dritte nicht mehr oder will er über sein Vermögen anderweit verfügen, so muß er bewirken, daß der Beschuldigte sich stellt (s. u. 3 zu § 123).

Die Zustellungsvollmacht kann der Beschuldigte nicht zurücknehmen, der Bevollmächtigte kann die dem Beschuldigten und dem Gericht gegenüber übernommene Verpflichtung, Zustellungen entgegenzunehmen, nicht durch Vertrag mit dem Beschuldigten kündigen oder dem Gericht gegenüber einseitig aufgeben. Tritt indessen ein solcher Fall ein, dann handelt der Beschuldigte der Pflicht, einen empfangsbereiten Zustellungsbevollmächtigten zur Verfügung zu halten, zuwider. Die Zuwiderhandlung ist gröblich, wenn er nicht alsbald einen neuen, dem Gericht genehmen Bevollmächtigten benennt. Alsdann ist der Vollzug des Haftbefehls anzuordnen (§ 116 Abs. 4 Nr. 1).

§ 117

(1) Solange der Beschuldigte in Untersuchungshaft ist, kann er jederzeit die gerichtliche Prüfung beantragen, ob der Haftbefehl aufzuheben oder dessen Vollzug nach § 116 auszusetzen ist (Haftprüfung).

(2) Neben dem Antrag auf Haftprüfung ist die Beschwerde unzulässig. Das Recht der Beschwerde gegen die Entscheidung, die auf den Antrag ergeht, wird dadurch nicht berührt.

(3) Der Richter kann einzelne Ermittlungen anordnen, die für die künftige Entscheidung über die Aufrechterhaltung der Untersuchungshaft von Bedeutung sind, und nach Durchführung dieser Ermittlungen eine neue Prüfung vornehmen.

(4) Hat der Beschuldigte noch keinen Verteidiger, so wird ihm ein Verteidiger für die Dauer der Untersuchungshaft bestellt, wenn deren Vollzug mindestens drei Monate gedauert hat und die Staatsanwaltschaft oder der Beschuldigte oder sein gesetzlicher Vertreter es beantragt. Über das Antragsrecht ist der Beschuldigte zu belehren. Die §§ 142, 143 und 145 gelten entsprechend.

(5) Hat die Untersuchungshaft drei Monate gedauert, ohne daß der Beschuldigte die Haftprüfung beantragt oder Haftbeschwerde eingelegt hat, so findet die Haftprüfung von Amts wegen statt, es sei denn, daß der Beschuldigte einen Verteidiger hat.

Entstehungsgeschichte: Die Vorschrift ist eingefügt durch Art. 1 Nr. 1 StPÄG. Sie enthält Bruchstücke aus früheren Bestimmungen, die sich aber zumeist auf die mündliche Verhandlung bezogen. So stammt Absatz 2 aus § 115 e a. F., Absatz 4 aus § 115d Abs. 4 a. F. Insgesamt aber ist die Vorschrift neu: Bisher hatte das Gericht von Amts wegen periodische Haftprüfungen anzustellen (§ 115a Abs. 1 bis 3), jetzt findet die Haftprüfung nur auf Antrag statt. Nach früherem Recht war bei dreimonatiger Untersuchungshaft bei mündlicher Verhandlung ein Verteidiger zuzuziehen und dazu dem Beschuldigten zu bestellen (§ 115d Abs. 3 und 4), jetzt geschieht das für die Dauer der Untersuchungshaft. Die Änderung ist vom Bundestag beschlossen worden mit der Begründung, sie solle das Haftprüfungsverfahren vereinfachen, ohne gleichzeitig die Stellung des Beschuldigten zu schwächen (BTDrucks. zu IV 1020, S. 2; BTProt. IV 3109 A).

Frühere Änderungsvorschläge: N. E. I, II § 127. N. E. III § 148. Entw. EGStB. Art. 70 Nr. 68.

Keine späteren Änderungen.

Übersicht

1. Inhalt. Der Prozeß ist ein Fortschreiten der Untersuchung, die zur Verurteilung des Angeklagten, zu seinem Freispruch oder zur Einstellung des Verfahrens führen kann. Demzufolge kann der dringende Tatverdacht sich entweder bestätigen oder abschwächen, oder es können Prozeßhindernisse entstehen oder bekanntwerden. Namentlich die Haftgründe sind im Verlaufe des Prozesses der Veränderung unterworfen: Die Fluchtgefahr kann durch eine Veränderung der Verhältnisse oder deshalb schwinden, weil die Untersuchungshaft im Verhältnis zu der zu erwartenden Strafe nur noch gering ist; die Verdunkelungsgefahr kann durch Sachaufklärung gebannt sein. Deshalb haben Gericht und Staatsanwaltschaft gleicherweise in jeder Lage des Verfahrens ohne Anträge der Beteiligten und unabhängig vom Haftprüfungsverfahren von Amts wegen zu prüfen, ob der Haftbefehl aufgehoben (§ 120) oder sein Vollzug ausgesetzt werden kann (§ 116; § 72 Abs. 1 JGG.; Nr. 43 Abs. 1 RiStV.). Der Staatsanwalt darf deshalb in der Regel die Akten nicht aus der Hand geben (Nr. 43 Abs. 3 RiStV.); muß er es ausnahmsweise doch tun — etwa wenn sie ans Gericht oder zum Sachverständigen gehen müssen —, wird er die Ermittlungen an der Hand von Hilfsakten fortsetzen (Nr. 12 Abs. 1 Satz 3 und 4 RiStV.) und die Haftfrage stets im Auge behalten.

Dieser dauernden stillschweigenden Haftprüfung wird in § 117 ein förmliches Haftprüfungsverfahren gegenübergestellt. In diesem wird der Richter, regelmäßig durch einen Antrag des Beschuldigten, zum rechtlichen Gehör (§ 33 Abs. 3), auf Antrag des Beschuldigten zur mündlichen Verhandlung (§ 118 Abs. 1), und zur ausdrücklichen Entscheidung gezwungen. Die Vorschrift würde falsch verstanden, wenn man sie dahin auslegte, daß die gesamte Haftprüfung — vom Falle des Absatzes 5 abgesehen — von der Initiative des Beschuldigten abhängig wäre. Nach wie vor ist es Pflicht des Richters und Staatsanwalts, dauernd die Haftfrage von Amts wegen zu prüfen.

Der Inhalt des Absatzes 1 wäre entbehrlich. Denn es versteht sich von selbst, daß der Beschuldigte jederzeit eine richterliche Prüfung der Haftfrage verlangen kann, solange das Gesetz nicht, wie dies für die mündliche Verhandlung in § 118 Abs. 3 und 4 geschehen ist, Beschränkungen verordnet. Erst durch das rechtliche Gehör (§ 33 Abs. 3), durch die Verbindung mit der mündlichen Verhandlung (§ 118) sowie durch die Vorschriften über die Verteidigerbestellung (Absatz 4) und über die Haftprüfung von Amts wegen (Absatz 5) gewinnt § 117 seinen eigentlichen Inhalt.

2. Voraussetzungen (Absatz 1).

a) Haftbefehl. Nach dem Zweck der Vorschrift, die Rechtmäßigkeit der Untersuchungshaft zu prüfen, kommt das Verfahren zur Anwendung bei einem Haftbefehl nach § 114. Ob der Haftbefehl vor (§ 125 Abs. 1) oder nach Erhebung der öffentlichen Klage (§ 125 Abs. 2 und 3) erlassen ist oder vollstreckt wird, ist gleichgültig. Im weiteren Sinne zählt zur Untersuchungshaft auch die den Zwecken der Untersuchung dienende Ungehorsamshaft (§§ 230 Abs. 2, 236). Dagegen ist die Sicherungshaft des § 61 Abs. 1 JGG. nach § 61 Abs. 2 Satz 2 JGG. von der Haftprüfung ausdrücklich ausgenommen. Der Gesetzgeber geht davon aus, daß ein verurteilendes Erkenntnis — wenn auch mit noch ausgesetzter Strafe — vorliegt und wohl auch, daß die

Sicherungshaft in aller Regel sehr rasch in Strafhaft übergeht. Aus diesen Gründen wird der gesetzgeberischen Entscheidung zuzustimmen sein. Die Haftprüfung findet ferner nicht statt bei der Vorführung (§ 134), bei der sitzungspolizeilichen Haft (§ 177 GVG.) und der Ordnungsstrafhaft (§ 178 GVG.) sowie bei einem Haftbefehl zur Strafvollstreckung (§ 457 Abs. 1).

Das Haftprüfungsverfahren ist während der gesamten Dauer des Verfahrens statthaft, solange der Beschuldigte in Untersuchungshaft ist. Die Untersuchungshaft beginnt, sobald der Beschuldigte auf Grund eines Haftbefehls ergriffen worden ist (§ 115; a. A. — Beginn mit Vorführung — Lobe-Alsberg, III 1a zu § 115a) oder sobald der Richter gegen den vorläufig Festgenommenen (§ 127 Abs. 1 und 2) Haftbefehl erlassen hat (§ 128 Abs. 2). Wird der Beschuldigte im Ausland festgenommen, so fängt die Untersuchungshaft mit der Ablieferung an eine deutsche Behörde an. Die Untersuchungshaft endet mit der Aufhebung des Haftbefehls (§ 120) sowie mit der Rechtskraft eines zu Freiheitsstrafe verurteilenden Erkenntnisses (s. u. II 10 zu § 120).

b) Haftvollzug. Da die Vorschrift dem Verhafteten Schutz gewähren soll, ist sie nach ihrem ausdrücklichen Wortlaut nur anwendbar, wenn sich der Beschuldigte tatsächlich in Untersuchungshaft befindet, und zwar auf Grund desjenigen Haftbefehls, zu dessen Überprüfung das Haftprüfungsverfahren dienen soll. Der Haftvollzug ist Antragsvoraussetzung. Demzufolge ist der Antrag unzulässig, wenn bei bestehendem Haftbefehl

der Vollzug eines Haftbefehls ausgesetzt ist (§ 116);

der Haftbefehl gegen einen Jugendlichen nicht vollstreckt wird (§ 72 Abs. 1 JGG.);

der Beschuldigte flüchtig ist oder sich verborgen hält. Sicheres Geleit (§ 295) zur mündlichen Verhandlung bei der Haftprüfung (§ 118 Abs. 1 und 2) findet nicht statt;

nur Überhaft notiert ist. Daß sich der Beschuldigte in anderer Sache in Untersuchungshaft (OLG. Bremen NJW. **1951** 45) oder in Strafhaft (OLG. Hamburg JR. **1933** 177) befindet, ist gleichgültig.

Der Haftvollzug ist aber auch Voraussetzung der Entscheidung; wenn sie ergeht, muß er noch andauern. Deshalb wird ein zulässiger Antrag unzulässig, wenn nach Antragstellung aber vor der Entscheidung des Gerichts einer der vorgenannten Hinderungsgründe eintritt oder wenn der Haftbefehl aufgehoben wird. Fällt der Hinderungsgrund später wieder weg, wird etwa eine durch Strafhaft unterbrochene Untersuchungshaft wieder vollzogen, so lebt der frühere Antrag nicht wieder auf; er ist neu zu stellen.

3. Antrag.

a) Antragsberechtigte. Der förmlichen Haftprüfung hat sich das Gericht nur auf Antrag zu unterziehen. Über das Antragsrecht hat der Richter den Beschuldigten zu belehren, wenn er ihn nach der Vorführung vernimmt (§ 115 Abs. 4); die sonst Antragsberechtigten erhalten keine Belehrung. Antragsberechtigt sind der Verhaftete sowie (§ 118b) sein Verteidiger, jedoch nicht gegen den ausdrücklichen Willen des Beschuldigten (§ 297), und sein gesetzlicher Vertreter (s. dazu u. 2 zu § 118b). Wer den Antrag gestellt hat, kann ihn auch zurücknehmen, der Verteidiger freilich nur mit ausdrücklicher Ermächtigung des Beschuldigten (§ 118b, § 302 Abs. 2).

Der Richter hat zwar die Haftfrage jederzeit zu prüfen; das förmliche Haftprüfungsverfahren kann er aber nicht von Amts wegen durchführen. Diese Beschränkung ist begründet, weil bei der Haftprüfung von Amts wegen nach mündlicher Verhandlung entschieden werden kann (§ 118 Abs. 1) und dann eine Befristung weiterer Anträge auf mündliche Verhandlung eintritt (§ 118 Abs. 3). Würde das Haftprüfungsverfahren gegen den Willen des Beschuldigten oder des für ihn handelnden gesetzlichen Vertreters betrieben, dann könnte es zu einem Zeitpunkt stattfinden, in dem er seine Verteidigungsmittel nicht bereit hat; und er wäre, wenn sie ihm später zur Verfügung stehen, für die Dauer von drei Monaten an einem neuen Antrag auf mündliche Verhandlung gehindert, falls in einem von Amts wegen durchgeführten Verfahren nach mündlicher Verhandlung entschieden worden ist. Diese Überlegungen lassen erkennen, daß das Antragsrecht dem Beschuldigten (und dem für ihn handelnden gesetzlichen Vertreter) persönlich zusteht. Demzufolge können die Staatsanwaltschaft und der Nebenkläger den Antrag nicht stellen; sie sind nicht in der Lage, die Verteidigungsbereitschaft des Beschuldigten zu beurteilen und dürfen in sein Recht, sich vorzubereiten, nicht eingreifen.

Von dem Grundsatz, daß der Beschuldigte bestimmt, wann das förmliche Haftprüfungsverfahren stattfindet, macht das Gesetz zwei Ausnahmen (Absatz 3 und Absatz 5). Sie liegen zwar in seinem Interesse, sind aber, zumal im Falle des Absatzes 3, nicht ohne Bedenken, weil das Recht des Beschuldigten auf mündliche Verhandlung (§ 118 Abs. 1) eingeschränkt wird (§ 118 Abs. 3), wenn bei der von Amts wegen angestellten Haftprüfung von Amts wegen nach mündlicher Verhandlung entschieden worden ist. Die beiden Ausnahmen sind daher eng auszulegen.

b) Form. Für den Rechtsbehelf (§ 115 Abs. 4) des Antrags sind wesentliche Vorschriften für Rechtsmittel für anwendbar erklärt (§ 118b), doch schweigt das Gesetz über Form und Adresse. Aus allgemeinen Grundsätzen ist dafür das Folgende herzuleiten.

Der Antrag ist formfrei und an keine Frist gebunden. Er ist bei dem zuständigen Gericht zu stellen. Anzubringen ist er schriftlich oder zu Protokoll des Urkundsbeamten der Geschäftsstelle des angerufenen Gerichts oder des Amtsgerichts, in dessen Bezirk die Untersuchungshaftanstalt liegt (§ 118b, § 299 Abs. 1). Wird der Beschuldigte am Sitz eines zuständigen höheren Gerichts (Strafkammer, Strafsenat) verwahrt, dann stehen ihm die Geschäftsstellen dieses Gerichts und des Amtsgerichts zu seiner Wahl (OLG. Bremen Rpfleger **1956** 290). Der Antrag kann auch mündlich gestellt werden (Lobe-Alsberg, I 3b zu § 114d), etwa anläßlich der Vernehmung vor dem nächsten Amtsrichter (§ 115a Abs. 2). Geht er bei einer unzuständigen Stelle ein, hat diese ihn unverzüglich dem zuständigen Gericht weiterzugeben; das hat ihn nunmehr als bei sich eingegangen zu behandeln (a. A. — bei unzuständigem Gericht angebrachter Antrag wird als unzulässig verworfen — Feisenberger DRiZ. **1927** 5).

Der Antrag muß das Begehren zum Ausdruck bringen, die Haftfrage gerichtlich zu prüfen. Einen Antrag, den Haftbefehl aufzuheben oder dessen Vollzug auszusetzen, braucht er nicht zu enthalten, doch ist andererseits ein solcher bestimmter Antrag stets ein Antrag auf Haftprüfung. Ein Irrtum in der Bezeichnung des Antrags ist unschädlich (§ 118b; § 300). So ist ein Antrag auf mündliche Verhandlung, einer auf Haftprüfung (§ 117 Abs. 1) verbunden mit dem weiteren, nach mündlicher Verhandlung zu entscheiden (§ 118 Abs. 1).

4. Ausschluß der Beschwerde (Absatz 2).

a) Inhalt. Die Vorschrift schränkt § 304 Abs. 1 ein, indem neben dem Antrag auf mündliche Verhandlung, nicht nach ihm (Satz 2), die Beschwerde in der gleichen Sache ausgeschlossen wird. Die Haftprüfung von Amts wegen (Absatz 5) hat keinen Einfluß auf das Beschwerderecht; dieses wird nur durch einen Antrag auf Haftprüfung, nicht durch diese selbst eingeschränkt. Es ist selbstverständlich, daß eine laufende Beschwerde einen Antrag auf mündliche Verhandlung nicht hindert (RG. JW. **1931** 3560), vielmehr macht, wie unter b auszuführen sein wird, der Antrag die Beschwerde unzulässig. Unter Beschwerde ist sowohl die erste (§ 304 Abs. 1) wie auch die weitere (§ 310 Abs. 1) zu verstehen. Der Beschwerde über den Haftbefehl stehen Beschwerden gegen Entscheidungen gleich, mit denen die Fortdauer der Untersuchungshaft angeordnet (§ 207 Abs. 2, § 268b) oder der Haftbefehl aufrechterhalten (§ 115 Abs. 4, § 117, § 118 Abs. 3) wird. Denn auch sie sind ihrem Inhalte nach Beschwerden gegen den Haftbefehl.

Für die bloß schriftliche Haftprüfung ist die Vorschrift von untergeordneter Bedeutung. Denn es ist schwer einzusehen, warum ein Beschuldigter, den eine Entscheidung des Haftrichters nicht befriedigt, statt gegen sie Beschwerde einzulegen, nochmals dessen Entscheidung nachsuchen sollte. Hier wird sie nur Bedeutung gewinnen, wenn der Beschuldigte Ermittlungen nach Absatz 3 anregen will, oder wenn inzwischen die Dreimonatsfrist des Absatzes 4 abgelaufen ist, und der Beschuldigte sich zufolge der Mitwirkung des Verteidigers eine Änderung der bisherigen Ansicht des Haftrichters verspricht. Ihre eigentliche Bedeutung gewinnt die Wahl zwischen Haftprüfung und Beschwerde, wenn der Beschuldigte beantragt, nach mündlicher Verhandlung zu entscheiden (§ 118 Abs. 1). Dann hat der Beschuldigte, dessen Initiative im Interesse der Verfahrensbeschleunigung beschränkt werden muß, die sinnvolle Wahl, ob er die größere Freiheit der Äußerung und die Möglichkeit besserer Aufklärung in mündlicher Verhandlung vor dem zuständigen Gericht suchen oder lieber die Entscheidung eines höheren Gerichts begehren soll, bei dem er sich, weil er dort die mündliche Verhandlung nicht erzwingen kann (§ 118 Abs. 2), ggf. mit schriftlichen Ausführungen begnügen muß.

b) Unzulässigkeit. Wenn die Beschwerde „neben“ dem Antrag unzulässig ist, dann bedeutet das zunächst, daß keine Beschwerde angebracht werden kann, sobald ein Antrag auf Haftprüfung eingegangen ist, und so lange, bis das Gericht über ihn entschieden hat. Dem Zweck der Vorschrift, das Nebeneinander von Haftprüfung und Beschwerdeverfahren auszuschließen, ist aber damit, daß neue Beschwerden nach Eingang des Antrags ausgeschlossen werden, noch nicht Genüge getan. Ihrem Sinn wird nur die Auslegung gerecht, daß nicht nur eine nach dem

Antrag angebrachte Beschwerde unzulässig ist, sondern daß auch eine bereits laufende Beschwerde unzulässig wird, sobald der Beschuldigte die Haftprüfung beantragt. Hat er sich entschlossen, sein Glück beim zuständigen Gericht zu suchen, dann muß er abwarten, wie es entscheidet, ehe er, was ihm Satz 2 ausdrücklich vorbehält, das Beschwerdegericht mit der Sache befaßt. Das muß auch gelten, wenn der gesetzliche Vertreter (§ 118b, § 298) — der Verteidiger (§ 297) kann nicht gegen den Willen des Beschuldigten handeln — die Haftprüfung beantragt. Zwar kann er auf diese Weise dem Beschuldigten die Entscheidung auf eine weitere Beschwerde abschneiden, doch erkennt das Gesetz den übergeordneten Willen des gesetzlichen Vertreters an (s. u. 2 zu § 118b).

Da die Unzulässigkeit, die durch den Antrag eingetreten ist, nicht wieder beseitigt werden kann, wird eine vor dem Antrag eingelegte Beschwerde nicht wieder zulässig, wenn der Beschuldigte oder sein gesetzlicher Vertreter den Antrag wieder zurücknimmt. Das ist nicht unbillig; denn wer den Antrag zurücknimmt, kann damit mit wenigen Worten eine neue Beschwerde verbinden, freilich nur eine erste.

Liegt, wenn ein Antrag auf gerichtliche Entscheidung eingeht, beim zuständigen Gericht noch eine Beschwerde vor, dann weist dieses den Beschuldigten beim rechtlichen Gehör darauf hin, daß seine Beschwerde unzulässig geworden ist. Nimmt er sie alsdann nicht zurück, dann sind die Akten dem Beschwerdegericht vorzulegen; das hat die Beschwerde als unzulässig zu verwerfen. Das hat es auch zu tun, wenn sich die Akten auf eine Beschwerde bei ihm befinden und der Beschuldigte der Entscheidung mit einem Antrag auf Haftprüfung zuvorkommt. Hat das Beschwerdegericht nach dem Antrag auf Haftprüfung, aber vor der Entscheidung des zuständigen Gerichts in Unkenntnis eines Haftprüfungsantrags noch sachlich über die unzulässig gewordene Beschwerde entschieden, dann ist seine Entscheidung wirksam, aber auf weitere Beschwerde aufzuheben; für die Staatsanwaltschaft wird sich eine solche weitere Beschwerde kaum empfehlen. Hat das Beschwerdegericht den Haftbefehl aufgehoben, dann entfällt die Haftprüfung, nicht dagegen, wenn es ihn ausgesetzt (§ 116) oder bei einem Jugendlichen von der Vollstreckung des Haftbefehls abgesehen hat (§ 72 Abs. 1 JGG.), und — was selbstverständlich ist — wenn es eine Beschwerde des Beschuldigten als unbegründet zurückgewiesen hat. Ergehen, was vermeidbar ist, in Unkenntnis der Verfahren gleichzeitig oder kurz nacheinander Entscheidungen sowohl des zuständigen als auch des Beschwerdegerichts, so geht die dem Beschuldigten günstigere vor, auch wenn sie vor der ihm nachteiligeren ergangen ist.

5. Gehör.

a) Staatsanwalt und Beschuldigter. Die Entscheidung wird erlassen, nachdem sich die Staatsanwaltschaft mündlich oder — was die Regel ist — schriftlich erklärt hat (§ 33 Abs. 2). Der Beschuldigte ist zu hören, bevor zu seinem Nachteil Tatsachen oder Beweisergebnisse verwertet werden, zu denen er nicht schon gehört ist (§ 33 Abs. 3). Dieses frühere Gehör braucht kein richterliches zu sein; es genügt, wenn die Staatsanwaltschaft oder die Polizei dem Beschuldigten die Aussagen von Zeugen vorgehalten hat. Auch das Gehör nach § 33 Abs. 3 muß der Richter nicht stets selbst und mündlich vornehmen. Er kann das schriftlich tun, etwa dadurch, daß er dem Beschuldigten Abschriften der Protokolle über die Vernehmung von Zeugen und Sachverständigen übersendet und ihm Gelegenheit gibt, sich zu äußern. Auch kann er sich der Geschäftsstelle bedienen, um dem Beschuldigten Tatsachen und Beweisergebnisse bekanntzugeben und seine Erklärungen entgegenzunehmen. Er wird jedoch stets zu prüfen haben, ob der Zweck des Gehörs, dem Beschuldigten die Verteidigung zu erleichtern, nicht richterliches Gehör erfordert. Ist das der Fall, wird oft Entscheidung nach mündlicher Verhandlung (§ 118 Abs. 1) zweckmäßig sein.

b) Verteidiger. Ein gesondertes Gehör des Verteidigers, wie es früher in § 115a Abs. 4 Satz 2 und in § 115b Satz 2 a. F. vorgeschrieben war, wird nicht mehr gefordert. Es ist Sache des Beschuldigten, den Verteidiger zu unterrichten. Der Beschuldigte kann aber verlangen, daß der Verteidiger, dessen Beistand er sich in jeder Lage des Verfahrens bedienen kann (§ 137 Abs. 1), zu dem Gehör nach § 33 Abs. 3 dann zugezogen wird, wenn es mündlich stattfindet. Damit keine Vertagung notwendig wird, empfiehlt es sich, den Verteidiger zu einem Gehörstermin zu laden. Das wird in der Regel zu einer mündlichen Verhandlung (§ 118 Abs. 1) führen. Sowohl eine mündliche Verhandlung als auch mündliches Gehör werden oft dadurch erspart werden können, daß der Richter dem Verteidiger Akteneinsicht gewährt und eine Stellungnahme anheim gibt. Damit ist den Erfordernissen des § 33 Abs. 3 meist am sachdienlichsten Genüge getan.

c) **Kein Absehen vom Gehör.** Es ist nicht statthaft, von dem Gehör des Beschuldigten auf Grund von § 33 Abs. 4 abzusehen. Einmal besteht diese Befugnis nur bei Anordnung der Untersuchungshaft, der Beschlagnahme oder anderer Maßnahmen (wie etwa der Durchsuchung), nicht aber, wenn eine bereits erlassene Anordnung später überprüft und bestätigt wird. Zum anderen kann die Anhörung nur unterbleiben, wenn sie den Zweck der Anordnung gefährden würde. Der Zweck der Anordnung besteht in der Verhinderung der Flucht, der Verdunkelung, der Wiederholung von Sittlichkeitsverbrechen und in der Sicherung der Aburteilung von Verbrechen wider das Leben. Dieser Zweck wird durch die Untersuchungshaft gesichert; solange diese besteht, kann er durch das rechtliche Gehör nicht mehr gefährdet werden. Ausnahmsweise könnte man eine solche Gefährdung bei Untersuchungshaft wegen Verdunkelungsgefahr annehmen, wenn man dem Verteidiger zutraute, daß er für den Verhafteten Verdunkelungshandlungen (§ 112 Abs. 2 Nr. 3) vornehmen werde. Eine solche Annahme ist nicht mehr erlaubt, nachdem der alte § 148 Abs. 2 durch Art. 3 Nr. 5 StPÄG. gestrichen worden ist. Liegt der hinreichende Verdacht einer Begünstigung vor, kann der Verteidiger von der Verteidigung ausgeschlossen werden (s. u. III 2b zu § 138).

6. Entscheidung. Findet keine mündliche Verhandlung nach § 118 Abs. 1 statt, so entscheidet das Gericht nach Gehör (s. o. 5) im schriftlichen Verfahren. Dabei prüft es den dringenden Tatverdacht und die Haftgründe (§ 112 Abs. 1 Satz 1) sowie die Verhältnismäßigkeit der Haft zu der Sanktion, die zu erwarten ist (§ 112 Abs. 1 Satz 2, § 120 Abs. 1 Satz 1, 2. Halbsatz). Dabei ist es nicht auf die im Haftbefehl angegebenen Taten und Haftgründe beschränkt, hat vielmehr den gesamten Inhalt der Akten zu berücksichtigen. Ist im Haftbefehl angenommene Verdunkelungsgefahr weggefallen, aber inzwischen Fluchtgefahr begründet worden, kann es die Untersuchungshaft mit dem neuen Haftgrund aufrechterhalten. Auf Grund der Prüfung hat das Gericht zu entscheiden, ob der Haftbefehl aufrechtzuerhalten, aufzuheben (§ 120), der Vollzug des Haftbefehls auszusetzen (§ 116) oder bei einem Jugendlichen die Vollstreckung auszusetzen ist (§ 72 Abs. 1 JGG.). Auch kann der Haftbefehl wegen neuer Taten erweitert oder ergänzt werden (s. o. 17 zu § 114). In diesem Falle hat sich sofort das Verfahren nach §§ 114a, 115 Abs. 2 und 3 anzuschließen.

Müßte die Haft aufrechterhalten werden, ergibt sich aber ein Anhaltspunkt, daß weiteres entlastendes Material beigebracht werden könnte, kann das erkennende Gericht vor seiner Entscheidung die erforderlichen Beweise erheben oder durch einen beauftragten oder ersuchten Richter aufnehmen lassen. Die Staatsanwaltschaft kann angegangen werden, wenn Maßnahmen durchzuführen sind, für die es den Gerichten an einer besonderen gesetzlichen Grundlage fehlt, während sie für die Staatsanwaltschaft gegeben ist (OLG. Celle GA. **59** 366). Das ist bei polizeilichen Ermittlungen der Fall. Bei diesen ist das Gericht auf die allgemeine Rechtshilfe angewiesen, die Staatsanwaltschaft hat dagegen ein Anordnungs- (§ 152 Abs. 1 GVG.) und Auftragsrecht (§ 161 Satz 2). Demzufolge kann das Gericht die Staatsanwaltschaft um Vornahme polizeilicher Ermittlungen ersuchen. Der Untersuchungsrichter darf das nicht, weil er die Polizei selbst beauftragen kann (§ 189). Prüft der Amtsrichter im Vorverfahren, darf er den ihm in § 166 gesteckten Rahmen nicht überschreiten.

Dagegen ist es unzulässig, eine nach der Aktenlage gebotene Aufhebung des Haftbefehls deshalb zu unterlassen, weil weitere Ermittlungen vielleicht noch Belastungsmaterial erbringen könnten (s. o. 15 Abs. 1 zu § 114). Denn der Haftbefehl ist aufzuheben, s o b a l d die Voraussetzungen der Untersuchungshaft nicht mehr vorliegen (§ 120 Abs. 1 Satz 1, 2. Halbsatz); die Aufhebung darf daher nicht unterbleiben, weil die Voraussetzungen vielleicht wieder entstehen könnten.

Die Entscheidung ergeht als Beschluß, der mit Gründen zu versehen ist (§ 34). Die Gründe müssen dem Beschuldigten seine weitere Verteidigung ermöglichen und dem Beschwerdegericht die Nachprüfung der ergangenen Entscheidung gestatten. Sie haben sich daher mit neuen Tatsachen und Beweismitteln zu befassen, die seit Erlaß des Haftbefehls oder seit der letzten Entscheidung beigebracht worden sind. Ist der Sachstand, namentlich bei späteren Entscheidungen, unverändert, kann es genügen, auf die Gründe des Haftbefehls oder einer früheren Entscheidung zu verweisen. Im Falle der Freilassung sind die Gründe hierfür anzugeben. Hatte die Staatsanwaltschaft die Freilassung beantragt, wird die Begründung in der Regel sehr kurz sein.

Die Entscheidung wird dem Beschuldigten und der Staatsanwaltschaft bekanntgemacht. Formlose Mitteilung genügt, weil durch die Bekanntmachung der Entscheidung keine Frist in Lauf gesetzt wird (§ 35 Abs. 2).

7. Neue Prüfung (Absatz 3). Nach Absatz 3 kann der Richter „einzelne Ermittlungen anordnen, die für die künftige Entscheidung über die Aufrechterhaltung der Untersuchungshaft von Bedeutung sind, und nach Durchführung dieser Ermittlungen eine neue Prüfung vornehmen". Die Vorschrift, über deren Sinn den Materialien nichts zu entnehmen ist, gibt zu mehrfachen Zweifeln Anlaß.

Da das Gesetz von einer neuen Prüfung spricht, findet das Verfahren nicht statt, um die in Gang gesetzte Prüfung vorzubereiten, sondern nach dieser Prüfung, um sie zu ergänzen. Demzufolge muß jene Prüfung mit der Anordnung abgeschlossen worden sein, daß die Untersuchungshaft und ihr Vollzug fortzudauern haben (Kleinknecht, JZ. **1965** 120). Dem Sinn des Gesetzes ist zu entnehmen, daß das Verfahren nicht angewendet wird, wenn zu erwarten ist, daß die Untersuchungshaft auch nach Abschluß der Ermittlungen aufrechterhalten werde, sondern nur, wenn damit zu rechnen ist, daß der Haftbefehl aufgehoben oder dessen Vollzug nach § 116 ausgesetzt werden könnte.

Unklar ist, an wen der Richter seine Anordnung richten kann. Nach Anklageerhebung ist das Verfahren ein gerichtliches, und das Gericht kann Beweise durch einen beauftragten oder ersuchten Richter erheben lassen und, wenn polizeiliche Ermittlungen veranlaßt sind, die Staatsanwaltschaft um Vornahme polizeilicher Ermittlungen ersuchen (s. o. 6 Abs. 2). In der Mehrzahl der Fälle sind die Entscheidungen aber im Vorverfahren vom Amtsrichter zu treffen, der dabei nur sehr beschränkte Befugnisse hat (§ 166) und von Amts wegen allein bei Gefahr im Verzuge tätig werden kann (§ 165), die in der Regel, da ein Staatsanwalt fast stets zu erreichen ist, nicht vorliegen wird. Zu Anordnungen an die Staatsanwaltschaft ist der Richter nicht befugt. Im Hinblick auf § 150 GVG. und das ganze System der Strafprozeßordnung ist die Annahme Kleinknechts (MDR. **1965** 786) auszuschließen, daß dem Amtsrichter durch Absatz 3 diese Befugnis verliehen worden sein sollte. Einen so grundlegenden Bruch mit dem System des Strafprozesses und der Gerichtsverfassung hätte der Bundestag nicht ohne Debatte, ja ohne jede Bemerkung, beschlossen. Absatz 3, der in den Worten „Ermittlungen anordnen" mit § 173 Abs. 3 übereinstimmt, ist daher nicht anders zu lesen als dort, und damit eine Vorschrift, die in diesem Punkt im wesentlichen (Ausnahme: § 166 Abs. 2) erst nach der Anklage bei einem Kollegialgericht Bedeutung erlangt.

Im übrigen ist von Bedeutung, daß der Richter von Amts wegen eine neue Prüfung vornehmen kann. Dabei kann der Amtsrichter der Staatsanwaltschaft die Punkte bezeichnen, deren Aufklärung er für eine Entlassung des Beschuldigten als bedeutungsvoll erachtet. Angesichts der Verantwortung, die der Haftrichter für die Haftfrage trägt, wird die Staatsanwaltschaft seine Vorstellung sorgsam beachten; Anordnungen des Haftrichters an sie werden durch Absatz 3 nicht gerechtfertigt.

8. Beschwerde. Gegen die Entscheidung im Haftprüfungsverfahren ist, soweit sie nicht von einem Strafsenat erlassen ist (§ 304 Abs. 4), Beschwerde zulässig (§ 304 Abs. 1), auch wenn sie die eines erkennenden Gerichts ist (§ 305 Satz 2). Gegen Beschwerdeentscheidungen des Landgerichts ist die weitere Beschwerde gegeben (§ 310 Abs. 1).

Der Beschuldigte kann Beschwerde einlegen, wenn der Haftbefehl entgegen seinem Antrag aufrechterhalten wird. Hatte er jedoch nur beantragt, den Vollzug des Haftbefehls auszusetzen (§ 116), dann hat er, wenn das Gericht dem Antrag nachgekommen ist, mangels Beschwer kein Beschwerderecht. Es steht ihm aber frei, Beschwerde gegen den bestehen gebliebenen Haftbefehl anzubringen.

Wenn der Beschuldigte beschwert ist, können auch sein Verteidiger, jedoch nicht gegen den ausdrücklichen Willen des Beschuldigten (§ 297), und sein gesetzlicher Vertreter (§ 298 Abs. 1) Beschwerde einlegen. Die Beschwerde steht auch der Staatsanwaltschaft zu. Sie hat zugunsten oder zuungunsten des Beschuldigten auch die weitere Beschwerde (s. o. 14b zu § 114).

Wegen des Verfahrens gilt das o. 15 zu § 114 Gesagte entsprechend, namentlich auch wegen der Anhörung, falls das zuständige Gericht den Beschuldigten freigelassen und die Staatsanwaltschaft dagegen Beschwerde eingelegt hat. Wegen der Zuständigkeit s. o. 16 zu § 114, wegen der bindenden Wirkung 15 Abs. 3 zu § 114.

9. Verteidiger (Absatz 4).

a) § 140 Abs. 1 Nr. 5. Hat sich der Beschuldigte mindestens drei Monate in derselben (oder in einer anderen) Sache in Untersuchungshaft befunden, dann ist die Verteidigung notwendig, wenn der Beschuldigte nicht mindestens zwei Wochen vor Beginn der Hauptverhandlung aus der Untersuchungshaft entlassen wird (§ 140 Abs. 1 Nr. 5). Wegen dieser Bedingung wird der Verteidiger grundsätzlich erst bestellt, sobald der Beschuldigte zur Erklärung über die Anklageschrift aufgefordert worden ist (§ 141 Abs. 1), doch kann er auch schon im Vorverfahren beigeordnet werden (§ 141 Abs. 3). Geschieht dies, dann hat Absatz 4 keine selbständige Bedeutung. Der Bestellung im Vorverfahren kommt nach dem neuen Rechtszustand größere Bedeutung zu als früher. Denn die Staatsanwaltschaft soll nach dem Abschluß der Ermittlungen (§ 169a Abs. 1) die Bestellung beantragen, wenn die Verteidigung im gerichtlichen Verfahren notwendig sein wird; einem solchen Antrage der Staatsanwaltschaft hat das Gericht — das allerdings ein anderes als das nach § 126 zuständige sein kann (§ 141 Abs. 4) — stattzugeben (§ 141 Abs. 3).

b) § 117 Abs. 4. Trotz dieser Regelung wird es auch weiterhin Beschuldigte geben, die in der Sache, in der sie einsitzen, drei Monate Untersuchungshaft erlitten haben, aber noch ohne Verteidiger sind. Solchen Beschuldigten ist nach Absatz 4 ein Verteidiger zu bestellen. Die Vorschrift ist zwar in die Bestimmungen über die Haftprüfung eingebaut (weil Abs. 5 auf die Verteidigung Bezug nimmt), hat aber selbständig Bedeutung. Sie will demjenigen Beschuldigten den Beistand eines Verteidigers sichern, der durch lange Freiheitsentziehung in seiner Verteidigung behindert ist. Daher ist es gleichgültig, ob der Beschuldigte ununterbrochen in Untersuchungshaft eingesessen hat, oder ob diese unterbrochen war durch Verbüßung von Strafhaft oder Untersuchungshaft in anderer Sache, durch Aussetzung des Vollzugs (§ 116), durch Absehen von der Vollstreckung des Haftbefehls bei einem Jugendlichen (§ 72 Abs. 1 JGG.) oder durch Entlassung mit nachfolgendem neuen Haftbefehl in der gleichen Sache (Müller-Sax, 5 in Vbdg. mit 3a zu § 117; a. A. — Zusammenrechnung nur, wenn die mehrfache Vollstreckung auf Grund desselben Haftbefehls vorgenommen wird — Lobe-Alsberg, I 4d bb zu § 115d), selbst wegen einer anderen, aber zum gleichen Verfahren gehörenden Straftat. In solchen Fällen sind die einzelnen Zeiten der Untersuchungshaft in dieser Sache zusammenzuzählen. Entgegen dem bisherigen, allerdings auf die mündliche Verhandlung bezogenen Zustand (§ 115d Abs. 4), wird der Verteidiger nur auf Antrag bestellt, doch ist der Beschuldigte über sein Antragsrecht zu belehren. Auch kann der gesetzliche Vertreter oder der Staatsanwalt den Antrag stellen. Die Staatsanwaltschaft sollte das stets tun, wenn zu erwarten ist, die Verteidigung werde im gerichtlichen Verfahren deshalb notwendig sein, weil der Beschuldigte nicht zwei Wochen vor der Hauptverhandlung entlassen werden wird (§ 140 Abs. 1 Nr. 5).

c) Verfahren. Der Verteidiger wird vom zuständigen Gericht bestellt, wenn dieses ein Kollegialgericht ist, vom Vorsitzenden (§ 117 Abs. 4 Satz 3, § 142 Abs. 1). Die Bestellung ist eine richterliche Entscheidung, die sich auf die Untersuchungshaft bezieht. Daher richtet sich die Zuständigkeit nach § 126. § 141 Abs. 4, der eine von § 126 abweichende Regelung vorsieht, ist in § 117 Abs. 4 Satz 3 ausdrücklich nicht angezogen. Nach § 126 ist zuständig im Ermittlungsverfahren der Amtsrichter (§ 126 Abs. 1), in der Voruntersuchung der Untersuchungsrichter (§ 126 Abs. 4), sonst das mit der Sache befaßte Gericht (§ 126 Abs. 2). Bei diesem ist zuständig der Vorsitzende, sowohl nach § 126 Abs. 2 Satz 3 (s. u. 4a zu § 126) als auch nach § 142 Abs. 1 zufolge der Verweisung in § 117 Abs. 4 Satz 3. Die Bestellung eines Verteidigers unterbleibt, wenn der Beschuldigte einen Wahlverteidiger hat. Solange keine Verteidigerwahl zu den Akten angezeigt ist, wird das Gericht davon ausgehen, daß kein Verteidiger gewählt ist.

Der Verteidiger wird für die Dauer der Untersuchungshaft bestellt bis zur Zustellung einer Anklageschrift. Denn dann ist nach § 141 Abs. 1 in Vbdg. mit § 140 Abs. 1 Nr. 5 vom Vorsitzenden des mit Anklage angegangenen Gerichts ein neuer Verteidiger zu bestellen. Doch bleibt die Bestellung, wenn die Untersuchungshaft andauert, auch für die Hauptverhandlung wirksam, falls nicht ein anderer Verteidiger bestellt wird (§ 140 Abs. 3). Die Bestellung ist zurückzunehmen, wenn der Beschuldigte oder sein gesetzlicher Vertreter (§ 137 Abs. 2) einen Verteidiger gewählt und dieser die Wahl angenommen hat (§ 143).

10. Haftprüfung von Amts wegen (Absatz 5). Nach den Ausführungen zu 8a und b wird in einigen Fällen ein Beschuldigter nach drei Monaten Untersuchungshaft noch keinen Verteidiger haben. Für diese wenigen Fälle ist die Haftprüfung von Amts wegen vorgeschrieben, aber auch nur, wenn der Beschuldigte oder sein gesetzlicher Vertreter (§ 118b, § 298 Abs. 1) weder die Haftprüfung beantragt, noch Beschwerde eingelegt hat. Es dürfte sich um seltene Ausnahmen handeln. Betroffen werden namentlich diejenigen Dauerrückfälligen sein, die sich ins Gefängnisleben ergeben haben und keine Anträge stellen.

Die Haftprüfung findet statt, wenn die Untersuchungshaft drei Monate gedauert hat. Die Vorschrift will zusammen mit § 121, § 122 Abs. 4 sicherstellen, daß die Haftfrage auch unabhängig von Anträgen und Beschwerden des Beschuldigten alle drei Monate gerichtlich förmlich überprüft wird. Da bei jeder Wiederverhaftung nach einer Freilassung über die Haftfrage nach § 115 neu entschieden wird, zählen — anders als im Falle des Absatzes 4 — Zeiten, die vor einer Entlassung (§ 120) oder vor einer Freilassung bei Aussetzung des Vollzugs eines Haftbefehls (§ 116, § 72 Abs. 1 JGG.) liegen, bei der Berechnung der Frist nicht mit; die Dreimonatsfrist des Absatzes 5 beginnt bei einer neuen Verhaftung neu. Wird dagegen die Untersuchungshaft unterbrochen, ohne daß der Beschuldigte freigelassen wird, z. B. bei Verbüßung von Strafhaft oder von Untersuchungshaft in anderer Sache, dann beginnt nach dem Ende der Unterbrechung keine neue Frist zu laufen. Die Unterbrechungszeiten zählen nicht mit; die Zeiten vor der Unterbrechung und die nach ihr werden zusammengezählt.

Die Frist zur Prüfung von Amts wegen beträgt drei Monate, genauer („hat die Untersuchungshaft drei Monate gedauert") drei Monate und einen Tag. Die Frist beginnt mit dem Anfang der Untersuchungshaft (s. o. 2a Abs. 2). Ihr Ende ist in Absatz 5 selbst festgelegt, so daß § 43 Abs. 1 keine Anwendung findet, doch läuft die Regelung auf dasselbe hinaus, als wenn das Gesetz von einer Frist von drei Monaten spräche: Hat die Untersuchungshaft am 1. Februar begonnen, so findet die Prüfung am 1. Mai statt. § 43 Abs. 2 gilt. Danach endet die Frist, wenn das Ende auf einen Sonnabend, einen Sonntag oder allgemeinen Feiertag fällt, mit Ablauf des nächstfolgenden Werktags. Die Haftprüfung ist wegen des rechtlichen Gehörs (§ 33 Abs. 3) und ggf. der mündlichen Verhandlung (§ 118 Abs. 1) ein Haftprüfungsverfahren. Mit diesem Verfahren muß das Gericht an dem errechneten Tage beginnen.

Das Gericht darf die Frist, etwa weil noch eine wichtige Vernehmung abgewartet werden soll, selbst bei Zustimmung des Beschuldigten nicht überschreiten. Da es außer im Falle des Absatzes 5 die Haftprüfung nicht von Amts wegen vornehmen darf (s. o. 3a), darf es die Frist des Absatzes 5 nicht verkürzen; denn das liefe auf eine frühere Haftprüfung von Amts wegen hinaus. Daraus folgt zugleich, daß die früher teilweise gelehrte Ansicht, die Prüfung müsse innerhalb der Frist nicht nur begonnen, sondern auch beendet sein (so Hartung, 7 zu § 115a; KleinknM, 2d zu § 115a), für § 117 nicht vertretbar ist. Schon das rechtliche Gehör kann das Verfahren verzögern, so daß es nicht innerhalb der Frist abzuschließen ist. Weitere Verzögerungen ergeben sich, wenn die Entscheidung in mündlicher Verhandlung ergeht (§ 118), weil dann Termin anzuberaumen ist, und Staatsanwalt und Verteidiger benachrichtigt werden müssen (§ 118a Abs. 1).

Die Haftprüfung nach Absatz 5 ist ein einmaliges Verfahren, doch ist durch die §§ 121, 122 Abs. 4 Satz 2 sichergestellt, daß die Haftfrage bis zu einem verurteilenden Erkenntnis alle drei Monate von Amts wegen geprüft wird, solange nicht die Hauptverhandlung läuft.

§ 118

(1) Bei der Haftprüfung wird auf Antrag des Beschuldigten oder nach dem Ermessen des Gerichts von Amts wegen nach mündlicher Verhandlung entschieden.

(2) Ist gegen den Haftbefehl Beschwerde eingelegt, so kann auch im Beschwerdeverfahren auf Antrag des Beschuldigten oder von Amts wegen nach mündlicher Verhandlung entschieden werden.

(3) Ist die Untersuchungshaft nach mündlicher Verhandlung aufrechterhalten worden, so hat der Beschuldigte einen Anspruch auf eine weitere mündliche Verhandlung nur, wenn die Untersuchungshaft mindestens drei Monate und seit der letzten mündlichen Verhandlung mindestens zwei Monate gedauert hat.

(4) Ein Anspruch auf mündliche Verhandlung besteht nicht, solange die Hauptverhandlung andauert oder wenn ein Urteil ergangen ist, das auf eine Freiheitsstrafe oder eine freiheitsentziehende Maßregel der Sicherung und Besserung erkennt.

(5) Die mündliche Verhandlung ist unverzüglich durchzuführen; sie darf ohne Zustimmung des Beschuldigten nicht über zwei Wochen nach dem Eingang des Antrags anberaumt werden.

Entstehungsgeschichte: Die Vorschrift ist eingefügt durch Art. 1 Nr. 1 StPÄG. Absatz 1 stammt von § 115a Abs. 4 Satz 1 a. F., Absatz 5 von § 114d Abs. 2 a. F., Absatz 4 ist eine Abwandlung von § 115b Satz 1 a. F., wonach nach Eröffnung des Hauptverfahrens keine mündliche Verhandlung über den Haftbefehl mehr stattfinden durfte. Absatz 3 verwertet Gedanken aus § 115a Abs. 3 a. F. Gänzlich neu ist Absatz 2; er enthält eine wesentliche Ausnahme von § 309 Abs. 1, erstem Halbsatz.

Frühere Änderungsvorschläge: Entw. EGStGB. 1928 Art. 70 Nr. 68 (§§ 115a Abs. 3, 115b bis 115d).

Keine späteren Änderungen.

1. Inhalt. Das Recht auf mündliche Verhandlung über den Haftbefehl, Bestandteil unseres Haftrechts seit 1926, verwirklicht die alte Reformforderung (Verhandlungen des 16. Anwaltstages, S. 52; Mitteilungen der JKV. **11** 684, 694, 809, 818, 844; **12** 288, 302; Gneist, Vier Fragen zur deutschen Strafprozeßordnung, S. 74; von Liszt, Reform des Strafverfahrens, S. 45), daß der Verhaftete Anspruch auf mündliche Verhandlung vor dem zuständigen Gericht haben müsse. Die Vorschriften über die mündliche Verhandlung sind als Kernstück der Schutzvorschriften für den verhafteten Angeklagten bezeichnet worden (Feisenberger DRiZ. **1927** 4), und eine wohlvorbereitete und gut durchgeführte mündliche Verhandlung am Anfang der Untersuchungshaft ist ein wirksames Mittel, das Verfahren zu konzentrieren und die Haft abzukürzen (Alsberg JW. **1925** 1437). Das Strafprozeßänderungsgesetz hat die etwas unübersichtlichen Vorschriften über Haftprüfung und mündliche Verhandlung vereinfacht: Die mündliche Verhandlung ist eine Form der Haftprüfung. Dieser Form muß sich das Gericht (Ausnahmen in Absatz 3 und 4) auf Antrag des Beschuldigten bedienen; es kann sie nach seinem Ermessen auch von Amts wegen wählen. Danach kann jede Haftprüfung nach mündlicher Verhandlung durchgeführt werden. Ob aber überhaupt eine Haftprüfung stattfindet, liegt allein in der Hand des Beschuldigten (oder seines gesetzlichen Vertreters). Dieser wiederum kann zwar jederzeit die Haftprüfung erzwingen, die mündliche Verhandlung aber nur in angemessenen Fristen (Absatz 3) und nach einem verurteilenden Erkenntnis überhaupt nicht mehr (Absatz 4). Auf diese Weise werden weitgehend bloß routinemäßige mündliche Verhandlungen ausgeschaltet. Damit wird der Weg frei, dem etwas verkümmerten Kernstück des Haftschutzes die ihm zukommende Bedeutung in der Praxis zu verschaffen.

Wie der Beschuldigte können auch sein Verteidiger, jedoch nicht gegen den Willen des Beschuldigten (§ 118b; § 297), und sein gesetzlicher Vertreter Antrag auf Entscheidung in mündlicher Verhandlung stellen (§ 118b; § 298) mit der gleichen Wirkung, als ob der Beschuldigte den Antrag gestellt hätte (s. u. 2 zu § 118b). Auch die Staatsanwaltschaft kann auf mündliche Verhandlung antragen, doch kommt ihrem Antrag nicht, wie dem des Beschuldigten, zwingende Wirkung zu. Wer den Antrag gestellt hat, kann ihn auch wieder zurücknehmen.

2. Mündliche Verhandlung im Beschwerdeverfahren (Absatz 2). § 309 Abs. 1, 1. Halbsatz verbietet die mündliche Verhandlung im Beschwerdeverfahren. Das Verbot ist nicht immer praktisch und für das Verfahren bei Verfall einer Sicherheit bereits durchbrochen (§ 124 Abs. 2 Satz 2). Auch im Haftbeschwerdeverfahren kann es erwünscht sein, den Beschuldigten zu sehen, seine mündliche Einlassung zu hören und ihm Zeugen gegenüberzustellen. Daher wird dem Gericht die Befugnis eingeräumt, über Haftbeschwerden nach mündlicher Verhandlung zu entscheiden. Der Beschuldigte, wie auch die Staatsanwaltschaft, können das beantragen, doch entscheidet allein das Ermessen des Gerichts, ob eine mündliche Verhandlung stattfindet (OLG. Celle NdsRpfl. **1965** 255). Damit wird das Verfahren auf Fälle beschränkt, in denen es angebracht ist. Das werden nicht sehr viele sein, doch sollte das Beschwerdegericht von der mündlichen Verhandlung Gebrauch machen, wenn sie Nutzen verspricht. Das ist der Fall, wenn bei zweifelhafter Sachlage erwartet werden kann, daß sich zufolge der mündlichen Erörterung des Materials bei persönlicher Gegenwart des Beschuldigten, seines Verteidigers und ggf. von Zeugen Unklarheiten beseitigen lassen und der dringende Tatverdacht sowie die Haftgründe sicherer als im schriftlichen Verfahren beurteilt werden können.

3. Weitere mündliche Verhandlung (Absatz 3).

a) Beschränkung. Nach § 117 Abs. 1 kann der Beschuldigte während der ganzen Dauer der Untersuchungshaft ohne jede Beschränkung die förmliche Haftprüfung beantragen; bei dieser ist gemäß § 118 Abs. 1 auf seinen Antrag nach mündlicher Verhandlung zu entscheiden. Gälte die letzte Vorschrift ohne Einschränkung, könnte das Gericht zu einer dauernden Wiederholung der mündlichen Verhandlung auch dann gezwungen werden, wenn seit der letzten kein Material beigebracht worden ist, das den dringenden Tatverdacht oder die Haftgründe in Frage zu stellen geeignet wäre. Die mündliche Verhandlung würde dann zu einer lästigen Formalität, und diese Bewertung könnte sich auf das ganze Institut übertragen und das Verfahren auch dort zur Routine werden lassen, wo eine sorgfältige Verhandlung das Verfahren und die Haft abkürzen könnte. Deshalb schränkt Absatz 3 die Wirkung des nach Absatz 1 zulässigen Antrags dahin ein, daß unter bestimmten Voraussetzungen kein Anspruch auf mündliche Verhandlung besteht. Die Zulässigkeit des Antrags selbst bleibt unberührt; er hat nur nicht die zwingende Wirkung, die er ohne die Einschränkung des Absatzes 3 zufolge des Wortlauts von Absatz 1 hätte. Die Befugnis des Gerichts, nach seinem Ermessen von Amts wegen nach mündlicher Verhandlung zu entscheiden (Absatz 1), bleibt unberührt. Die Beschränkung, die für die Wirkung des Antrags des Beschuldigten eintritt, wird gesetzgeberisch so ausgedrückt, daß Fristen angegeben werden, nach deren Ablauf der Antrag wieder seine zwingende Wirkung erhält. Daraus folgt, daß ein vor Ablauf der Fristen gestellter Antrag seine Wirksamkeit erhält, wenn bis zur Entscheidung die beiden Fristen noch ablaufen.

b) Voraussetzungen. Die Beschränkung tritt ein, wenn die Untersuchungshaft nach mündlicher Verhandlung — auch im Beschwerdeverfahren — aufrechterhalten worden ist. Das Gesetz macht auch für den Fall keine Ausnahme, daß die mündliche Verhandlung von Amts wegen in einem Haftprüfungsverfahren gewählt worden ist, das ebenfalls von Amts wegen stattgefunden hat (s. o. 7 und 10 zu § 117). Eine solche Ausnahme wäre gerechtfertigt, kann aber nicht gegen den Gesetzeswortlaut im Wege der Auslegung gewonnen werden. Für die Beschränkung des Anspruchs auf mündliche Verhandlung kommt es nach dem Wortlaut, der dem Sinn der Bestimmung entspricht, nicht darauf an, daß der Haftbefehl, sondern darauf, daß die Untersuchungshaft aufrechterhalten worden ist. War der Vollzug der Untersuchungshaft ausgesetzt worden (§ 116; § 72 Abs. 1 JGG.), dann findet ebenso wie bei der Aufhebung des Haftbefehls (§ 120) § 118 Abs. 3 keine Anwendung, vielmehr beginnt das Verfahren der §§ 114a ff. erneut (s. o. 9 zu § 116). Die Dreimonatsfrist und die Zweimonatsfrist sind daher ebenso wie im Falle des § 117 Abs. 5 zu berechnen: Zeiten, die vor einer Entlassung (§ 120) oder vor einer Freilassung bei Aussetzung des Vollzugs eines Haftbefehls (§ 116; § 72 Abs. 1 JGG.) liegen, scheiden für die Dauer der beiden Fristen aus. Wird dagegen die Untersuchungshaft unterbrochen, ohne daß der Beschuldigte freigelassen wird, z. B. bei Verbüßung von Strafhaft oder von Untersuchungshaft in anderer Sache, dann zählen die Zeiten vor der Unterbrechung mit; die Zeiten vor und nach der Unterbrechung werden zusammengerechnet (s. o. 9 zu § 117).

4. Hauptverhandlung (Absatz 4). Stellt Absatz 3 für die Beschränkung des Rechts auf mündliche Verhandlung auf die Dauer der Untersuchungshaft ab, so bringt Absatz 4 eine Beschränkung für bestimmte Verfahrensabschnitte. Der Beschuldigte hat keinen Anspruch auf mündliche Verhandlung, „solange die Hauptverhandlung andauert". Die Hauptverhandlung beginnt mit dem Aufruf der Sache (s. u. § 243 Abs. 1 Satz 1); sie schließt grundsätzlich mit der Verkündung des Urteils (§ 260 Abs. 1 Satz 1), aber auch mit einer Verweisung an das zuständige Gericht (§ 270 Abs. 1) oder mit Aussetzung der Hauptverhandlung (§ 228 Abs. 1 Satz 1, § 145 Abs. 1 bis 3, § 246 Abs. 2, § 265 Abs. 2, 3 und 4). Dagegen beendet eine Unterbrechung die Hauptverhandlung nicht; denn es ist dieselbe Hauptverhandlung, die spätestens am elften Tage nach der Unterbrechung „fortgesetzt" werden muß (§ 229).

Nach dem Sinn der Vorschrift und nach ihrem Wortlaut („andauert") kann aber nicht auf das Ende der Hauptverhandlung abgestellt werden, sondern vielmehr auf das Andauern des wirklichen Verhandelns. Denn die Verneinung des Anspruchs auf mündliche Verhandlung während der Hauptverhandlung rechtfertigt sich aus zwei Gründen: einmal ist das Gericht mit der Sache besonders nachdrücklich befaßt und daher mit dem gleichen gesteigerten Nachdruck zur Prüfung der Haftfrage verpflichtet. Zum anderen wäre der Anspruch auf mündliche Verhandlung wenig sinnvoll, da ja das Gericht schon mündlich verhandelt, dabei den Angeklagten hört, die Tatsachen erörtert, die den dringenden Tatverdacht begründen, und jederzeit auch in die Prüfung der Haftgründe und der Verhältnismäßigkeit eintreten kann.

Während einer Unterbrechung entfällt der zweite Grund und verliert der erste an Gewicht. Zwar kann die Unterbrechung gerade deshalb notwendig werden, weil das Gericht außerhalb des Sitzungssaals einen umfangreichen Stoff sichten und ordnen muß, wobei es ebenso intensiv wie in der Hauptverhandlung selbst mit der Sache befaßt ist. Es können aber auch ganz andere

Gründe (Verteidigerwechsel, § 145 Abs. 3; Nachladung von Zeugen und Sachverständigen, Krankheit von Prozeßbeteiligten, Feiertagszeit) die Unterbrechung notwendig machen und die Haftfrage aus der gerichtlichen Betrachtung rücken. Daher dauert die Hauptverhandlung während einer Unterbrechung nicht an.

Hauptverhandlung ist diejenige erster Instanz (§ 226) und die in der Berufungsinstanz (§ 324) nach einem freisprechenden Urteil (s. u. 9 zu § 120). Die Hauptverhandlung in der Revisionsinstanz beseitigt den Anspruch auf Haftprüfung nicht. Denn nach Einlegung der Revision ist für die Haftprüfung das Gericht zuständig, dessen Urteil angefochten ist (§ 126 Abs. 2 Satz 2). Die Gründe, die den Ausschluß der mündlichen Verhandlung während der Hauptverhandlung vor den Instanzgerichten rechtfertigen, können daher während der Revisionshauptverhandlung nicht vorliegen.

War der Antrag vor Beginn der Hauptverhandlung angebracht, konnte aber bis zu deren Beginn noch nicht in der Sache entschieden werden, so entfällt mit dem Beginn der Hauptverhandlung nachträglich der Anspruch auf mündliche Verhandlung.

5. Verurteilendes Erkenntnis (Absatz 4). Dem Antrag auf mündliche Verhandlung wird seine zwingende Wirkung weiter für den Fall genommen, daß ein Urteil ergangen ist, in dem gegen den Gefangenen auf Freiheitsstrafe oder auf eine freiheitsentziehende Maßregel der Sicherung und Besserung erkannt worden ist. Es kommt jede Freiheitsstafe in Betracht: Zuchthaus (§ 14 StGB.), Gefängnis (§ 16 StGB.), Einschließung (§ 17 StGB.), Haft (§ 18 StGB.), Jugendstrafe (§§ 18, 19 JGG.) und Strafarrest (§ 9 WStG.). Der Jugendarrest (§ 16 JGG.) ist ein Zuchtmittel (§ 13 Abs. 2 Nr. 3 JGG.), aber hier nach dem Sinn der Vorschrift, das Recht auf mündliche Verhandlung auszuschließen, wenn durch Urteil auf Freiheitsentziehung erkannt wird, den Freiheitsstrafen und freiheitsentziehenden Maßregeln gleichzuachten. Die Freiheitsstrafe muß selbst als Strafe ausgesprochen sein; die Verurteilung zu einer Ersatzfreiheitsstrafe (§ 29 StGB.) schließt das Recht auf mündliche Verhandlung nicht aus. Dagegen spielt es für den Ausschluß dieses Rechts keine Rolle, wenn die Freiheitsstrafe zur Bewährung ausgesetzt worden ist (§ 23 Abs. 1 StGB.) oder wenn eine erlittene Untersuchungshaft oder einstweilige Unterbringung auf sie ganz angerechnet worden ist (§ 60 StGB.); allerdings wird in diesen Fällen regelmäßig der Haftbefehl aufzuheben sein (s. u. II 2 zu § 120).

Als freiheitsentziehende Maßregeln der Sicherung und Besserung kommen nur die Unterbringung in einer Heil- oder Pflegeanstalt (§ 42b Abs. 2 StGB.) und in einer Trinkerheilanstalt in Betracht. Denn auf sie kann auch neben einer Geldstrafe erkannt werden. Dagegen sind das Arbeitshaus (§ 42d StGB.) und die Sicherungsverwahrung (§ 42e in Vbdg. mit § 20a StGB.) nur neben Freiheitsstrafe zulässig, so daß der Anspruch auf mündliche Verhandlung schon wegen der Verurteilung zu Freiheitsstrafe endet.

Der Anspruch auf mündliche Verhandlung endet, wenn ein freiheitsentziehendes Urteil ergangen ist. Es wird nicht auf die Verurteilung abgestellt, sondern auf das Ergehen des Urteils. Danach kommt es — wie bei der ähnlichen Formulierung der Rücknahme des Strafantrags (§ 64 StGB.; RGSt. **2** 420) — nicht auf den Bestand der Verurteilung an; maßgebend ist lediglich der Akt des Urteilserlasses. Daraus folgt, daß der Anspruch auf mündliche Verhandlung nicht wieder auflebt, wenn das Urteil durch das Berufungs- oder Revisionsgericht aufgehoben wird. Denn die Aufhebung beseitigt zwar die Verurteilung, schafft aber die Tatsache nicht aus der Welt, daß ein Urteil ergangen ist, in dem auf Freiheitsstrafe oder auf eine freiheitsentziehende Maßregel der Sicherung und Besserung erkannt worden ist.

Die Entscheidung des Gesetzgebers entbehrt auch nicht des Sinns: in der Hauptverhandlung ist über den dringenden Tatverdacht umfassend verhandelt worden; dazu kann eine spätere mündliche Verhandlung nichts mehr erbringen, auch wenn das verurteilende Erkenntnis vom Revisionsgericht aufgehoben wird, ohne daß es zum Freispruch des Angeklagten kommt, bei dem der Haftbefehl aufzuheben ist (§ 120 Abs. 1 Satz 2; § 126 Abs. 3). Die Haftgründe werden sich nach der Hauptverhandlung nur selten ändern, so daß die gesetzgeberische Entscheidung, für den Regelfall (von Amts wegen kann immer nach mündlicher Verhandlung entschieden werden) auf die mündliche Verhandlung zu verzichten, nicht unbegründet ist.

6. Terminsfrist (Absatz 5). Das Verfahren ist in § 118a geregelt, doch ist hier die Bestimmung vorweggenommen, daß die mündliche Verhandlung unverzüglich durchzuführen ist. Wegen des Begriffs unverzüglich s. o. 4 zu §§ 115, 115a. Als äußerste Frist für den Termin zur mündlichen Verhandlung werden zwei Wochen nach dem Eingang des Antrags festgesetzt.

Es kommt auf den Tag des Eingangs bei dem zuständigen Gericht an. Ist jedoch der Antrag nach § 118b in Vbdg. mit § 299 zu Protokoll der Geschäftsstelle des Amtsgerichts angebracht, in dessen Bezirk die Untersuchungshaftanstalt liegt, dann rechnet die Frist von dem Tage an, an dem das Protokoll aufgenommen worden ist. Für die Frist gilt § 43: Geht der Antrag dienstags ein, so muß die mündliche Verhandlung spätestens am übernächsten Dienstag stattfinden. Fällt das Ende der Frist auf einen Sonnabend, einen Sonntag oder einen allgemeinen Feiertag, dann endet die Frist mit Ablauf des nächsten Werktags. Die Frist wird nicht dadurch verlängert, daß nach dem Antrag ein Wechsel der Zuständigkeit, etwa durch Anklage, eintritt.

Da die mündliche Verhandlung von einem — rücknehmbaren — Antrag des Beschuldigten abhängt, kann er auch einer Verlängerung der vom Gesetzgeber zu seinen Gunsten bestimmten Frist zustimmen. Doch wird die Zustimmung nur zu erfragen sein, wenn Beweiserhebungen laufen, die zu einer dem Beschuldigten günstigen Haftentscheidung führen können, nicht dagegen wegen der Geschäftslage. Die Zustimmung muß sich nicht nur auf die Überschreitung, sondern auch auf deren Ausmaß erstrecken. Ist der Antrag nicht vom Beschuldigten, sondern vom Verteidiger oder vom gesetzlichen Vertreter gestellt (§ 118b, §§ 297, 298 Abs. 1), so ist für die Fristverlängerung dessen Zustimmung erforderlich, nicht auch diejenige des Beschuldigten, doch bedarf der Verteidiger in entsprechender Anwendung von § 302 Abs. 2 in Vbdg. mit § 118b der ausdrücklichen Ermächtigung des Beschuldigten.

§ 118a

(1) Von Ort und Zeit der mündlichen Verhandlung sind die Staatsanwaltschaft sowie der Beschuldigte und der Verteidiger zu benachrichtigen.

(2) Der Beschuldigte ist zu der Verhandlung vorzuführen, es sei denn, daß er auf die Anwesenheit in der Verhandlung verzichtet hat, oder daß der Vorführung weite Entfernung oder Krankheit des Beschuldigten oder andere nicht zu beseitigende Hindernisse entgegenstehen. Wird der Beschuldigte zur mündlichen Verhandlung nicht vorgeführt, so muß ein Verteidiger seine Rechte in der Verhandlung wahrnehmen. In diesem Falle ist ihm für die mündliche Verhandlung ein Verteidiger zu bestellen, wenn er noch keinen Verteidiger hat. Die §§ 142, 143 und 145 gelten entsprechend.

(3) In der mündlichen Verhandlung sind die anwesenden Beteiligten zu hören. Art und Umfang der Beweisaufnahme bestimmt das Gericht. Über die Verhandlung ist eine Niederschrift aufzunehmen; die §§ 271 bis 273 gelten entsprechend.

(4) Die Entscheidung ist am Schluß der mündlichen Verhandlung zu verkünden. Ist dies nicht möglich, so ist die Entscheidung spätestens binnen einer Woche zu erlassen.

Entstehungsgeschichte: Eingefügt durch das G. vom 27. 12. 1926. Die derzeitige Fassung hat die Bestimmung erhalten durch Art. 1 Nr. 1 StPÄG. Frühere Bezeichnung: § 115d.

Änderungsvorschläge: Entw. EGStGB. Art. 70 Nr. 70.

Keine späteren Änderungen.

1. Zweck. Es ist ein Nachteil unseres Strafprozesses, daß er zu lange schriftlich und geheim vorbereitet wird. Das geheime Verfahren vermindert wohl die Möglichkeit der Verdunkelung, ist aber zugleich einer frühzeitigen wirksamen Verteidigung hinderlich. Das schriftliche Verfahren fördert zwar die Gründlichkeit der Ermittlungen; ihrer Zielstrebigkeit, Konzentration und Schnelligkeit kann es jedoch oft im Wege stehen. Da allein die Hauptverhandlung für das endliche Erkenntnis maßgebend ist (§ 261), ihr Ablauf aber nicht voll vorausgesehen werden kann, wird im Ermittlungsverfahren in der Regel vorsichtshalber der Schnelligkeit eine Gründlichkeit vorgezogen, die — vom Verhalten des Beschuldigten in der Hauptverhandlung aus rückblickend betrachtet — zuweilen nicht notwendig gewesen wäre. Deshalb ist die mündliche Verhandlung in Haftsachen ein wünschenswerter Einbruch der Mündlichkeit ins Vorverfahren. Das gilt namentlich für die erste. Die erste mündliche Verhandlung, das eigentliche habeas-corpus-Verfahren, bringt den Beschuldigten und seinen Verteidiger mit Gericht und Staatsanwaltschaft zusammen und gibt ihm, nachdem er bei der Verhaftung die Beschuldigung kennengelernt hat (§ 115 Abs. 2 und 3, § 115a Abs. 2), Gelegenheit, sich verteidigend in das Verfahren einzuschalten und selbst, indem er Beweismittel benennt und Handlungen eingesteht, zu seiner Abkürzung beizutragen. Staatsanwalt und Untersuchungsrichter aber können ihrerseits, auf der Einlassung, namentlich auf einem etwaigen Teilgeständnis aufbauend, den Gang der Ermittlungen festlegen, das Verfahren konzentrieren und abkürzen, seinen Abschluß beschleunigen und damit die Untersuchungshaft, den schwersten Eingriff in die Rechte des als unschuldig geltenden nicht Verurteilten (Art. 6 Abs. 2 MenschRKonv.), wirksam einschränken. Dem ist bei Vorbereitung und Durchführung der Verhandlungen Rechnung zu tragen. Die erste Verhandlung sollte, wenn ihre Nutzlosigkeit nicht auf der Hand liegt, keine Routine sein. Findet sie im Vorverfahren oder in der Voruntersuchung statt, dann kann sie die Weichenstellung für die weitere Behandlung der Haftsache ergeben. Dazu sollten die wichtigsten Zeugen Aug' in Auge mit dem Beschuldigten vernommen, seine Beweisanträge entgegengenommen und, wenn nötig nach kurzer Vertagung, erledigt werden. Allerdings darf die mündliche Verhandlung nicht über ihr Ziel, neben den Haftgründen den dringenden Tatverdacht zu prüfen, hinausgehen; die Sicherheit von Schuldfeststellungen darf sie nicht anstreben.

In späteren Verhandlungen wird nur in großen Sachen ein Gewinn an Erkenntnissen in bezug auf den dringenden Tatverdacht gegenüber der schriftlichen Prüfung zu erzielen sein. Aber auch in bezug auf die Haftgründe kann sie in der Regel nicht viel erbringen. In den wenigen Fällen der Verhaftung wegen Verdunkelungsgefahr wird ohnehin laufend, spätestens bei der Eröffnung des Hauptverfahrens (§ 207 Abs. 2) geprüft, ob der Fortgang oder Abschluß der Ermittlungen nicht wirksam eine weitere Verdunkelung schon deshalb ausschließt, weil es, wenigstens praktisch, nichts mehr zu verdunkeln gibt. Die Umstände, die die Fluchtgefahr begründen, werden sich im Laufe des Verfahrens, abgesehen von dem Verhältnis der Haft zu der zu erwartenden Strafe, selten verändern. Die Gründe von § 112 Abs. 3 (Wiederholungsgefahr bei Sittlichkeitsverbrechern) und § 112 Abs. 4 (Verbrechen wider das Leben) werden kaum eine Veränderung erfahren. Auch sonst wird in manchen Fällen eine vom Beschuldigten erzwungene mündliche Verhandlung, auch eine erste, das Verfahren nicht fördern können, weil die Verteidigung bekannt und alles Sachdienliche schon veranlaßt ist. Das wird in Voruntersuchungssachen die Regel sein, aber auch in staatsanwaltlichen Ermittlungsverfahren, wenn der Staatsanwalt frühzeitig den Beschuldigten und seinen Verteidiger gehört hat. Wo aber die Möglichkeit einer Sachförderung besteht, würde der Zweck der mündlichen Verhandlung, jedenfalls einer ersten, verfehlt, wenn sie routinemäßig ohne Anwesenheit der Staatsanwaltschaft und eines Verteidigers dadurch abgewickelt würde, daß der Beschuldigte gehört wird und Gelegenheit erhält, zu einigen vorgehaltenen oder vorgelesenen Zeugenaussagen Stellung zu nehmen.

2. Verhandlungen außerhalb des förmlichen Haftprüfungsverfahrens. Die mündliche Verhandlung ist Teil des förmlichen Haftprüfungsverfahrens (§ 118 Abs. 1). Dieses Verfahren findet nur auf Antrag des Beschuldigten statt (§ 117 Abs. 1), nicht von Amts wegen. Das ist notwendig, damit der Beschuldigte wegen der Folgen (§ 118 Abs. 1 und 3) den Zeitpunkt der Haftprüfung danach einrichten kann, wann er verteidigungsbereit ist. Das besagt aber nicht, daß das Gericht nicht jederzeit auch außerhalb eines förmlichen Haftprüfungsverfahrens mündlich verhandeln könnte, wenn ihm dies geboten erscheint. Namentlich kann die Vernehmung nach § 115 Abs. 2 in die Form einer mündlichen Verhandlung gekleidet und auch beim Kollegialgericht vor diesem (s. u. 1 und 5 zu § 126) durchgeführt werden. Wird im beschleunigten Verfahren (§§ 212a ff.) die Aburteilung in dieser Verfahrensart abgelehnt (§ 212b), kann der Termin, wenn die Zuständigkeitsverhältnisse es gestatten, als mündliche Verhandlung zur Haftprüfung ausgestaltet werden. Solche Verhandlungen haben nicht die Folge des § 118 Abs. 3, soweit nicht der Beschuldigte förmliche Haftprüfung beantragt (§ 117 Abs. 1) und damit dem Gericht die Möglichkeit eröffnet, nach § 118 Abs. 1 von Amts wegen in mündlicher Verhandlung zu entscheiden.

Auf der anderen Seite kann die mündliche Verhandlung des § 118a, wenn der für die Haftsache zuständige Richter auch für das beschleunigte Verfahren zuständig ist, in dieses übergeführt werden. Davon sollte regelmäßig Gebrauch gemacht werden, wenn der Sachverhalt klar ist, und stets, wenn der Beschuldigte es beantragt. Das beschleunigte Verfahren wiederum kann einer beantragten mündlichen Verhandlung im Haftprüfungsverfahren zuvorkommen und sie unnötig machen, wenn es mit einem Urteil endet.

3. Vorbereitung der Beweisaufnahme. Nach Absatz 3 Satz 2 bestimmt das Gericht Art und Umfang der Beweisaufnahme. Die Vorschrift gilt für die Verhandlung, hat aber auch Bedeutung für ihre Vorbereitung. Wenn der Beschuldigte in seinem Antrag nicht eindeutig zum Ausdruck bringt, wogegen er sich wenden will, wird der Vorsitzende oder ein beauftragter Richter festzustellen haben, ob der Beschuldigte den Tatverdacht, dessen Dringlichkeit oder den Haftgrund angreifen will und was er dazu vorzubringen hat. Alsdann muß das Gericht in einer Vorberatung, in der Regel nach Fühlungnahme mit der Staatsanwaltschaft, die ggf. Anträge zu stellen hat, und dem Verteidiger bestimmen, welche Beweismittel in der Verhandlung benötigt werden, namentlich welche Zeugen geladen werden sollen. Wenn auf der Hand liegt, welche Beweismittel für die mündliche Verhandlung in Betracht kommen, bedarf es des soeben dargelegten Verfahrens nicht; dann veranlaßt der Vorsitzende, daß die Beweismittel herbeigeschafft und die Zeugen geladen werden.

4. Terminsbenachrichtigung (Absatz 1). Benachrichtigung von Ort und Zeit der mündlichen Verhandlung erhalten

der Beschuldigte;

sein Verteidiger, gleichgültig ob es ein Pflicht- oder ein Wahlverteidiger ist;

die Staatsanwaltschaft;

der Nebenkläger (§ 397, § 385 Abs. 1 Satz 1). Der Verpflichtung, ihn zu benachrichtigen, kommt jedoch außer in Voruntersuchungssachen nur geringe Bedeutung zu, nämlich erst von Erhebung der öffentlichen Klage an (§ 395 Abs. 1, § 472 Abs. 1 AO.).

Der Einziehungsbeteiligte erhält keine Nachricht.

Bei Jugendlichen sollen der Erziehungsberechtigte und der gesetzliche Vertreter benachrichtigt werden (§ 67 Abs. 2 JGG.), doch darf, wenn sie unbekannt sind, die Terminsfrist nicht überschritten werden, um sie zu ermitteln. Für den Beistand eines Jugendlichen (§ 69 Abs. 1 JGG.) sieht § 69 Abs. 3 JGG. Rechte nur in der Hauptverhandlung vor, doch wird ihn der Jugendrichter, wenn er ihn schon im Vorverfahren bestellt hat, auch von der mündlichen Verhandlung über den Haftbefehl benachrichtigen.

Zeugen und Sachverständige, sowohl für die Frage des dringenden Tatverdachts, als auch für die Flucht- oder Verdunkelungsgefahr, sind zu laden, ihre Namen sind dem Beschuldigten in seiner Benachrichtigung bekanntzugeben. Der Beschuldigte kann die Ladung weiterer Zeugen beantragen oder sie auch selbst laden.

Da der Beschuldigte vorgeführt wird, ist er nicht zu laden. Auch bei den anderen Beteiligten, mit Ausnahme des Verteidigers und bei Zeugen und Sachverständigen, scheidet, da sie zum Erscheinen nicht verpflichtet sind, die Form der Ladung aus. Ihnen ist der Termin vielmehr formlos mitzuteilen. Wegen der kurzen Frist ist auch fernmündliche Benachrichtigung zulässig (OLG. Hamm Rpfleger **1949** 85). Da die Benachrichtigung weder eine Ladung ist (§ 214) noch der Zustellung bedarf (§ 36), ist sie Sache des Gerichts und nicht der Staatsanwaltschaft (a. A. Hartung, 4 Abs. 7 zu § 115d).

Ist zu der mündlichen Verhandlung ein Verteidiger zuzuziehen (Absatz 2 Satz 2), so kann im Hinblick auf den entsprechend anzuwendenden (Absatz 2 Satz 3) § 145 Abs. 4 (Verurteilung in die Kosten der Aussetzung, wenn der Verteidiger sie durch sein Ausbleiben verschuldet hat) eine Ladung in Betracht kommen, doch wird in der Regel von ihr abgesehen werden. Wird sie angeordnet, so ist sie, ebenso wie diejenige von Zeugen, von der Staatsanwaltschaft auszuführen (§ 36 Abs. 1 Satz 1), doch wird es sich wegen der kurzen Frist in der Regel empfehlen, daß der Vorsitzende oder der Untersuchungsrichter sie selbst veranlaßt (§ 36 Abs. 2).

5. Vorführung (Absatz 2). Gegenüber der schlichten Haftprüfung liegt der Sinn der mündlichen Verhandlung darin, daß der Sachverhalt und die Haftgründe mit dem Beschuldigten mündlich erörtert werden, damit dieser Gelegenheit erhält, sich in Rede und Gegenrede gegen die Vorwürfe zu verteidigen, er sei einer Tat verdächtig, dieser Verdacht sei dringend, es bestehe die Gefahr, daß er fliehe oder verdunkele, oder es liege einer der in § 112 Abs. 3 und 4 genannten Haftgründe vor. Diese Verteidigung kann er sinnvoll nur führen, wenn er in der mündlichen Verhandlung anwesend ist. Dazu ist er vorzuführen.

Verzichtet der Beschuldigte auf die Vorführung, dann kann sie unterbleiben, doch kommt diesem Befreiungsgrund wenig Bedeutung zu, weil der Beschuldigte, wenn er schon mündliche

Verhandlung beantragt hat, im allgemeinen keinen Anlaß haben wird, einen Verzicht zu erklären. Noch weniger wird er dazu Veranlassung finden, wenn das Gericht die mündliche Verhandlung von Amtswegen anberaumt und dadurch den Wunsch zu erkennen gegeben hat, die Sach- und Haftfrage mit dem Beschuldigten zu erörtern. Nicht nur in diesem Falle, sondern auch bei einer Verhandlung auf Antrag des Beschuldigten wird es sich, da der Staat an einer wirksamen Haftkontrolle selbst Interesse hat, auch nicht empfehlen, dem Beschuldigten nahezulegen, auf die Vorführung zu verzichten. Daraus wäre bei weiter, aber der Teilnahme nicht hinderlichen Entfernung auch kein Gewinn zu erzielen, weil ein Verteidiger zu bestellen und diesem eine Reise zum Beschuldigten zu bezahlen wäre; schriftliche Information wird für Zwecke der mündlichen Verhandlung regelmäßig kaum genügen. Allenfalls könnte der Verzicht einem Beschuldigten empfohlen werden, der zwar nicht so krank ist, daß er an der Verhandlung nicht teilnehmen kann, bei dem aber, etwa wegen der Aufregung als Folge der Teilnahme, eine wesentliche Verschlimmerung der Krankheit zu erwarten ist. Der Verzicht ist widerruflich, doch kommt dem Widerruf nur insoweit Bedeutung zu, als er noch berücksichtigt werden kann. Eine Verlegung des Termins kann der widerrufende Beschuldigte nicht verlangen.

Die Vorführung kann ferner unterbleiben, wenn ihr Hindernisse entgegenstehen, die nicht zu beseitigen sind. Als Beispiele nennt das Gesetz weite Entfernung und Krankheit. Wegen des Zwecks der mündlichen Verhandlung müssen die Hinderungsgründe eng ausgelegt und die Hindernisse nach Möglichkeit beseitigt werden. Stehen sie nicht der Vorführung, sondern der Innehaltung der Frist entgegen, so ist, ehe ohne den Beschuldigten verhandelt wird, dieser zunächst zu befragen, ob er einer Verlängerung der Frist (s. o. 6 Abs. 2 zu § 118) zustimmt. Ein Hindernis kann auch dadurch beseitigt werden, daß die Art der Vorführung verändert, mit einem erkrankten Gefangenen also nicht im Gericht, sondern in der Vorführzelle des Gefängnisses oder seines Lazaretts, ggf. auch unmittelbar am Krankenbett, die mündliche Verhandlung durchgeführt wird. Weite Entfernung braucht nicht stets ein Hinderungsgrund zu sein. Jedenfalls bei der ersten mündlichen Verhandlung wird die Vorführung mittels Transports dem Sinn des Gesetzes entsprechen. Die Transportzeit kann dazu führen, die Zustimmung zu einer Fristverlängerung herbeizuführen. Fluchtgefahr bei einem notorischen Ausbrecher ist ein Hinderungsgrund, wenn der Gefangene von einem anderen Ort zur Verhandlung transportiert werden muß. Sitzt er am Gerichtsort ein, kann die Vernehmung im Gefängnis stattfinden. Dagegen ist die Gefahr der Ein- oder Ausschleppung von Seuchen ein Hinderungsgrund, der in aller Regel auch durch Zustimmung zur Fristverlängerung nicht zu beseitigen ist.

6. Verteidiger (Absatz 2). Kann der Beschuldigte ausnahmsweise nicht vorgeführt werden, so muß ein Verteidiger seine Rechte wahrnehmen. Hat er noch keinen, sei es zufolge Wahl, sei es zufolge Bestellung, ist ihm einer beizuordnen. Es genügt aber nicht, daß er einen hat, vielmehr muß der Verteidiger die Rechte des Beschuldigten in der Verhandlung wahrnehmen. Erscheint er nicht, etwa weil er entgegen der Ansicht des Gerichts die mündliche Verhandlung für nutzlos hält, ist dem Beschuldigten von Amts wegen ein Verteidiger zu bestellen. Da die mündliche Verhandlung bei Abwesenheit des Beschuldigten genau so wie eine Hauptverhandlung bei notwendiger Verteidigung nur stattfinden kann, wenn ein Verteidiger anwesend ist, findet § 145 entsprechende Anwendung (Satz 3).

Hat der Beschuldigte noch keinen Verteidiger, so hat ihm der Vorsitzende des zuständigen Gerichts (s. o. 8c zu § 117) einen zu bestellen. Die Bestellung erstreckt sich nur auf die Verhandlung; doch stehen dem Verteidiger auch außerhalb der Verhandlung diejenigen Rechte zu, deren er bedarf, um sich auf sie vorzubereiten, namentlich das Recht auf Akteneinsicht (§ 147) und auf Verkehr mit dem Beschuldigten (§ 148). Damit er diese Rechte ausüben kann, ist er so frühzeitig wie möglich zu bestellen, alsbald nachdem das Bedürfnis hervorgetreten ist. Die Bestellung erlischt mit dem Ende der mündlichen Verhandlung, doch kann nach § 141 Abs. 3 Satz 1 — allerdings in der Regel von einem anderen Gericht (§ 141 Abs. 4) — der Verteidiger auch schon im Vorverfahren für das ganze Verfahren, also auch die künftige Hauptverhandlung, bestellt werden. Die Bestellung ist zurückzunehmen, wenn der Beschuldigte oder sein gesetzlicher Vertreter (§ 137 Abs. 2) einen Verteidiger gewählt und dieser die Wahl angenommen hat (§ 143).

7. Verhandelndes Gericht. Wegen der Zuständigkeit s. § 126. Das Gericht verhandelt und entscheidet in Beschlußbesetzung in nichtöffentlicher Sitzung. Die Übertragung der Verhandlung auf ein anderes Gericht oder auf einen beauftragten oder ersuchten Richter ist unzulässig, weil die Überzeugung des gesamten zuständigen Gerichts in der mündlichen Verhandlung unmittelbar gebildet werden muß (OLG. München MDR. **1958** 181; KG. JR. **1964** 267). Die mündliche Verhandlung kann — wenn der Beschuldigte dann auch keinen Anspruch auf sie hat — auch während der Hauptverhandlung stattfinden. Mit der Sache befaßt (§ 126 Abs. 2 Satz 1) ist dann das erkennende Gericht, das in Spruchbesetzung (z. B. § 76 Abs. 2 GVG.) verhandelt und entscheidet.

8. Beteiligte. An der Verhandlung müssen das Gericht mit einem Urkundsbeamten und der Beschuldigte teilnehmen. Gegen mehrere Beschuldigte kann die mündliche Verhandlung gleichzeitig durchgeführt werden, wenn sie gleichzeitig Anträge gestellt haben. Einen Anspruch auf gleichzeitige Verhandlung haben sie nicht. Sie unterbleibt, wenn ihr die Gefahr der Verdunkelung entgegensteht. Liegen für den Beschuldigten die Ausnahmegründe von Absatz 2 Satz 1 vor, dann muß auch der Verteidiger, von mehreren einer, an der gesamten Verhandlung teilnehmen, wie sich namentlich aus dem Zitat von § 145 ergibt. Dieser ist zu vergleichen für die Fälle, daß der Verteidiger ausbleibt, sich entfernt, sich weigert, die Verteidigung zu führen, oder daß ein Verteidiger erst in der Hauptverhandlung bestellt wird. Ist der Antragsteller nicht der Beschuldigte, so braucht er an der Verhandlung nicht teilzunehmen.

Die Teilnahme der Staatsanwaltschaft ist für die Hauptverhandlung in § 226 vorgeschrieben. Hätte der Gesetzgeber gewollt, daß diese Vorschrift für die mündliche Verhandlung entsprechend anzuwenden sei, hätte er das — bei aller Dürftigkeit der Vorschrift — in § 118a anordnen müssen. Da er das nicht getan hat, ist die Folgerung geboten, daß der Staatsanwaltschaft nach dem Willen des Gesetzgebers die Teilnahme an der mündlichen Verhandlung freistehen soll (a. A. mit beachtlichen Gründen Lobe-Alsberg, I 4b zu § 115d). Der gesetzgeberischen Entscheidung ist nicht entgegenzutreten für wiederholte Verhandlungen, die oft ohne Aussicht auf Sachförderung beantragt werden; bei ihnen mag die Staatsanwaltschaft, wenn ihre dienstlichen Verhältnisse die Teilnahme erschweren, sich für oder gegen sie an Hand der Akten entscheiden. Die erste Verhandlung indessen, die in der Regel ins Vorverfahren fällt, dürfte nicht ohne die Staatsanwaltschaft stattfinden, die im Vorverfahren am besten unterrichtet ist und zudem nach § 120 Abs. 3 über den Bestand des Haftbefehls verfügen kann. Daher sollte die Staatsanwaltschaft es als ihre Pflicht ansehen, an einer ersten mündlichen Verhandlung stets teilzunehmen.

9. Verhandlung (Absatz 3). Die anwesenden Beteiligten sind zu hören, in erster Linie und regelmäßig als erster der Beschuldigte. Da Absatz 3 Satz 1 neben § 33 Abs. 3 gilt, besagt die Vorschrift, daß der gesamte Tatsachenstoff auszubreiten ist, auch wenn der Beschuldigte zu ihm schon früher, etwa von der Polizei, gehört worden ist. Das Gehör geht also weiter als im Falle des § 117 (s. o. 5a zu § 117). § 33 Abs. 4 ist nicht anwendbar (s. o. 5c zu § 117). Bei dem Gehör ist der Beschuldigte auf die belastenden Umstände hinzuweisen. Ihm ist Gelegenheit zu geben, die Verdachtsgründe zu beseitigen und die Tatsachen geltend zu machen, die zu seinen Gunsten sprechen (§ 115 Abs. 3). § 136 Abs. 1 ist zu beachten. Ist der Beschuldigte nicht anwesend, ist für ihn der Verteidiger zu hören. Wenn anwesend, sind auch die sonstigen Beteiligten zu hören, namentlich der Staatsanwalt, der Gelegenheit nehmen wird, auch die zur Entlastung dienenden Umstände zu ermitteln (§ 160 Abs. 2) und auf sie hinzuweisen.

Das Gericht ist frei, Art und Umfang der Beweisaufnahme zu bestimmen; die §§ 244, 245 gelten nicht. Es kann, statt Zeugen zu vernehmen, gerichtliche und polizeiliche Protokolle verlesen oder auch nur vortragen. Die Rücksicht auf den Untersuchungszweck kann dem Vortrag noch nicht abgeschlossener Beweiserhebungen entgegenstehen, doch sollte das belastende Material soweit als irgend möglich Gegenstand der Verhandlung sein. Die Erfahrung, daß Zeugen Aug' in Auge mit dem Beschuldigten und in Rede und Gegenrede mit ihm oftmals anders aussagen als vor der Polizei, sollte zur Vernehmung der wichtigsten Zeugen in der ersten Verhandlung führen. Bei wiederholten Verhandlungen wird das Verfahren dagegen in der Regel einfacher ablaufen.

Beweisverbote sind zu beachten, namentlich findet § 252 Anwendung. Das Gericht braucht Zeugen nicht zu vereidigen, es kann sich mit uneidlicher Aussage oder mit Glaubhaftmachung begnügen. Findet die mündliche Verhandlung, wie in der Regel, im Vorverfahren oder während der Voruntersuchung statt, dann dürfen Zeugen und Sachverständige nur unter den Voraussetzungen der §§ 65, 66, 72 vereidigt werden.

10. Protokoll. Die wesentlichen Vorschriften für das Protokoll sind für anwendbar erklärt, doch ist zu beachten, daß sie nur entsprechend gelten. So entfällt die Angabe der Schöffen und

Geschworenen ebenso wie die, daß öffentlich verhandelt ist, schon wegen der anderen Verfahrensart. Auch ist § 273 nach dem Zweck der Verhandlung zu modifizieren. Zwar sind regelmäßig die wesentlichen Ergebnisse der Vernehmungen in das Protokoll aufzunehmen (§ 273 Abs. 2). Denn die Ergebnisse dienen stets zugleich dem weiteren Verfahren. Ist die Einlassung des Beschuldigten jedoch nichtssagend, muß der Hinweis genügen, daß er gehört worden ist. Wiederholt er nur, was er bereits früher gesagt hat, sind Verweisungen auf frühere, auch polizeiliche Protokolle erlaubt. Auf jeden Fall muß das Protokoll, wenn gegen die ergehende Entscheidung (Absatz 4) Beschwerde zulässig ist, so abgefaßt sein, daß das Beschwerdegericht die Entscheidungsgrundlagen nachprüfen kann.

§ 274 hat nur für die Hauptverhandlung Sinn. Die Verweisung nimmt ihn daher zu Recht von den Vorschriften aus, die entsprechend anzuwenden sind.

11. Entscheidung (Absatz 4). Das Gericht stellt dieselbe Prüfung an und hat dieselben Entscheidungsmöglichkeiten wie im schriftlichen Verfahren (s. o. 6 zu § 117). Im Gegensatz zu diesem beruht die Entscheidung in der mündlichen Verhandlung aber nicht auf den Akten, sondern — und zwar allein — auf dem Inhalt der mündlichen Verhandlung, zu der allerdings der Vortrag der entscheidungserheblichen Teile der Akten gehört. Werden Teile der Akten von der Bekanntgabe ausgeschlossen (s. o. 3), so dürfen sie bei der Entscheidung keinesfalls verwertet werden.

Die Entscheidung ergeht — wenn die Staatsanwaltschaft nicht anwesend ist, nach ihrer schriftlichen Erklärung (§ 33) — als Beschluß, der mit Gründen zu versehen ist (§ 34). Die Gründe müssen es dem Beschwerdegericht ermöglichen, die ergangene Entscheidung zu überprüfen. Daher müssen sie, wenn der Haftbefehl aufrechterhalten wird, die Tatsachen angeben, aus denen der dringende Verdacht einer bestimmten strafbaren Handlung begründet ist. Eine Verweisung auf den Haftbefehl oder eine frühere Entscheidung ist zulässig, reicht aber nur aus, wenn seitdem keine neuen Umstände zutage getreten sind, die eine Auseinandersetzung erfordern. Die Begründung muß ferner die Tatsachen angeben, aus denen sich der Haftgrund ergibt. Hatten die bei der Entscheidung angenommenen Haftgründe auch schon dem Haftbefehl oder einer früheren Entscheidung zugrunde gelegen und sind sie unverändert, kann hierauf verwiesen werden. Die gleichen Angaben müssen gemacht werden, wenn der Vollzug der Untersuchungshaft ausgesetzt wird (§ 116, § 72 Abs. 1 JGG.). Denn bei dieser Entscheidung bleibt der Haftbefehl unberührt und bedarf der Begründung. Zusätzlich sind auch die tragenden Gründe für die Aussetzung der Vollstreckung anzugeben. Wird der Haftbefehl aufgehoben, braucht das Gericht nur die Verneinung entweder des Tatverdachts oder des Haftgrundes zu begründen.

12. Bekanntmachung. Die Entscheidung ist grundsätzlich am Schluß der mündlichen Verhandlung vom Vorsitzenden in Gegenwart des Beschuldigten oder, wenn dieser nicht vorgeführt worden ist, in Gegenwart des Verteidigers zu verkünden. Sonst Teilnahmeberechtigten, die am Schluß der mündlichen Verhandlung nicht anwesend sind, ist der Beschluß mitzuteilen. Die formlose Mitteilung genügt, weil durch die Bekanntmachung der Entscheidung keine Frist in Lauf gesetzt wird (§ 35 Abs. 2). Auch dem Beschuldigten oder seinem Verteidiger ist die Entscheidung mitzuteilen, wenn sie nicht am Schluß der mündlichen Verhandlung ergehen konnte, etwa weil eine längere Beratung erforderlich war. Wird die Entscheidung nicht am Verhandlungsschluß verkündet, so ist sie möglichst rasch, spätestens binnen einer Woche, zu erlassen und umgehend bekanntzumachen. Neue Tatsachen, die nach Schluß der mündlichen Verhandlung bekannt werden, dürfen nicht verwertet werden, doch kann das Gericht die Verhandlung wieder eröffnen, solange die Entscheidung noch nicht ergangen (s. o. I 3 zu § 33) ist.

13. Beschwerde. Gegen die Entscheidung ist, wenn sie nicht von einem Strafsenat ergeht (§ 304 Abs. 4), Beschwerde zulässig, selbst wenn die Entscheidung die eines erkennenden Gerichts ist (§ 305 Satz 2). Hat die Beschwerdeentscheidung das Landgericht getroffen, ist weitere Beschwerde zulässig (§ 310 Abs. 1). Beschwerdeberechtigt sind die Teilnahmeberechtigten (s. o. 8), die Staatsanwaltschaft stets, die übrigen, auch der Nebenkläger (s. dazu o. 14b Abs. 2 zu § 114), soweit sie beschwert sind.

Die Beschwerdeentscheidung ergeht nach Lage der Akten, so daß auch zu berücksichtigen ist, was nach Schluß der mündlichen Verhandlung zu den Akten gebracht worden ist. Mit der Beschwerde kann auch die Verletzung von Formvorschriften geltend gemacht werden, etwa daß die Verhandlung statt vor dem Gericht nur vor dem Vorsitzenden oder einem beauftragten

Richter oder in Abwesenheit eines Verteidigers stattgefunden habe, obwohl einer mitwirken mußte. Das Protokoll hat hierfür, da § 274 in Absatz 5 nicht angezogen ist, keine Beweiskraft. Sind Formvorschriften verletzt, so kann das Beschwerdegericht die in der Sache erforderliche Entscheidung, weil diese eine mündliche Verhandlung voraussetzt, nur erlassen, wenn es nach § 118 Abs. 3 in mündlicher Verhandlung entscheidet; andernfalls muß es die Sache zur erneuten Verhandlung und Entscheidung an das zuständige Gericht zurückverweisen (OLG. Hamm Rpfleger **1949** 519; BayObLGSt. **1953** 202 = NJW. **1954** 204).

Im übrigen gilt das o. 7 zu § 117 und 15 zu § 114 Ausgeführte entsprechend.

§ 118b

Für den Antrag auf Haftprüfung (§ 117 Abs. 1) und den Antrag auf mündliche Verhandlung gelten die §§ 297 bis 300 und 302 Abs. 2 entsprechend.

Entstehungsgeschichte: Eingefügt durch das Gesetz vom 27. 12. 1926 als § 115c. Dessen Absatz 2 ist durch Art. 1 Nr. 1 StPÄG. entfallen.

Änderungsvorschläge: —

Keine späteren Änderungen.

1. Inhalt der Verweisung. Der Antrag auf Haftprüfung (§ 117 Abs. 1) ist ein Rechtsbehelf, der Antrag auf mündliche Verhandlung (§ 118 Abs. 1) ist eine Modifizierung des Rechtsbehelfs und daher selbst als solcher anzusehen. Für diese Rechtsbehelfe werden wesentliche Vorschriften für die Rechtsmittel für anwendbar erklärt: Die Anträge kann für den Beschuldigten dessen Verteidiger stellen, jedoch nicht gegen dessen ausdrücklichen Willen (§ 297). Für die Rücknahme des Antrags bedarf es einer ausdrücklichen Ermächtigung (§ 302 Abs. 2). Auch der gesetzliche Vertreter kann die Anträge anbringen (§ 298). Der nicht auf freiem Fuß befindliche Beschuldigte hat Vergünstigungen für das Anbringen der Anträge (§ 299; s. o. 3b zu § 117). Ein Irrtum in der Bezeichnung des Antrags ist unschädlich (§ 300).

2. Gesetzlicher Vertreter. § 298 verleiht dem gesetzlichen Vertreter des Beschuldigten (wegen des Begriffs s. u. Vorbem. 7b zum elften Abschnitt) die Befugnis, Rechtsmittel selbständig einzulegen. Wegen des Verbots der reformatio in pejus (§ 331 Abs. 1, § 358 Abs. 2) können Rechtsmittel dem Angeklagten grundsätzlich — setzt man die Kostenfrage und die Möglichkeit der Änderung des Schuldspruchs beiseite — nur nützen. Die „entsprechende" Anwendung von § 298, die § 118b vorschreibt, könnte daher zu der Auslegung führen, daß dem gesetzlichen Vertreter der Gebrauch des Antrags auf Haftprüfung und auf mündliche Verhandlung untersagt ist, wenn damit das Recht des Beschuldigten gefährdet wird, sich zu der Zeit zu verteidigen, die er für geeignet hält. Da diese Gefährdung aber wegen der Befugnis des Gerichts, von Amts wegen nach mündlicher Verhandlung zu entscheiden (§ 118 Abs. 1), und dadurch weitere Anträge auf mündliche Verhandlung zu begrenzen (§ 118 Abs. 3), mit jedem Antrag auf Haftprüfung eintritt, bliebe bei dieser Auslegung für die entsprechende Anwendung von § 298 kein Raum. Da der Gesetzgeber sie aber verordnet hat, bringt er damit zum Ausdruck, daß der Ausdruck „entsprechend" nicht die Forderung enthält, der Rechtsbehelf müsse dem Beschuldigten wie das Rechtsmittel grundsätzlich nur nützlich sein. Trotz der Selbständigkeit des Antrags des gesetzlichen Vertreters und trotz der Freiheit des Beschuldigten, sich selbst des Rechtsbehelfs zu bedienen, wirkt hier der Wille des gesetzlichen Vertreters auf die Rechte des Vertretenen ein, wie das im Zivilrecht die Regel, im Strafprozeß aber eine seltene Ausnahme ist. Bei einer Reform wird indessen zu prüfen sein, ob Handlungen des Vertreters, die dem Vertretenen nicht nur nützlich sein können, auch weiterhin zugelassen werden sollen.

§ 119

(1) Der Verhaftete darf nicht mit anderen Gefangenen in demselben Raum untergebracht werden. Er ist auch sonst von Strafgefangenen, soweit möglich, getrennt zu halten.

(2) Mit anderen Untersuchungsgefangenen darf er in demselben Raum untergebracht werden, wenn er es ausdrücklich schriftlich beantragt. Der Antrag kann jederzeit in gleicher Weise zurück-

genommen werden. Der Verhaftete darf auch dann mit anderen Gefangenen in demselben Raum untergebracht werden, wenn sein körperlicher oder geistiger Zustand es erfordert.

(3) Dem Verhafteten dürfen nur solche Beschränkungen auferlegt werden, die der Zweck der Untersuchungshaft oder die Ordnung in der Vollzugsanstalt erfordert.

(4) Bequemlichkeiten und Beschäftigungen darf er sich auf seine Kosten verschaffen, soweit sie mit dem Zweck der Haft vereinbar sind und nicht die Ordnung in der Vollzugsanstalt stören.

(5) Der Verhaftete darf gefesselt werden, wenn

1. die Gefahr besteht, daß er Gewalt gegen Personen oder Sachen anwendet oder wenn er Widerstand leistet,

2. er zu fliehen versucht oder wenn bei Würdigung der Umstände des Einzelfalles, namentlich der Verhältnisse des Beschuldigten und der Umstände, die einer Flucht entgegenstehen, die Gefahr besteht, daß er sich aus dem Gewahrsam befreien wird,

3. die Gefahr des Selbstmordes oder der Selbstbeschädigung besteht

und wenn die Gefahr durch keine andere, weniger einschneidende Maßnahme abgewendet werden kann. Bei der Hauptverhandlung soll er ungefesselt sein.

(6) Die nach diesen Vorschriften erforderlichen Maßnahmen ordnet der Richter an. In dringenden Fällen kann der Staatsanwalt, der Anstaltsleiter oder ein anderer Beamter, unter dessen Aufsicht der Verhaftete steht, vorläufige Maßnahmen treffen. Sie bedürfen der Genehmigung des Richters.

Entstehungsgeschichte: I. Entw. § 103. II. Entw. § 102. III. Entw. § 105. Frühere Bezeichnung: § 116.

Änderungsvorschläge: N. E. I, II § 114. N. E. III § 138. Entw. EGStGB. Art. 70 Nr. 71, 76. EStPÄG. § 119.

Spätere Änderungen: Nachdem der Untersuchungsgefangene durch die AV. des Reichsjustizministers vom 23. 3. 1938 (DJ. 447) für „grundsätzlich arbeitspflichtig" erklärt worden war, erhielt § 116 durch Art. 9 § 3 der VO. zur weiteren Vereinfachung der Strafrechtspflege vom 13. 8. 1942 (RGBl. I 508) folgende Fassung: (1) Dem Verhafteten dürfen die Beschränkungen auferlegt werden, die der Zweck der Untersuchungshaft, die Ordnung in der Anstalt oder die Sicherheit erfordern. Er kann zur Arbeit angehalten werden. (2) Der Verhaftete soll in Einzelhaft untergebracht werden; das muß geschehen, wenn es der Zweck des Verfahrens erfordert. (3) Über Maßnahmen zur Sicherung des Strafverfahrens entscheidet im Vorverfahren der Amtsrichter oder der Staatsanwalt, in der Voruntersuchung der Untersuchungsrichter und im Hauptverfahren der Vorsitzer des Gerichts. In dringenden Fällen kann der Anstaltsleiter vorläufige Anordnungen treffen; sie bedürfen der Bestätigung durch den Richter oder Staatsanwalt. (4) Die näheren Rechts- und Verwaltungsvorschriften über den Vollzug der Untersuchungshaft erläßt der Reichsminister der Justiz.

Mit Art. 3 Nr. 47 VereinhG. wurde § 116 (jetzt 119) wieder mit geringen Abweichungen auf seinen ursprünglichen Inhalt zurückgeführt. Die jetzige Fassung und Paragraphenbezeichnung ist eingefügt durch Art. 1 Nr. 1 StPÄG. Durch diese Vorschrift ist der bisherige Absatz 1, um den Trennungsgrundsatz schärfer zum Ausdruck zu bringen, in zwei Absätze aufgeteilt worden. Absatz 5 ist ausführlicher gehalten. Im übrigen hat die Vorschrift etwa den ursprünglichen Inhalt.

Schrifttum: Baumann, Der Briefverkehr des Untersuchungsgefangenen, DRiZ. **1959** 379; Engelbrechten, Zensur, Beanstandung und Beschlagnahme von Postsendungen der Untersuchungsgefangenen, DRiZ. **1959** 238; Franz, Rechtliches Gehör und die Briefkontrolle des Untersuchungsgefangenen, NJW. **1965** 855; Klee, Der Vollzug der Untersuchungshaft, GA. **55** 257; Kleinknecht, Der Vollzug der Untersuchungshaft, JZ. **1953** 531; Röhl, Der Rechtsschutz des Gefangenen, JZ. **1954** 65; Schmidt, Die Verbindung des Untersuchungsgefangenen zur Außenwelt, SchlHA. **1964** 274; Wagner, Der mündliche und schriftliche Verkehr des Untersuchungsgefangenen, JW. **1928** 2962.

Übersicht

I. Vorbemerkungen.

1. Inhalt und Grenzen. Die Vorschrift bringt außer dem Trennungsgrundsatz (Absätze 1 und 2) zwei Prinzipien zum Ausdruck: Der Verhaftete ist von allen Beschränkungen frei, die nicht notwendig sind, um den Haftzweck und die Ordnung im Gefängnis zu sichern (Absätze 3 und 4). Wie sich danach der Haftvollzug gestaltet, bestimmt allein der Richter (Absatz 6). Beide Grundsätze unterliegen jedoch Einschränkungen.

Die meisten Untersuchungsgefangenen werden festgehalten, um ihre Flucht zu verhindern. Diesem Zweck würde, wären die Untersuchungshaftanstalten zweckentsprechend gebaut, und wäre reichliche Bewachung vorhanden, die Verwahrung allein und ohne weitere Beschränkungen genügen. Auch für Bequemlichkeiten und private Beschäftigungen ließen sich Voraussetzungen schaffen, die dem Gefangenen gestatten würden, sein privates Leben weitgehend ungestört fortzusetzen. Da indessen die Staatsausgaben notwendigerweise beschränkt sein müssen, kann es nicht allein der Anstaltsmauer überlassen bleiben, den Haftzweck zu sichern; vielmehr müssen Beschränkungen im Verkehr mit der Außenwelt zusätzliche Sicherungen bieten.

Auch die Ordnung im Gefängnis ist ein Begriff, der sich aus der tatsächlichen Einrichtung ergibt und starke Eingriffe in die Lebensführung der Gefangenen erheischt. Hotels, die jede Freiheit in der Lebensführung ermöglichen, sind nicht ohne Ordnung; aber ihre unauffällige und dem einzelnen Reisenden angepaßte Ordnung ist teuer. Die Ordnung im Gefängnis muß mit beschränkten sachlichen Mitteln und mit einem eben ausreichenden Personal aufrechterhalten werden. Deshalb verlangt sie Verzicht und Einordnung.

Sicherung und Ordnung setzen auch der Individualisierung der Untersuchungshaft, die nach dem Wortlaut von Absatz 6 sehr weit gehen könnte, Grenzen. Die Ordnung im Gefängnis darf auch der Richter nicht aufheben. Was sie zuläßt, bestimmt sich weitegehend nicht nach seinen Vorstellungen, sondern nach Menge und Ausstattung der Zellen, der Arbeitsstätten und sonstigen Räume sowie nach Zahl und Güte des Aufsichtspersonals. Auch hindert die Fülle der Dienstgeschäfte den Richter daran, für jeden einzelnen Gefangenen Beschränkungen und Freiheiten individuell festzulegen. Endlich steht der Grundsatz der Gleichheit vor dem Gesetz einer zu weitgehenden Verschiedenheit entgegen. Eine solche wäre aber ohne einen Kanon schon deshalb zu erwarten, weil Haftentscheidungen täglich von Hunderten von Richtern getroffen werden, die, wenn sie Amtsrichter sind, das Amt des Haftrichters in der Regel nicht jahrelang behalten.

2. Untersuchungshaftvollzugsordnung. Aus diesen Gründen stellen die Landesjustizverwaltungen Untersuchungshaftvollzugsordnungen zur Verfügung, die bundeseinheitlich am 12. 2. 1953 beschlossen worden sind (letzte Änderung vom 15. 12. 1965). Soweit sie sich an die Staatsanwaltschaft und an das Anstaltspersonal wenden, sind sie hier nicht zu erörtern. Im Verhältnis zum Richter sind sie unverbindlich (OLG. Celle NJW. **1951** 676; OLG. Köln MDR. **1953** 570; OLG. Hamburg JZ. **1963** 375; OLG. Frankfurt MDR. **1965** 1011) und — dem Grundsatz nach — ein ihm zum Gebrauch bereitgestelltes Modell oder Muster (Kleinknecht, S. 532), dessen er sich bedienen kann, um es sich zu ersparen, Beschränkungen und Freiheiten für jeden einzelnen Gefangenen festzusetzen (Nr. 2 Abs. 1 und 2 UVollzO.; II Nr. 1 des Aufnahmeersuchens). In Wahrheit freilich ist, weil der Richter nur selten, und dann meist nicht von Amts wegen, sondern erst auf Anträge oder Beschwerden, abweichende Anordnungen trifft, von geringen Ausnahmen abgesehen das Leben des Gefangenen in der Untersuchungshaft durch den Inhalt der Untersuchungshaftvollzugsordnung bestimmt. Sie darf daher dem Untersuchungsgefangenen, damit er sich über seine Rechte unterrichten kann, nicht vorenthalten werden (OLG. Bremen NJW. **1956** 922).

Die Praxis der Richter, sich an die Vollzugsordnung zu halten, ist — wenn man zunächst Bedenken gegen einige wenige ihrer Bestimmungen beiseite setzt — durchaus gerechtfertigt. Sie beruht auf der Anerkennung einer im ganzen wohlerwogenen Regelung, die der Niederschlag jahrzehntelanger Erfahrung ist, und wirkt zu weitgehenden Unterschieden in der Behandlung der Untersuchungsgefangenen entgegen. Der Richter sollte daher nur aus besonderen Gründen abweichende Anordnungen treffen (OLG. Köln MDR. **1953** 570).

Gründe für abweichende Anordnungen können im Haftgrund, in der Persönlichkeit des Gefangenen, aber auch im Charakter seiner Straftat wie auch in der Dauer der Haft (OLG. Hamburg NJW. **1962** 1633) und in der Art und Weise liegen, wie er sich in die Anstaltsordnung einpaßt. In wenigen Fällen sind sie durch den Inhalt der Vollzugsordnung geboten. Zwar sind deren Bestimmungen in der Regel dem Zweck der Untersuchungshaft, der Ordnung in der Vollzugsanstalt und der Forderung, die Grundrechte so schonend wie möglich anzutasten, sorgfältig angepaßt, so daß auch ein Gesetz nicht viel anders lauten könnte. In einzelnen — sehr wenigen — Bestimmungen trägt sie aber, da bei ihrer Entstehung doch die ausgleichenden Kräfte gefehlt haben, die allein der Gang der Gesetzgebung sichern kann, den Anforderungen des Vollzugs stärker Rechnung, als dessen Notwendigkeiten das erfordern.

Ist die Untersuchungshaftvollzugsordnung auch in ihrem weitaus größten Teil als wohlerwogener Niederschlag langjähriger Erfahrung anzuerkennen, so ist gleichwohl dringend zu fordern, den Vollzug der Untersuchungshaft bald gesetzlich zu regeln. Das Richtergesetz schließt Empfehlungen an den Richter aus, aber es ist nicht zu leugnen, daß die Untersuchungshaftvollzugsordnung den Haftrichtern, die an ihrem Erlaß kaum beteiligt gewesen sind, mehr ist als nur Modell und Muster. Notwendigerweise muß sie das auch sein. Denn ein Haftrecht, das auf täglich neuen Entschließungen der Haftrichter beruhte, wäre für diese und für den Vollzug untragbar. Endlich gibt es auch Notwendigkeiten des Haftvollzugs, in die durch richterliche Anordnungen nicht eingegriffen werden sollte, ohne daß, wenn dies geschieht, stets die Ordnung in der Anstalt gestört würde. Hierzu gehören die Belegung der Zellen, Beköstigung, Beleuchtung, Krankenversorgung, Benutzung der Duschräume und Bäder, Bemessung der Freistunde (OLG. Hamburg NJW. **1959** 903), wie überhaupt die Regelung des Tageslaufs. Der Richter kann nicht wirksam anordnen, daß Eheleute in einer und derselben Zelle untergebracht werden. Er kann keine Besuchszellen einrichten, in denen Ehegatten übernachten dürfen. Er darf nicht anordnen, daß Zellen statt mit einem oder mit drei Mann mit zwei belegt werden. Er kann keinen Einfluß auf die Verpflegungssätze nehmen, den ärztlichen Dienst bestimmen oder den Gottesdienst regeln. Die hierzu notwendige Abgrenzung der Rechte des Richters von denen des Anstaltsleiters kann nur ein Gesetz vornehmen.

3. Sachlicher Geltungsbereich. § 116 gilt für die Untersuchungshaft (§ 112; § 72 Abs. 1 JGG.), die einstweilige Unterbringung (§ 126a Abs. 2 Satz 1) und die Sicherungshaft (§ 61 Abs. 1 JGG.). Darüber hinaus ist er für jede Festhaltung auf Grund der Strafprozeßordnung anzuwenden, also bei vorläufiger Festnahme (§§ 127, 128) und in den Fällen von § 230 Abs. 2 und von § 236, gleichviel ob Haftbefehl oder Vorführungsbefehl ergangen ist. Denn auch bei der Vorführung kann es erforderlich sein, den Beschuldigten in einem Haftraum für den Termin bereitzustellen. Während dieser Zeit sowie auf dem Transport können Beschränkungen notwendig werden. In der Hauptverhandlung selbst gilt § 238 Abs. 1.

Für Jugendliche besteht der besondere Grundsatz, daß der Vollzug der Untersuchungshaft erzieherisch gestaltet werden soll (§ 93 Abs. 2 JGG.).

II. Trennungsgrundsatz (Absätze 1 und 2).

1. Inhalt. Absatz 1 enthält zwei Bestimmungen, in Satz 1 den Grundsatz der Einzelhaft und in Satz 2 den der Trennung der Untersuchungs- von den Strafgefangenen. Der zweite Grundsatz gilt außerhalb der Zelle nur, „soweit möglich“; einen Fall der Unmöglichkeit, der sogar die Unterbringung von Straf- und Untersuchungsgefangenen im gleichen Raum zuläßt, führt Absatz 2 Satz 3 auf. Der erste Grundsatz wird durch Absatz 2 eingeschränkt. Dabei ist die Einschränkung von Satz 3 schlechthin gegeben; die des Satzes 1 kann nur durch den Willen des Gefangenen herbeigeführt werden.

2. Die **Trennung von Strafgefangenen** ist eine Grundforderung, die sich aus der Notwendigkeit ergibt, den Charakter der Untersuchungshaft als einer prozessualen Sicherungsmaßnahme gegen den als unschuldig Geltenden (Art. 6 Abs. 2 MenschRKonv.) von der Vollstrekkung der Strafe an einem Schuldigen eindeutig abzugrenzen. Der Forderung wird nur durch selbständige Untersuchungshaftanstalten voll genügt (Klee, S. 261). Diese fordert auch die Untersuchungshaftvollzugsordnung in erster Linie (Nr. 11 Abs. 1); besondere Abteilungen von Gefängnissen werden nur hilfsweise zugestanden (Nr. 11 Abs. 2 UVollzO.). Daher dürfen Untersuchungsgefangene grundsätzlich mit Strafgefangenen nicht im gleichen Raum (Zelle, Schlafsaal) untergebracht sein (Absatz 1 Satz 1), es sei denn, daß es ihr körperlicher oder geistiger Zustand erfordere (Absatz 2 Satz 3). Ist das der Fall, dürfen im Lazarett oder in der Krankenabteilung Untersuchungsgefangene mit Strafgefangenen im gleichen Saal oder in der gleichen Zelle zusammenliegen, notfalls auch außerhalb des Lazaretts. Sonst, etwa bei der Arbeit und in der Freizeit, sind sie (Absatz 1 Satz 2) von Strafgefangenen soweit getrennt zu halten, als das nach den Anstaltsverhältnissen möglich ist. Daher sollen Untersuchungsgefangene grundsätzlich in der Zelle arbeiten (Nr. 46 Abs. 2 UVollzO.). Für Arbeiten, die sie mit anderen Gefangenen zusammenbringt, ist die Zustimmung des Richters erforderlich. Soweit die anderen Gefangenen Strafgefangene sind, wird sie nur zu erteilen sein, wenn der Untersuchungsgefangene gerade solche Arbeit begehrt, die er nur gemeinschaftlich mit Strafgefangenen ausüben kann (Nr. 22 Abs. 1 Satz 2 UVollzO.), und wenn wegen der dabei zu befürchtenden Einflüsse keine Bedenken gegen die gemeinschaftliche Beschäftigung bestehen, wie etwa bei Rückfälligen, die die Untersuchungshaft ohnehin meist als vorweggenommene Strafhaft empfinden.

Die Trennung der Untersuchungsgefangenen von den Strafgefangenen ist auch auf Transporten (Klee, S. 262), in der Freizeit und, soweit nicht die oben dargestellten Ausnahmen vorliegen, bei der Arbeit erforderlich (Nr. 22 Abs. 1 Satz 2 UVollzO.).

3. Einzelhaft. Innerhalb der Untersuchungshaftanstalt soll der Untersuchungsgefangene grundsätzlich getrennt von seinen Schicksalsgenossen untergebracht sein (Absatz 1 Satz 1), doch wird die Trennung der einzelnen Gefangenen nicht mit der gleichen Schärfe gefordert, wie diejenige der Untersuchungs- von den Strafgefangenen. Schicksal und Herkunft einer breiten Gruppe von Untersuchungsgefangenen (der Rückfälligen) sind gleich. Die Einzelhaft dient daher, von Ausnahmefällen abgesehen, dem Interesse des Beschuldigten. Mit ihrer Einrichtung soll sichergestellt werden, daß ein Gestrauchelter (oder gar ein Unschuldiger) nicht in die Gesellschaft von Kriminellen gezwungen werden kann (Nr. 22 Abs. 5 UVollzO.); sie soll es dem Untersuchungsgefangenen möglich machen, sich der Bequemlichkeiten zu erfreuen und die Beschäftigungen auszuüben, die Absatz 4 ihm gestatten. Legt er hierauf keinen Wert, dann kann er auf seinen ausdrücklichen schriftlichen Antrag in Gemeinschaftshaft gehalten werden (Absatz 2 Satz 1). Einem Verlangen auf Gemeinschaftshaft wird zu entsprechen sein (enger OLG. Hamburg NJW. **1963** 1840), wenn nicht besondere Gründe (Unverträglichkeit, Durchstechereien, Homosexualität, Gefährlichkeit) erfordern, daß der Richter Einzelhaft anordnet (§ 23 Abs. 1 Satz 2 UVollzO.). Tut er das trotz der Einwilligung des Gefangenen in die Gemeinschaftshaft, so liegt darin die Zurückführung auf den Grundsatz, so daß der Maßnahme kein Strafcharakter innewohnt (OLG. Oldenburg NJW. **1953** 235). Der Beschwerde bleibt die Anordnung gleichwohl zugänglich.

Den Antrag auf Zusammenlegung kann der Gefangene jederzeit schriftlich zurücknehmen (Absatz 2 Satz 2); doch wird er in der Regel nicht sofort, sondern nur zu bestimmten Tageszeiten in eine Einzelzelle verlegt werden. Außerhalb der Zelle darf er jederzeit mit anderen Untersuchungsgefangenen zusammengebracht werden, etwa zur Arbeit, zum Gottesdienst oder zu Gemeinschaftsveranstaltungen.

4. Sonderung. Dem öffentlichen Interesse, einen Gestrauchelten selbst wider seinen Wunsch nicht der Ansteckung durch Kriminelle auszusetzen, kann auch ohne Einzelhaft dadurch genügt werden, daß Untersuchungshäftlinge nach Gruppen untereinander gesondert werden. Das ist weitgehend anzustreben. Eine Scheidung der Männer von den Frauen ist selbstverständlich (Nr. 12, Nr. 22 Abs. 3 UVollzO.), die der Jugendlichen von den Erwachsenen in § 93 JGG. für den Regelfall vorgeschrieben (Nr. 13 UVollzO.). Eine Sonderung der Kriminellen von den Gestrauchelten, wie sie im Strafvollzug durchgeführt wird, ist auch in der Untersuchungshaftanstalt Pflicht (§ 22 Abs. 5 UVollzO.). Darüber hinaus ist darauf Bedacht zu nehmen, daß die Untersuchungsgefangenen nach Lebensalter und Vorleben sowie nach der Art der vorgeworfenen Straftat getrennt verwahrt (Nr. 23 Abs. 3 UVollzO.), namentlich Konfliktstäter von Hangtätern und beide Gruppen von den Fahrlässigkeitstätern getrennt werden. Der Richter kann dazu Abweichungen vom Einweisungsplan anordnen (Nr. 14 Abs. 3 UVollzO.).

5. Übergangsrecht. § 119 ist zwar mit dem gesamten Strafprozeßänderungsgesetz am 1. 4. 1965 in Kraft getreten (Art. 19 StPÄG.). Nach Art. 15 Abs. 3 StPÄG. darf jedoch, solange und soweit die räumlichen Verhältnisse dazu zwingen, von dem Grundsatze der Trennung der Verhafteten (§ 119 Abs. 1 Satz 1) von Strafgefangenen bis zum Ablauf von fünf Jahren und von anderen Gefangenen bis zum Ablauf von acht Jahren nach dem Inkrafttreten des Strafprozeßänderungsgesetzes abgewichen werden.

Da § 119 Abs. 2 alsbald gilt, ist ein schriftlicher Antrag schon jetzt grundsätzlich die Voraussetzung dafür, einen Untersuchungsgefangenen mit anderen Untersuchungsgefangenen in demselben Raum unterzubringen. Da solche Anträge vielfach gestellt werden und ihnen auch meist stattgegeben werden kann, werden die meisten Zellen mit mehreren Gefangenen belegt. Nur wenn auch dann der Raum nicht ausreicht, darf der Untersuchungsgefangene ohne seinen schriftlichen Antrag mit anderen Untersuchungsgefangenen zusammengelegt werden. Das darf selbst gegen seinen Willen geschehen, doch sollte einem ausdrücklichen Antrag auf Einzelhaft solange entsprochen werden, als es irgend angeht. Zunächst sind also, wenn der Raum nicht ausreicht, um jedem eine Einzelzelle zu geben, solche Gefangenen zusammenzulegen, die das zwar nicht schriftlich beantragen, aber doch nicht ausdrücklich Einzelhaft verlangen.

Solange und soweit die räumlichen Verhältnisse dazu zwingen, darf in der Übergangszeit von fünf Jahren ein Untersuchungsgefangener auch mit Strafgefangenen in demselben Raum untergebracht werden. Da der Fall der gemeinschaftlichen Lazarettunterbringung besonders geregelt ist (Absatz 2 Satz 3), kann es sich hierbei nur um besondere Ausnahmen handeln, etwa wenn in einem kleinen Untersuchungsgefängnis auch Strafgefangene als Handwerker tätig sind, und die Zelleneinteilung vorübergehend dazu zwingt, sie mit den Untersuchungsgefangenen zusammenzulegen.

III. Beschränkungen (Absatz 3).

1. Inhalt. Absatz 3 ist die magna charta des Untersuchungsgefangenen (Wagner, S. 2963; Dallinger MDR. **1951** 120). Sie besagt, daß der als unschuldig geltende (Art. 6 Abs. 2 MenschR-Konv.) Beschuldigte über seine Bewegungsfreiheit hinaus in seiner Freiheit nur aus zwei Gründen beschränkt werden darf: wegen des Haftzwecks und wegen der Ordnung in der Anstalt. Daraus folgt, daß die Persönlichkeit des Gefangenen zu achten und sein Ehrgefühl zu schonen ist; daß er würdig und menschlich zu behandeln ist (Nr. 18 Abs. 1 UVollzO.); daß der Vollzug der Haft auf seine bisherige Lebensweise Rücksicht zu nehmen hat (Klee, S. 259) und daß Schäden durch die Haft von ihm fernzuhalten sind (Nr. 1 Abs. 3 UVollzO.). Bei der nach diesen Grundsätzen auszugestaltenden Untersuchungshaft sind die durch das Grundgesetz gewährleisteten Grundrechte zu achten. Die Untersuchungshaft schafft kein die Grundrechte umfassend verdrängendes Gewaltverhältnis, wenn diese auch, je nach ihrem Inhalte verschieden stark, Beschränkungen unterworfen werden (BVerfGE. **15** 293 = NJW. **1963** 755). Am Grundgesetz und an dem Grundsatz des § 116 Abs. 2 ist jeder einzelne Vorschlag der Untersuchungshaftvollzugsordnung zu messen und zu prüfen. Ist er mit ihnen unvereinbar, darf der Richter ihn sich nicht zu eigen machen (RGSt. **31** 129; OLG. Bremen MDR. **1951** 120; MDR. **1962** 235; NJW. **1962** 649; OLG. Celle NJW. **1951** 676; OLG. Hamburg NJW. **1959** 903; **1962** 1633; Dallinger MDR. **1951** 120; Kleinknecht, S. 531; Röhl, S. 65). Zwar kann der Richter in der Anordnung für den Vollzug der Untersuchungshaft (Nr. II des Aufnahmeersuchens des Richters; Nr. 15 Abs. 1 UVollzO.) ein für den Regelfall angemessenes Verbot der Ausübung von Grundrechten mit Erlaubnisvorbehalt aussprechen. Jedoch hat der Gefangene einen grundrechtlich geschützten Rechtsanspruch auf die Genehmigung, seine Grundrechte dann auszuüben, wenn eine Gefährdung der in § 116 Abs. 2 bezeichneten Interessen im konkreten Fall nicht eintreten kann. Lästigkeiten der Überwachung sind dabei hinzunehmen; denn die Grundrechte bestehen nicht nur nach Maßgabe dessen, was an Verwaltungseinrichtungen üblicherweise vorhanden ist (BVerfGE. **15** 296 = NJW. **1963** 755). Jene Prüfung und die damit verbundene Abwägung führt bei den einzelnen Grundrechten freilich zu verschiedenen Ergebnissen: Während z. B. Versammlungsfreiheit (Art. 8 Abs. 1 GG.) und Freizügigkeit (Art. 11 Abs. 1 GG.) ausgeschaltet werden, müssen die Freiheit der Religionsausübung (Art. 4 Abs. 2 GG.) und diejenige der ungehinderten Unterrichtung (Art. 5 Abs. 1 GG.) soweit als irgend möglich aufrechterhalten bleiben.

2. Zweck der Haft. Mit beachtlichen Gründen vertreten Lobe-Alsberg (I 1 zu § 116) und Klee (S. 278) die Ansicht, daß es keinen allgemeinen Haftzweck gebe, daß Zweck der Haft vielmehr jeweils der konkrete Haftzweck sei, der der Anordnung der Untersuchungshaft zugrunde liege. Daraus folgern sie, daß z. B. eine Briefkontrolle nur zulässig sei, wenn das Gericht die Untersuchungshaft wegen Verdunkelungsgefahr verhängt habe.

Der Ansicht, daß unter Zweck der Haft der konkrete Haftanlaß zu verstehen sei, ist zuzustimmen (vgl. auch Nr. 1 Abs. 1 und 2 UVollzO.). Doch kommt es hierauf nicht an, weil der Folgerung nicht beizutreten ist. Auch bei Fluchtverdacht muß der Verkehr mit der Außenwelt, auch der briefliche, überwacht werden, damit der Beschuldigte keine Fluchtanstalten treffen kann. Kommen dabei Briefe zur Kontrolle, mit denen er verdunkeln will, so darf der Richter vor dieser Tatsache die Augen nicht deshalb verschließen, weil er die Überwachung zu dem Zwecke angeordnet hatte, Fluchtmaßnahmen zu verhindern. Für eine Beanstandung kommt es dann nur darauf an, daß die wegen Fluchtverdachts angeordnete Haft im Zeitpunkt der Entscheidung nicht mehr lediglichwegen Verdachts der Flucht gerechtfertigt ist (Dallinger MDR. **1951** 121; OLG. Bremen NJW. **1962** 649; OLG. Hamburg HambJVBl. **1963** 50).

Der Richter ist jedoch nicht gehindert, Freiheiten, z. B. unkontrollierten Briefverkehr, ganz oder teilweise, etwa mit dem Ehegatten, zuzulassen, wenn er Einschränkungen im Hinblick auf den konkreten Haftzweck für entbehrlich hält.

3. Ordnung im Gefängnis. Zulässig sind Beschränkungen zur Sicherung des tatsächlichen geordneten Zustandes in der Vollzugsanstalt, nicht etwa einer von der Verwaltung erlassenen schriftlichen Gefängnisordnung (Hahn, Mat. **1** 858; John, S. 856; RGSt. **31** 129; OLG. Köln MDR. **1958** 570; OLG. Hamburg NJW. **1962** 1633). Ist die Notwendigkeit, die Ordnung aufrechtzuerhalten, auf der einen Seite eine Voraussetzung dafür, dem Gefangenen Beschränkungen aufzuerlegen, so setzt sie auf der anderen Seite dem Richter die Grenze, wie weit er Freiheiten zugestehen und Beschränkungen unterlassen darf. Auch ihn bindet die Ordnung im Gefängnis. Demzufolge darf er sich bei seinen Anordnungen nicht allein von dem Interesse des einzelnen Gefangenen leiten lassen. Er hat vielmehr auch die Interessen der anderen Untersuchungsgefangenen, die zur Verfügung stehenden Räumlichkeiten sowie die Zahl der Aufsichtsbeamten zu berücksichtigen. Diese Rücksicht wird allerdings wieder durch den Umstand beschränkt, daß Nichtverurteilte verwahrt werden, deren Grundrechte soweit als möglich zu erhalten sind, und denen das Gesetz nicht nur Freiheiten, sondern auch Bequemlichkeiten garantiert.

4. Besuche sind zulässig (Nr. 24 Abs. 1 Satz 1 UVollzO.), wenn sie auch bei Verdunkelungsgefahr besonders sorgfältig zu überwachen sind. Die Überwachung ist aber auch bei Fluchtgefahr statthaft (s. o. 2), doch kann der Richter auch unbewachte Besuche genehmigen, wenn der Haftzweck, die Persönlichkeit der Beteiligten und die Ordnung im Gefängnis es zulassen. Sind zwei Untersuchungsgefangene in derselben Anstalt untergebracht, von denen keiner verdächtig ist, an der dem anderen vorgeworfenen Tat beteiligt zu sein, dann können sie sich unter denselben Voraussetzungen besuchen, unter denen sie es könnten, wenn einer in Freiheit wäre (OLG. Hamburg NJW. **1965** 364). „Unzuträglichkeiten" in der Anstalt sind kein Grund, Genehmigung und Vorführung zu versagen. Der begrenzte Personalbestand macht es aber erforderlich, die Zahl der Besuche einzuschränken (Nr. 25 UVollzO.), die Überwachung erfordert, daß die

Zahl der Personen, die gleichzeitig einen Besuch abstatten, gering gehalten wird (Nr. 26 UVollzO.). Es ist Sache des Richters, die Interessen des Anstaltsbetriebs mit denen des Gefangenen abzuwägen. Dabei wird er auch die Persönlichkeit des Gefangenen und die Länge einer schon verflossenen Haftzeit berücksichtigen.

5. **Schriftverkehr.** Der Schriftverkehr ist grundsätzlich unbeschränkt, kann aber eingeschränkt werden, wenn durch seinen Umfang „die Überwachung oder die Ordnung in der Anstalt gefährdet wird" (Nr. 28 Abs. 1 Satz 1; Nr. 30 Abs. 1 und 2 UVollzO.). Mit der Überwachung kann, wie sich aus Nr. 31 Abs. 1 DVollzO. ergibt, nur die durch den Richter oder Staatsanwalt gemeint sein. Soweit die Untersuchungshaftvollzugsordnung als Beschränkungsgrund genügen läßt, daß die Überwachung durch den Umfang des Briefswechsels gefährdet wird, geht sie zu weit. Die Gefährdung der Überwachung genügt nur, wenn durch sie die Ordnung in der Anstalt bedroht ist. Das kann der Fall sein, wenn der Richter durch das Lesen der Gefangenenpost übermäßig in Anspruch genommen wird. Denn dann wird es ihm erschwert, die Kontrolle so zuverlässig zu führen, wie es notwendig ist, um den Zweck der Haft zu sichern und die Ordnung im Gefängnis aufrechtzuerhalten (OLG. Hamburg HambJVBl. **1963** 50). Eine so starke Belastung wird schon ohnehin selten vorliegen. Dabei muß zusätzlich berücksichtigt werden, daß die eingehende Post der Einwirkung des Gefangenen weitgehend entzogen ist (OLG. Frankfurt MDR. **1965** 1012). Zudem muß für eine Kontrolle Sorge getragen werden, die so ausreichend ist, daß sie der grundsätzlichen Freiheit des Briefverkehrs Rechnung trägt; das ist nicht mehr der Fall, wenn der Briefverkehr auf einen Brief je Woche (Nr. 28 Abs. 1 Satz 3 UVollzO.) beschränkt wird (Baumann, S. 379).

In dringenden Fällen kann es notwendig sein, den Schriftverkehr durch fernmündlichen Verkehr zu ersetzen (Nr. 38 UVollzO.), doch wird dem in der Regel die Ordnung in der Anstalt entgegenstehen. Auf keinen Fall hat der Gefangene einen Anspruch darauf, seinen Verkehr mit der Außenwelt durch den Fernsprecher aufrechtzuerhalten, auch nicht, wenn er mit seinem Verteidiger sprechen will (OLG. Oldenburg NJW. **1964** 215).

Der Inhalt eines Briefes kann beanstandet (s. u. 6) und der Brief kann von der Beförderung ausgeschlossen werden (s. u. 7), wenn durch den Inhalt oder von ihm zu erwartende Folgen der Zweck der Untersuchungshaft oder die Ordnung in der Vollzuganstalt gefährdet werden. Dazu kann die Post eingesehen werden. Das bezieht sich sowohl auf Briefe, die der Untersuchungsgefangene schreibt (ausgehende Briefe) als auch auf solche, die an ihn gerichtet sind (eingehende Briefe). Mit der Aushändigung des Briefes an den Empfänger verliert der Absender die rechtliche Möglichkeit, über ihn zu verfügen, namentlich ihn zurückzufordern. Das ergab sich früher aus dem Wortlaute des § 35 Abs. 1 der Postordnung vom 30. 1. 1929 (RGBl. I 33), ist aber auch § 44 der Postordnung vom 16. 5. 1963 (BGBl. I 341) — als selbstverständlich — zu entnehmen (LG. Krefeld NJW. **1965** 596). Ausgehändigt ist der Brief, wenn er bei der auf ihm bezeichneten Anschrift abgeliefert worden ist (§ 51 Abs. 2 Nr. 3 PostO.). Von diesem Zeitpunkt an ist der Empfänger allein verfügungsberechtigt. Demzufolge sind auch Eingriffe in das Briefgeheimnis — ein Eingriff in das Postgeheimnis ist nicht mehr denkbar — allein nach seiner Person zu beurteilen (a. A. — die Maßnahme richtet sich bei eingehenden Briefen allein gegen den Absender — Franz NJW. **1965** 26). Sie sind auf Grund des Gesetzesvorbehalts in Art. 10 GG im Rahmen des § 119 Abs. 3 zulässig. Dem Gefangenen bleibt es aber unbenommen, zu erklären, daß er bestimmte Briefe — etwa die vor seiner Verhaftung abgesandten — nicht annehmen oder. während der Haft nicht zur Kenntnis und in Eigenbesitz nehmen wolle. Briefe, die der Gefangene nicht zum Lesen erhält, können die Ordnung in der Anstalt nicht gefährden und dürfen daher nicht überwacht werden. Demzufolge bleiben in beiden Fällen die Briefe unkontrolliert; im ersten werden sie zurückgesandt, im zweiten zur Habe des Gefangenen genommen.

6. Die **Inhaltskontrolle** sollte großzügig sein. Der Richter muß sich bewußt halten, daß der Untersuchungsgefangene nicht unter Vormundschaft des Gerichts steht oder von ihm erzogen werden soll, und daß er daher grundsätzlich — einige Ausnahmen sind sogleich zu behandeln — das gleiche schreiben kann, wie in Freiheit (Baumann, S. 380; Arndt, NJW. **1964** 855; OLG. Hamm JMBlNRW. **1964** 247; OLG. Hamburg MDR. **1966** 168). Demzufolge darf der Briefwechsel nicht auf wichtige Mitteilungen beschränkt werden (OLG. Hamburg Alsb. E. **1** 313), auch ist es nicht zulässig, unpassende und ungehörige Ausdrücke zu verhüten (OLG. Hamburg Alsb. E. **1** 311). Ebenso ist es nicht gerechtfertigt, Schriftwechsel mit Behörden der SBZ. allgemein zu unterbinden (so OLG. Celle JZ. **1964** 428, abl. Evers; Erdsiek NJW. **1964** 1118; Schmidt, S. 277),

wenn nicht im Einzelfall aus der Anfrage oder aus der Antwort eine konkrete Störung der Ordnung in der Anstalt zu erwarten ist. Der Richter des § 119 Abs. 6 Satz 1 darf auch nicht entscheiden, wer im Recht ist, wenn zwischen einem minderjährigen Gefangenen und seinen Eltern Streit besteht, ob der Gefangene an bestimmte Personen schreiben darf; er hat die Beförderung der Sendungen zuzulassen (OLG. Hamburg JR. **1965** 110). Briefe beleidigenden Inhalts dürfen nicht stets (so OLG. Köln MDR. **1958** 570) angehalten werden, sondern nur, wenn sie die Ordnung in der Anstalt gefährden (OLG. Bremen JZ. **1961** 265; OLG. Hamm JMBlNRW. **1964** 247; OLG. Hamburg JR. **1965** 394), etwa weil ihr Inhalt in der Vollzugsanstalt besprochen wird, und dadurch andere Untersuchungsgefangene zu zügellosem Verhalten veranlaßt werden, oder wenn sie eine bedeutsame Straftat darstellen. Die Ordnung in der Anstalt wird regelmäßig gefährdet sein durch Briefe mit wichtigen unrichtigen oder gröblich entstellenden Behauptungen über die Verhältnisse in der Anstalt (Nr. 34 Abs. 1 Nr. 4 UVollzO.) und durch Beleidigung von Richtern und Beamten, weil unkritischen Gefangenen Mut gemacht wird, sich gegen die Ordnung aufzulehnen, wenn solche Briefe unter den Gefangenen besprochen werden, wie dies erfahrungsgemäß geschieht (OLG. Bremen MDR. **1956** 246; Kleinknecht, S. 533). Doch sollten auch hier die Worte nicht auf die Goldwaage gelegt und darf nicht jedes Fehlgreifen im Ausdruck als Beleidigung empfunden werden, namentlich wenn offensichtlich ist, daß der Gefangene im Unmut unsachliche Äußerungen von sich gibt, die niemand ernst nimmt (OLG. Hamburg JR. **1965** 394). Dagegen wäre die Ordnung in der Anstalt gefährdet, wenn der Richter seine Autorität dadurch aufgäbe, daß er sich zum Briefträger für Schreiben machte, die bedeutsamere Straftaten zum Inhalt haben oder sie vorbereiten, wie Delikte gegen die Staatssicherheit, aber auch Personenstandsfälschung (OLG. Bremen NJW. **1958** 472), Kredit- oder Heiratsschwindel und dgl. (enger Schmidt, S. 277). Auch Briefe, deren Inhalt selbst strafbar ist (Nr. 34 Abs. 1 Nr. 3 UVollzO.), wie unzüchtige Schriften, sind von der Beförderung auszuschließen.

Wenn der Gefangene seine Heimatanschrift anstelle der Anstaltsanschrift benutzt, begründet das allein keinen Verdacht einer strafbaren Handlung und bietet daher keinen Anlaß, den Brief zu beanstanden.

Meyer (MDR. **1964** 724) meint: Auf Grund des besonderen Gewaltverhältnisses, wie es die Untersuchungshaft darstelle, könne der Gefangene darin beschränkt werden, Rechte anderer zu verletzen. Absatz 3 schütze den Gefangenen vor Einschränkung seiner Rechte; das Recht, Straftaten (durch Beleidigungen) zu begehen, habe er als freier Mann nicht gehabt und es wachse ihm in der Anstalt nicht zu. Zudem dürfe der Richter nicht Beihilfe zu Beleidigungen leisten; es gäbe keinen Rechtfertigungsgrund, der ihm das erlaube. Das trifft nicht zu. Wenn der Richter den Brief nach seiner Amtspflicht befördern darf oder muß, ist er nicht strafbar. Der Beschuldigte hat als freier Mann zwar nicht das Recht, Straftaten zu begehen, aber die Freiheit dazu. Es gibt keinen Rechtssatz, daß gezwungen werden könnte, sich straffrei zu führen, wer sich in einem „besonderen Gewaltverhältnis" befindet. Das besondere Gewaltverhältnis der Untersuchungshaft hat zudem sein eigenes Gesetz, das besagt: Dem Gefangenen dürfen nur solche Beschränkungen auferlegt werden, die der Haftzweck und die Ordnung in der Anstalt erfordern — und keine anderen. Achtet der Richter die dem Gefangenen danach verbleibende Freiheit, auch wenn dieser einen unvernünftigen Gebrauch von ihr macht, dann räumt er ihm damit nicht, wie Meyer (JR. **1965** 395) meint, ein „Recht" ein, andere zu beleidigen.

Nach dem Zweck der Kontrolle sind immer anzuhalten Briefe, mit denen eine Flucht vorbereitet oder Verdunkelung betrieben wird, gleichviel aus welchem Grunde die Untersuchungshaft verhängt ist (s. o. 2). Indessen sollte der Richter sich vor Kleinlichkeit hüten und nicht jeden Brief beanstanden, in dem ein Ehemann seiner Frau versichert, er sei unschuldig. Lediglich deshalb, „weil sich der Brief mit der Strafhaft befaßt", darf er nicht angehalten werden (a. A. Engelbrechten, S. 23). Auch die „Beeinträchtigung des Strafverfahrens" (Nr. 34 Abs. 1 Nr. 2 UVollzO.) ist kein Grund, einen Brief nicht zu befördern; der Begriff ist zu unbestimmt. Ein Brief ist vielmehr im Hinblick auf das laufende Strafverfahren nur dann zu beanstanden, wenn sein Inhalt entweder die Gefahr begründet, der Beschuldigte werde sich dem Strafverfahren entziehen oder die Ermittlung der Wahrheit erschweren (§ 112 Abs. 2; OLG. Hamburg MDR. **1966** 168). Eine solche Befürchtung scheidet aus, wenn sich der Beschuldigte an die Volksvertretung oder an politische Parteien wendet (OLG. Dresden JW. **1929** 1074; OLG. Bremen NJW. **1950** 395) oder ein Gesuch an die Europäische Kommission für Menschenrechte (Art. 25 Abs. 1, namentlich Satz 2, Art. 19 MenschRKonv.) richtet (Nr. 34 Abs. 2 UVollzO.). Im letzten Falle darf er nicht gehindert werden, sich der englischen oder französischen Sprache zu bedienen, aber er kann, da die Kommission Gesuche auch in deutscher Sprache entgegennimmt, nicht verlangen, daß sein Gesuch amtlich in eine der beiden Sprachen übersetzt werde.

7. Kontrollverfahren. Eingehende Briefe öffnet der Richter. Unbeanstandete Briefe gibt er der Anstalt zum Aushändigen an den Gefangenen verschlossen weiter (Nr. 33 UVollzO.). Abgehende Briefe sollen nach Nr. 32 Abs. 1 dem Richter unverschlossen vorgelegt werden. Dieser soll die Genehmigung unauffällig schriftlich vermerken (Absatz 2). Wünscht ein Untersuchungsgefangener, daß ein von ihm geschriebener Brief dem Richter verschlossen vorgelegt werde, so ist ihm ein besonderer Begleitumschlag auszuhändigen, den er selbst verschließt (Absatz 3 Satz 1).

Dieser Vorschlag ist bedenklich. Einmal gebietet es weder der Haftzweck noch die Ordnung in der Anstalt, ausgehende Briefe mit einem Kontrollvermerk zu versehen; der Nachweis der Kontrolle kann auf einem Begleitumschlag angebracht oder auf andere Weise geführt werden. Zum anderen widerspricht die unverschlossene Vorlage (Nr. 32 Abs. 1 UVollzO.) dem Art. 10 GG., nach dem das Briefgeheimnis unverletzlich ist. Die Zusage, auf einen Wunsch des Untersuchungsgefangenen das Briefgeheimnis zu wahren, ersetzt nicht dessen fehlende Einwilligung. Zwar ließe sich die Auffassung vertreten, ein Gefangener, der das Verlangen unterläßt, seine Briefe sollten dem Richter verschlossen übergeben werden, erkläre damit seine Einwilligung in die Verletzung des Briefgeheimnisses. Man darf aber nicht übersehen, daß das Verhalten des Gefangenen nicht völlig frei ist. Er kann befürchten, die Aufsichtsbeamten — von denen er abhängt, die aber außerhalb der Beobachtung des Richters stehen — durch Wünsche auf Sonderbehandlung zu verstimmen. Zudem wird ihm sein Recht in der Regel unbekannt sein. Der Richter sollte daher allgemein anordnen, daß Begleitumschläge verwendet werden (Nr. 32 Abs. 3 Satz 2 UVollzO.). Es sollte nachdenklich stimmen, daß Hartung in einer Zeit, als die Rechte des Untersuchungsgefangenen stark eingeengt waren, die Vorlage ausgehender Briefe in einem Begleitumschlag als selbstverständlich angesehen hat (ZStW. 55 [**1936**] 232).

Wegen der Überlassung der Briefkontrolle an den Staatsanwalt (Nr. 31 Abs. 1 Satz 1 in Vbdg. mit Nr. 3 Abs. 1 UVollzO.) s. u. V 3. Eine Überlassung der Briefkontrolle an Vollzugsbeamte oder an den Anstaltsarzt (vgl. BGH. NJW. **1961** 2069) ist unzulässig. Der Richter darf auch der Anstaltsleitung keine Einsicht in den Schriftverkehr gewähren, muß sie aber über allgemeine Möglichkeiten unterrichten, die die Einrichtungen der Anstalt für Flucht und Verdunkelung bieten (Nr. 34 Abs. 4 UVollzO.).

Wird der Inhalt beanstandet, werden ein- und ausgehende Briefe zur Habe des Gefangenen genommen; eingehende können auch dem Absender zurückgesandt werden (Nr. 34 Abs. 5 UVollzO.). Es ist unzulässig, Briefe oder Abschriften von ihnen ohne Beschlagnahme zu den Strafakten oder zu den Personalakten des Gefangenen zu nehmen (BGH. NJW. **1961** 2069; OLG. Bremen MDR. **1951** 120; OLG. Hamburg MDR. **1966** 168). Kann der Brief als Beweismittel für die Untersuchung in der Sache, in der der Gefangene einsitzt, bedeutsam sein, dann kann ihn der Richter der anhängigen Sache beschlagnahmen. Kommt ihm die Bedeutung für eine neue Sache (etwa wegen Verleitung zum Meineid, Betrugs, Beleidigung) zu, dann kann ihn der Richter der anhängigen Sache über die Staatsanwaltschaft dem Amtsrichter zuleiten, damit dieser ihn beschlagnahme (OLG. Schleswig SchlHA. **1960** 29), falls die Staatsanwaltschaft das beantragt.

8. Pakete. Die Untersuchungshaftvollzugsordnung gestattet dem Gefangenen nur, Wäschepakete zu empfangen, untersagt den Paketempfang sonst grundsätzlich und gesteht dem Anstaltsleiter zu, Ausnahmen zu bewilligen (Nr. 39 Abs. 1 und 2 UVollzO.). Gegen diesen Vorschlag bestehen Bedenken. Zwar ist einzuräumen, daß der Paketverkehr Gelegenheit gibt, dem Gefangenen Fluchtgeräte zuzustecken. Dem kann aber durch Durchsicht begegnet werden. Der dazu erforderliche Personalaufwand kann durch Begrenzen des Paketempfangs gemindert, muß aber im übrigen erbracht werden, weil die Paketkontrolle zum ordnungsmäßigen Vollzug der Untersuchungshaft gehört. Das Oberlandesgericht Celle hat in einem anderen Zusammenhang (Bücherverbot) ausgeführt: „Die zur Aufrechterhaltung der Ordnung im Gefängnis angeordneten Beschränkungen müssen in angemessenem Verhältnis zu diesem Zweck stehen. Das Verbot ... ist unzulässig, wenn sich der erstrebte Zweck durch eine sachgemäße Handhabung der Überwachung ... erreichen läßt" (NJW. **1951** 676). Dieser Grundsatz erfordert beim Paketempfang besondere Beachtung. Denn die Verbindung zur Familie wird durch ein liebevoll gepacktes Paket oft inniger aufrechterhalten als durch Briefe. Die Verbindung zur Familie zu fördern, muß angesichts des Grundsatzes, den Untersuchungsgefangenen menschlich zu behandeln (Nr. 18 Abs. 1 UVollzO.), als eine dringliche Fürsorgemaßnahme angesehen werden.

Der Empfang von Paketen wird daher, wenn auch in beschränktem Umfang, grundsätzlich zuzulassen sein (Wagner, S. 2965). Weil er nicht nur einen materiellen, sondern auch einen ideellen Zweck verfolgt, kann er nicht allein mit der Begründung untersagt werden, der Gefangene habe die — zudem beschränkte — Möglichkeit, in der Vollzugsanstalt einzukaufen. Das empfangene Paket unterliegt der Kontrolle. Dabei können einzelne Gegenstände zurückgewiesen oder zur Habe des Gefangenen genommen werden (Nr. 39 Abs. 3 UVollzO.); Beispiel: Kugelschreiberminen, in denen Nachrichten oder Flüssigkeiten verborgen sein können, deren Untersuchung aber ohne Zerstörung nicht möglich ist (OLG. Oldenburg NJW. **1964** 215).

9. Hausstrafen. Die Ordnung in der Vollzugsanstalt kann, schon im Hinblick auf die vielen rückfälligen Schwerverbrecher, nicht ohne eine Hausstrafgewalt aufrechterhalten werden. Wenn auch für die Hausstrafe der Mangel eines Vollzugsgesetzes am empfindlichsten zutage tritt, so läßt sich doch die Hausstrafgewalt aus der Natur des besonderen Gewaltverhältnisses, in dem sich der Untersuchungshäftling befindet, und aus dem Grundsatz des Absatzes 3 noch hinreichend ableiten (OLG. Hamburg GA. **71** 74; BayObLG. JW. **1927** 2059; OLG. Celle NJW. **1951** 676; OLG. Braunschweig MDR. **1965** 1007; Schmidt-Leichner NJW. **1951** 676). Dabei bleibt es freilich erwünscht, daß die Hausstrafgewalt ihre gesetzliche Grundlage und ihre Grenzen schon vor einer allgemeinen Prozeßreform so bald als möglich gelegentlich einer sonst gebotenen Gesetzesänderung erhielte.

Die Hausstrafe ist ein bloßes Ordnungsmittel. Daher wohnt ihr im Gegensatz zur Kriminalstrafe kein Vergeltungszweck inne. Demzufolge sind für ihre Verhängung ausschließlich Gesichtspunkte der General- und Spezialprävention maßgebend (OLG. Bremen NJW. **1957** 275). Die Bestrafung soll dem störenden Gefangenen und seinen Mitgefangenen dartun, daß die Ordnung in der Anstalt, wenn es nottut auch mit Gewalt, aufrechterhalten wird. Kann sie diese Wirkung nicht erfüllen, etwa weil der Beschuldigte in Strafhaft überführt ist, oder weil die Hausstrafe dem Verstoß nicht auf dem Fuße folgt, so sind Verhängung und Vollstreckung unzulässig (Beispiele: OLG. Bremen NJW. **1956** 72; **1957** 275). Der Wegfall der Wirkung auf den störenden Gefangenen allein macht jedoch die Strafe nicht unzulässig, wenn sie ihrer generalprävenierenden Wirkung wegen noch erforderlich ist, um die Ordnung in der Anstalt aufrechtzuerhalten.

Voraussetzung der Hausstrafe ist, daß der Gefangene der Ordnung in der Vollzugsanstalt zuwiderhandelt (Nr. 67 Abs. 1 UVollzO.). Die Untersuchungshaftvollzugsordnung läßt eine Strafe auch zu, wenn der Beschuldigte den Haftzweck — etwa durch einen Fluchtversuch — gefährdet oder vereitelt. Wenn auch gewisse Bedenken nicht unterdrückt werden können, nicht nur die Ordnung, sondern auch den Haftzweck durch Hausstrafen zu sichern (Klee, S. 270), so steht die Bestimmung doch im Einklang mit Absatz 3. Zu den dort aufgeführten Beschränkungen gehört als äußerste auch eine Hausstrafe. Sie ist daher auch bei einem Fluchtversuch als zulässig anzusehen (OLG. Hamburg NJW. **1965** 1544).

Der Begriff „in" der Anstalt umfaßt das gesamte besondere Gewaltverhältnis der Gefangenhaltung. Daher kann auch eine außerhalb der Vollzugsanstalt begangene Handlung gegen die Ordnung in der Anstalt verstoßen (OLG. Düsseldorf JMBlNRW. **1955** 9).

10. Arten der Hausstrafen. Da die Hausstrafe Ordnungsmittel ist, kommen alle Hafterschwerungen als Hausstrafen in Betracht, die geeignet sind, Ordnungsfunktionen zu entfalten. Es braucht kaum hervorgehoben zu werden, daß grausame und herabwürdigende Strafen verboten sind. Wegen des Gleichheitsgrundsatzes ist es erforderlich, bei gleichen Umständen gleiche Ordnungsmittel anzuwenden. Daher empfiehlt es sich, den Katalog der Untersuchungshaftvollzugsordnung zu benutzen, der sinnvolle Abstufungen und Begrenzungen enthält. Bei der Verhängung (wie auch beim Vollzug) der Hausstrafe ist darauf zu achten, daß die Verteidigung und die Verhandlungsfähigkeit des Gefangenen nicht beeinträchtigt werden (Nr. 69 Abs. 3 UVollzO.).

Nr. 68 UVollzO.

lautet:

Arten der Hausstrafen

(1) Als Hausstrafen kommen in Betracht:

1. Verweis;
2. Beschränkung oder Entziehung der dem Untersuchungsgefangenen nach Nr. 18 Abs. 3 allgemein oder nach den Nummern 44 (Selbstbeschäftigung), 45 (Lesestoff),

46 (Teilnahme an gemeinsamen Veranstaltungen), 50 Abs. 2 (Selbstbeköstigung), 51 (Beschaffung von Zusatznahrungs- und Genußmitteln und Gegenständen des persönlichen Bedarfs), 53 Abs. 1 (Überlassung von Stücken aus der Habe) oder 54 Abs. 3 (verlängerte Zellenbeleuchtung) zustehenden Rechte oder bewilligten Vergünstigungen bis zu vier Wochen;

3. Beschränkung des Verkehrs mit der Außenwelt auf dringende Fälle bis zu vier Wochen; bei Beschränkung des Briefverkehrs darf der Gefangene einer der Personen, mit denen er in Briefwechsel steht, Mitteilung machen;
4. Beschränkung oder Entziehung der Bewegung im Freien bis zu einer Woche;
5. Schmälerung der Kost bis zu einer Woche;
6. hartes Lager bis zu einer Woche;
7. Arrest bis zu zwei Wochen.

(2) Mehrere Arten von Hausstrafen dürfen nebeneinander verhängt werden. Dies gilt nicht für Arrest. Nr. 71 Abs. 2 bleibt unberührt.

(3) Bei der Wahl der Hausstrafe sind Grund und Zweck der Haft sowie die seelischen Wirkungen der Untersuchungshaft und des Strafverfahrens zu berücksichtigen.

Die in Nr. 68 Abs. 2 Satz 3 erwähnte Nr. 71 Abs. 2 handelt von der Verschärfung des Arrests durch Entziehung der Arbeit, des Bettlagers, Schmälerung der Kost und Ausschluß von der Bewegung im Freien.

11. Hausstrafverfahren. Hausstrafen kann nur der Richter verhängen (Nr. 67 Abs. 1 UVollzO.). Der Anstaltsleiter klärt den Sachverhalt und legt seine Ermittlungen dem Richter vor mit dem Antrage, eine bestimmte Hausstrafe festzusetzen. Der Richter kann weitere Ermittlungen veranlassen (Nr. 69 Abs. 1 UVollzOl). Der Gefangene ist vor Verhängung der Hausstrafe zu hören. Daß dies der Richter selbst (so EbSchmidt, 15 zu § 116) und nur mündlich tut (so OLG. Frankfurt NJW. **1952** 799; **1953** 118), ist nicht erforderlich (OLG. Hamm NJW. **1953** 356; Gottwaldt NJW. **1952** 799; Kleinknecht, S. 534), da selbst bei der Strafverfügung das Gehör durch eine nichtrichterliche Stelle genügt (§ 413 Abs. 1 Satz 1). Dem Argument, daß der Anstaltsleiter, der die Strafe beantragt, nicht zugleich die Stelle sein soll, wo der Beschuldigte sich rechtfertigen kann (Schmidt-Leichner NJW. **1952** 799), kommt insofern Bedeutung zu, als der Richter einem Wunsch des Beschuldigten, ihn persönlich zu hören, grundsätzlich nachkommen sollte; ein Verbot, den Gefangenen auf andere Weise zu hören als mündlich durch den Richter selbst, trägt es nicht.

Die Hausstrafe ist eine prozessuale Maßnahme. Sie wird daher durch schriftlich begründeten (§ 34) Beschluß nach Anhören der Staatsanwaltschaft (§ 33) erlassen. Für die Bekanntmachung des Beschlusses genügt formlose Mitteilung (§ 35 Abs. 2 Satz 2; Nr. 69 Abs. 2 Satz 2 UVollzO.). Sie wird in der Regel in der Weise vorzunehmen sein, daß ein Anstaltsbeamter dem Gefangenen den Hausstrafenbeschluß mündlich eröffnet.

12. Fesseln (Absatz 5). Die Fesselung als der stärkste Eingriff in die Bewegungsfreiheit ist an besonders strenge Voraussetzungen geknüpft, die in Absatz 5 abschließend aufgeführt sind. Sie ist danach nur zulässig

a) bei einer bestimmten Gefährlichkeit für Personen, namentlich Vollzugsbedienstete, und Sachen (Nr. 1). Nach dem Grundsatze der Verhältnismäßigkeit (Absatz 5 Satz 1 letzter Absatz) dürfen die gefährdeten Sachwerte aber nicht geringfügig sein. Der Gefangene, der androht, die in der Zelle hängenden Verhaltensvorschriften zu zerreißen, darf deshalb nicht gefesselt werden;

b) bei Fluchtversuch oder bei Ausbruchsgefahr (Nr. 2) und

c) bei Selbstmordgefahr und Gefahr der Selbstbeschädigung (Nr. 3).

Die Fesselung bei Selbstmordgefahr beanstandet Klee (S. 269) als eine „Überspannung des Gedankens der Durchführung des staatlichen jus puniendi um jeden Preis“. Man wird dem nicht zustimmen können und wird auch die Fesselung bei der ernstlichen Gefahr nicht unbedeutender Selbstbeschädigung billigen müssen, weil sie nicht selten eine Flucht aus dem Lazarett vorbereiten soll.

Die Fesselung kann auch außerhalb der Anstalt, etwa bei Überführungen (OLG. Bremen NJW. **1959** 1982), Platz greifen, hier aber in der Regel nur in der Form der Handfessel, des sog. Knebels. Das Fesseln ist nur soweit statthaft und darf nur solange aufrechterhalten werden, als der Gefahrenzustand es erfordert (Nr. 45 UVollzO.) und durch keine andere, weniger einschneidende Maßnahme abgewendet werden kann. Demnach muß es ggf. auf die Nachtzeit beschränkt werden (OLG. München Alsb. **1** 310), wenn am Tage Bewachung noch ausreicht. Auch darf bei Transporten keinesfalls routinemäßig jeder Gefangene auf dem Bahnsteig gefesselt werden. Die Örtlichkeit allein begründet die Ausbruchsgefahr noch nicht.

Die Anordnung in Satz 2, daß der Gefangene in der Hauptverhandlung ungefesselt sein soll, gehört streng genommen nicht hierher. Ordnet der Vorsitzende an, daß der Angeklagte während der Hauptverhandlung gefesselt bleibe, so handelt es sich um eine Maßnahme der äußeren Verhandlungsleitung (§ 238 Abs. 1; BGH. NJW. **1957** 271), nicht dagegen um eine Verfügung nach § 119.

IV. Freiheiten (Absatz 4).

1. Grundsatz. Absatz 4 ist von Absatz 3 nicht völlig abzuscheiden, weil das Versagen und der Entzug von Bequemlichkeiten Beschränkungen sind und weil nicht eindeutig festgestellt werden kann, was zur normalen Lebensführung gehört und was eine Bequemlichkeit darstellt. Indessen ist die Scheidung mehr äußerlich, weil Absatz 4 ebenso auf den Zweck der Haft und auf die Ordnung im Gefängnis abstellt wie Absatz 3. Aus diesem Grunde sind hier gewisse Beschränkungen (etwa Alkoholverbot) mit den entsprechenden Freiheiten (etwa Selbstbeköstigung) zusammen behandelt worden, um einheitliche Gebiete nicht zu zerreißen.

2. Ausführungen an Orte außerhalb der Anstalt sind zulässig, wenn wichtige und unaufschiebbare Angelegenheiten persönlicher (Beerdigung), geschäftlicher (Heraussuchen von Urkunden) oder rechtlicher Art (Gerichtstermine) die Anwesenheit des Gefangenen erforderlich machen (Nr. 41 Abs. 2 UVollzO.). Ein Urlaub aus der Untersuchungshaft ist dagegen mit deren Zweck unvereinbar (RG. JW. **1915** 721; Nr. 41 Abs. 3 UVollzO.), doch kann der gleiche Erfolg durch die befristete Aussetzung des Vollzugs der Untersuchungshaft erreicht werden (s. o. 3 Abs. 3 zu § 116), wenn deren Voraussetzungen vorliegen. Ausführungen sind, weil durch sie der Gewahrsam gelockert wird, auf solche Fälle zu beschränken, in denen auch bei strengen Maßstäben die Anwesenheit außerhalb der Anstalt dringend geboten ist (OLG. Bremen MDR. **1963** 158). Ist der Untersuchungsgefangene Prozeßpartei, so hat er sich in der mündlichen Verhandlung und bei der Beweisaufnahme grundsätzlich vertreten zu lassen; ggf. muß er dazu das Armenrecht nachsuchen. Kommt es jedoch bei der Beweisaufnahme über einen komplizierten Sachverhalt, den nur der Zeuge und der Angeklagte kennen, entscheidend auf persönliche Vorhalte an, so ist die Anwesenheit des Angeklagten dringend geboten.

Das Ausführen gehört zur Fürsorge für den Gefangenen. Der Staat muß dazu Personal zur Verfügung stellen. Demzufolge ist Mangel an Bewachungspersonal kein Grund, berechtigte Ausführungsanträge abzulehnen (KG. JR. **1959** 308).

Die grundsätzlich notwendige Prüfung, ob eine Ausführung unaufschiebbar ist, wird zu unterbleiben haben, wenn der Untersuchungsgefangene sich verheiraten will. Seine Motive zu erforschen, wird stets unangemessen sein. Die Zahl der Eheschließungen in der Untersuchungshaft ist auch so gering, daß Personalrücksichten keine Rolle spielen; a. A. — Heirat nur unter ganz besonderen Umständen mit der Ordnung im Gefängnis vereinbar — BayObLG. DRiZ. **1932** 625). Zur Eheschließung selbst braucht der Gefangene keine Erlaubnis. Ihm ist die Gelegenheit zur Eheschließung zu geben (OLG. Nürnberg FamRZ. **1959** 116 und Bosch, ebenda); dazu ist er grundsätzlich zum Standesamt vorzuführen. Bei Ausbrechern kann dem Gefangenen überlassen bleiben, beim Standesbeamten die Eheschließung in der Anstalt zu beantragen.

3. Arbeit. Auf Verlangen soll dem Untersuchungsgefangenen Gelegenheit gegeben werden, zu arbeiten (Nr. 43 Abs. 1 Satz 1 UVollzO.). Er ist jedoch zur Arbeit nicht verpflichtet (Nr. 42 UVollzO.). Nimmt er welche an, darf er nicht gezwungen werden, Tagespensen zu leisten (Mehliss DStRZ. **1917** 213), auch ist keine Hausstrafe zulässig, wenn er der Arbeit nicht nachkommt (Klee, S. 263) oder sie zur Unzeit niederlegt. Ihm kann jedoch die Arbeit entzogen werden; in seltenen Fällen kann bei unzeitiger Niederlegung Schadensersatz in Betracht kommen.

Fleißiges Arbeiten sollte zu den Strafakten mitgeteilt und strafmildernd berücksichtigt werden (Mehliss a. a. O.).

Die Pflicht, den Haftraum zu reinigen, die dem Gefangenen auferlegt wird (Nr. 54 Abs. 2 Satz 1 UVollzO.), entspricht dem, was in Gemeinschaftsunterkünften üblich ist, und kann nicht als Arbeitszwang gewertet werden (EbSchmidt, 8 zu § 116; a. A. Klee, S. 266).

4. Selbstbeschäftigung. In den Grenzen, die sich aus Absatz 4 ergeben, kann sich der Untersuchungsgefangene selbst beschäftigen (Nr. 44 UVollzO.). Er darf also in seiner Zelle zeichnen, malen oder modellieren, aber, weil das andere stört und die Kontrolle erschwert, keine Musik machen. Schriftstellerische Arbeiten (Prot. der StPKomm. **1** 117) sind stets erlaubt. Ihre Versendung kann bei großem Umfang beschränkt werden, wenn die Kontrolle unzumutbar ist, doch sind Ausnahmen erforderlich, wenn der Gefangene den Ertrag seiner Arbeit für seine Familie oder für sich benötigt. Zu schriftlichen Arbeiten ist ihm der Gebrauch einer eigenen Schreibmaschine zu erlauben, wenn kein Mißbrauch zu befürchten ist (OLG. Schleswig SchlHA. **1958** 236; OLG. Hamburg MDR. **1965** 1011; enger — Erlaubnis nur, wenn das Versagen Nachteile bringen würde — OLG. Köln MDR. **1958** 570).

Die Hauptbeschäftigung der Untersuchungsgefangenen ist das Lesen. Dazu dürfen sie aus Büchereien, vom Verlag, von der Post oder vom Buchhandel Bücher und Zeitungen beziehen, mit Genehmigung des Richters auch aus ihrer häuslichen Bibliothek (Nr. 45 UVollzO.). Es ist selbstverständlich, daß unzüchtige und staatsfeindliche (Wagner, S. 2964) Bücher nicht erlaubt sind, doch ist davon abgesehen keine Geschmacks- oder politische Zensur statthaft (Prot. der StPKomm. **1** 117). Wohl aber können Bücher und Zeitschriften angehalten werden, wenn durch ihren Inhalt (Bericht über Gefangenenmeutereien und Ausbrüche) die Ordnung in der Anstalt gefährdet werden könnte (OLG. Hamburg NJW. **1965** 2361). Dazu und zur Kontrolle nach versteckten Nachrichten dürfen die Schriften durchgesehen werden (a. A. Schmidt, S. 278). Diese Kontrolle kann Anstaltsbeamten übertragen werden (OLG. Oldenburg NJW. **1964** 215); das Anhalten darf aber nur der Richter verfügen. Das Heraustrennen von Gerichtsberichten aus Tageszeitungen wird weder durch den Haftzweck noch durch die Ordnung im Gefängnis gerechtfertigt (Schmidt-Leichner NJW. **1952** 1309; a. A. OLG. Neustadt ebendort). Kein Rechtsgrund ist denkbar, aus dem es gestattet wäre, eine wissenschaftliche Zeitschrift anzuhalten, weil sie die Kritik einer den Gefangenen betreffenden Gerichtsentscheidung enthält (Fall NJW. **1964** 1310, Umwelt und Recht Nr. 1).

Liegen mehrere Untersuchungsgefangene in einer Zelle, so dürfen sie sich durch Brettspiele und sonstige Unterhaltungsspiele, auch durch Kartenspiele, unterhalten (OLG. Bremen Rpfleger **1963** 82). Das Spielen kann verboten werden, wenn es in Lärmen ausartet. Glücksspiele sind unerlaubt.

Die Selbstbeschäftigung gehört zu den sinnvollen, dem Gefangenen zustehenden Bequemlichkeiten. Das Kontrollpersonal muß zur Verfügung gestellt werden. Daher ist das Verbot, eigene Bücher zu benutzen, unzulässig, wenn Durchstechereien durch sachgemäße Überwachung begegnet werden kann (OLG. Celle NJW. **1951** 676). Auch können Kartenspiele auf der Zelle nicht mit der Begründung untersagt werden, daß Unterhaltungsräume und Personal für eine fortdauernde Überwachung nicht zur Verfügung ständen (OLG. Bremen Rpfleger **1963** 82).

5. Rundfunkempfang. Einzelempfang mit eigenem Rundfunkgerät soll nach der Untersuchungshaftvollzugsordnung dem Beschuldigten nicht erlaubt werden; wohl aber kann er am Gemeinschaftsempfang teilnehmen (Nr. 40 UVollzO.). Wenn auch ein solches Verbot mit Erlaubnisvorbehalt in der richterlichen Anordnung für den Vollzug (Nr. II des richterlichen Aufnahmeersuchens; Nr. 15 Abs. 1 UVollzO.) grundsätzlich nicht unzulässig sein wird, so ist doch dem Gefangenen der Rundfunkempfang als Ausfluß seines Rechts auf Information dann zu gestatten, wenn nach den Umständen des Einzelfalls durch den Empfang die Ordnung in der Anstalt nicht gefährdet werden kann (BVerfGE. **15** 295 = NJW. **1963** 755; Löffler NJW. **1964** 1103). Demzufolge ist Gefangenen, die in Einzelzellen liegen, auf Antrag einzuräumen, eigene Geräte zu gebrauchen, solange sie diese nur zu bestimmten Zeiten und lediglich mit Kopfhörer betreiben, und wenn sichergestellt ist, daß die Geräte nach ihrer Bauart nicht als Sender benutzt werden können (a. A. — grundsätzlich nur Gemeinschaftsempfang, ausnahmsweise Empfang durch Einzelgerät mit Kopfhörer — OLG. Hamburg NJW. **1962** 1633). Die Genehmigung darf nicht erteilt werden, wenn die Gefahr besteht, daß der Gefangene Nachrichten politischer Auftraggeber oder von Hintermännern erhält (LG. Flensburg SchlHA. **1963** 192).

6. Selbstbeköstigung. Der Gefangene darf sich auf seine Kosten selbst verpflegen. Da auch der hierzu erforderliche Verkehr mit der Außenwelt grundsätzlich der Kontrolle unterliegen muß, hat der Beschuldigte die Vermittlung der Anstalt in Anspruch zu nehmen; diese bestimmt die Speisewirtschaft, von der das Essen bezogen wird (Nr. 50 Abs. 2 UVollzO.). Ebenso durch Vermittlung der Anstalt kann der Beschuldigte Zusatznahrungs- und Genußmittel kaufen (Nr. 51 Abs. 1 und 2 UVollzO.), von den letzteren namentlich Tabakwaren (Nr. 51 Abs. 3 Satz 2 UVollzO.). Die Selbstbeköstigung darf allerdings keinen Zusammenhang mit einer strafbaren Handlung herstellen, indem etwa der Zuhälter sich von seiner Dirne beköstigen läßt (BayObLG. LZ. **1922** 522). Der Genuß alkoholischer Getränke ist verboten (Nr. 51 Abs. 3 Satz 1 UVollzO.). Gegen das Verbot bestehen keine Bedenken, weil Alkohol in Deutschland nicht zur täglichen Nahrung gehört, sein Genuß auch erfahrungsgemäß geeignet ist, zu Störungen im Anstaltsbetrieb zu führen (Klee, S. 267).

7. Arztwahl. Nach Nr. 56 UVollzO. obliegt die ärztliche Betreuung dem Anstaltsarzt und ist dem Beschuldigten nur gestattet, einen beratenden Arzt hinzuzuziehen sowie sich von seinem eigenen Zahnarzt behandeln zu lassen. Der Vorschlag erscheint zu eng. Wenn es mit der Ordnung im Gefängnis vereinbar ist, die Behandlung durch den eigenen Zahnarzt zuzulassen, können auch der durch den eigenen Arzt keine Bedenken entgegenstehen, zumal da diese im Gegensatz zur zahnärztlichen Behandlung, in der Regel in der Vollzugsanstalt selbst wird durchgeführt werden können. Die Behandlung durch den Arzt des Vertrauens sollte daher stets zugelassen, dem Arzt sollte das gleiche Vertrauen wie dem Verteidiger entgegengebracht werden (Judex JR. **1925** 920; Wagner, S. 56; EbSchmidt, 16 zu § 116; OLG. Schleswig SchlHA. **1954** 26 für die zahnärztliche Behandlung). Das gilt namentlich, wenn ein Untersuchungsgefangener sich in rechtlich erlaubter Weise freiwillig entmannen lassen will (OLG. Hamburg JZ. **1963** 374).

8. Zwangseingriffe. Wegen des Zusammenhangs soll hier die Frage der Zwangseingriffe behandelt werden, obwohl sie nicht zu Absatz 4 gehört. Sie fällt aber auch nicht unter die Beschränkungen des Absatzes 3. Denn die Ansicht, daß Haftzweck auch sei, den Gefangenen bis zur Aburteilung am Leben zu halten (Delius LZ. **1914** 162), oder gar, ihn „zur ungehinderten Durchführung der gerichtlichen Untersuchung“ gesund zu erhalten (KG. JR. **1958** 470), ist unzutreffend. Die Zulässigkeit, den Gefangenen zwangsweise zu behandeln, ist vielmehr — abgesehen von dem noch zu behandelnden Fall der Seuchengefahr — allein aus dem besonderen Gewaltverhältnis herzuleiten, in das er mit der Festnahme gerät. Der Staat, der sich des Beschuldigten bemächtigt, ist verpflichtet, ihn, soweit irgend möglich, so wieder zu entlassen, wie er ihn gefangengenommen hat. Zu diesem Zweck hat er ihm Pflege und, wenn nötig, ärztliche Behandlung bereitzustellen (Nr. 57 Abs. 1 UVollzO.). Wie jedermann kann auch die Anstalt einen Selbstmord verhindern; auf Grund des besonderen Gewaltverhältnisses ist sie dazu verpflichtet. Demzufolge hat sie das Recht und die Pflicht, einen Gefangenen, der in den Hungerstreik getreten ist, zwangsweise zu ernähren (Nr. 58 Abs. 2 UVollzO.; Lobe-Alsberg, III 1 zu § 116 mit weit. Nachw.; Klee DJZ. **1925** 564; Feisenberger, 3 zu § 116; EbSchmidt, 17 zu § 116). Sie kann einen „Schlucker“ operieren lassen, wenn er sonst in Todesgefahr käme.

Das Leben zu erhalten, ist aber nicht die einzige Rechtfertigung, zwangsweise einzugreifen. Zwar ist die Staatsgewalt, wenn keine Lebensgefahr droht, grundsätzlich nicht berechtigt, das Leben des Beschuldigten durch eine gefährliche Operation aufs Spiel zu setzen (Klee DJZ. **1925** 654; Feisenberger, 3 zu § 116). Mit Recht läßt die Untersuchungshaftvollzugsordnung aber auch noch die Zwangsbehandlung bei Seuchengefahr zu (Nr. 58 Abs. 1). Eingriffe zu diesem Zweck, etwa Impfungen, rechtfertigen sich als Beschränkungen mit dem Ziele, die Ordnung in der Anstalt aufrechtzuerhalten. Denn bei dem Verkehr im Gefängnis durch wechselnden Zu- und Abgang kann allein durch Isolierung nicht mit Sicherheit verhindert werden, daß sich eine Seuche ausbreitet.

V. Zuständigkeit (Absatz 6).

1. Gericht. Die Anordnungen trifft grundsätzlich der Richter (Satz 1). Er ist stets ein Einzelrichter, nämlich im Vorverfahren der Amtsrichter, der den Haftbefehl erlassen hat oder dem die Zuständigkeit übertragen worden ist (§ 126 Abs. 1), in der Voruntersuchung der Untersuchungsrichter (§ 126 Abs. 4 Satz 1) und sonst nach Erhebung der öffentlichen Klage der Vorsitzende des mit der Sache befaßten Gerichts, nach Einlegung der Revision desjenigen Gerichts, dessen Urteil angefochten ist (§ 126 Abs. 2 Satz 3 in Vbdg. mit Satz 1 und 2). Der Vorsitzende kann einzelne Maßnahmen, die den Gefangenen nicht beschweren, wie etwa die, Besuche zu genehmigen und unbeanstandete Briefe weiterzugeben, dem Berichterstatter überlassen, der dann auch für ihn die Briefkontrolle ausüben darf (Wagner, S. 2964). Wegen der Entscheidung durch das Gericht anstelle des Vorgesetzten s. u. 4a zu § 126.

Richterliche Anordnungen vor Erlaß des Haftbefehls werden kaum vorkommen, sind aber in Eilfällen in bezug auf einen vorläufig Festgenommenen (Fesselung) nicht undenkbar. Alsdann ist der Richter zuständig, dem der Gefangene nach §§ 128, 129 vorgeführt wird.

Für Jugendliche gelten grundsätzlich keine Besonderheiten, doch kann der zuständige Richter aus wichtigen Gründen die Entscheidungen, die die Untersuchungshaft betreffen, sämtlich oder zum Teil einem anderen Jugendrichter übertragen (§ 72 Abs. 5 JGG.). Das kommt vor allem dann in Betracht, wenn die Haftanstalt außerhalb des Bezirks des zuständigen Jugendrichters liegt (Dallinger-Lackner, 14 zu § 72 JGG.). Der Jugendrichter am Orte des Vollzugs als Vollzugsleiter (§ 90 Abs. 2 JGG.) ist ein anderer Jugendrichter selbst dann, wenn der zuständige Richter seinen Sitz ebenfalls am Vollzugsort hat. Die Übertragung auf den Vollzugsleiter kann wegen der erzieherischen Gestaltung der Untersuchungshaft (§ 93 Abs. 2 JGG.) notwendig werden.

Verbüßt ein Gefangener Strafhaft in Unterbrechung von Untersuchungshaft im Untersuchungsgefängnis, so findet § 119 keine Anwendung; der Gefangene ist Strafgefangener und wird nach der Dienst- und Vollzugsordnung behandelt. Hausstrafen verhängt nicht der Richter der Sache, in der die Untersuchungshaft unterbrochen worden ist, sondern der Anstaltsleiter (§ 187 Abs. 1 DVollzO.; OLG. Hamburg MDR. **1965** 505).

2. Staatsanwalt.

a) Grundsatz. Nach Nr. 3 Abs. 1 UVollzO. kann der Richter, bis die öffentliche Klage erhoben ist, auf Antrag des Untersuchungsgefangenen dem Staatsanwalt überlassen, einzelne Maßnahmen, insbesondere über den Verkehr mit der Außenwelt, anzuordnen, wenn sie den Gefangenen nicht beschweren. Voraussetzung dafür ist, daß dadurch das Verfahren beschleunigt, namentlich vermieden wird, die Akten zu verschicken. Da die Behörden während der Untersuchungshaft mit jedem Tag geizen müssen, kommt dem Vorschlag erhebliche Bedeutung zu. Er ist auch mit § 119 Abs. 6 Satz 1 zu vereinbaren. Kleinknecht folgert das aus § 120 Abs. 3: Da der Staatsanwalt im Vorverfahren den Beschuldigten freilassen könne, sei er auch befugt, solche Haftanordnungen zu treffen, die den Gefangenen nicht beschweren (S. 532). Dem ist nicht zu folgen. Das Recht, von Untersuchungshaft abzusehen, verleiht nicht die Befugnis, Maßnahmen für deren Vollzug zu treffen, wie ja der Staatsanwalt den Beschuldigten auch nicht unter Anordnung von Maßnahmen (§ 116) entlassen kann, sondern nur entweder vorbehaltlos oder aber gar nicht. Der Ansicht Kleinknechts ist aber im Ergebnis aus anderen Erwägungen beizupflichten: Hat der Richter durch die erste Anordnung bei der Aufnahme (Nr. II des Aufnahmeersuchens) festgelegt, was dem Gefangenen erlaubt ist, dann ist es gleichgültig, wer feststellt, daß das grundsätzlich Erlaubte auch im Einzelfall unter die Erlaubnis fällt, wenn nur gesichert bleibt, daß die Entscheidung, etwas falle nicht darunter, oder es müsse nach ursprünglicher Erlaubnis nunmehr eine Beschränkung eintreten, dem Richter vorbehalten bleibt. Das Gericht könnte auch anderen Stellen, etwa der Anstalt, festzustellen überlassen, daß eine begehrte Handlung unter das von ihm Erlaubte falle. Wenn die Landesjustizverwaltungen ihm nicht diese, sondern nur die Staatsanwaltschaften zur Verfügung stellen, dann ist er an diese Einschränkung gebunden, weil ihm keine Befehlsgewalt über die Anstaltsbeamten zusteht.

b) Voraussetzungen. Die Staatsanwaltschaft ist nicht verpflichtet, die Anordnungen zu erlassen. Denn dem Richter ist nicht das Recht eingeräumt, sie dem Staatsanwalt zu übertragen, sondern nur die mindere Befugnis, sie ihm zu überlassen. Überlassung setzt Bereitwilligkeit zur Übernahme voraus, ist also davon abhängig, daß die Staatsanwaltschaft zustimmt (LG. Hannover Nds. Rpfl. **1962** 143). Der Staatsanwalt kann die Zustimmung verweigern oder widerrufen (a. A. — kein Widerruf zulässig — LG. Hannover, a. a. O.), etwa wenn er der Ansicht ist, das Verfahren werde durch das Überlassen nicht oder nicht mehr beschleunigt.

Die Untersuchungshaftvollzugsordnung macht die Überlassung gewährender Entscheidungen auf die Staatsanwaltschaft von einem Antrag des Untersuchungsgefangenen abhängig (Nr. 3 Abs. 1 UVollzO.). Nach den Ausführungen unter a wäre ein Antrag oder eine Einwilligung des Beschuldigten grundsätzlich nicht erforderlich; Ausnahmen, etwa für eine nichtrichterliche Briefkontrolle, könnten sich aus anderen als den hier angestellten Erwägungen ergeben. Die

Frage kann aber auf sich beruhen. Denn die Übertragung nicht beschwerender Anordnungen ist, da kein Zwang benötigt wird, keine Vollstreckung i. S. von § 36 (s. o. 1 zu § 36). Alsdann hat der Richter keine Möglichkeit, die Staatsanwaltschaft in Anspruch zu nehmen, es sei denn, die Landesjustizverwaltung stellte sie ihm dazu zur Verfügung. Tut sie das, dann kann sie das Tätigwerden auch an Voraussetzungen knüpfen; an diese ist der Richter gebunden.

Beantragt der Beschuldigte, daß der Staatsanwalt die Briefkontrolle ausübe (Nr. 31 Abs. 1 UVollzO.), dann liegt darin zugleich die Einwilligung, daß der kontrollierende Beamte von dem Briefinhalt Kenntnis nehme.

Die Überlassung ist davon abhängig, daß durch sie das Verfahren beschleunigt wird (Nr. 3 UVollzO.). Das wird regelmäßig der Fall sein, wenn sich die Akten bei der Staatsanwaltschaft befinden. Besondere Bedeutung kommt dieser Voraussetzung nicht zu. Hat der Beschuldigte den Antrag gestellt und sind sich Richter und Staatsanwalt einig, dann besteht, da nichtbeschwerende Anordnungen nicht angefochten werden, keine Möglichkeit, die Frage der Beschleunigung zu prüfen. Einigen sie sich dagegen nicht, dann kommt es nicht zur Überlassung. Immerhin liegt eine den Staatsanwalt bindende Anordnung vor, die ihn ggf. zwingt, eine vom Gefangenen beantragte und ihm vom Gericht angebotene Überlassung abzulehnen.

3. Dringende Fälle. Für dringende Fälle werden der Staatsanwalt, der Anstaltsleiter und sonstige Beamte, unter deren Aufsicht der Gefangene steht, ermächtigt, vorläufig Maßnahmen zu treffen. Während in dem unter 2 beschriebenen Fall der Staatsanwalt vom Richter überlassene Befugnisse ausübt, handelt im Falle des Satzes 2 der Beamte aus eigenem Recht, in eigener Verantwortung und, soweit ein Ermessen stattfindet, nach seinem Ermessen. Da er nur hilfsweise zuständig ist, haben seine Verfügungen den Charakter nur vorläufiger Maßnahmen; sie können jedoch im Einzelfall zu endgültigen werden (Fesselung für die Dauer einer Stunde).

Ein dringender Fall liegt vor, wenn eine Maßnahme erforderlich ist, um den Zweck der Haft oder die Ordnung im Gefängnis zu sichern, und wenn diese Ordnung oder der Haftzweck durch den Zeitverlust gefährdet wäre, der einträte, falls eine richterliche Entscheidung herbeigeführt würde. Da die Entschließung des Richters fernmündlich und u. U. auch außerhalb der Dienststunden eingeholt werden kann, wird für solche Anordnungen nur wenig Raum bleiben. Allgemeine Anordnungen, etwa Gefangene nur gefesselt vorzuführen, sind danach ausgeschlossen (OVG. Münster JMBlNRW. **1965** 250). Dringende Fälle kommen namentlich in Betracht, wenn bei Meuterei und sonstigen Gewalttätigkeiten, bei Gefahr des Selbstmords oder der Selbstbeschädigung oder bei erhöhtem Fluchtverdacht besondere Sicherungsmaßnahmen (Nr. 62, 63 UVollzO.) zu treffen sind. Ein dringender Fall ist nie denkbar in bezug auf Hausstrafen (OLG. Celle NJW. **1951** 676; OLG. München BayJMBl. **1955** 210; NJW. **1956** 316), wohl aber für vorläufige Sicherungsmaßnahmen, wie etwa das Verlegen in eine Einzelzelle.

Der Ausdruck (andere) Beamte umfaßt die Beamten im staatsrechtlichen Sinne und Amtsträger, die damit betraut sind, Hoheitsaufgaben wahrzunehmen (vgl. § 10 Nr. 4 StGB. E. 1962), gleichgültig ob sie auch im staatsrechtlichen Sinne Beamte sind. Hierzu zählen die Beamten des Aufsichtsdienstes, u. U. aber auch der Arzt, selbst wenn er Vertragsarzt ist, Polizei- und Gerichtsbeamte bei Transporten und Ausführungen. Der Ausdruck Staatsanwalt bezeichnet die Bundesanwälte, Staatsanwälte und Amtsanwälte (§ 142 Abs. 1), die letzten nicht nur, soweit sie nach den Anordnungen der Landesjustizverwaltungen über Organisation und Dienstbetrieb der Staatsanwaltschaft (OrgStA.) zuständig sind, sondern in allen Sachen, die zur Zuständigkeit des Amtsgerichts (§ 24 GVG.) gehören (§ 142 Abs. 2). Der Amtsanwalt wird sich jedoch in Sachen, die ihm nach dem OrgStA. nicht zugewiesen sind, einer Anordnung zu enthalten haben, wenn der Fall nicht so dringend ist, daß nicht nur kein Richter sondern auch kein Staatsanwalt zu erlangen ist.

4. Genehmigung. Die Anordnungen der Beamten bedürfen der Genehmigung des Richters. Sie ist, dem Zweck der Bestimmung entsprechend, unverzüglich einzuholen. Nach dem Sinn der Vorschrift hat der Richter von Amts wegen nur solche Anordnungen zu genehmigen, die noch fortwirken, wenn er um die Genehmigung angegangen wird (Fesselung, Zwangsernährung). Diese Anordnungen macht er, indem er sie genehmigt, zu seinen eigenen. Ist dagegen der Vollzug der Anordnung abgeschlossen, ehe der Richter von ihr Kenntnis erlangt hat, dann kommt es auf seine Genehmigung nur an, wenn der Beschuldigte die richterliche Entscheidung nachsucht. Denn das Gesetz räumt dem Beamten für den Notfall ein Handlungsrecht ein. Hat er davon Gebrauch machen müssen, kann daran der Umstand, daß eine Genehmigung erteilt oder versagt wird, nichts mehr ändern. Die richterliche Entscheidung ist nur bedeutsam, wenn der Beschuldigte ein Interesse daran hat, daß die Unrechtmäßigkeit der Verfügung des Beamten nachträglich festgestellt werde. Demzufolge kann sie der Gefangene mit der Behauptung beantragen, die Anordnung eines Beamten sei rechtswidrig gewesen (s. u. VI 2). Dagegen ist für ein abstraktes Kontrollverfahren von Amts wegen kein Raum. Aus der Fassung von Satz 2 ist es nicht zwingend herzuleiten; dazu hätte es eingehender Vorschriften bedurft (vgl. etwa für die Anordnung im Strafvollzug §§ 23ff. EGGVG., namentlich § 28 Abs. 1 Satz 2 bis 4).

Da der Richter indessen den gesamten Vollzug der Untersuchungshaft, weil er für ihn verantwortlich ist, überblicken muß, sind ihm Anordnungen von Beamten auch dann zur Kenntnis zu bringen, wenn ihr Vollzug bereits abgeschlossen ist. Er nimmt sie dann lediglich zur Kenntnis (a. A. — Richter muß von Amts wegen kontrollieren und (wem?) zum Ausdruck bringen, daß er die Maßnahme billigt — Kleinknecht, S. 532). Es bleibt ihm unbenommen, bei der Dienstaufsichtsbehörde der Beamten die Beanstandung des einzelnen Falles oder Richtlinien für künftige Fälle anzuregen.

5. Meinungsverschiedenheiten. Richter, Staatsanwalt und Anstaltsleiter verfolgen gemeinschaftlich das Ziel, die Untersuchungshaft ihrem Zweck entsprechend zu vollziehen und die Ordnung in der Anstalt zu wahren (Nr. 6 UVollzO.). Gleichwohl sind Meinungsverschiedenheiten zwischen Richter und Anstaltsleiter nicht ausgeschlossen. Sie werden im allgemeinen dadurch verhütet, daß der Richter keine Maßnahmen anordnet, die in solche Gebiete des inneren Anstaltsbetriebs eingreifen, die sinnvollerweise der Anstaltsleiter allein regeln muß (s. o. I 2 am Ende). Befürchtet der Anstaltsleiter, daß eine richterliche Verfügung die Ordnung in der Anstalt gefährdet, so soll er sie erst durchführen, wenn der Richter trotz Gegenvorstellung darauf besteht. Auch kann der Anstaltsleiter bei der Staatsanwaltschaft anregen, Beschwerde einzulegen (Nr. 10 UVollzO.).

6. Dauer. Die Zuständigkeit endet grundsätzlich mit der Untersuchungshaft (OLG. Hamm NJW. **1953** 1933). Demzufolge kann, wenn der Untersuchungsgefangene aus der Untersuchungshaft entlassen wird, ohne daß sich eine andere Untersuchungshaft oder Strafhaft unmittelbar an die Entlassung anschließt, wegen einer vorher begangenen Unregelmäßigkeit eine Maßregel nicht mehr angeordnet (ein noch nicht abgesandter Brief angehalten, eine Hausstrafe verhängt) und eine bereits ausgesprochene nicht mehr vollstreckt (OLG. Hamburg GA. **1962** 347) werden. Ausnahmen ergeben sich für das Beschwerdegericht (s. u. VI 3) und für den Fall der Überführung in Strafhaft. Mit dieser wird das besondere Gewaltverhältnis, wenn auch auf anderer Grundlage und in verschärfter Form, fortgesetzt. Das Gericht ist daher befugt, einen am letzten Tag der Untersuchungshaft abgegebenen Brief am ersten Tage der Strafhaft anzuhalten. Ebenso kann es wegen eines Verstoßes, den der Beschuldigte am Ende der Untersuchungshaft begangen hat, eine Hausstrafe auch dann noch verhängen, wenn der Gefangene inzwischen in die Strafhaft überführt worden ist (BayObLGSt. **23** 63; OLG. München BayJMBl. **1955** 210; NJW. **1956** 316; OLG. Bremen NJW. **1958** 472; KG. JR. **1964** 310; a. A. — nach Ende der Untersuchungshaft kann auch bei Überführung in Strafhaft keine Hausstrafe mehr verhängt werden — OLG. Hamm NJW. **1953** 1933). Eine alsdann oder kurz vor Beendigung der Untersuchungshaft verhängte Hausstrafe kann auch in der Strafhaft noch vollstreckt werden (OLG. Hamm, a. a. O.; Nr. 70 Abs. 3 UVollzO.).

Zuständig für die Entscheidung bleibt das zuletzt zuständige Haftgericht. Es entscheidet nach § 119 Abs. 3 und 4, nicht etwa nach der Strafvollzugsordnung (vgl. OLG. Bremen NJW. **1958** 472). Danach kommt es bei einer Hausstrafe darauf an, ob sie zur Aufrechterhaltung der Ordnung in der Untersuchungshaftanstalt erforderlich ist. Diese Notwendigkeit kann durch die Verlegung in die Strafanstalt entfallen sein (Beispiel: OLG. Bremen NJW. **1956** 72), braucht es aber nicht (OLG. Bremen NJW. **1957** 274).

VI. Rechtsbehelfe und Rechtsmittel.

1. Dienstaufsichtsbeschwerde. Gegen Maßnahmen und Verfügungen der Anstaltsbeamten ist die Dienstaufsichtsbeschwerde statthaft (Nr. 75 UVollzO.). Bei der allumfassenden Zuständigkeit des Gerichts wird sie, wenn sie auch stets zulässig bleibt, in der Regel nur in Betracht kommen, wenn weder der Haftrichter und das Beschwerdegericht, noch auch das Oberlandesgericht nach §§ 23ff. EGGVG. entscheiden kann. Das ist z. B. der Fall, wenn sich die Beanstandung nicht gegen Verfügungen und Maßnahmen richtet, sondern dagegen, daß richterliche Verfügungen gar nicht (OLG. Hamm NJW. **1965** 1544) oder unangemessen ausgeführt worden sind.

2. Antrag auf richterliche Entscheidung ist gegeben gegen Verfügungen und Maßnahmen, die Beamte (Staatsanwalt, Anstalts-, Polizei-, Gerichtsbeamte) in dringenden Fällen (s. o. V 3) getroffen haben, oder die der Staatsanwalt als angeblich begünstigende kraft Überlassung (s. o. V 2) vorgenommen hat. Es entscheidet der o. V 1 genannte Richter, bei Kollegialgerichten der Vorsitzende. Dieser kann auch angerufen werden, wenn der Berichterstatter Entscheidungen kraft Überlassung als angeblich begünstigende getroffen hatte (s. o. V 1 Abs. 1 a. E.). Bei Entscheidungen des Vorsitzenden hat der Betroffene, da der Vorsitzende aus eigener Zuständigkeit und nicht für das Gericht entscheidet, nicht die Möglichkeit, das Gericht anzugehen, muß vielmehr unmittelbar das Beschwerdegericht anrufen (§ 304 Abs. 1).

Wegen der Erledigung des Antrags gilt das bei der Beschwerde Ausgeführte.

3. Beschwerde. Den Beteiligten steht gegen die Verfügungen des Gerichts, wenn sie nicht von einem Strafsenat erlassen sind (§ 304 Abs. 4), die Beschwerde zu (§ 304 Abs. 1). Die Beschwerde ist auch statthaft, wenn die Verfügung von einem erkennenden Gericht (§ 305) ausgegangen ist, weil die auf die Untersuchungshaft bezüglichen Entscheidungen in keinem Zusammenhang mit der Urteilsfällung stehen (s. u. 3b zu § 305). Der Fall der Fesselung in der Hauptverhandlung fällt nicht unter § 119 (s. o. III 11).

Beschwerdeberechtigt sind der Gefangene, sein Verteidiger, jedoch nicht gegen den ausdrücklichen Willen des Beschuldigten (§ 297), der gesetzliche Vertreter (§ 298 Abs. 1; a. A. — gesetzlicher Vertreter hat kein Beschwerderecht — EbSchmidt, 19 zu § 116) und der Staatsanwalt (§ 296). Eine Beschwer des Nebenklägers (§ 397 in Vbdg. mit § 390 Abs. 1 Satz 1) ist nicht denkbar. Dagegen kann ein Dritter (§ 304 Abs. 2), der etwa durch die Ablehnung eines Besuchsantrags betroffen wird, sich der Beschwerde bedienen (BayObLGSt. 8 393). Hierunter fällt jedoch nicht der Anstaltsleiter. Er ist, da er von der Entscheidung nicht persönlich berührt wird, von ihr nicht betroffen (vgl. zu diesem Begriff § 35 Abs. 1, § 98 Abs. 2) im Sinne von § 304 Abs. 2 (Klee, S. 273; Schweichler GA. **55** 282). Indessen hat die Staatsanwaltschaft Ersuchen des Anstaltsleiters, eine Beschwerde einzulegen, stets sorgfältig zu prüfen.

Wird die Entscheidung des Vorsitzenden einer Strafkammer angefochten, so entscheidet auch in Bayern das Oberlandesgericht, nicht das Bayerische Oberste Landesgericht (BayObLGSt. **1954** 119 = NJW. **1955** 233).

4. Nach der Untersuchungshaft. Endet die Untersuchungshaft, so wird eine Beschwerde grundsätzlich hinfällig (BVerfGE. **9** 161 = NJW. **1959** 431). Sie bleibt jedoch wirksam, wenn die Entscheidung fortwirkt (Müller-Sax, 6a zu § 120). Das ist der Fall, wenn der Untersuchungsgefangene anschließend an die Untersuchungshaft in Strafhaft genommen wird und eine Verfügung noch unerledigt, z. B. ein Brief noch angehalten, eine Hausstrafe noch nicht vollstreckt ist (s. o. V 6). Alsdann ist über die Beschwerde noch zu entscheiden (OLG. Hamm NJW. **1958** 1933; OLG. München BayJMBl. **1955** 210; NJW. **1956** 317; KG. JR. **1964** 310), und zwar nach § 119 Abs. 3 und 4 und nicht nach der Strafvollzugsordnung, so daß z. B. ein zu Unrecht zurückgehaltener Brief selbst dann abzusenden ist, wenn er nunmehr nach dieser beanstandet werden könnte (OLG. Bremen NJW. **1958** 472).

Außerdem ist über die Beschwerde nach Beendigung der Untersuchungshaft auch dann noch zu entscheiden, wenn der Beschuldigte an der Entscheidung noch ein rechtliches Interesse hat. Das kann z. B. darin liegen, daß er im Hinblick auf eine künftige Entlassung aus einer im Anschluß an die Untersuchungshaft vollstreckten Strafe (§ 26 StGB.) nicht als disziplinarisch bestraft gelten möchte (vgl. § 28 Abs. 1 Satz 4 EGGVG.). Alsdann steht der Entscheidung auch nicht entgegen, daß die Verfügung bereits vollstreckt, eine Hausstrafe etwa verbüßt ist (OLG. Hamm HRR. **1928** 98; Kleinknecht, S. 532; Röhl, S. 67).

5. Weitere Beschwerde findet nicht statt, weil die vom Beschwerdegericht erlassenen Beschlüsse nicht die Verhaftung betreffen, sondern die Art und Weise, wie die Untersuchungshaft vollzogen wird (BayObLG. DRiZ. **1929** 450; OLG. Nürnberg HESt. **2** 87; Röhl, S. 67; a. A. EbSchmidt, 20 zu § 116). Der Grund der Ausnahmebestimmung des § 310 Abs. 1 ruht in der Bedeutung, welche der Entziehung der persönlichen Freiheit innewohnt (Hahn, 1 249; BayObLGSt. **26** 178). Die Erwägung, daß die Untersuchungshaft ein tiefer Eingriff sei, rechtfertigt es nicht, daraus die Folgerung zu ziehen, daß auch Entscheidungen über die Art und Weise des Vollzugs der Haft entgegen dem Gesetzeswortlaut der weiteren Beschwerde zugänglich wären (OLG. Hamburg GA. **1966** 187).

6. Antrag nach § 23 Abs. 1 EGGVG. Nach § 23 Abs. 1 Satz 2 EGGVG. kann gegen Anordnungen, Verfügungen und sonstige Maßnahmen der Vollzugsbehörden im Vollzug der Untersuchungshaft Antrag auf gerichtliche Entscheidung (§ 24 Abs. 1 EGGVG.) des Oberlandesgerichts (§ 26 Abs. 1 EGGVG.) gestellt werden. Die Vorschriften der §§ 23ff. EGGVG. gelten jedoch nur subsidiär, wenn keine sonstige strafprozessuale Möglichkeit besteht, eine gerichtliche Entscheidung zu erlangen. Das ist bei Entscheidungen, die sich auf die Untersuchungshaft beziehen, fast stets (weitergehend Röhl NJW. **1960** 416) der Fall. Der Antrag auf gerichtliche Entscheidung kann daher nur in bezug auf Maßnahmen der Anstaltsleitung angebracht werden, die der Richter nicht abstellen kann, z. B. die Größe und Ausgestaltung der Zellen, Güte, Menge und Zubereitung der Anstaltsverpflegung und dgl. (s. o. I 2 Abs. 4 a. E.). Führt die Anstalt einen Beschuldigten dem Arzt nicht vor, leitet sie von diesem angeordnete Maßnahmen nicht durch, dann ordnet der Richter nach Absatz 6 die erforderlichen Maßnahmen an (wegen Meinungsverschiedenheiten s. o. V 5). Gewährt aber der Arzt keine oder eine vorgeblich falsche Behandlung, dann versagen die Möglichkeiten des Absatzes 6. Dem Beschuldigten steht aber der Antrag nach § 23 EGGVG. offen (OLG. Hamburg NJW. **1963** 2388).

7. Die **Revision** kann auf eine Verletzung des § 116 in Vbdg. mit §§ 336, 337 gestützt werden. Sie wird jedoch regelmäßig erfolglos sein, weil der Angeklagte in der Hauptverhandlung die Rechte ausüben kann, an deren Gebrauch ihn Beschränkungen in der Untersuchungshaft gehindert haben. Ggf. ist die Hauptverhandlung dazu auszusetzen und dem Angeklagten ein Verteidiger zu bestellen, wenn er selbst wegen Verdunkelungsgefahr im Schriftwechsel beschränkt werden muß.

Die Fesselung in der Hauptverhandlung ist nicht nach § 116 zu beurteilen (BGH. NJW. **1957** 271; das Reichsgericht hatte eine Verletzung von § 116 Abs. 4 (jetzt 119 Abs. 5) schon deshalb verneint, weil dort nur eine Ordnungsvorschrift gegeben sei; RGSt. **54** 206).

§ 120

(1) Der Haftbefehl ist aufzuheben, sobald die Voraussetzungen der Untersuchungshaft nicht mehr vorliegen oder sich ergibt, daß die weitere Untersuchungshaft zu der Bedeutung der Sache und der zu erwartenden Strafe oder Maßregel der Sicherung und Besserung außer Verhältnis stehen würde. Er ist namentlich aufzuheben, wenn der Beschuldigte freigesprochen oder außer Verfolgung gesetzt wird oder wenn das Verfahren nicht bloß vorläufig eingestellt wird.

(2) Durch die Einlegung eines Rechtsmittels darf die Freilassung des Beschuldigten nicht aufgehalten werden.

(3) Der Haftbefehl ist auch aufzuheben, wenn die Staatsanwaltschaft es vor Erhebung der öffentlichen Klage beantragt. Gleichzeitig mit dem Antrag kann die Staatsanwaltschaft die Freilassung des Beschuldigten anordnen.

Entstehungsgeschichte: Für Absatz 1 Satz 1, erste Möglichkeit (Wegfall der Haftvoraussetzungen), Absatz 1 Satz 2 und Absatz 2: I. Entw. § 109. II. Entw. § 110. III. Entw. § 112. Frühere Bezeichnung: § 123. Für Absatz 3: II. Entw. § 113. III. Entw. § 115. Frühere Bezeichnung: § 126.

Änderungsvorschläge: N. E. I, II § 124. N. E. III § 145. Entw. EGStGB. Art. 70 Nr. 75

Spätere Änderungen: Durch Art. 7 Nr. 1 StPÄG. sind die früheren §§ 123 und 126 zusammengefaßt worden. Dabei ist in Angleichung an § 112 Abs. 1 Satz 2 in Satz 1 die Bestimmung eingefügt worden, daß der Haftbefehl auch aufzuheben ist, wenn die weitere Untersuchungshaft zu der Bedeutung der Sache und zu der zu erwartenden Strafe oder Maßregel der Sicherung und Besserung außer Verhältnis steht.

Übersicht

I. Vorbemerkung. Die Vorschrift stellt die Aufhebungsgründe zusammen, wird aber durch § 121 Abs. 1 ergänzt. Satz 1 — an sich selbstverständlich — ist bedeutungsvoll durch den an die Spitze gestellten Gesetzesbefehl, den Haftbefehl alsbald aufzuheben, sobald die Voraussetzungen der Untersuchungshaft nicht mehr vorliegen. Um ihn zu befolgen, ist ständige Prüfung notwendig. Demzufolge wird durch das Wort „sobald" eindeutig der Grundsatz zum Ausdruck gebracht, daß die Haftfrage unabhängig vom Haftprüfungsverfahren und unabhängig von Anträgen jederzeit von Amts wegen zu prüfen ist (s. o. 20 zu § 112; 1 zu § 117). Zufolge der besonderen Konstruktion des Grundsatzes der Verhältnismäßigkeit (s. o. 15 Abs. 2 zu § 112) gehört die Verhältnismäßigkeit nicht zu den formellen Haftvoraussetzungen. Deshalb muß die „Unverhältnismäßigkeit" nochmals besonders als Haftaufhebungsgrund aufgeführt werden. Zugleich wird damit der bedeutsame Grundsatz der Verhältnismäßigkeit der Staatsakte besonders hervorgehoben und in seiner Bedeutung unterstrichen. Der letzte Fall des Absatzes 1 (Freispruch usw.) ist wegen seiner gesetzlichen Vermutung, daß die Haftvoraussetzungen weggefallen seien, neben Absatz 2 der Hauptinhalt der Vorschrift. Der Fall des Absatzes 3 (Aufhebung im Vorverfahren auf Antrag der Staatsanwaltschaft) ist mit Recht von den anderen Aufhebungsfällen abgetrennt. Denn bei ihm prüft das Gericht nicht, ob die Voraussetzungen des Haftbefehls weggefallen sind.

Die Bestimmung des § 120 bezieht sich sowohl auf die Untersuchungshaft nach den §§ 112, 113 als auch auf die Ungehorsamshaft nach § 230 Abs. 2, § 236. Bei dieser wird allerdings der Aufhebungsgrund des Absatzes 1 Satz 1, 2. Möglichkeit (Unverhältnismäßigkeit) nur ganz ausnahmsweise Anwendung finden können; Absatz 3 ist für sie ohne Bedeutung. Für die einstweilige Unterbringung (§ 126a Abs. 1) gilt § 120 nicht (§ 126a Abs. 2); vielmehr ist in § 126a Abs. 3 eine besondere Regelung getroffen. Sie stimmt im wesentlichen mit § 120 überein, muß aber auf die Entlassung wegen Unverhältnismäßigkeit verzichten, weil die der Sicherung dienende einstweilige Unterbringung im Verhältnis zu der ebenfalls der Sicherung dienenden endgültigen Unterbringung nicht wohl in einem unangemessenen Verhältnis stehen kann.

II. Aufhebung von Amts wegen (Absatz 1).

1. Wegfall der Haftvoraussetzungen. Voraussetzungen der Untersuchungshaft sind nach § 112 Abs. 1 dringender Tatverdacht und in den Fällen des § 112 Abs. 2 und 3 ein Haftgrund (Flucht, Fluchtgefahr, Verdunkelungsgefahr und Wiederholungsgefahr bei Sittlichkeitsverbrechern); im Falle des § 112 Abs. 4 gewisse besondere Umstände (s. o. 14b zu § 112). Nach dem klaren Wortlaut der Vorschrift kommt es nicht auf den Wegfall der in dem Haftbefehl bezeichneten strafbaren Handlung und des dort angegebenen Haftgrundes an; der Haftbefehl ist vielmehr nur dann aufzuheben, wenn jeglicher Grund für die Untersuchungshaft (§ 112 Abs. 1 bis 4) weggefallen ist. Der Haftbefehl kann daher, wenn die in ihm angegebene Haftvoraussetzung weggefallen ist, auf eine andere umgestellt werden (s. o. 12 zu § 114). Der Sache nach bedeutet das Aufhebung des Haftbefehls und Erlaß eines neuen, so daß es nicht zur Entlassung kommt.

Wie bereits oben (20 zu § 112; 1 zu § 117) ausgeführt, ist die Haftfrage in jeder Lage des Verfahrens unabhängig von Anträgen der Beteiligten jederzeit von Amts wegen zu prüfen. Diese Verpflichtung ist an sich selbstverständlich; denn kein Eingriff in die grundgesetzlich garantierten Freiheitsrechte kann länger als notwendig bestehen bleiben. Die Pflicht wird aber wegen ihrer Wichtigkeit betont durch die ausdrückliche Anordnung, den Haftbefehl dann aufzuheben, sobald die Voraussetzungen der Untersuchungshaft nicht mehr vorliegen (s. o. I).

Der Tatverdacht ist mit dem Fortschreiten der Ermittlungen immer kritischer zu prüfen. Genügen beim ersten Zugriff einzelne starke Indizien, so ist die Dringlichkeit des Verdachts alsbald zu verneinen, wenn feststeht, daß eine Indizienkette nicht geschlossen werden kann oder wenn nur noch geringe Wahrscheinlichkeit dafür gegeben ist, daß die weiteren Ermittlungen Material erbringen werden, um einzelne starke Indizien durch weitere Tatsachen lückenlos zu verbinden. Die Fluchtgefahr vermindert sich, wenn der Fluchtanreiz geringer wird. Liegt dieser nicht in der Furcht vor dem Bestraftwerden überhaupt, sondern vor der Strafverbüßung, dann wird er um so schwächer, je länger der Beschuldigte Untersuchungshaft erleidet, mit deren Anrechnung auf die Strafe er stets rechnet und in der Regel auch rechnen darf. Die Verdunkelungsmöglichkeit und damit die Verdunkelungsgefahr nehmen mit dem Fortschreiten der Untersuchung in der Regel ab. Ist die Tat aufgeklärt und sind die Beweise gesichert, dann wird meist die Verdunkelungsgefahr entfallen, auch wenn der Beschuldigte vorher tatsächlich verdunkelt hatte. Allerdings sind im Einzelfall Einwirkungen auf Zeugen bis zur Rechtskraft des Schuldspruchs denkbar und auch durch eidliche Vernehmung von Zeugen (§ 65) nicht immer auszuschließen. Doch wird, wenn eidliche Aussagen von Zeugen und ein richterliches Geständnis des Beschuldigten vorliegen, Verdunkelungsgefahr nur in ganz besonderen Ausnahmefällen begründet bleiben. Daher ist ein lediglich wegen Verdunkelungsgefahr erlassener Haftbefehl regelmäßig nach der Hauptverhandlung in der letzten Tatsacheninstanz aufzuheben (OLG. Celle NJW. **1963** 1264).

Der Haftbefehl ist auch aufzuheben, wenn die Gesamtwürdigung (s. o. 17 zu § 112), eingetretene Geisteskrankheit (s. o. 18a zu § 112), oder wenn nahe Lebensgefahr durch Fortsetzung der Untersuchungshaft (s. o. 18b zu § 112) dem Erlaß eines Haftbefehls entgegenstehen würde.

2. Fehlende Verhältnismäßigkeit. Der Grundsatz der Verhältnismäßigkeit (s. dazu o. 15 zu § 112) bedarf als einer der Fundamentalgrundsätze für staatliches belastendes Handeln jederzeit besonderer Prüfung, weil das Verhältnis der Haft zu dem durch das Strafverfahren angestrebten Erfolg sich schon durch Zeitablauf immer ändert. Freilich wird es nicht immer möglich sein, das Fehlen der Verhältnismäßigkeit von dem Wegfall eines anderen Haftgrundes zu trennen. So wird z. B. meist schon der Fluchtverdacht entfallen, wenn wegen der Länge der Untersuchungshaft im Hinblick auf die bei ihrer Anrechnung noch zu verbüßende Strafe der Grundsatz der Verhältnismäßigkeit nicht mehr gewahrt wäre. Aber auch wenn die Fluchtgefahr fortbesteht, kann fehlende Verhältnismäßigkeit nötigen, den Haftbefehl aufzuheben. Daß sie fehlt, ist grundsätzlich anzunehmen, wenn ein Vergleich zwischen der Strafe, die der Täter zu erwarten, und der Untersuchungshaft, die er erlitten hat, erkennen läßt, daß diese die vermutliche Strafhöhe nahezu erreicht oder gar übersteigt (Nr. 43 Abs. 1 Satz 2 RiStV.; vgl. OLG. Bremen NJW. **1960** 1265; Dürig in Maunz-Dürig, GG., 71 zu Art. 1). Ob und in welcher Höhe Rechtsmitteluntersuchungshaft voraussichtlich angerechnet werden wird, hat dabei regelmäßig außer Betracht zu bleiben (OLG. Bremen GA. **1962** 311); es ist also, wenn nicht besondere Umstände vorliegen, davon auszugehen, daß die gesamte Untersuchungshaft angerechnet werden wird. Dabei ist auch die Anwendung von § 26 StGB. (BGHSt. **6** 215) ins Auge zu fassen (Schultz JR. **1963** 297).

Indessen kommt es nicht allein auf das Verhältnis der Untersuchungshaft zu der zu erwartenden Strafe oder Maßregel an, vielmehr ist auch auf die Bedeutung der Sache abzustellen. Daraus folgt: Auch wenn die erlittene Untersuchungshaft nicht mehr in angemessenem Verhältnis zu der zu erwartenden Sanktion steht, kann die Untersuchungshaft gleichwohl aufrechterhalten werden, wenn das durch die Bedeutung der Sache geboten ist. Das ist etwa der Fall, wenn anzunehmen ist, der Beschuldigte werde ungeachtet der Geringfügigkeit eines Strafrestes fliehen, wenn die Aburteilung aber, namentlich im Hinblick auf eine später mögliche Rückfallverschärfung, bedeutungsvoll ist. Auf der anderen Seite bedeutet das Gebot, bei fehlender Verhältnismäßigkeit den Haftbefehl aufzuheben, daß der Staat bei unbedeutenden Sachen notfalls einen Verzicht auf die Verurteilung in Kauf nimmt.

Zur Prüfung, ob die Haftvoraussetzungen entfallen sind, ist namentlich in folgenden Fällen Anlaß gegeben:

wenn durch ein Urteil von Strafe abgesehen wird (§§ 199, 233 StGB.);

wenn im Urteil die gesamte Strafe durch die Untersuchungshaft als verbüßt erklärt (§ 60 StGB.) oder angeordnet wird, daß wegen erlittener Untersuchungshaft Jugendarrest nicht zu vollstrecken ist (§ 52 Abs. 1 JGG.), und das Verfahren wegen keiner freiheitsentziehenden Maßregel anhängig bleibt (s. o. 2 zu § 112);

wenn im Urteil nur auf andere als freiheitsentziehende Strafen oder Maßregeln erkannt (OG. Danzig GA. **71** 73) oder die Vollstreckung erkannter Freiheitsstrafen zur Bewährung ausgesetzt (§ 23 Abs. 1 StGB., § 20 JGG.) oder der Beschuldigte bei Anrechnung der Untersuchungshaft bedingt entlassen wird (§ 26 Abs. 1 StGB.; BGHSt. **6** 215; Schultz. JR **1963** 297).

In den vorgenannten Fällen können Umstände denkbar sein, die die weitere Untersuchungshaft rechtfertigen. Das kann beispielsweise der Fall sein, wenn ein Angeklagter Berufung einlegt, der deshalb in Untersuchungshaft ist, weil er tatkräftig auf Zeugen eingewirkt hatte; wenn die Gefahr besteht, daß er das bei Freilassung weiterhin tun und dadurch, ungeachtet der Zeugenaussage in der ersten Instanz, die Ermittlung der Wahrheit erschweren werde; und wenn die Wichtigkeit der Verurteilung die Untersuchungshaft auch für den Fall rechtfertigt, daß feststeht, es werde auf keine zu vollstreckende Freiheitsstrafe erkannt werden. Dabei kann es sich nur um ungewöhnliche Ausnahmefälle handeln.

Wegen der Aufhebung des Haftbefehls in den vorgenannten Fällen bei Eintritt der Rechtskraft s. u. 10 Abs. 3.

3. Freispruch. In Absatz 1 Satz 1 ist verordnet, daß der Haftbefehl aufzuheben ist, wenn die Haftvoraussetzungen weggefallen sind oder die Verhältnismäßigkeit der Haft zur Strafe und zur Sache nicht mehr besteht. Als Sonderfall hiervon („namentlich“) wird in Satz 2 der Fall des Freispruchs — und einiger ähnlich liegender Fälle — behandelt. Die Bestimmung des Satzes 2 enthält indessen mehr als lediglich einen Sonderfall von Satz 1. Da es nämlich auf den Akt des Freispruchs und nicht auf dessen Richtigkeit oder Rechtskraft ankommt, liegt in der Behandlung von Satz 2 als Unterfall von Satz 1 die gesetzliche Vermutung (OLG. Hamm NJW. **1954** 86), daß die Haftvoraussetzungen weggefallen seien oder daß wenigstens die Haft zu dem endlichen Ergebnis nicht mehr in einem angemessenen Verhältnis stehe. Der Haftbefehl ist in den Fällen von Satz 2 daher auch dann aufzuheben, wenn bei (erkannter) Fehlerhaftigkeit des Freispruchs die Voraussetzungen der Untersuchungshaft noch vorliegen.

Das Gesetz knüpft die Verpflichtung, den Haftbefehl aufzuheben, an den Umstand, daß der Angeschuldigte freigesprochen oder außer Verfolgung gesetzt werde.

Der Freispruch kann grundsätzlich nur durch Urteil ausgepsrochen werden (§ 260 Abs. 1 Satz 2), ausnahmsweise in gewissen Wiederaufnahmefällen durch Beschluß (§ 371 Abs. 2; BGHSt. **8** 383; **14** 66). Der Freispruch muß die Tat betreffen, wegen der der Haftbefehl ergangen ist. Wird der Angeklagte, wenn er freigesprochen wird, gleichzeitig wegen anderer Taten verurteilt, so bleibt der Haftbefehl, wenn er auch wegen dieser Taten erlassen worden war, unberührt; war noch keiner erlassen, ist es zulässig, wegen dieser Taten die Untersuchungshaft anzuordnen. Doch wird dabei der Grundsatz der Verhältnismäßigkeit besonders sorgfältig zu beachten sein.

Außer Verfolgung gesetzt wird der Angeschuldigte durch den Beschluß, mit dem das Gericht nach abgeschlossener Voruntersuchung erklärt, daß es das Hauptverfahren nicht eröffne (§ 204 Abs. 2). Auch hier ist Identität der im Haftbefehl angenommenen Tat mit derjenigen, die in dem Beschluß nach § 204 Abs. 2 behandelt wird, Voraussetzung der Aufhebung des Haftbefehls.

4. Einstellung. Als weiteren Grund für die notwendige Aufhebung des Haftbefehls nennt Satz 2 die Einstellung, wenn sie nicht bloß vorübergehend wirkt. Dafür kommen in Betracht das Urteil (§ 260 Abs. 1) und der Beschluß (§ 206a), durch die das Verfahren wegen eines nicht mehr behebbaren Verfahrenshindernisses (Verjährung, Amnestie, fehlender Strafantrag bei abgelaufener Antragsfrist) mit der Wirkung eingestellt wird, daß es, wenn nicht neue Tatsachen oder Beweismittel bekannt werden, nicht wieder aufgenommen werden kann. Hierunter fällt, weil die letztere Voraussetzung fehlt, nicht die vorläufige Einstellung (§ 205 Abs. 1) oder die Einstellung wegen fehlenden Gerichtsstandes (s. o. 4b, c zu § 12; KG. GA. **42** 147).

Eine nicht bloß vorläufige Einstellung des Verfahrens wird auch durch den Beschluß bewirkt, durch den das Hauptverfahren nicht eröffnet (§ 204 Abs. 1) oder — in anderer Fassung — die Eröffnung des Hauptverfahrens abgelehnt wird (§ 210 Abs. 2). Auch in diesem Falle kann die Klage nur auf Grund neuer Tatsachen oder Beweismittel wieder aufgenommen werden (§ 211). Dagegen ist nicht anzunehmen, daß das Gesetz auch die staatsanwaltschaftliche Einstellung (§ 170 Abs. 2) im Auge hat. Denn ihr kommt — anders als der Ablehnung der Eröffnung des Hauptverfahrens — keine beschränkte Rechtskraftwirkung zu. Auch sind die anderen Akte, mit denen die Aufhebung des Haftbefehls zu verbinden ist, gerichtliche, so daß das Gericht aus seiner eigenen Entscheidung eine vom Gesetz vorgeschriebene Folgerung ziehen muß. Bei diesen Verschiedenheiten kann dem Gesetz nicht die Anordnung entnommen werden, das Gericht müsse den Haftbefehl aufheben, wenn die Staatsanwaltschaft das Verfahren eingestellt hat. Gleichwohl wird es regelmäßig dazu kommen. Denn mit der Einstellung verneint die Staatsanwaltschaft den hinreichenden und damit erst recht den dringenden Tatverdacht. Alsdann muß sie die Aufhebung des Haftbefehls beantragen, und das Gericht muß diesem Antrag entsprechen (§ 120 Abs. 3 Satz 1). Es ist nahezu ausgeschlossen, daß die Staatsanwaltschaft bei einer Einstellung nicht die Aufhebung des Haftbefehls beantragt. Sollte es doch einmal regelwidrig der Fall sein (Beispiel: Einstellung eines Mordverfahrens wegen eines zweifelhaften Rechtfertigungsgrundes und alsbaldige Beschwerde des Verletzten mit dem Ziele der Anklageerzwingung), hat das Gericht über einen Antrag des Beschuldigten auf Aufhebung des Haftbefehls nach allgemeinen Grundsätzen zu entscheiden; ein Fall des § 120 Abs. 1 liegt nicht vor.

5. Bagatelldelikte. So wie bei Freispruch der Wegfall des dringenden Tatverdachts schlechthin vermutet wird, muß bei Verurteilung wegen einer Tat, die nur mit Gefängnis bis zu sechs Monaten, mit Haft oder mit Geldstrafe, allein oder nebeneinander, bedroht ist (§ 113 Abs. 1; Beisp.: Anklage wegen Nötigung, Verurteilung nur wegen Bedrohung), der dringende Tatverdacht wegen einer anderen strafbaren Handlung kraft gesetzlicher Vermutung ausgeschlossen werden. Die Untersuchungshaft darf alsdann lediglich wegen Fluchtgefahr und nur dann fortdauern, wenn — sofern nicht der Ausnahmefall von § 113 Abs. 3 gegeben ist — die Voraussetzungen des § 113 Abs. 2 vorliegen. Sind sie nicht gegeben, ist der Haftbefehl aufzuheben. Dasselbe gilt, wenn das Hauptverfahren abweichend von dem Antrage des Staatsanwalts (§ 206, § 210 Abs. 2) nur wegen einer in § 113 Abs. 1 aufgeführten Tat eröffnet wird.

6. Verfahren. In jedem Zeitpunkt des Verfahrens haben Richter und Staatsanwalt, der letztere auch dann, wenn die Verfahrensherrschaft aufs Gericht übergegangen ist, zu prüfen, ob die Untersuchungshaft noch aufrechterhalten werden muß. Einen Zwang hierzu kann der Beschuldigte durch das Haftprüfungsverfahren (§ 117) ausüben, doch ist stets auch unabhängig von diesem von Amts wegen darauf zu achten, ob die Fortdauer der Untersuchungshaft noch nötig ist (Nr. 43 Abs. 1 RiStV.). Ist das nicht der Fall, hat die Staatsanwaltschaft die Aufhebung des Haftbefehls zu beantragen. Das Gericht hat die Haftfrage aber auch von Amts wegen zu prüfen und bei Wegfall der Haftvoraussetzungen nach Anhörung der Staatsanwaltschaft (§ 33) den Haftbefehl durch Beschluß (s. o. Vorbem. 3d zum vierten Abschnitt) aufzuheben. Der Beschluß ist zu begründen (§ 34).

Wegen der Zuständigkeit s. § 126.

Der den Haftbefehl aufhebende Beschluß ist durch Entlassung zu vollziehen. Einer Vollstreckung (§ 36 Abs. 1 Satz 1) bedarf die Entscheidung nicht, weil zu ihrer Durchführung keine Anwendung von Gewalt erforderlich ist (s. o. 1 zu § 36). Da die Entscheidung auch nicht der Zustellung bedarf (§ 35 Abs. 2 Satz 2), findet § 36 keine Anwendung. Das Gericht hat vielmehr, ggf. durch seine Geschäftsstelle, die Entlassung selbst zu veranlassen und den Beschluß dem Beschuldigten formlos und der Staatsanwaltschaft durch Aktenübersendung mitzuteilen.

Die Anstalt hat den Gefangenen unverzüglich zu entlassen. Sie kann ihn für den Zeitraum zurückhalten, der erforderlich ist, ihm Sachen auszuhändigen, ihn darüber quittieren zu lassen usw. Macht sich eine Gesundheitsuntersuchung erforderlich, so kann sie durchgeführt werden, wenn das sofort möglich ist. Der Entlassene darf aber nicht zurückgehalten werden, weil der Arzt etwa erst später oder nur zu einer besonderen Stunde zur Verfügung steht. Bei den Entlassungsformalitäten ist der Entlassene als freier Mann zu behandeln und anzureden. Er muß sich in den Anstaltsbetrieb einordnen, kann aber nicht mehr mit Hausstrafen belegt werden. Befindet er sich zur Zeit der Entlassung außerhalb des Anstaltsgeländes, insbesondere im Gerichtssaal, so darf er, wenn er Zivilkleidung trägt, nicht gegen seinen Willen mit Gewalt in die Anstalt zurückgeführt werden. Es steht ihm frei, seine Sachen am Eingang der Untersuchungshaftanstalt in Empfang zu nehmen (Merz NJW. **1961** 1852).

Ist der Untersuchungsgefangene am Abend zu entlassen und hat er keine Bleibe und auch kein Geld, eine Hotelübernachtung zu bezahlen, dann ist die Anstalt befugt, ihn auf seinen Wunsch bis zum anderen Morgen zu beherbergen. Auch er ist freier Mann und zwar der Anstaltsordnung nicht aber der Anstaltsgewalt unterworfen; notfalls muß er auf die Straße gesetzt werden.

7. Beschwerde (Absatz 2). Gegen den den Haftbefehl aufhebenden Beschluß ist, sofern er nicht von einem Strafsenat ergeht (§ 304 Abs. 4), Beschwerde zulässig, auch — weil er eine

Entscheidung über die Verhaftung darstellt — wenn er der Beschluß eines erkennenden Gerichts ist (§ 305 Satz 2). Gegen den einen Haftbefehl aufhebenden Beschluß des Landgerichts findet, weil er die Verhaftung betrifft (§ 310 Abs. 1), weitere Beschwerde statt. Zwar hat die weitere Beschwerde ihren Grund im Schutze des Beschuldigten. Aus diesem Gesetzeszweck könnte man schließen, daß der Staatsanwaltschaft die weitere Beschwerde nicht zustehe. Indessen ist der Wortlaut nicht auf eine Beschwerde des Beschuldigten beschränkt. Da er eindeutig ist, bleibt für eine einschränkende Auslegung kein Raum. Daher sind die Staatsanwaltschaft und der Nebenkläger (§ 401 Abs. 1 Satz 1) beschwerdeberechtigt (s. o. 14b zu § 114). Der Beschuldigte hat mangels Beschwer kein Beschwerderecht.

Für die Beschwerde gegen die Ablehnung, einen Haftbefehl aufzuheben, ergeben sich keine Besonderheiten.

Die Beschwerde hat keine aufschiebende Wirkung (§ 307 Abs. 1). Die nach den allgemeinen Vorschriften gegebene Befugnis des Gerichts, den Vollzug der angefochtenen Entscheidung auszusetzen (§ 307 Abs. 2), ist durch Absatz 2 ausdrücklich ausgeschlossen, gleichgültig ob die Beschwerde allein eingelegt oder ob sie mit einer Anfechtung der o. 3 und 4 aufgeführten Entscheidungen verbunden wird.

Absatz 2 gilt für alle Fälle, in denen ein Haftbefehl aufgehoben wird, nicht nur für die Aufhebung beim Freispruch und bei ihm gleichstehenden Entscheidungen. Die Bestimmung ist nicht unbedenklich (vgl. die andersartige Regelung in § 454 Abs. 2 Satz 2) und für die Fälle von Absatz 1 Satz 1 auch zuweilen mißlich. Für den Freispruch und die ihm gleichstehenden Entscheidungen ist sie eher hinzunehmen, namentlich wenn man im Auge behält, daß manche Rechtsordnungen Rechtsmittel gegen freisprechende Entscheidungen schlechthin ausschließen.

8. Entscheidung des Beschwerdegerichts. Das Beschwerdegericht überprüft die Entscheidung vollständig und hat dabei seine Erwägungen an die Stelle derjenigen des Vorderrichters zu setzen. Bei seiner Entscheidung hat es auch neu bekanntgewordene Tatsachen zu berücksichtigen. Den Freispruch oder die ihm gleichstehenden Entscheidungen kann es jedoch nicht überprüfen; es ist vielmehr an die gesetzliche Vermutung gebunden, daß der dringende Tatverdacht entfallen ist (OLG. Hamm NJW. **1954** 86). In den o. 3 und 4 aufgeführten Fällen muß daher eine Beschwerde grundsätzlich wirkungslos bleiben (Ausnahmen s. u. 9). War dagegen der Haftbefehl aus sonstigen Gründen aufgehoben, dann kann das Beschwerdegericht den aufhebenden Beschluß des Vorderrichters seinerseits aufheben und damit dem Haftbefehl wieder Wirksamkeit verleihen. Dabei kann es den Haftbefehl auch umstellen, indem es etwa an die Stelle eines vom Vorderrichter zu Recht verneinten Betrugsverdachts den von diesem übersehenen Verdacht einer Urkundenfälschung setzt, oder indem es anstelle zu Recht als weggefallen angesehener Verdunkelungsgefahr entgegen der Ansicht des Vorderrichters Fluchtgefahr annimmt (s. o. 12 zu § 114).

9. Neue Haftgründe. Durch den Freispruch und die ihm gleichstehenden gerichtlichen Entscheidungen wird die gesetzliche Vermutung begründet, die Haftvoraussetzungen seien entfallen oder die Untersuchungshaft stehe auf jeden Fall zu der zu erwartenden Sanktion nicht mehr in einem angemessenen Verhältnis (s. o. 3, 4). Die Vermutung kann durch neue Tatsachen oder durch neue Beweismittel widerlegt werden (OLG. München HRR. **1940** 86). Werden sie alsbald nach Freispruch usw. bekannt (Geständnis nach Urteilsverkündung), dann ist trotz des Freispruchs der Aufhebungsgrund des § 120 Abs. 1 Satz 2 nicht gegeben. Ergeben sie sich, nachdem der Haftbefehl aufgehoben worden ist, dann kann das Beschwerdegericht die aufhebende Entscheidung des Vorderrichters beseitigen oder dieser einer Beschwerde der Staatsanwaltschaft abhelfen. In der Regel werden neue Tatsachen oder neue Beweismittel erst nach einiger Zeit hervortreten. Auch dann kann die Staatsanwaltschaft, weil das Beschwerdegericht die neuen Umstände berücksichtigen muß, noch den Weg der Beschwerde wählen; doch wird es in der Regel angemessener sein, einen neuen Haftbefehl zu beantragen.

Dagegen kann die Vermutung, die Haftvoraussetzungen seien weggefallen, nicht dadurch ausgeräumt werden, daß das gleiche oder ein höheres Gericht unveränderte Tatsachen anders würdigt oder die Rechtslage anders beurteilt, als es das freisprechende Gericht beim Freispruch oder den ihm gleichstehenden Entscheidungen getan hatte (OLG. München HRR. **1940** 837; OLG. Hamm NJW. **1954** 86), selbst wenn die neue Beurteilung zur Aufhebung des freisprechenden

Urteils führt (Lobe-Alsberg, III 1 zu § 123). Die gegenteilige Ansicht, der Angeschuldigte sei nicht mehr freigesprochen, wenn das freisprechende Urteil aufgehoben worden sei (Müller-Sax, 2b zu § 120; Schwarz, 22. Aufl., 1B zu § 123), übersieht, daß der Gesetzgeber das Aufhebungsgebot an die Tatsache eines freisprechenden Urteils knüpft. Mag auch das freisprechende Urteil aufgehoben werden, so bleibt doch der Umstand, daß der Angeklagte einmal freigesprochen worden ist, immerdar bestehen, und mit ihm der Grund für die gesetzgeberische Entscheidung, daß ohne neue Tatsachen oder Beweismittel niemand für dringend verdächtig gehalten werden könne, dem in einem solennen Verfahren — wenn auch möglichenfalls zu Unrecht — bescheinigt worden ist, er sei nicht zu überführen. Im Wiederaufnahmeverfahren besteht dieser Grund nicht, wenn es zu ungunsten des Verurteilten auf Grund neuer Tatsachen oder Beweismittel betrieben wird (§ 362 Nr. 1, 2, 4). Dieses Verfahren ist vom Zulassungsbeschluß (§ 369) an ein neues Ermittlungsverfahren, so daß auf Grund neuer Tatsachen oder Beweismittel ein neuer Haftbefehl ergehen kann (s. o. 4 zu § 112).

10. Die **Rechtskraft** beendet die Untersuchung und damit die Untersuchungshaft (s. o. 3 zu § 112). Ist der Beschuldigte bei Rechtskraft in Untersuchungshaft, so geht diese auf Grund eines zu Freiheitsstrafe oder zu freiheitsentziehenden Maßregeln verurteilenden Erkenntnisses in Strafhaft oder in den Vollzug der freiheitsentziehenden Maßregel über (EbSchmidt, 14 zu § 124, Müller-Sax, 1a zu § 450; Dalcke-Fuhrmann, 4 zu § 450; Dallinger-Lackner, 6 zu § 87 JGG.; OLG. München Rpfleger **1964** 370; a. A. Henkel, § 73 III Anm. 8; Pohlmann, I 3b Abs. 5 zu § 38 StVollstrO.; weitere Nachweise BGHSt. **20** 65). Der Haftbefehl erledigt sich damit von selbst (BVerfGE. **9** 161 = NJW. **1959** 431), er braucht nicht aufgehoben zu werden (Hartung, 5 zu § 123; a. A. — Haftbefehl bleibt Grundlage der Vollstreckungshaft — OLG. Celle NJW. **1963** 2240).

Das Gericht ist zwar nicht gehindert, den Haftbefehl aufzuheben (verneinend BayObLGSt. **32** 147; OLG. Nürnberg SJZ. **1950** 141 zust. Kleinknecht). Wenn es darüber hinaus aber die Entlassung aus der Untersuchungshaft anordnet, geht die Anordnung ins Leere; die Anstalt darf den Verurteilten auf Grund dieser Verfügung nicht aus der Strafhaft entlassen (vgl. OLG. Celle NJW. **1963** 2240: Das Prozeßgericht darf keine Entscheidungen erlassen, die die Vollstreckungshaft betreffen). Dem erkennenden Gericht bleibt, wenn es der Ansicht ist, die Untersuchungshaft verwandele sich nicht zufolge der Rechtskraft in Strafhaft (OLG. Frankfurt HESt. **1** 163; OLG. Braunschweig MDR. **1950** 755), die Möglichkeit, nach § 458 Abs. 1 die Unzulässigkeit der Strafvollstreckung festzustellen, wenn Einwendungen gegen die Strafvollstreckung erhoben werden. Die Staatsanwaltschaft wird dem Gericht die Entscheidung dadurch abzunehmen haben, daß sie die Strafvollstreckung einleitet. Die Entscheidung des Oberlandesgerichts Celle zeigt, wie selbst bei unterschiedlichen Auffassungen Mißhelligkeiten vermieden werden können.

Wird ein Urteil rechtskräftig, in dem nicht auf freiheitsentziehende Strafen oder Maßregeln erkannt oder in dem die Vollstreckung einer erkannten Freiheitsstrafe ausgesetzt wird, dann kann sich die Untersuchungshaft nicht in Strafhaft fortsetzen. Die Untersuchungshaft kann aber auch nicht fortbestehen, weil sie ihr Ziel, die Untersuchung zu sichern, erreicht hat. Der Verurteilte befindet sich damit ohne Rechtsgrund in Haft. Demzufolge ist der Haftbefehl alsbald aufzuheben, auch wenn sein Vollzug gegen Sicherheitsleistung ausgesetzt war (a. A. — Verurteilung zu Geldstrafe ist kein Grund, einen gegen Sicherheitsleistung ausgesetzten Haftbefehl aufzuheben — EbSchmidt, 4 zu § 117). Für die Ansicht, daß ein Haftbefehl, dessen Vollzug gegen Sicherheitsleistung ausgesetzt ist, auch nach Rechtskraft weiterbestehen (jedoch nicht mehr vollzogen werden) könne (KleinknM, 2d Abs. 2 zu § 123), fehlt es an einer Begründung. In den Folgen läuft allerdings die abgelehnte Ansicht auf dasselbe hinaus, wie die hier vertretene (s. u. 2 zu § 123).

III. Aufhebung auf Antrag der Staatsanwaltschaft (Absatz 3).

1. Inhalt. Im Ermittlungsverfahren ist die Staatsanwaltschaft besser als das nur gelegentlich (§ 162) beteiligte Gericht über das Verfahren und seine Aussichten unterrichtet und daher am ehesten in der Lage, zu beurteilen, ob die Untersuchungshaft noch notwendig ist oder ob sie entbehrt werden kann. Die Verfahrenskenntnis gäbe allerdings keine Grundlage, den Amtsrichter an einen Aufhebungsantrag der Staatsanwaltschaft zu binden, wie das in Absatz 3 Satz 1 geschieht. Die dort verordnete Bindung beruht vielmehr auf der Verfahrensherrschaft, die im Ermittlungsverfahren dem Staatsanwalt zusteht. Zwar kann diese Herrschaft nicht ausreichen, dem Staatsanwalt die Befugnis zu verleihen, selbst Anordnungen zu treffen, die den Beschuldigten belasten (Haftbefehl, Beschlagnahme); solche Entscheidungen müssen dem Richter vorbehalten bleiben. Die Verfahrensherrschaft rechtfertigt es aber, es vom Ermessen des Staatsanwalts abhängig zu machen, ob solche Anordnungen ergehen sollen, welchen Umfang sie haben können und wie lange sie bestehen dürfen. § 120 Abs. 3 ist nur eine der vielfältigen Auswirkungen dieses Grundsatzes. Die Vorschrift gewinnt namentlich Bedeutung, wenn die Polizei einen Verhafteten, damit die Frist gewahrt werde, dem Amtsrichter unmittelbar zuführt und dieser dann ohne Gehör der Staatsanwaltschaft (§ 165) einen Haftbefehl erlassen hat.

Die Bindungswirkung bezieht sich nur auf einen Antrag, den Haftbefehl aufzuheben. Das Aussetzen des Vollzugs eines Haftbefehls (§ 116) ist gegenüber seiner Aufhebung das Mindere. Gleichwohl ist ein Antrag der Staatsanwaltschaft, den Vollzug des Haftbefehls auszusetzen, dem Antrage, den Haftbefehl aufzuheben, in der Bindungswirkung nicht gleichgestellt. Diese klare gesetzgeberische Entscheidung kann durch Auslegung nicht geändert werden.

Durch Absatz 3 werden die Befugnis und die Verpflichtung des Amtsrichters nicht berührt, einen Haftbefehl auch entgegen einem Antrag des Staatsanwalts von Amts wegen aufzuheben, wenn die Voraussetzungen der Untersuchungshaft weggefallen sind.

2. Zeitpunkt. Der Haftbefehl ist aufzuheben, wenn die Staatsanwaltschaft es beantragt, solange ihr die Verfahrensherrschaft zusteht, d. h. bis zur Erhebung der öffentlichen Klage. Erhebung der öffentlichen Klage (§ 170 Abs. 1) sind der Antrag auf gerichtliche Voruntersuchung (§ 179), die schriftliche Anklage (§ 199 Abs. 2, § 200), die Nachtragsanklage (§ 266 Abs. 2), der Antrag auf Erlaß eines Strafbefehls (§ 408 Abs. 1) und — die Klage ersetzend — der polizeiliche Antrag auf Erlaß einer amtsrichterlichen Strafverfügung (§ 413 Abs. 1). Im beschleunigten Verfahren wird die Anklage entweder durch Einreichen einer Anklageschrift oder in der Hauptverhandlung mündlich erhoben (§ 212a Abs. 2).

Die bindende Wirkung des staatsanwaltschaftlichen Antrags endet mit der Klageerhebung. Daher kann der Antrag nur an den Amtsrichter, den Ermittlungsrichter des Bundesgerichtshofs (§ 168a) oder an die diesen Richtern übergeordneten Beschwerdegerichte (§ 73 Abs. 1, § 134 Abs. 3 Satz 2 GVG.) gerichtet werden. Aus diesem Grunde kann ein mit der Anklage verbundener Antrag, den Haftbefehl aufzuheben, das mit der Anklage angerufene Gericht nicht binden. Wird allerdings die Klage zu dem Amtsrichter erhoben, der zugleich Richter des § 162 ist, dann ist der mit ihr verbundene Antrag, den Haftbefehl aufzuheben, für den Amtsrichter noch bindend. Denn die Gesetze sind sinnvoll auszulegen, und es kann nicht verlangt werden, daß der Staatsanwalt zwei getrennte Schriftstücke in Minutenabstand abgibt (a. A. — mit Anklage verbundener Aufhebungsantrag stets bindend — Lobe-Alsberg, 2 zu § 126; — nie bindend — EbSchmidt, 8 zu § 126; Müller-Sax, 3b (1) zu § 120).

3. Antrag. Den Antrag, den Haftbefehl aufzuheben, braucht die Staatsanwaltschaft nicht zu begründen; sie wird das nur tun, wenn ihre Gründe für die weitere Bearbeitung bedeutsam sind oder wenn aus anderen Gründen erwünscht ist, daß sie aktenkundig bleiben. Der Antrag wird in der Regel beim Amtsrichter gestellt werden, doch ist auch ein im Verfahren des § 122 ans Oberlandesgericht oder im Beschwerdeverfahren an das Beschwerdegericht gerichteter Antrag bindend. Er kommt z. B. in Betracht, wenn der Amtsrichter § 120 Abs. 3 übersehen hat; wenn eine Haftsache auf weitere Beschwerde des Beschuldigten ans Oberlandesgericht gelangt, und der Generalstaatsanwalt ihr beitritt; oder wenn das Beschwerdegericht einen Haftbefehl ohne Gehör der Staatsanwaltschaft umgestellt hat (s. o. 17 zu § 114), und die Staatsanwaltschaft der Umstellung nicht zustimmt, sondern die Entlassung des Gefangenen für geboten erachtet. Der letzte Fall ist unerwünscht; die Gerichtspraxis kann ihn durch Gehör der Staatsanwaltschaft vermeiden.

Die gerichtliche Entscheidung ist ein Formalakt ohne Sachprüfung. Sie ist, wenn auch die Ansicht der Staatsanwaltschaft bindend ist, erforderlich, weil dieser keine Verfügung über den gerichtlichen Haftbefehl eingeräumt werden kann. Die gerichtliche Prüfung beschränkt sich darauf, daß die öffentliche Klage nicht erhoben ist und daß ein Antrag der Staatsanwaltschaft vorliegt, den Haftbefehl aufzuheben. Zur Begründung (§ 34) genügen alsdann die Worte „auf Antrag der Staatsanwaltschaft".

Der Antrag wirkt bei gleicher Sachlage dergestalt fort, daß der Amtsrichter nicht ohne Änderung der Verhältnisse, etwa weil er die Fluchtgefahr anders beurteilt als der Staatsanwalt, von Amts wegen (§ 125 Abs. 1) einen Haftbefehl mit der Begründung erlassen kann, es liege Gefahr im Verzuge vor, weil ein antragstellender Staatsanwalt nicht zu erreichen sei (im Ergebnis ebenso Lobe-Alsberg, 2 zu § 126). Dagegen ist der Amtsrichter nicht gehindert, bei Gefahr im Verzuge einen neuen Haftbefehl von Amts wegen zu erlassen, wenn ihm neue Tatsachen (Fluchtvorbereitung) bekannt werden. Diesen Fall hat wohl auch Eb. Schmidt (3 zu § 126) im Auge.

4. Freilassung. Stellt die Staatsanwaltschaft den Antrag, den Haftbefehl aufzuheben, dann ist sie der Ansicht, der Beschuldigte sei zu Unrecht in Haft. Im Hinblick auf ihre Verfahrensherrschaft muß ihr alsdann die Befugnis zustehen, den Beschuldigten alsbald zu entlassen. Dazu räumt ihr Satz 2 die Fähigkeit ein, gleichzeitig mit ihrem Antrag die Freilassung des Beschuldigten anzuordnen. Da die Entscheidung des Gerichts wegen der Bindungswirkung nicht zweifelhaft sein kann, hat die Staatsanwaltschaft die Anordnung stets zu treffen. Das Wort „kann" will nur die gesetzliche Befugnis der Staatsanwaltschaft zu dem Eingriff in die richterlich angeordnete Haft klarstellen, hat aber nicht den Inhalt, daß die Staatsanwaltschaft mit der Entlassung bis zur gerichtlichen Entscheidung zuwarten dürfe (a. A. — Staatsanwaltschaft ist zur Entlassung nur verpflichtet, wenn zwischen ihrem Antrag und der Entscheidung voraussichtlich ein längerer Zeitraum liegen wird — Müller-Sax, 4 zu § 120.)

IV. Wegen des **Übergangsrechts** zu Absatz 1 Satz 1 s. o. 22 zu § 112.

§ 121

(1) Solange kein Urteil ergangen ist, das auf Freiheitsstrafe oder eine freiheitsentziehende Maßregel der Sicherung und Besserung erkennt, darf der Vollzug der Untersuchungshaft wegen derselben Tat über sechs Monate hinaus nur aufrechterhalten werden, wenn die besondere Schwierigkeit oder der besondere Umfang der Ermittlungen oder ein anderer wichtiger Grund das Urteil noch nicht zulassen und die Fortdauer der Haft rechtfertigen.

(2) In den Fällen des Absatzes 1 ist der Haftbefehl nach Ablauf der sechs Monate aufzuheben, wenn nicht der Vollzug des Haftbefehls nach § 116 ausgesetzt wird oder das Oberlandesgericht die Fortdauer der Untersuchungshaft anordnet.

(3) Werden die Akten dem Oberlandesgericht vor Ablauf der in Absatz 2 bezeichneten Frist vorgelegt, so ruht der Fristenlauf bis zu dessen Entscheidung. Hat die Hauptverhandlung begonnen, bevor die Frist abgelaufen ist, so ruht der Fristenlauf auch bis zur Verkündung des Urteils. Wird die Hauptverhandlung ausgesetzt und werden die Akten unverzüglich nach der Aussetzung dem Oberlandesgericht vorgelegt, so ruht der Fristenlauf ebenfalls bis zu dessen Entscheidung.

(4) An die Stelle des Oberlandesgerichts tritt der Bundesgerichtshof in den Sachen, die zu seiner Zuständigkeit gehören.

Entstehungsgeschichte: Die Vorschrift ist eingefügt durch Art. 1 StPÄG., um damit der Forderung in Art. 5 Abs. 2 Satz 2 MenschRKonv. zu genügen (Begrdg., BTDrucks. IV 178, S. 25). In der Regierungsvorlage hatte der Bedingungssatz am Schluß des ersten Absatzes folgenden Wortlaut: „wenn ... die Schwierigkeit der Untersuchung oder wichtige Belange der Strafrechtspflege die Fortdauer der Haft erfordern". Dadurch kam der Grundsatz zum Ausdruck, daß die Untersuchungshaft nicht mehr vollzogen werden dürfe, wenn es möglich gewesen wäre, innerhalb von sechs Monaten zur Hautpverhandlung zu kommen, und die Ausnahme, daß auf den Haftvollzug gleichwohl nicht verzichtet werden sollte, wenn wichtige Belange der Strafrechtspflege den weiteren Vollzug erfordern, z. B. wenn das Verfahren gegen einen Schwerverbrecher falsch behandelt worden war. Die Ausnahme ist in den Beratungen des Rechtsausschusses gefallen. Dort hat die Vorschrift auch die jetzige — etwas umständliche — Fassung erhalten. Wegen der Einzelheiten der Entstehungsgeschichte und der in den Beratungen vertretenen Auffassungen über den Inhalt der Vorschrift vgl. Dünnebier, JZ. **1966** 251.

Schrifttum: Dünnebier, Bemerkungen zum Verfahren des Oberlandesgerichts nach §§ 121, 122 StPO., JZ. **1966** 251; E. Kaiser, Die Bedeutung des oberlandesgerichtlichen Prüfungsrechtes gemäß § 121 StPO., NJW. **1966** 435; Rebmann, Der Begriff „dieselbe Tat" in § 121 Abs. 1 StPO., NJW. **1965** 1752.

1. Inhalt. Nach Art. 5 Abs. 3 Satz 2 und 3 MenschRKonv. hat der Beschuldigte Anspruch, innerhalb angemessener Frist abgeurteilt oder gegen Sicherheitsleistung aus der Untersuchungshaft entlassen zu werden. Dieses Recht erfährt seine nationale Ausgestaltung in den §§ 121, 122 in der Weise, daß die Dauer des Vollzugs der Untersuchungshaft grundsätzlich auf sechs Monate begrenzt und ihre Verlängerung nur unter besonderen Umständen und nach Prüfung durch das Oberlandesgericht zugelassen wird. Die Dauer der Untersuchungshaft wird hier nicht wie in § 112 Abs. 1 Satz 2 und in § 120 Abs. 1 Satz 2 in ein Verhältnis zu der Bedeutung der Sache und der zu erwartenden Strafe oder Maßregel der Sicherung oder Besserung gesetzt, sondern in eines zu der Erledigungsschwierigkeit und zu anderen wichtigen Gründen. Solche Gründe müssen nicht nur dem Urteil entgegenstehen (s. u. 6, 7), sondern auch die Haftfortdauer rechtfertigen (s. u. 8). Bei dieser Verbindung der beiden Voraussetzungen bietet die Gegenwartsform der Auslegung kein Hindernis: Die Schwierigkeiten usw. müssen im Zeitpunkt der Prüfung bestehen oder wenigstens bis zu einem Zeitpunkt bestanden haben, der soviel Zeit vor der Prüfung liegt, als notwendig ist, nahezu zum Urteil zu kommen. In beiden Fällen lassen sie das Urteil zur Prüfungszeit noch nicht zu. Die gleichen Schwierigkeiten usw. müssen aber auch unabwendbar gewesen sein (s. u. 8). Damit kommt es auf die Vergangenheit an.

Die Regelung ist keine Straf- oder Erziehungsmaßnahme, sondern eine Folgerung aus dem Charakter der Untersuchungshaft. An einem als unschuldig Geltenden vollzogen, ist sie keine vorweggenommene Strafe, sondern ein im Interesse der Strafrechtspflege gefordertes Opfer, für das — wie für jedes Opfer — grundsätzlich das Übermaßverbot und der Grundsatz der Verhältnismäßigkeit gelten. Daraus folgt: Die Untersuchungshaft darf regelmäßig nur solange vollzogen werden, als es unerläßlich ist, das Urteil zu erreichen.

Die Vorschrift ist bei jedem Haftbefehl anzuwenden, auch bei dem nach § 230 Abs. 2 und nach § 236, wenn sie bei letzterem auch selten von Bedeutung werden wird. Bei dem Haftbefehl nach § 114 ist es gleichgültig, auf welchem Haftgrund er beruht (§ 112 Abs. 2 und 3), der Haftbefehl ist also auch dann aufzuheben, wenn sicher ist, daß der Beschuldigte fliehen werde (a. A. für Art. 5 MenschRKonv. LG. Köln NJW. **1964** 1817). Es gibt auch keine Ausnahme für den Haftbefehl gegen einen Beschuldigten, der eines Verbrechens wider das Leben dringend verdächtig ist (§ 112 Abs. 4). Die Fassung der Regierungsvorlage (s. o. Entstehungsgeschichte), die im letzten Falle regelmäßig zugelassen haben würde, den Haftvollzug zu verlängern, hat der Bundestag ausdrücklich verworfen. Für die Untersuchungshaft bei Wiederholungsgefahr eines Sittlichkeitsverbrechens, die ihrer Natur nach eine vorbeugende Sicherungsmaßnahme ist (s. o. 13a zu § 112), paßt die Haftbegrenzung am wenigsten. Nach dem Willen des Gesetzgebers findet sie gleichwohl statt. Dagegen sind die §§ 121, 122 nicht anzuwenden bei der einstweiligen Unterbringung von Erwachsenen (§ 126a Abs. 2 Satz 1) und von Jugendlichen (§ 71 Abs. 2 Satz 2 JGG.; OLG. Celle NJW. **1965** 2069) sowie bei der Sicherungshaft vor dem Widerruf der Aussetzung einer Jugendstrafe (§ 61 Abs. 2 Satz 2 JGG.).

Mit der Haftbegrenzung wird ein starker Zwang auf Polizei, Staatsanwaltschaft und Gericht ausgeübt, zielstrebig, konzentriert, rasch und sachgemäß zu ermitteln und zum Urteil zu kommen. Da auch selbst frühere Flucht und die Vorbereitung einer Flucht, sei es eine frühere, sei es eine aus dem Gefängnis, nicht als Ausnahmegrund aufgenommen und keine Ausnahme für § 230 Abs. 2, § 236 gemacht worden ist, muß daraus der Wille des Gesetzgebers gefolgert werden, unter Umständen in Kauf zu nehmen, daß ein verschlepptes Strafverfahren nicht zum Abschluß gebracht werden kann. In geeigneten Fällen wird die Verschonung mit dem Haftvollzug nach § 116 helfen, doch kann, anders als im anglo-amerikanischen Recht, aus dem der Gedanke des Art. 5 Abs. 3 Satz 2 und 3 MenschRKonv. entnommen ist, im deutschen Recht dem Beschuldigten nicht die Wahl zwischen Haft und Sicherheitsleistung gelassen werden. Denn die Sicherheitsleistung darf nur auf Antrag zugelassen werden (§ 116a Abs. 3).

Die Haftbegrenzung und die festumschriebenen Ausnahmen sind zu billigen. Auch die Folge ist anzuerkennen, daß ein fluchtverdächtiger Betrüger entlassen wird, wenn das Urteil in sechs Monaten nicht ergeht, obwohl das möglich gewesen wäre. Dagegen ist das Gesetz abzulehnen, soweit es von diesem Grundsatz auch bei schwersten Verbrechen keine Ausnahme macht. Für Kapitalverbrechen ist das nicht erträglich.

Kleinknecht will der untragbaren Konsequenz dadurch entgehen, daß er den Konditionalsatz in zwei Teile zerlegt und sie als an verschiedene Normadressaten gerichtet ansieht. Der erste Teil soll sich an die das Verfahren betreibenden Justizorgane richten (Vorlegungsvoraussetzungen), der zweite an die Justizorgane, die zur Frage der Haftverlängerung Stellung nehmen oder über sie entscheiden müssen (Verlängerungsvoraussetzungen; MDR. **1965** 788; JZ. **1965** 119). Das Gesetz enthält indessen eindeutig nur Verlängerungsvoraussetzungen, und versteht darunter Umstände, die das Urteil (objektiv) noch nicht zulassen und zugleich — zufolge ihrer Unabwendbarkeit — die Fortdauer der Haft rechtfertigen. — Müller-Sax (1c zu § 121) wollen zwischen dem Schutzbedürfnis des Beschuldigten vor überlanger Haft und den Notwendigkeiten der Verfahrenssicherung abwägen. Das wäre bei der Fassung des Regierungsentwurfs geboten gewesen; der Gesetz gewordene Text gestattet es nicht.

Die Vorschrift setzt die Frist, gibt Bestimmungen über ihre Verlängerung und räumt dem Oberlandesgericht die alleinige Zuständigkeit ein, über die Fortdauer des Vollzugs der Untersuchungshaft zu entscheiden. Das Verfahren, wie das Oberlandesgericht entscheidet, und wie seine Entscheidung herbeigeführt wird, ist in § 122 geregelt.

2. Frist. Die Untersuchungshaft darf grundsätzlich nicht über sechs Monate hinaus vollzogen werden. Diese Grenze betrifft nur die Freiheitsentziehung; der Haftbefehl selbst und Maßnahmen nach § 116 Abs. 1 bis 3, selbst freiheitsbeschränkende, können auch über die sechs Monate hinaus aufrechterhalten werden, wie sich aus Absatz 2 eindeutig ergibt. Die Vorschrift will den Beschuldigten nicht nur vor einer ununterbrochenen Untersuchungshaft von längerer Dauer als sechs Monate bewahren, sondern vor dem Vollzug auf eine solche Zeitdauer überhaupt. Es ist auch nicht auf die Vollstreckung eines (und desselben) Haftbefehls abgestellt, sondern auf den Vollzug der Untersuchungshaft wegen derselben Tat. Nach diesen Voraussetzungen ist es für die Berechnung der sechs Monate gleichgültig, ob der Beschuldigte ununterbrochen in Untersuchungshaft eingesessen hat, ob diese unterbrochen war, weil der Beschuldigte Strafhaft oder Untersuchungshaft in anderer Sache verbüßt hat, weil der Vollzug des Haftbefehls ausgesetzt war (§ 116); oder weil bei einem Jugendlichen von der Vollstreckung des Haftbefehls abgesehen worden ist (§ 72 Abs. 1 JGG.); oder endlich, ob der Beschuldigte aus der Untersuchungshaft entlassen worden und anschließend wegen der gleichen Straftat auf Grund eines neuen Haftbefehls wieder in Untersuchungshaft gekommen ist, selbst wegen eines anderen Ereignisses, wenn es nur zu dem gleichen historischen Vorgang gehört, das Gegenstand des ersten Haftbefehls war. In allen Fällen der Unterbrechung sind die einzelnen Haftzeiten zusammenzuzählen. Nur diese Vollzugszeiten sind für die Fristberechnung maßgebend; wie lange der Haftbefehl besteht, spielt dagegen keine Rolle.

Tat ist i. S. des § 264 zu verstehen; sie umfaßt den geschichtlichen Vorgang, der dem Beschuldigten vorgeworfen wird, wenn ihm mehrere vorgeworfen werden, die mehreren. Zur „Tat" gehören also alle Taten, die bei Beginn des Vollzugs des Haftbefehls in den Haftbefehl hätten aufgenommen werden können (Rebmann, S. 1753), wobei die Taten wieder alles umfassen, was ihren geschichtlichen Vorgang bildet, gleichviel ob das auf diese Weise zur Tat Gehörende zu Beginn des Haftvollzugs bekannt war und ob, wenn das der Fall war, der deswegen bestehende Verdacht dringend war, wenn dieser dringende Verdacht nur wegen eines rechtlich selbständigen Teils des gesamten geschichtlichen Vorgangs bestanden hat. Werden Teile erst nach und nach bekannt, so sind das Umstände, die ggf. eine Haftverlängerung gestatten; neue Taten, für die bei neuem Haftbefehl eine neue Frist begönne, sind es nicht. Auf den Inhalt des Haftbefehls kommt es nicht an, da der Haftbefehl auf einen Teil der Tat beschränkt werden kann (s. o. 5 Abs. 3 zu § 114).

Die Frist beginnt, sobald der Beschuldigte auf Grund eines Haftbefehls ergriffen worden ist, oder sobald der Richter gegen den vorläufig Festgenommenen Haftbefehl erlassen hat (s. o. 2a Abs. 2 zu § 117; OLG. Braunschweig NJW. **1966** 117). In Auslieferungssachen beginnt die Frist, sobald der Ausgelieferte auf Grund des deutschen Haftbefehls den deutschen Behörden übergeben worden ist. Die im Ausland vollzogene Auslieferungshaft zählt nicht mit. Sie beruht auf ausländischem Recht; auf ihre Dauer haben die deutschen Behörden keinen ausschlaggebenden Einfluß (OLG. Hamm NJW. **1966** 314).

3. Ruhen der Frist nach Vorlage (Absatz 3 Satz 1). Die Fortdauer der Untersuchungshaft über sechs Monate vollzogener Untersuchungshaft hinaus kann nur das Oberlandesgericht anordnen (Absatz 2; § 122 Abs. 4 Satz 1; wegen des Bundesgerichtshofs s. u. 10). Wollte man darauf abstellen, daß das Oberlandesgericht bis zum Fristablauf entschieden haben muß, so wäre in Sachen, die nicht bei ihm anhängig sind, dem Zufall, der die Entscheidung verzögern könnte, Raum gegeben. Demzufolge wird verordnet, daß der Fristablauf von der Aktenvorlage an ruht, bis das Oberlandesgericht entschieden hat, wenn ihm die Akten nur rechtzeitig vor Fristablauf vorgelegt werden. Dazu kommt es, wie das Gesetz eindeutig besagt, auf den Tag des Eingangs beim Oberlandesgericht an (Müller-Sax, 2c zu § 121). Denn die Akten sind dem Oberlandesgericht nur dann „vorgelegt", wenn sie bei ihm eingegangen sind. Der Eingang bei der zur Vermittlung der Vorlage regelmäßig zu beteiligenden Staatsanwaltschaft (§ 122 Abs. 1) oder gar die Anordnung, die Akten abzusenden (so OLG. Frankfurt, NJW. **1965** 1730). genügt nicht, das Ruhen der Frist eintreten zu lassen.

Ist das Ruhen beim Oberlandesgericht in erster und letzter Instanz anhängig, dann gilt Absatz 3 Satz 1 nicht. Der Strafsenat muß vor Ablauf der sechs Monate den Vollzug des Haftbefehls (§ 116) oder bei Jugendlichen die Vollstreckung des Haftsbefehls aussetzen (§ 72 Abs. 1 JGG.) oder die Fortdauer der Untersuchungshaft anordnen. Allerdings kann das Oberlandesgericht auch noch nach Ablauf der Frist entscheiden (s. u. 9). Zwar hätte es nahegelegen, die Frist auch während des Verfahrens des Oberlandesgerichts ruhen zu lassen, wenn nur vor Ablauf der sechs Monate mit der Prüfung begonnen, etwa das Gehör des Beschuldigten und seines Verteidigers (§ 122 Abs. 2 Satz 1) veranlaßt oder Termin zur mündlichen Verhandlung (§ 122 Abs. 2 Satz 2) bestimmt worden ist. Der eindeutige Wortlaut des Absatzes 3 schließt es aus, dieses Ergebnis im Wege der Auslegung zu gewinnen. Auf eine Vorlage durch die Staatsanwaltschaft beim Oberlandesgericht kann man nicht abstellen. Denn Vorlage ist nur diejenige durch den zuständigen Richter (§ 122 Abs. 1; s. u. I 1 zu § 122).

4. Ruhen der Frist während der Hauptverhandlung (Absatz 3 Satz 2). Die Beschränkung des Haftvollzugs endet, wenn ein die Freiheit entziehendes Urteil ergangen ist (Absatz 1, erster Halbsatz). Das Urteil ergeht am Schluß der Hauptverhandlung (§ 260 Abs. 1 Satz 1). Die Hanptverhandlung verträgt schwer die Unterbrechung, die mit einer Aktenversendung ans Oberlandesgericht verbunden wäre. Da zudem, wenn die Hauptverhandlung läuft, das Urteil regelmäßig alsbald zu erwarten ist, wird verordnet, daß der Fristablauf nach begonnener Hauptverhandlung bis zur Verkündung des Urteils ruht. Kürzere Unterbrechungen der Hauptverhandlung (§ 228 Abs. 1 Satz 2) heben das Ruhen für die Zeit der Unterbrechung nicht auf. Absatz 3 Satz 2 gilt auch für Verfahren, bei denen das Oberlandesgericht erkennendes Gericht ist.

Ergeht ein freiheitsentziehendes Urteil (s. o. 5 Abs. 1 und 2 zu § 118), dann endet die Beschränkung (s. u. 5). Wird der Angeklagte freigesprochen oder das Verfahren nicht bloß vorläufig eingestellt, ist der Haftbefehl aufzuheben (§ 120 Abs. 1 Satz 2). Wird nur auf Geldstrafe erkannt, wird der Haftbefehl regelmäßig aufzuheben sein (s. o. II 2 zu § 120). Ist das ausnahmsweise nicht der Fall, hat das erkennende Gericht die Akten unverzüglich dem Oberlandesgericht vorzulegen.

Kommt es jedoch regelwidrig nicht zum Urteil, sondern wird die Hauptverhandlung ausgesetzt (§ 228 Abs. 1 Satz 1, § 145 Abs. 3, § 217 Abs. 2, § 246 Abs. 2, § 265 Abs. 3 und 4) mit der Folge, daß sie neu durchgeführt werden muß, so läuft die Frist von der Aussetzung an weiter. Werden die Akten jedoch unverzüglich nach der Aussetzung dem Oberlandesgericht vorgelegt, so ruht der Fristablauf, bis dieses Gericht entschieden hat (Absatz 3 Satz 3). Läuft das Verfahren beim Oberlandesgericht, dann gibt es keine Vorlage nach der Aussetzung; demzufolge kann auch der Fristablauf nicht ruhen; Absatz 3 Satz 3 gilt nicht, das Oberlandesgericht muß entscheiden, ehe es eine Hauptverhandlung aussetzt.

5. Ende der Beschränkung. Die §§ 121, 122 sind nicht mehr anzuwenden, sobald ein Urteil ergeht, in dem auf Freiheitsstrafe oder auf eine freiheitsentziehende Maßregel der Sicherung und Besserung erkannt wird. Wegen der Begriffe Freiheitsstrafe und freiheitsentziehende Maßregeln s. o. 5 zu § 118. Wie im Falle des § 118 ist auch hier der Jugendarrest den Freiheitsstrafen und den freiheitsentziehenden Maßregeln gleichzuachten. Allerdings kann der Fall, daß ein Jugendlicher sechs Monate in Untersuchungshaft sitzt und dann vier Wochen Dauerarrest erhält, kaum je in Betracht kommen, wenn § 120 Abs. 1 Satz 1 beachtet wird. Tritt er ausnahmsweise ein, etwa weil eine Jugendstrafe zu erwarten war, wegen der besonderen Gestaltung des Falles in der Hauptverhandlung dann aber nur auf Jugendarrest erkannt worden ist, dann wird der Haftbefehl alsbald aufzuheben sein.

Die Beschränkung der Untersuchungshaft endet, sobald ein freiheitsentziehendes Urteil ergangen ist. Der Text von Absatz 1 stimmt insoweit mit dem des § 118 Abs. 4 überein. Wie dort ist auch hier nach dem eindeutigen Wortlaut des Gesetzes nur die Auslegung zulässig, daß die einmal eingetretene Prozeßlage sich nicht wieder ändert, die Beschränkung des Haftvollzugs also nicht wieder eintritt, wenn das verurteilende Erkenntnis vom übergeordneten Gericht aufgehoben wird (OLG. Hamm NJW. **1965** 1818; OLG. Oldenburg NJW. **1965** 1819; OLG. Karlsruhe, JZ. **1965** 587; OLG. Celle NJW. **1965** 2121). Hätte der Gesetzgeber gewollt, daß die Vorschriften der §§ 121, 122 wieder Anwendung finden, wenn ein freiheitsentziehendes Urteil wieder aufgehoben worden ist, so hätte das, auch für Absatz 3, einer eingehenden Regelung bedurft. Sie kann bei dem klaren Wortlaut des Gesetzes nicht durch Analogien gewonnen werden.

Der Grund für die gesetzgeberische Entscheidung, mit dem ersten freiheitsentziehenden Urteil die Begrenzung der Untersuchungshaft entfallen zu lassen, kann nur darin liegen, daß gleichsam vermutet wird, die Durchführung einer etwaigen neuen Verhandlung sei stets ein wichtiger Grund, der das neue Urteil noch nicht zulasse und die Fortdauer der Haft rechtfertige. Für die Regel wird das richtig sein; und der Angeklagte kann darauf verwiesen werden, daß der Haftbefehl aufzuheben ist, wenn die weitere Haft zu der Bedeutung der Sache und der zu erwartenden Strafe oder Maßregel der Sicherung und Besserung außer Verhältnis stehen würde (§ 120 Abs. 1). Doch sind Fälle nicht undenkbar, in denen eine Sache, nachdem sie zur erneuten Verhandlung und Entscheidung zurückverwiesen ist, verzögerlich behandelt wird. Mit dem Mittel der Haftbeschränkung wird diesen — hoffentlich seltenen — Fällen nicht entgegengewirkt.

6. Schwierigkeiten und Umfang der Ermittlungen. Die Dauer des Vollzugs der Untersuchungshaft kann nur unter bestimmten Voraussetzungen über sechs Monate hinaus verlängert werden. Vom Gesetz wird, weil selbstverständlich, nicht erwähnt, daß die allgemeinen Voraussetzungen der Untersuchungshaft (§§ 112, 113) fortbestehen müssen. Besondere Voraussetzungen der weiteren Haft sind, daß die besondere Schwierigkeit oder der besondere Umfang der Ermittlungen oder ein anderer wichtiger Grund das Urteil noch nicht zulassen und die Fortdauer der Haft rechtfertigen. Das zusätzliche Erfordernis der Rechtfertigung läßt nur die Deutung zu, daß es für die Schwierigkeiten und den Umfang der Ermittlungen lediglich darauf ankommt, ob sie vorhanden sind. Dagegen ist es zunächst gleichgültig, ob sich ihre Existenz aus der Natur der Strafsache ergibt, oder ob sie durch Fehlgriffe entstanden sind. Doch werden diese Umstände das Urteil darüber beeinflussen, ob die weitere Haft gerechtfertigt ist (s. u. 8).

Bei den Schwierigkeiten und dem Umfang sind namentlich in Rechnung zu stellen die Zahl der Beschuldigten, der Zeugen und Sachverständigen; die Zeit, die Zeugen, wenn sie aus dem Auslande anreisen müssen, benötigen, um die Reise zu machen und sich auf sie vorzubereiten, und diejenige, die Sachverständigen eingeräumt werden muß, damit sie schriftliche Gutachten erstellen und mündliche vorbereiten können; die Erreichbarkeit von Mitbeschuldigten und Zeugen; sowie die Art ihrer Äußerung und die Notwendigkeit, Zweifel zu klären, die durch diese entstanden sind.

Das Gesetz spricht nur von der Schwierigkeit der Ermittlungen; sonstige Schwierigkeiten des Verfahrens fallen nicht unter diesen Begriff. Daher sind die Verhandlungsmöglichkeiten des Gerichts und das Verhalten des Beschuldigten in bezug auf andere Punkte als die Ermittlungen (z. B. Beschwerden) bei den anderen wichtigen Gründen (s. u. 7) zu untersuchen. Dagegen kann es durchaus die besondere Schwierigkeit der Ermittlungen begründen, wenn der Beschuldigte sich nicht einläßt.

7. Wichtiger Grund. Der Vollzug der Untersuchungshaft darf auch aufrechterhalten werden, wenn ein (anderer) wichtiger Grund das Urteil noch nicht zuläßt. Viele wichtige Gründe sind neben Schwierigkeit und Umfang der Ermittlungen nicht denkbar. Selbstverständlich fällt hierunter Stillstand der Rechtspflege, doch ist das ein mehr theoretisches Beispiel. Dagegen können als wichtige Gründe in Betracht kommen, daß Beamte während der Ermittlungen ausfallen oder daß die Strafkammer mangelhaft besetzt ist, und dieser Umstand rechtzeitiger Terminierung entgegensteht. Weitere wichtige Gründe sind Erkrankung von Zeugen und Sachverständigen, des Beschuldigten, seines Verteidigers, des Vorsitzenden und des Berichtserstatters, in umfangreichen Sachen auch des allein eingearbeiteten Staatsanwalts. Ebenso kann es ein wichtiger Grund sein, wenn der Beschuldigte durch sein Verhalten (dauernde Beschwerden und Eingaben) das Urteil verzögert. Freilich wird in diesen Fällen die Rechtfertigung der weiteren Haft besonders sorgsam zu prüfen sein.

8. Rechtfertigung der Haftfortdauer. Wenn die besondere Schwierigkeit oder der besondere Umfang der Ermittlungen oder ein anderer wichtiger Grund das Urteil noch nicht zulassen, gibt das allein noch keine Berechtigung, den Vollzug der Untersuchungshaft über sechs Monate hinaus aufrechtzuerhalten. Das Gesetz fordert vielmehr als weitere Voraussetzung, daß die gleichen Umstände, die das Urteil noch nicht zulassen, auch die Fortdauer der Haft rechtfertigen. Da die Untersuchungshaft grundsätzlich nur solange vollzogen werden darf, als das unerläßlich ist, um das Urteil zu erreichen, ist die Haftverlängerung nur gerechtfertigt, wenn die Schwierigkeiten usw. unabwendbar sind und unabwendbar gewesen sind. Das ist nicht der Fall, wenn den Umständen, die das Urteil noch nicht zulassen, entgegengewirkt werden konnte. Zu diesem Zweck muß ggf. der Urteilsstoff begrenzt werden. Zwar kann es in einzelnen Fällen unerläßlich sein, alle Vorwürfe gegen den Beschuldigten, in seltenen Fällen auch gegen mehrere Beschuldigte, gleichzeitig abzuurteilen, wenn nur auf diese Weise eine gerechte Rechtsfindung und Strafzumessung sichergestellt werden kann (OLG. Hamm JZ. **1965** 545). In den meisten Fällen dagegen ist das zwar wünschenswert, aber nicht unerläßlich. Dann ist auf den Vorteil zu verzichten, denselben Beschuldigten wegen mehrerer Taten gleichzeitig zu belangen, oder gegen mehrere Beschuldigte gleichzeitig zu verhandeln. Vielmehr sind Anklage und Verhandlung auf die zuerst verhandlungsreife Tat gegen den inhaftierten Beschuldigten zu beschränken; die endgültige Strafe muß der Gesamtstrafenbildung in einer späteren Verhandlung (meist während der Strafhaft) vorbehalten bleiben.

Die weitere Haft wird im allgemeinen nicht deshalb gerechtfertigt sein, weil der Terminkalender des Gerichts überfüllt ist. Die Ausnahmetatbestände des § 121 Abs. 1 sind eng auszulegen. Schwierigkeiten bei der Besetzung der Richterbank wegen Krankheit und Urlaub sind kein wichtiger Grund, der die Haftfortdauer rechtfertigt (OLG. Bremen NJW. **1965** 2361). Andere Sachen sind hinter den Haftsachen zurückzustellen, selbst wenn dafür angesetzte Termine wieder aufgehoben werden müssen. Doch sind Ausnahmen anzuerkennen, wenn sich umfangreiche Haftsachen häufen. „Personalmangel" ist nach einer im Rechtsausschuß vertretenen Auffassung kein Grund, der es rechtfertigt, die Untersuchungshaft zu verlängern (RAusschußProt. 11/7). Allgemein ist diese Ansicht indessen kaum richtig. Der entgegengesetzten Ansicht des Oberlandesgerichts Hamburg (NJW. **1965** 1777), daß eine Verzögerung, die sich „zwangsläufig" aus der Geschäftslage der Gerichte und der Strafverfolgungsbehörden ergibt, ein wichtiger Grund für die Haftfortdauer sein könne, ist eher zuzustimmen, wenn das Wort „zwangsläufig" richtig angewendet wird; für den vom Gericht entschiedenen Fall (gegen den vor dem 13. 7. Angeklagten konnte nach der Geschäftslage der Strafkammer nicht vor Ende September verhandelt werden) erscheint das zweifelhaft. Jedenfalls darf nicht auf die Geschäftslage der zuständigen Kammer abgestellt werden, wenn Hilfe innerhalb des Gerichts (§ 69 Abs. 2, 2. Halbsatz GVG.) möglich ist; auch müssen den Behörden ausreichend Kräfte zur Verfügung gestellt werden, damit der Gesetzesbefehl erfüllt werden kann. Für die Übergangszeit konnte manches als wichtiger Grund angesehen werden (OLG. Köln NJW. **1965** 2416), was jetzt nicht mehr als solcher gelten kann.

Kann es nicht zum Urteil kommen, weil der Beschuldigte das Verfahren durch dauernde Eingaben und Beschwerden aufhält, so ist das zwar ein wichtiger Grund, der dem Urteil entgegensteht, aber in der Regel keiner, der es rechtfertigt, die Haft fortdauern zu lassen. Denn in der Mehrzahl der Fälle wäre es möglich gewesen, der Verzögerung durch technische Mittel entgegenzuwirken. Dafür kommen Hilfsakten mit Durchschlägen der wichtigsten Schriftstücke in Betracht. Durch sie kann der Staatsanwalt sicherstellen, daß er die Ermittlungen auch dann fortsetzen kann, wenn er die Akten versenden muß (Nr. 12 RiStV.). Indessen werden in einzelnen Fällen Schwierigkeiten bestehen, mit Abschriften und Hilfsakten das Verfahren zügig zu fördern, weil es etwa erst weit nach Beginn der Untersuchung zur Haft gekommen und die Sache umfangreich und verwickelt ist. Wird das Urteil dann verzögert, weil die Sachakten wegen dauernder Beschwerden und Eingaben immer wieder versandt werden müssen, so ist das Verhalten des Beschuldigten ein wichtiger Grund, der die Fortdauer der Haft rechtfertigt.

Schwierigkeiten und Umfang der Ermittlungen rechtfertigen die Fortdauer der Haft grundsätzlich nicht, wenn sie nicht in der Natur der Sache begründet, sondern durch grobe Fehler und Versäumnisse entstanden sind. Für die Beurteilung dieser Frage ist die Bearbeitungsweise normaler Kriminalbeamten, Staatsanwälte und Richter zugrunde zu legen; Meisterleistungen sind kein Maßstab. — Die Fortdauer der Haft müßte auch bei verschuldeter Schwierigkeit ausnahmsweise gestattet sein, wenn im konkreten Fall das öffentliche Interesse auf Sicherung des Verfahrens gegenüber dem Interesse des Beschuldigten, entweder rasch abgeurteilt oder aber entlassen zu werden, wegen der besonderen Schwere der Straftat eindeutig das Übergewicht hat. Die Fassung der Regierungsvorlage hätte das sichergestellt. Die vom Bundestag beschlossene Gesetzesfassung läßt eine Haftverlängerung allein wegen der Schwere der verfolgten Straftat nicht zu. Eine Änderung des Gesetzes ist notwendig und vordringlich.

9. Entscheidung nach Fristablauf (Absatz 2). Alsbald nach sechs Monaten Vollzugs der Untersuchungshaft zuzüglich der Zeiten, in denen der Fristablauf nach Absatz 2 geruht hat, ist der Haftbefehl aufzuheben. Das kann nur unterbleiben, wenn er vom zuständigen Gericht oder vom Oberlandesgericht ausgesetzt worden ist, oder wenn das Oberlandesgericht, das dafür allein zuständig ist, die Fortdauer der Untersuchungshaft angeordnet hat.

Absatz 2 kann — wenn nicht der Vollzug ausgesetzt wird — als absoluter Haftaufhebungsgrund mißverstanden werden (so OLG. Frankfurt NJW. **1965** 1731; OLG. Schleswig, SchlHA. **1965** 243). Die Ansicht liegt nahe, weil die Setzung der Sechsmonatsfrist als Ordnungsvorschrift nicht recht überzeugend ist; wird die Frist versäumt, hat das nur auf deren Ruhen Einfluß (s. o. 3) und die Folge, wenn sie nicht ruht, ist gering (s. u. II 3 Abs. 4 zu § 122). Gleichwohl ist aus dem Wortlaut der Vorschrift zu entnehmen, daß die (negative) Entscheidung des Oberlandesgerichts Voraussetzung der Aufhebung der Untersuchungshaft ist. Denn die Bestimmung lautet nicht (der Haftbefehl ist aufzuheben) „falls nicht das Oberlandesgericht die Fortdauer der Untersuchungshaft angeordnet h a t“, sondern „wenn nicht das Oberlandesgericht die Fortdauer ... anordnet“. Demzufolge darf der Haftbefehl nicht allein deshalb aufgehoben werden, weil versäumt worden ist, die Akten vor Ablauf der sechs Monate vorzulegen (OLG. Celle, NJW. **1965** 2068; OLG. Hamm, NJW. **1965** 2312; Kleinknecht, MDR. **1965** 787). Für die Entscheidung des Oberlandesgerichts ist ohnehin keine Frist vorgeschrieben, so daß es auch nach mehr als sechs Monaten die Fortdauer der Haft anordnen kann, wenn etwa ein Gericht die Vorlage versäumt, nach Ablauf von sechs Monaten sich verpflichtet gehalten hat, den Haftbefehl aufzuheben, ihn aber später wegen veränderter Umstände neu erlassen hat.

Dazu ist es befugt. Denn das zuständige Gericht kann, da die (negative) Entscheidung des Oberlandesgerichts Voraussetzung der Haftaufhebung ist, einen Haftbefehl erlassen oder den ausgesetzten Vollzug wieder anordnen, auch wenn zur Zeit der Anordnung sechs Monate verstrichen sind (OLG. Hamm NJW. **1965** 1730), wenn nur noch keine Entscheidung des Oberlandesgerichts ergangen ist. Das kommt etwa in Betracht, wenn das zuständige Gericht den Haftbefehl nach § 120 Abs. 1 Satz 1 oder Absatz 3 gerade bei Ablauf der sechs Monate aufgehoben hatte. Dagegen zählen die Fälle nicht hierher, in denen ein Beschuldigter vor dem Inkrafttreten des StPÄG. nach Vollzug von sechs Monaten entlassen worden ist (vgl. OLG. Köln NJW. **1965** 2414). Sie scheiden schon deshalb aus, weil in diesen Fällen nach Art. 14 Abs. 4, Art. 18 Abs. 1 StPÄG. von der vor dem 1. 4. 1965 verbüßten Haft für das Verfahren des Oberlandesgerichts nur drei Monate zählen.

Dagegen darf das zuständige Gericht keinen Haftbefehl erlassen — weil es ihn alsbald nach § 121 Abs. 2 wieder aufheben müßte —, wenn der Beschuldigte in der gleichen Sache sechs Monate Untersuchungshaft verbüßt hat **und** das Oberlandesgericht schon die Fortdauer der Haft abgelehnt hatte. Es ist schwer abzusehen, wann das der Fall sein könnte. Die Begründung hat den Fall im Auge, daß ein Beschuldigter wegen derselben Tat neu verhaftet werden solle, nachdem das Oberlandesgericht den Haftbefehl nach § 121 aufgehoben hatte (BT-Drucks. IV 178, S. 25). Dieser Fall ist indessen nicht denkbar: ist der Haftbefehl nach § 121 Abs. 1 aufgehoben, dann ist das endgültig (s. u. II 6 zu § 122).

10. Bundesgerichtshof (Absatz 4). Bei der Frage, ob festgestellte Verlängerungsgründe die Fortdauer der Haft rechtfertigen, ist u. U. das Verfahren der Staatsanwaltschaft und des von ihr angerufenen Gerichts zu beurteilen. Das ist einer der Gründe, warum die Entscheidung, ob die Haft zu verlängern ist, dem Oberlandesgericht anvertraut wird. Der Vorteil, daß ein anderes als das erkennende Gericht entscheidet, muß notwendigerweise entfallen, wenn die Sache vor dem Oberlandesgericht verhandelt wird (§ 120 Abs. 1 GVG.). In diesem Fall, den das Gesetz nicht erwähnt, ergeben sich nur dann Besonderheiten, wenn zur Zeit der Entscheidung bereits Anklage beim Oberlandesgericht erhoben ist. Dann entfällt das Vorlegungsverfahren (§ 122 Abs. 1); demzufolge kann Absatz 3 Satz 1 und 3 (Ruhen vor der Entscheidung des Oberlandesgerichts) keine Anwendung finden (s. o. 3 und 4).

Die gleiche Lage ist gegeben, wenn der Bundesgerichtshof zuständig ist. Dann tritt er, wo in den §§ 121, 122 das Oberlandesgericht genannt ist, an dessen Stelle. Der Bundesgerichtshof ist zuständig in den Fällen des § 134 Abs. 1 GVG.; in denen des § 134 Abs. 2 GVG. wird er es, wenn der Generalbundesanwalt die Verfolgung übernommen hat. Die Zuständigkeit nach § 134 Abs. 1 GVG. entfällt, wenn der Generalbundesanwalt das Verfahren an die Landesstaatsanwaltschaft abgegeben (§ 134a Abs. 1 GVG.) oder der Bundesgerichtshof die Verhandlung und Entscheidung dem Oberlandesgericht überwiesen hat (§ 134a Abs. 3 GVG.); in denen des § 134 Abs. 2, wenn der Generalbundesanwalt die Sache wieder an die Landesstaatsanwaltschaft abgegeben (§ 134a Abs. 2 GVG.) oder der Bundesgerichtshof die Verhandlung und Entscheidung dem Landgericht überwiesen hat (§ 134a Abs. 3 GVG.).

Wegen des Untersuchungsrichters s. u. I 3 zu § 122.

§ 122

(1) In den Fällen des § 121 legt der zuständige Richter des Amtsgerichts oder des Landgerichts die Akten durch Vermittlung der Staatsanwaltschaft dem Oberlandesgericht zur Entscheidung vor, wenn er die Fortdauer der Untersuchungshaft für erforderlich hält oder die Staatsanwaltschaft es beantragt.

(2) Vor der Entscheidung sind der Beschuldigte und der Verteidiger zu hören. Das Oberlandesgericht kann über die Fortdauer der Untersuchungshaft nach mündlicher Verhandlung entscheiden; geschieht dies, so gilt § 118a entsprechend.

(3) Ordnet das Oberlandesgericht die Fortdauer der Untersuchungshaft an, so gilt § 114 Abs. 2 Nr. 4 entsprechend. Für die weitere Haftprüfung (§ 117 Abs. 1) ist das Oberlandesgericht zuständig, bis ein Urteil ergeht, das auf Freiheitsstrafe oder eine freiheitsentziehende Maßregel der Sicherung und Besserung erkennt. Es kann die Haftprüfung dem Gericht, das nach den allgemeinen Vorschriften dafür zuständig ist, für die Zeit von jeweils höchstens drei Monaten übertragen. In den Fällen des § 118 Abs. 1 entscheidet das Oberlandesgericht über einen Antrag auf mündliche Verhandlung nach seinem Ermessen.

(4) Die Prüfung der Voraussetzungen nach § 121 Abs. 1 ist auch im weiteren Verfahren dem Oberlandesgericht vorbehalten. Die Prüfung muß jeweils spätestens nach drei Monaten wiederholt werden.

(5) Das Oberlandesgericht kann den Vollzug des Haftbefehls nach § 116 aussetzen.

(6) Sind in derselben Sache mehrere Beschuldigte in Untersuchungshaft, so kann das Oberlandesgericht über die Fortdauer der Untersuchungshaft auch solcher Beschuldigter entscheiden, für die es nach § 121 und den vorstehenden Vorschriften noch nicht zuständig wäre.

Entstehungsgeschichte: Eingefügt durch Art. 1 StPÄG.

Schrifttum: Pusinelli, Die weitere Prüfung der Fortdauer der Untersuchungshaft nach § 121 Abs. 1 StPO., NJW. **1965** 96.

Übersicht

I. Vorlage (Absatz 1).

1. Zuständiger Richter. Werden die Akten dem Oberlandesgericht vorgelegt, bevor sechs Monate Untersuchungshaft vollzogen worden sind (§ 121 Abs. 2), dann bewirkt diese Vorlage, daß die Sechsmonatsfrist ruht (§ 121 Abs. 3). Vorlage i. S. des § 121 Abs. 3 ist die in Absatz 1 geordnete Vorlage durch den zuständigen Richter. Legt die Staatsanwaltschaft oder ein unzuständiger Richter, der etwa zufolge eines Ersuchens vorübergehend mit der Sache befaßt ist, die Akten vor, dann tritt diese Folge nicht ein. Von der Frage des Ruhens der Frist abgesehen ist es jedoch gleichgültig, wie die Sache ans Oberlandesgericht gelangt ist, wenn dieses nur nach der Prozeßlage zuständig ist, über die Haftfrage zu entscheiden; die Vorlage durch den zuständigen Richter ist keine Entscheidungsvoraussetzung. Das Oberlandesgericht kann also auch entscheiden, wenn es durch weitere Beschwerde mit der Sache befaßt ist. Es kann die Akten aber nicht von sich aus anfordern und von Amts wegen die Fortdauer der Untersuchungshaft anordnen. Wegen der Entscheidung über die Haft eines Mitbeschuldigten vgl. Absatz 6 (s. u. II 7).

Welcher Richter zuständig ist, ergibt sich aus § 126: Der Amtsrichter im vorbereitenden Verfahren, nach Anklage das mit der Sache befaßte Gericht, aber nicht das Revisionsgericht, und in der Voruntersuchung der Untersuchungsrichter.

Als zuständig muß über die allgemeine Regel des § 126 hinaus auch die Beschwerdekammer angesehen werden. Die Vorlage durch den zuständigen Richter — und nicht etwa im Ermittlungsverfahren durch den Staatsanwalt — ist angeordnet, damit der Richter vorher prüfen kann, ob er den Haftbefehl aufhebt oder den Vollzug des Haftbefehls nach § 116 aussetzt und damit das Vorlageverfahren überflüssig macht. Ist Beschwerde eingelegt, hat das Beschwerdegericht die Haftfrage umfassend zu prüfen und nimmt damit in diesem Punkte die Aufgabe des nach § 126 zuständigen Richters wahr. Daher ist es berechtigt und, wenn sonst die Vorlage zu spät käme, verpflichtet, die Akten dem Oberlandesgericht nach Absatz 1 vorzulegen.

Ist die Sache beim Oberlandesgericht oder beim Bundesgerichtshof (§ 121 Abs. 4) durch Anklage (§ 199 Abs. 2, § 200) anhängig geworden, dann findet § 122 Abs. 1 keine Anwendung. Damit entfällt auch das Ruhen der Frist nach § 121 Abs. 3 Satz 1 und 3 (s. o. 3 Abs. 2, 4 Abs. 3 zu § 121). Wegen der Voruntersuchungssachen s. u. 3.

2. Revisionssachen. Für das Revisionsgericht ist die Zuständigkeit in Haftsachen besonders geregelt (§ 126 Abs. 2 Satz 2, Abs. 3), doch kann der Fall des § 121, wenn die Akten in die Revision gehen, in der Regel nicht eintreten. Meistens ist dann ein Urteil ergangen, das auf Freiheitsstrafe oder auf eine freiheitsentziehende Maßregel der Sicherung und Besserung lautet. Dann findet das Verfahren des § 122 nach § 121 Abs. 1 keine Anwendung. Ist der Angeklagte freigesprochen oder ist das Verfahren nicht bloß vorläufig eingestellt worden, dann ist der Haftbefehl aufgehoben worden (§ 120 Abs. 1 Satz 2). Ist nur auf Geldstrafe oder auf eine nicht freiheitsentziehende Maßregel (Verbot der Berufsausübung, § 42 l StGB.; Entziehung der Fahrerlaubnis, § 42 m StGB.) oder auf Einziehung, Verfall, Unbrauchbarmachung usw. (s. o. I 3 b aa zu § 94) erkannt worden, wird in aller Regel der Haftbefehl aufgehoben worden sein (s. o. II 2 zu § 120). Ist das ausnahmsweise nicht der Fall, hat der letzte Tatrichter eine Frist zu notieren, die Akten rechtzeitig zurückzufordern, die Haftfrage zu prüfen (s. u. 4 Abs. 3) und die Akten dem Oberlandesgericht vorzulegen.

Auch wenn Revisionsgericht das Oberlandesgericht ist, kann es, wenn ihm die Sache nicht mit weiterer Haftbeschwerde (§ 310) zugegangen ist, nicht ohne Vorlage des zuständigen Richters vor dem Urteil über die Haftfrage entscheiden (§ 126 Abs. 2 Satz 2) und bei diesem nur in der Weise, daß es den Haftbefehl aufhebt (§ 126 Abs. 3). Es ist daher, obwohl mit der Sache befaßt (vgl. § 126 Abs. 2 Satz 1), nicht zur Entscheidung über die Haftfrage zuständig. Demgemäß müssen ihm die Akten zur Entscheidung vorgelegt werden. Die Vorlage führt auch allein die Folge des § 121 Abs. 3 herbei. Sie braucht aber nicht in der Weise bewirkt zu werden, daß der zuständige Richter die Akten vom Oberlandesgericht zurückfordert und sie ihm nach Prüfung der Haftfrage (s. u. 4 Abs. 3) wieder vorlegt. Sie kann vielmehr in einem Schreiben des zuständigen Richters bestehen, daß die mit Revision von der Staatsanwaltschaft übersandten Akten (§ 347 Abs. 2) nunmehr dem Oberlandesgericht nach § 122 Abs. 1 vorgelegt werden. Das Schreiben hat eine fristhemmende Wirkung (§ 121 Abs. 3) jedoch nur, wenn sich bei seinem Eingang die Akten beim Revisionsgericht befinden. Das wird das Gericht fernmündlich feststellen, ehe es das die Vorlage bewirkende Schreiben absendet. Steht fest, daß während der Zeit, in der sich die Akten auf Revision beim Oberlandesgericht befinden, die Frist des § 121 Abs. 1 ablaufen wird, und kann der nach § 126 zuständige Richter mit Sicherheit voraussehen, daß für diesen Zeitpunkt die Fortdauer der Untersuchungshaft erforderlich ist, kann er die Akten dem Oberlandesgericht schon vorlegen, wenn er sie nach Nr. 144 Abs. 4 RiStV. der Staatsanwaltschaft zuleitet.

3. Voruntersuchung. Auch wenn Voruntersuchung schwebt (wegen dieses Zeitraums s. u. 3 zu § 125), ist in der Person des Untersuchungsrichters ein zuständiger Richter vorhanden, der die Akten dem Oberlandesgericht vorlegen kann. Zwar spricht Absatz 1 nur von dem zuständigen Richter des Amtsgerichts oder des Landgerichts, obwohl Untersuchungsrichter auch ein Mitglied des Bundesgerichtshofs (§ 186 Abs. 1) und des Oberlandesgerichts (§ 186 Abs. 2 und 4) sein kann. Es muß ein Redaktionsversehen angenommen werden. Dem Sinn der Vorschrift kann es allein entsprechen, wenn als zuständiger Richter auch der Untersuchungsrichter angesehen wird, ohne Unterschied, ob er ein Richter des Amtsgerichts oder des Landgerichts ist oder aber ein Mitglied des Bundesgerichtshofs oder des Oberlandesgerichts (Dünnebier JZ. **1966** 254).

4. Vorlegungsverfahren. So rechtzeitig vor Ablauf von sechs Monaten Vollzugs der Untersuchungshaft, daß die Akten spätestens am letzten Tage der Frist beim Oberlandesgericht eingegangen sind (§ 121 Abs. 3 Satz 1), hat sie der zuständige Richter des Amtsgerichts oder des Landgerichts oder der Untersuchungsrichter (s. o. 3) dem Oberlandesgericht vorzulegen. Wenn keine Untersuchungshaft vollzogen wird — sei es weil der Vollzug des Haftbefehls nach § 116 ausgesetzt ist, sei es weil der Haftbefehl gegen einen Jugendlichen nicht vollstreckt wird (§ 72 Abs. 1 JGG.) —, findet das Vorlegungsverfahren nicht statt.

Vor der Vorlage ist die Staatsanwaltschaft beim Landgericht zu hören. Diese hat sich, wenn die öffentliche Klage noch nicht erhoben ist, zu entscheiden, ob sie beantragen soll, den Haftbefehl aufzuheben (§ 120 Abs. 3 Satz 1). Stellt sie diesen Antrag nicht, hat sie zu prüfen, ob sie die Vorlegung beantragen soll (s. u. 5). Der Richter hat die Akten dann durch Vermittlung der Staatsanwaltschaft dem Oberlandesgericht vorzulegen. Diese kann noch die Aufhebung des Haftbefehls nach § 120 Abs. 3 Satz 1 herbeiführen. Sonst gibt sie ihre Erklärung nach § 33 Abs. 2 ab. Könnte, wenn der Weg über die Staatsanwaltschaft befolgt wird, die Frist von sechs Monaten nicht innegehalten werden, sind die Akten dem Oberlandesgericht unmittelbar vorzulegen; dieses hört seine Staatsanwaltschaft dann nach § 33 Abs. 2.

Bevor der zuständige Richter die Akten vorlegt, hat er zu prüfen, ob der Haftbefehl nach § 120 aufzuheben ist. Alsdann entscheidet er, ob der Vollzug des Haftbefehls nach § 116 Abs. 1 bis 3 ausgesetzt werden kann. Seine Befugnis dazu ergibt sich aus folgenden Erwägungen: Liegen die Voraussetzungen des § 121 Abs. 1 vor, ist nach § 121 Abs. 2 der Haftbefehl aufzuheben, wenn nicht entweder der Vollzug des Haftbefehls nach § 116 ausgesetzt wird, oder aber das Oberlandesgericht die Fortdauer der Untersuchungshaft anordnet. Aus dieser Gegenüberstellung ergibt sich, daß schon der zuständige Richter den Vollzug des Haftbefehls aussetzen kann, und daß diese Aussetzung das Vorlegungsverfahren überflüssig macht. In diesem Sinne heißt es in der Begründung: „In Absatz 1 wird dem zuständigen Richter . . ., falls er den Vollzug des Haftbefehls nicht nach § 116 aussetzen will, die Einholung der Entscheidung des Oberlandesgerichts zur Pflicht gemacht . . .“ (BTDrucks. IV 178, S. 26).

Verneint der zuständige Richter die Voraussetzungen sowohl des § 120 Abs. 1 als auch des § 116 und bringt er damit zum Ausdruck, daß er für erforderlich hält, die Untersuchungshaft weiter zu vollziehen, hat er die Akten dem Oberlandesgericht vorzulegen. Er darf davon nicht absehen, weil er voraussieht, daß die Voraussetzungen des § 121 Abs. 1 nicht gegeben sein werden, die Fortdauer der Untersuchungshaft also zwar erforderlich ist, aber nicht zulässig sein werde (a. A. — keine Vorlage, wenn nach übereinstimmender Auffassung des zuständigen Richters und der Staatsanwaltschaft kein wichtiger Grund für die Fortdauer der Untersuchungshaft gegeben ist — Pusinelli, S. 96). Dagegen kann die Staatsanwaltschaft, wenn die öffentliche Klage noch nicht erhoben ist, einen Antrag nach § 120 Abs. 3 auch deshalb stellen, weil sie das Verfahren nach § 122 für aussichtslos hält. Denn ihr bloßer Antrag nötigt, den Haftbefehl aufzuheben; die Begründung ist für das Gericht bedeutungslos.

5. Antrag der Staatsanwaltschaft. Nach dem letzten Halbsatz des Absatzes 1 muß der Richter die Akten dem Oberlandesgericht stets vorlegen, wenn die Staatsanwaltschaft es beantragt. Damit werden das Recht und die Pflicht des Richters ausgeschaltet, den Haftbefehl nach § 120 Abs. 1 Satz 1 aufzuheben, seinen Vollzug nach § 116 auszusetzen oder bei einem Jugendlichen von der Vollstreckung des Haftbefehls abzusehen (§ 72 Abs. 1 JGG.), wenn die Voraussetzungen des § 121 Abs. 1 vorliegen und die Staatsanwaltschaft die Vorlage zum Oberlandesgericht beantragt. Auf diese Weise wird der Weg zum Oberlandesgericht abgekürzt, den die Staatsanwaltschaft, wenn der zuständige Richter nach § 120 Abs. 1 Satz 1 oder nach § 116 Abs. 1 bis 3 entschiede, durch Beschwerde und weitere Beschwerde ohnehin erzwingen könnte.

6. Staatsanwaltschaft. Die Vorlage bewirkt der Richter, auch wenn er im Ermittlungsverfahren mit der Sache nicht befaßt ist. Sobald ein Richter einen Haftbefehl erlassen hat, wird er daher eine Frist zu notieren und nach deren Ablauf festzustellen haben, ob der Haftbefehl vollzogen wird und wo sich die Akten befinden. Wenn die Zuständigkeit nicht gewechselt hat, wird er, falls die Voraussetzungen des § 121 Abs. 1 vorliegen, die Akten beizuziehen und das Verfahren des Absatzes 1 durchzuführen haben. Die Frist wird nach den örtlichen Verhältnissen verschieden lang ausfallen. Sie sollte nicht kürzer als fünf Monate sein, wird aber, auch wenn sich das Oberlandesgericht am Sitze des zuständigen Richters befindet, so zu bemessen sein, daß zehn Tage für das o. 4 dargestellte Verfahren zur Verfügung stehen.

Die Staatsanwaltschaft trifft die gleiche Verantwortung wie den Richter. Ihr ist zudem in Absatz 1 ein besonderes Antragsrecht eingeräumt worden, das die Entscheidungsmöglichkeiten des zuständigen Richters einschränkt (s. o. 5). Außerdem ist sie verpflichtet, dauernd darauf zu achten, ob die Untersuchungshaft noch nötig ist (Nr. 43 Abs. 1 Satz 1 und 2 RiStV.). Daher hat auch die Staatsanwaltschaft Fristen zu notieren und dafür besorgt zu sein, daß der zuständige Richter rechtzeitig im Besitz der Akten ist, um sie dem Oberlandesgericht vorzulegen. Hält sie den Haftvollzug weiter für erforderlich, wird sie den Antrag nach Absatz 1 stellen, sonst aber beantragen, den Haftbefehl aufzuheben, seinen Vollzug auszusetzen oder bei einem Jugendlichen von der Vollstreckung abzusehen. Ihre Verpflichtung endet nicht, wenn sie die öffentliche Klage erhebt; sie dauert fort, bis der Haftbefehl erledigt ist.

II. Verfahren des Oberlandesgerichts.

1. Rechtliches Gehör (Absatz 2 Satz 1). Nach § 33 Abs. 3 müßte der Beschuldigte nur gehört werden, bevor zu seinem Nachteil Tatsachen oder Beweisergebnisse verwertet werden, zu denen er noch nicht gehört worden ist. Diese Voraussetzung wird zwar regelmäßig zutreffen, weil Schwierigkeit und Umfang der Ermittlungen wie auch ein sonstiger wichtiger Grund auf Tatsachen beruhen, die mit dem Beschuldigten nicht erörtert worden sind; im Einzelfall könnte es aber zweifelhaft sein. Deshalb wird das Gehör des Beschuldigten, und zusätzlich seines Verteidigers, ausdrücklich angeordnet. Zufolge dieser Sonderbestimmung ist das Gehör auch umfassender ausgestaltet als das nach § 33 Abs. 3. Es hat sich auf alle nach § 121 Abs. 1 für die Verlängerung erforderlichen Voraussetzungen zu erstrecken; der Beschuldigte und sein Verteidiger müssen daher Gelegenheit erhalten, sich auch zu den wertenden Erwägungen („besonders“, „wichtig“, „rechtfertigen“) zu äußern.

Das Gehör braucht das Oberlandesgericht nicht selbst durchzuführen, wenn nur klargestellt wird, daß dem Beschuldigten Gelegenheit gegeben wird, sich vor seiner Entscheidung zu äußern (s. o. III 4 zu §§ 33, 33a). Daher ist es zulässig, daß der die Akten vorlegende Richter das Gehör veranlaßt. Das hat den Vorteil, daß der örtliche Anwalt die Akten einsehen kann, ehe sie versandt werden, und daß seine Äußerung vorliegen wird, wenn das Oberlandesgericht zur Entscheidung kommt. Auf der anderen Seite wird der vorlegende Richter nicht immer die gleichen Gesichtspunkte ins Auge fassen, die das Oberlandesgericht als Entscheidungsgrundlage erwägt. Von diesem Gesichtspunkt aus ist es am sichersten, wenn es das Gehör selbst veranlaßt. Das ist am einfachsten in der Weise durchzuführen, daß es dem Verteidiger die Stellungnahme des Generalstaatsanwalts mitteilt, wobei es, falls erforderlich, auf zusätzliche Punkte hinweisen kann. Erübrigt sich das in der Regel, kann auch der Generalstaatsanwalt seine Stellungnahme dem Verteidiger mitteilen und ihm eröffnen, daß das Oberlandesgericht nach einer bestimmten Frist entscheiden werde (vgl. § 349 Abs. 3). Welches Verfahren am einfachsten und raschesten zum Ziele führt, wird nach den örtlichen Verhältnissen zu entscheiden sein.

Der Verteidiger ist nur zu hören, wenn der Beschuldigte einen hat. Das wird in der Regel der Fall sein (s. o. 8 zu § 117), doch ist es in vereinzelten Fällen möglich, daß der Beschuldigte auch nach fünf und mehr Monaten ohne Verteidiger ist (s. o. 9 zu § 117). Aus der Anordnung, den Verteidiger zu hören, ist nicht zu entnehmen, daß dem Beschuldigten einer beigeordnet werden müßte. Doch sollte die Staatsanwaltschaft regelmäßig einen Antrag nach § 117 Abs. 4 stellen.

2. Mündliche Verhandlung (Absatz 2 Satz 2). Das Gehör des Beschuldigten und des Verteidigers wird sich manchmal am zweckmäßigsten und schnellsten in einer mündlichen Verhandlung durchführen lassen. Aus diesem Grunde wird dem Oberlandesgericht freigestellt, wie im Beschwerdeverfahren (§ 118 Abs. 2), nach mündlicher Verhandlung zu entscheiden. Der Beschuldigte, sein Verteidiger, wie auch die Staatsanwaltschaft, können das beantragen, doch gibt allein das Ermessen des Gerichts den Ausschlag, ob mündlich verhandelt werden soll. Das Oberlandesgericht wird das anordnen, wenn seine Entscheidung zweifelhaft sein könnte, und wenn erwartet werden kann, daß sich die Fragen, ob die besondere Schwierigkeit oder der besondere Umfang der Ermittlungen oder ein anderer wichtiger Grund das Urteil noch nicht zulassen und die Fortdauer der Haft rechtfertigen, schneller oder sicherer als im schriftlichen Verfahren beurteilen lassen, wenn das Material in persönlicher Gegenwart des Beschuldigten, seines Verteidigers und des Staatsanwalts mündlich erörtert wird.

Für die mündliche Verhandlung gilt § 118a entsprechend.

3. Entscheidung des Oberlandesgerichts. Das Oberlandesgericht hat zunächst nach § 120 Abs. 1 Satz 1 zu prüfen, ob etwa der Haftbefehl aufzuheben ist. Denn es kann die Fortdauer der Untersuchungshaft nur anordnen, wenn deren allgemeine Voraussetzungen bestehen und sich nicht ergibt, daß die weitere Untersuchungshaft zu der Bedeutung der Sache und der zu erwartenden Strafe oder Maßregel der Sicherung und Besserung außer Verhältnis stehen würde. Bejaht es im Gegensatz zu den Vorinstanzen, daß der Fall des § 120 Abs. 1 Satz 1 vorliegt, hebt es den Haftbefehl auf. Das kann es auch schon vor Gehör des Beschuldigten und seines Verteidigers tun, allerdings erst, nachdem die Staatsanwaltschaft sich geäußert hat. Dann findet das besondere Verfahren des Absatzes 2 nicht statt. Das Oberlandesgericht kann aber auch erst im Laufe des Prüfungsverfahrens zu der Erkenntnis gelangen, daß es den Haftbefehl aufheben muß.

Verfährt das Oberlandesgericht nicht nach § 120 Abs. 1 Satz 1, hat es die Prüfung nach § 116 anzustellen (s. u. 5). Lehnt es ab, den Vollzug des Haftbefehls auszusetzen, prüft es die Voraussetzungen des § 121 Abs. 1. Stellt es fest, daß ein Urteil ergangen ist, erklärt es das Prüfungsverfahren für unzulässig. Allerdings werden ihm die Akten bei einem solchen Verfahrensstand regelmäßig nicht vorgelegt werden. Das Gericht hat dann weiter zu prüfen, ob die weiteren Voraussetzungen des § 121 Abs. 1 (s. dazu o. 6 bis 8 zu § 121) erfüllt sind. Ist das der Fall, ordnet es die Fortdauer der Untersuchungshaft an. Ist es nicht der Fall, „ist der Haftbefehl nach Ablauf der sechs Monate aufzuheben" (§ 121 Abs. 2, erster Halbsatz). Bei der Berechnung der sechs Monate hat die Bearbeitungszeit beim Oberlandesgericht außer Ansatz zu bleiben (§ 121 Abs. 3 Satz 1).

Lehnt das Oberlandesgericht die Fortdauer der Untersuchungshaft ab, dann kann es die Akten dem zuständigen Richter zurückgeben, damit dieser nach Ablauf der Frist (sechs Monate zuzüglich Bearbeitungszeit) den Haftbefehl aufhebt. Der zuständige Richter ist dazu am Tage des Fristablaufs verpflichtet, es sei denn, daß inzwischen vor Fristablauf die Hauptverhandlung begonnen hat (§ 121 Abs. 3 Satz 2). Da das Oberlandesgericht in der Regel kurze Zeit vor Fristablauf entscheiden wird, wird man ihm die Befugnis einräumen dürfen, den Haftbefehl auch schon kurz vor Ablauf der (um die Ruhenszeiten verlängerten) sechs Monate aufzuheben. Es wäre eine unnötige Förmlichkeit, wollte man das Oberlandesgericht für verpflichtet halten, dem zuständigen Richter eine Entscheidung zu überlassen, die er in wenigen Tagen erlassen muß, ohne daß ihm eine Entscheidungsfreiheit zusteht. Verwehrt ist dem Oberlandesgericht ein solches Verfahren freilich nicht. Die Entscheidung wird auch dahin ergehen können, daß der Haftbefehl zu dem im Beschluß zu bezeichnenden Tage des Fristablaufs aufgehoben wird. Diese Form scheidet allerdings aus, wenn die Möglichkeit besteht, daß noch während der Frist mit der Hauptverhandlung begonnen wird; denn dann verlängert sich die Frist weiter (§ 121 Abs. 3 Satz 2).

Sind die Akten verspätet vorgelegt worden, so ruht die Frist bis zur Entscheidung des Oberlandesgerichts nicht (s. o. 3 zu § 121, I 1 zu § 122). Wenn in einem solchen Falle das Oberlandesgericht die Fortdauer der Haft nicht anordnet, muß es den Haftbefehl stets selbst aufheben, weil der Beschuldigte sonst bis zur Entscheidung des zuständigen Gerichts entgegen § 121 Abs. 2 ungesetzlich in Haft wäre. Ebenso muß das Oberlandesgericht — wie auch der Bundesgerichtshof — den Haftbefehl selbst aufheben, wenn das Verfahren bei ihm in erster und letzter Instanz anhängig ist.

4. Begründung (Absatz 3 Satz 1). Die Anordnung ergeht als Beschluß. In ihm ist der nächste Prüfungstermin jedenfalls dann zu bestimmen, wenn die Dreimonatsfrist des Absatzes 4 Satz 2 unterschritten werden soll. Ist das nicht der Fall, ergibt sich die Frist aus dem Gesetz, doch sollte sie zweckmäßigerweise auch dann in den Beschluß aufgenommen werden. Der Beschluß ist formlos bekanntzumachen (§ 35 Abs. 2 Satz 2). Ergeht er auf mündliche Verhandlung, ist er an deren Schluß zu verkünden oder, wenn er erst später erlassen wird, ebenfalls formlos bekanntzumachen (§ 118a Abs. 4; Absatz 2 Satz 2). Beschwerde findet nicht statt (§ 304 Abs. 4).

Nach § 34 braucht der Beschluß, da er nicht durch Rechtsmittel anfechtbar ist, nur dann begründet zu werden, wenn der Beschuldigte, etwa bei dem Gehör nach Absatz 2 Satz 1, beantragt, den Haftbefehl aufzuheben. Das Gesetz will aber auf jeden Fall eine Begründung und bringt diesen Willen in der gesetzestechnisch wenig begrüßenswerten Form durch die Anordnung zum Ausdruck, daß § 114 Abs. 2 Nr. 4 entsprechend zu gelten habe. Dort wird angeordnet, im Haftbefehl die Tatsachen anzuführen, aus denen sich der dringende Tatverdacht und der Haftgrund ergeben, soweit dadurch nicht die Staatssicherheit gefährdet wird. Da die Vorschrift entsprechend gilt, werden keine Bedenken bestehen, auf vorangegangene Beschlüsse oder auf den Haftbefehl zu verweisen, wenn zum dringenden Tatverdacht und zum Haftgrund nichts Neues zu sagen ist. Auf der anderen Seite bedeutet die dem Zweck des § 122 entsprechende Anwendung, daß die Begründung des Beschlusses weiterzugehen hat als die des Haftbefehls. Denn der Beschluß beruht auf § 121 Abs. 1 und muß sich daher in erster Linie mit den Verlängerungsgründen befassen. Demzufolge sind neben dem Inhalt des § 114 Abs. 2 Nr. 4, der sogar etwas zurücktreten kann, in erster Linie die Tatsachen aufzuführen, aus denen sich die besondere Schwierigkeit oder der besondere Umfang der Ermittlungen oder ein anderer wichtiger Grund ergibt, der das Urteil noch nicht zuläßt und die Fortdauer der Haft rechtfertigt. Auch wird eine Würdigung der Tatsachen zu erwarten sein. Da die Oberlandesgerichte ihre Beschlüsse stets voll zu begründen pflegen, wird der Beschluß auch Ausführungen zu der Verhältnismäßigkeit (§ 112 Abs. 1 Satz 2, § 120 Abs. 1, zweiter Halbsatz) enthalten. Wegen der Gefährdung der Staatssicherheit s. o. 6 Abs. 2 zu § 114.

5. Aussetzung des Vollzugs (Absatz 5). Wenn der zuständige Richter das Vorlegungsverfahren dadurch überflüssig machen kann, daß er den Vollzug des Haftbefehls nach § 116 aussetzt (s. o. I 4 Abs. 3 zu § 122), so muß dem Oberlandesgericht die Befugnis zustehen, auf dem gleichen Wege sein Entscheidungsverfahren zu erledigen. Denn dieses setzt voraus, daß Untersuchungshaft vollzogen wird. Daher ist zunächst nach den allgemeinen Vorschriften zu prüfen, ob der Vollzug überhaupt stattfinden darf.

Indessen ist diese logisch gebotene Reihenfolge für das Oberlandesgericht, wie sich aus Absatz 5 ergibt, nicht zwingend und nicht immer zu empfehlen. Setzt es nämlich den Vollzug des Haftbefehls aus, ohne die Fortdauer der Haft anzuordnen, dann können sich Mißhelligkeiten ergeben, wenn nach § 116 Abs. 4 der Vollzug des Haftbefehls angeordnet werden muß. Die Zeit bis zum Ablauf der Sechsmonatsfrist kann dann so kurz sein, daß die rechtzeitige Vorlage gefährdet sein könnte. Um solchen Nachteilen zu begegnen, gibt Absatz 5 dem Oberlandesgericht die Befugnis, nicht nur vor seiner Entscheidung, daß die Untersuchungshaft fortzudauern habe, sondern auch zugleich mit ihr den Vollzug des Haftbefehls auszusetzen. Auf diese Weise entstehen bei Anordnung des Vollzugs keine Schwierigkeiten, wenn das zuständige Gericht den Vollzug nach § 116 Abs. 4 anordnet; es braucht die Akten nicht alsbald nach der Wiederverhaftung vorzulegen, sondern erst so rechtzeitig, daß das Oberlandesgericht nach drei Monaten (Absatz 4 Satz 2) entscheiden kann.

6. Wirkung einer die Fortdauer der Untersuchungshaft verneinenden Entscheidung. Hat das Oberlandesgericht abgelehnt, die Fortdauer der Untersuchungshaft anzuordnen, dann kann es diese Entscheidung nicht wieder ändern. Ausgeschlossen ist die Änderung, wenn der Senat, etwa in anderer Besetzung, von seiner bisherigen rechtlichen Beurteilung abweicht. Sie wäre möglich, wenn sich die tatsächlichen Verhältnisse änderten. Aber das ist nicht denkbar. Denn die Beurteilung der tatsächlichen Umstände, aus denen die besondere Schwierigkeit oder der besondere Umfang der Ermittlungen oder ein anderer wichtiger Grund das Urteil noch nicht zulassen und die Fortdauer der Haft rechtfertigen, war gerade Gegenstand der Entscheidung. Es ist keine Änderung der Tatsachengrundlage der Entscheidung, wenn nachträglich Umstände aufgedeckt werden, die bei der Entscheidung vorhanden waren, aber übersehen worden sind. Was sich nach Ablauf der sechs Monate neu ereignet, etwa die Erkrankung eines Sachverständigen, ist kein Umstand, der auf die Verlängerung des Haftvollzugs über sechs Monate hinaus Einfluß haben kann. Denn für diese Entscheidung darf nur berücksichtigt werden, was sich bis zum Ablauf von sechs Monaten Haftvollzug ereignet hat.

7. Mitbeschuldigte (Absatz 6). Sind im gleichen Verfahren mehrere Beschuldigte in Haft, dann können sich die Vorlagen häufen. Bei vielen Beschuldigten könnte der Ablauf des Verfahrens gestört werden, selbst wenn der Staatsanwalt durch Hilfsakten (Nr. 12 RiStV.) Vorsorge getroffen hat, daß er die Ermittlungen auch während des Vorlegungsverfahrens fortsetzen kann. Fallen die Sechs-Monats-Fristen oder spätere Drei-Monats-Fristen (Absatz 4 Satz 2) eng zusammen, dann könnte die rechtzeitige Vorlage der später vorzulegenden Sache gefährdet sein. Aus diesen Gründen gibt Absatz 6 dem Oberlandesgericht die Zuständigkeit, wenn ihm die Akten wegen eines Beschuldigten vorgelegt werden, zugleich auch über die Fortdauer der Untersuchungshaft von Beschuldigten zu entscheiden, für die es noch nicht zuständig wäre.

Liegen die Vorlegungszeiten nur wenig, etwa bis zu drei Wochen, auseinander, muß man den zuständigen Richter für berechtigt erachten, die Akten auch für den Beschuldigten vorzulegen, bei dem das Prüfungsverfahren noch Zeit hat. In diesem Falle bewirkt die Vorlage, daß der Fristablauf bis zur Entscheidung des Oberlandesgerichts ruht (§ 121 Abs. 2 Satz 1). Dagegen ruht der Fristablauf nicht, wenn das Oberlandesgericht über die Fortdauer der Untersuchungshaft eines Beschuldigten, für den es an sich noch nicht zuständig wäre, von Amts wegen entscheidet. Denn in bezug auf diesen Beschuldigten werden dem Oberlandesgericht die Akten nicht im Sinne des § 121 Abs. 3 Satz 1 vorgelegt. Wohl aber kann der zuständige Richter, wenn sich die Entscheidung beim Oberlandesgericht verzögert, diesem die Akten nachträglich auch für den Mitbeschuldigten in der Weise vorlegen, daß er dem Oberlandesgericht mitteilt, die für den Beschuldigten A vorgelegten Akten würden nunmehr auch für den Beschuldigten B vorgelegt (vgl. oben I 2 Abs. 2).

III. Weiteres Verfahren.

1. Allgemeine Haftprüfung (Absatz 3 Satz 2 bis 4). Nachdem das Oberlandesgericht die Fortdauer der Untersuchungshaft angeordnet hat, weil es die allgemeinen Voraussetzungen der Untersuchungshaft (§ 120 Abs. 1 Satz 1) und die besonderen des § 121 Abs. 1 bejaht hat, können beide Voraussetzungen sich ändern. Sie sind daher beide weiter zu prüfen. Für die Prüfung der besonderen Voraussetzungen ist ein besonderes Verfahren angeordnet (s. u. 3). Die allgemeinen Voraussetzungen sind fortlaufend (s. 20 zu § 112), bei jedem Antrag, den Haftbefehl aufzuheben, und bei jeder Beschwerde sowie in dem Verfahren des § 117 zu prüfen. Die laufende Prüfung ist Sache des zuständigen Gerichts. Dieses kann, ebenso wie das Beschwerdegericht, jederzeit einen Haftbefehl aufheben oder seinen Vollzug aussetzen, auch wenn das Oberlandesgericht nach Absatz 3 Satz 1 die Fortdauer der Haft angeordnet hatte. Lediglich die Haftprüfung nach § 117 Abs. 1 überträgt das Gesetz dem Oberlandesgericht. Das war nach dem Regierungsentwurf sinnvoll, weil dort für die Haftprüfung nach § 117 Fristen vorgesehen waren (BTDrucks. IV 178; § 117 Abs. 1, Abs. 4) und der Beschuldigte außerhalb dieser Fristen keine Haftprüfung verlangen konnte. Die Haftprüfung des § 117 mit der des § 121 zu einer einzigen zu vereinigen, bedeutete Arbeitsersparnis und belastete das Oberlandesgericht nicht, weil es beide Fristen gleich ansetzen konnte. Im Bundestag ist die automatische Haftprüfung gefallen. Nur der Anspruch auf mündliche Verhandlung ist von Fristen abhängig (§ 118 Abs. 3), die Haftprüfung nicht. Sie findet nur noch auf Antrag des Beschuldigten statt, dafür aber jederzeit (BTDrucks. IV 2378; § 117 Abs. 1). Beantragt der Beschuldigte sie oft, so werden die Akten durch die Vorlage ans Oberlandesgericht zu lange dem Verfahren entzogen.

Da es nach dieser Änderung nicht mehr möglich ist, die Prüfungen nach § 117 Abs. 1 und nach § 122 Abs. 4 zu einer einzigen zu vereinigen, wird es in der Regel angemessen sein, die Haftprüfung (für den Fall, daß sie beantragt werde), dem zuständigen Gericht zu übertragen. Das wird in Absatz 3 Satz 3 ausdrücklich für zulässig erklärt, jedoch nur jeweils für einen bestimmten Zeitraum — höchsten drei Monate —, der mit der nach Absatz 4 zu wählenden Frist übereinstimmend bestimmt werden sollte. Spricht das Oberlandesgericht diese Übertragung nicht aus, muß es selbst nach § 117 entscheiden. Findet das Verfahren des § 117 vor dem Oberlandesgericht statt, kann der Beschuldigte die mündliche Verhandlung (§ 118) nicht erzwingen; es entscheidet das Ermessen des Oberlandesgerichts.

Die Zuständigkeit des Oberlandesgerichts zur Haftprüfung nach § 117 Abs. 1 endet zu dem gleichen Zeitpunkt, in dem auch die nach § 122 Abs. 4 aufhört, nämlich sobald ein Urteil ergangen ist, das auf Freiheitsstrafe oder auf eine freiheitsentziehende Maßregel der Sicherung und Besserung (s. dazu o. 5 zu § 118) erkannt hat.

2. Verfahren des zuständigen Richters. Behält das Oberlandesgericht sich die Haftprüfung nach § 117 Abs. 1 vor, dann findet die Vorschrift des § 117 mit der Maßgabe Anwendung, daß ein Antrag auf Haftprüfung, wenn er nicht beim Oberlandesgericht eingeht, diesem vom zuständigen Gericht über die Staatsanwaltschaft vorzulegen ist. Der zuständige Richter kann die Haftprüfung dadurch entbehrlich machen, daß er den Haftbefehl aufhebt, falls die Voraussetzungen der Untersuchungshaft nicht mehr vorliegen (§ 120 Abs. 1 Satz 1). Die Staatsanwaltschaft kann, wenn noch keine öffentliche Klage erhoben ist, die Aufhebung des Haftbefehls nach § 120 Abs. 3 bewirken. Dagegen wird die Entscheidung des Oberlandesgerichts im Verfahren nach § 117 Abs. 1 nicht dadurch überflüssig, daß der zuständige Richter den Vollzug der Untersuchungshaft nach § 116 aussetzt oder bei einem Jugendlichen nach § 72 Abs. 1 JGG. von der Vollstreckung des Haftbefehls absieht. Denn Ziel des Haftprüfungsantrags ist in erster Linie die Prüfung, ob der Haftbefehl aufzuheben ist. Nur wenn der Antragsteller sich darauf beschränkt, die Aussetzung des Vollzugs zu beantragen, macht die dem Antrag entsprechende Entscheidung des zuständigen Richters die Vorlage ans Oberlandesgericht hinfällig.

Hat das Oberlandesgericht dem zuständigen Richter die Haftprüfung übertragen, dann ergeben sich für das Verfahren nach §§ 117, 118 keine Besonderheiten.

3. Weitere Prüfung der besonderen Voraussetzungen (Absatz 4). Ob die Voraussetzungen des § 121 Abs. 1 vorliegen, darf allein das Oberlandesgericht prüfen und entscheiden. Der sonst für Haftentscheidungen zuständige Richter darf die Frage weder bejahen noch auch verneinen (Begrdg., BDDrucks. IV 178, S. 26). Das ergibt sich aus § 121 Abs. 2, § 122 Abs. 1 (s. auch o. I 4 Abs. 4), wie auch aus dem ganzen System der §§ 121, 122 Abs. 1 bis 3, wird aber in Absatz 4 für das Verfahren nach der ersten Entscheidung des Oberlandesgerichts ausdrücklich noch einmal ausgesprochen. Zugleich wird durch das Wort „auch" (im weiteren Verfahren) das Prinzip nochmals deutlich wiederholt (a. A. — Entscheidungsmonopol des Oberlandesgerichts besteht „nur in positiver Hinsicht" — Pusinelli, S. 97).

In der Entscheidung nach Absatz 3 Satz 1 bestimmt das Oberlandesgericht den ersten Prüfungstermin, wenn die Frist von drei Monaten unterschritten werden soll. Ist kein neuer Termin bestimmt worden, findet die Prüfung nach drei Monaten statt. Da die Prüfung eine Wiederholung der ersten Prüfung ist, gelten für das Verfahren alle Bestimmungen, die für die erste Prüfung gegeben sind, d. h. für das Ruhen der Frist § 121 Abs. 3 (OLG. Oldenburg JZ. **1965** 770), für das Vorlegungsverfahren Absatz 1 (s. o. I, namentlich I 4, 5), für das Verfahren des Oberlandesgerichts Absatz 2 und Absatz 3 Satz 1. Daraus folgt, daß das Oberlandesgericht die Sache nicht unter Kontrolle behält, die Akten anfordert und von Amts wegen entscheidet, daß es vielmehr, wie bei der ersten Prüfung (s. o. I 1), regelmäßig zufolge der Vorlage durch das zuständige Gericht mit der Sache befaßt wird (weitergehend — Oberlandesgericht entscheidet „nur und erst" nach Vorlage der Akten durch den zuständigen Richter — Pusinelli, S. 97).

Die Prüfung ist solange wenigstens alle drei Monate zu wiederholen, bis ein Urteil ergeht, das auf Freiheitsstrafe oder auf eine freiheitsentziehende Maßregel der Sicherung und Besserung (s. dazu o. 5 zu § 118) erkennt (§ 121 Abs. 1), bis der Haftbefehl nach § 120 Abs. 1 oder 3 aufgehoben oder sein Vollzug nach § 116 ausgesetzt oder bei einem Jugendlichen nach § 72 Abs. 1 JGG. von der Vollstreckung des Haftbefehls abgesehen wird. Tritt einer dieser Fälle ein, wird ein vom Oberlandesgericht bestimmter oder der im Gesetz (Absatz 4 Satz 2) vorgesehene neue Prüfungstermin gegenstandslos; er wird nicht ausdrücklich aufgehoben.

§ 123

(1) Eine Maßnahme, die der Aussetzung des Haftvollzugs dient (§ 116), ist aufzuheben, wenn

1. der Haftbefehl aufgehoben wird oder

2. die Untersuchungshaft oder die erkannte Freiheitsstrafe oder freiheitsentziehende Maßregel der Sicherung und Besserung vollzogen wird.

(2) Unter denselben Voraussetzungen wird eine noch nicht verfallene Sicherheit frei.

(3) Wer für den Beschuldigten Sicherheit geleistet hat, kann deren Freigabe dadurch erlangen, daß er entweder binnen einer vom Gericht zu bestimmenden Frist die Gestellung des Beschuldigten bewirkt oder die Tatsachen, die den Verdacht einer vom Beschuldigten beabsichtigten Flucht begründen, so rechtzeitig mitteilt, daß der Beschuldigte verhaftet werden kann.

Entstehungsgeschichte: I. Entw. § 107. II. Entw. § 108. III. Entw. § 110. Frühere Bezeichnung: § 121.

Änderungsvorschläge: N. E. I, II § 120. N. E. III § 141.

Spätere Änderungen: § 121 bezog sich früher nur auf das Freiwerden einer Sicherheit. Die jetzige allgemeine Fassung hat die Vorschrift erhalten durch Art. 1 Nr. 1 StPÄG.

1. Aufheben und Freiwerden. Der Vollzug eines Haftbefehls wird unter bestimmten Voraussetzungen nach § 116 ausgesetzt. Dabei werden regelmäßig Maßnahmen angeordnet, die in Anweisungen an den Beschuldigten oder in der Leistung einer Sicherheit bestehen. Die Vorschrift verordnet, wann diese Maßnahmen aufzuheben sind. Die Aufhebungsgründe zerfallen in zwei Gruppen: Wird der Haftbefehl aufgehoben (Nr. 1), dann ist der Anlaß zur Haft entfallen; wird die Untersuchungshaft, Strafhaft oder eine Maßregel der Sicherung und Besserung vollzogen (Nr. 2), dann entfällt der Anlaß zu den Maßnahmen oder zur Sicherheitsleistung. In beiden Fallgruppen müssen daher die Maßnahmen aufgehoben werden.

Unter denselben Voraussetzungen, unter denen Maßnahmen aufzuheben sind, wird auch eine Sicherheit frei (Absatz 2), wenn sie — was selbstverständlich ist — nicht schon vorher verfallen war. Absatz 2 bezieht sich sowohl auf Sicherheiten, die der Beschuldigte, als auch auf solche, die ein Dritter geleistet hat, Absatz 3 nur auf letztere.

Die Pflichten und Beschränkungen (§ 116 Abs. 3 Nr. 1) entfallen, wenn die Voraussetzungen des Absatzes 1 eintreten, nicht von selbst, vielmehr sind die Maßnahmen, mit denen jene Lasten auferlegt worden sind, ausdrücklich aufzuheben, obwohl es dem Beschuldigten keine Nachteile mehr bringen kann, wenn er Pflichten nicht mehr erfüllt und sich Beschränkungen nicht mehr unterwirft; im Falle des Vollzugs kann er das ohnehin nicht tun. Die Sicherheit dagegen wird eo ipso frei, sobald der Haftbefehl aufgehoben oder Haft vollzogen wird. Zwar nützt das Freiwerden dem Beschuldigten ohne weitere behördliche Akte nichts, doch wird durch die Bestimmung, die Sicherheit werde kraft Gesetzes frei, die Unverrückbarkeit der Rechtslage betont: die frei gewordene Sicherheit kann nicht mehr in Anspruch genommen werden, auch wenn der Haftbefehl irrtümlich aufgehoben worden ist; sie bleibt auch dann frei, wenn nachträglich ein Ereignis eintritt, durch das, wenn es sich früher ereignet hätte, die Sicherheit verfallen wäre. Beisp.: Der Verurteilte tritt die Strafe an und flieht am ersten Tage, ehe der Beschluß ergangen ist, daß die Sicherheit frei geworden sei.

Die Sicherheit wird nur frei, wenn sie nicht schon verfallen war. Ob dieser Umstand eingetreten ist, hat das Gericht nach § 124 Abs. 1 zu prüfen und ggf. nach § 124 Abs. 2 festzustellen. Der Verfall ist bei keinem der Befreiungsgründe ausgeschlossen, auch nicht wenn der Haftbefehl aufgehoben wird. Denn das kann der Fall sein, obwohl der Beschuldigte sich vorher — etwa durch Flucht — der Untersuchung entzogen hatte (§ 124 Abs. 1), etwa weil er freiwillig zurückgekehrt und in Krankheit verfallen ist. In der Regel indessen wird, anders als bei den beiden anderen Befreiungsgründen, der vorherige Verfall der Sicherheit keine Rolle spielen, wenn der Haftbefehl aufgehoben wird.

2. Aufhebung des Haftbefehls. Der erste Grund, der das Gericht nötigt, Maßnahmen aufzuheben, und der die Sicherheit frei macht, ist die Aufhebung des Haftbefehls. Alle Gründe, die zur Einstellung des Verfahrens führen (Verjährung, Rücknahme des Strafantrags, Amnestie usw.), zwingen, weil sie die Untersuchung beenden, den Haftbefehl aufzuheben. Zufolge der Aufhebung setzen sie den Maßnahmen des § 116 ein Ende (Absatz 1 Nr. 1). Aber ohne daß der Haftbefehl aufgehoben wird, erledigen sich die Maßnahmen nicht von selbst. Auch die Sicherheit wird in keinem Falle ohne diesen Akt frei. Selbst wenn bei Freispruch und ihm gleichstehenden Entscheidungen der Haftbefehl ohne weitere Prüfung aufgehoben werden muß (§ 120 Abs. 1 Satz 2; s. dazu o. II 3 und 4 zu § 120), macht erst die Aufhebung die Sicherheit frei (EbSchmidt, 9 zu § 121; KleinknM, 3b zu § 121), nicht (so Hartung, 4 zu § 121) schon die Freisprechung usw. selbst. Denn neue Tatsachen oder Beweismittel, die unmittelbar nach dem Freispruch bekannt werden, können trotz Freispruchs der Aufhebung des Haftbefehls entgegenstehen (s. o. II 9 zu § 120). Die Ansicht endlich, daß es bei Ereignissen, die notwendigerweise die Einstellung herbeiführen (Verjährung, Amnestie), keiner Aufhebung des Haftbefehls bedürfe (Lobe-Alsberg, II 5 zu § 121), wird schon durch die Überlegung widerlegt, daß bei vollzogenem Haftbefehl der Beschuldigte erst dann aus der Haft entlassen werden kann, wenn der Haftbefehl aufgehoben worden ist. Dann kann, wenn der Vollzug des Haftbefehls nur ausgesetzt worden ist, die Sicherheit erst recht nicht ohne diesen Akt frei werden. Darin liegt auch keine Ungerechtigkeit, weil die Sicherheit dann nicht mehr verfallen kann. Denn sobald Prozeßhindernisse eingetreten sind, können keine Prozeßhandlungen mehr erforderlich werden, denen sich der Beschuldigte entziehen könnte.

Bei der Aufhebung des Haftbefehls ist der Grund dafür gleichgültig mit einer Ausnahme: Die Rechtskraft beendet die Untersuchung und damit die Untersuchungshaft. Der Haftbefehl erledigt sich mit der Rechtskraft von selbst. Das Gericht braucht ihn nicht aufzuheben, kann das aber tun (s. o. II 10 zu § 120). Hebt es in einem solchen Falle den Haftbefehl auf, dann besagt das nur, daß die Untersuchung beendet ist, nicht aber, daß die Haftgründe entfallen sind. Da die Sicherheit auch dazu dient, den Antritt einer Freiheitsstrafe zu erzwingen (s. o. 1 zu § 116a), kann der Umstand, daß der Haftbefehl allein wegen des Endes der Untersuchung aufgehoben wird, nicht bewirken, daß die Sicherheit frei wird (OLG. Bremen NJW. **1963** 1024).

Allein der Tod des Beschuldigten beendet das Verfahren von selbst und macht den Haftbefehl hinfällig, ohne daß er aufgehoben zu werden braucht; denn es ist niemand mehr vorhanden, der von ihm betroffen wäre. Dabei spielt es keine Rolle, wenn der Beschuldigte den Tod durch Selbstmord herbeigeführt hat (s. u. II 6 Abs. 2 zu § 124). Daß der Verfahrensbeendigung durch Tod keine befreiende Wirkung mehr zukommen kann, wenn die Sicherheit schon vorher durch Flucht verfallen war (OLG. Colmar Alsb. E. 1 294), ist selbstverständlich.

3. Antritt der Untersuchungshaft. Die nach § 116 angeordneten Maßnahmen sind ferner aufzuheben und die Sicherheit wird weiterhin frei, wenn gegen den Beschuldigten in der Sache, in der der Vollzug des Haftbefehls ausgesetzt worden ist, Untersuchungshaft vollzogen wird. Nach dieser Wortfassung reicht weder die vorläufige Festnahme (§ 127 Abs. 2) noch die Verhaftung (§ 114a Abs. 1) aus. Maßgeblich ist vielmehr der Beginn des Vollzugs. Dazu ist es erforderlich, daß der Beschuldigte in die zuständige Haftanstalt gebracht wird; eine Sicherheit verfällt, wenn er auf dem Transport vom Festnahmeort nach der Anstalt flieht (Gerding, S. 11). Da die Vorschrift den Vollzug der Untersuchungshaft zur Voraussetzung der Aufhebung und des Freiwerdens macht, kommt es auf die Einlieferung in die zuständige Anstalt an. Ist der Beschuldigte nach der Verhaftung zunächst in eine fremde Haftanstalt eingeliefert worden, hat damit der Vollzug der Untersuchungshaft noch nicht begonnen. Flieht der Beschuldigte auf dem Transport zur zuständigen Anstalt, so wird die Sicherheit nicht frei. Das gleiche ist der Fall, wenn der Beschuldigte in anderer Sache in Untersuchungshaft kommt, doch kann dieser Umstand Veranlassung geben, den Haftbefehl aufzuheben. Geschieht das nicht und erklärt der Beschuldigte, daß er sich nunmehr auch in der Sache der Untersuchungshaft unterwerfe, in der die Sicherheit geleistet worden ist, dann wird die Sicherheit frei, weil der Beschuldigte nunmehr in dieser Sache in Untersuchungshaft ist.

Denn wie es zum Vollzug des Haftbefehls kommt, ist gleichgültig. Die Folgen treten auch ein, wenn sich der Beschuldigte freiwillig — wenn auch vielleicht auf Veranlassung dessen, der Sicherheit geleistet hat — in den Vollzug begibt und das Gericht daraufhin die Vollstreckung aufnimmt. Das Gericht ist dazu verpflichtet. Die Aussetzung des Vollzugs eines Haftbefehls gegen Maßnahmen oder gegen Sicherheitsleistung ist eine Erleichterung für den Beschuldigten, nicht für den Staat. Dieser kann weder erzwingen, daß der Beschuldigte Weisungen befolgt, noch daß eine Sicherheit geleistet wird. Daher kann der Beschuldigte, wenn er die Sicherheitsleistung auch nicht zurücknehmen kann (s. o. 8 zu § 116a), doch auf die Aussetzung in der Weise Verzicht leisten, daß er sich in den Haftvollzug begibt. Damit kann er die Sicherheit frei machen oder Beschränkungen abwerfen, die ihm lästiger geworden sind als die Untersuchungshaft.

4. Antritt der Strafhaft und des Maßregelvollzugs. Endlich sind die Maßnahmen aufzuheben und wird die Sicherheit frei, wenn die erkannte Freiheitsstrafe oder freiheitsentziehende Maßregel in der Sache vollzogen wird, in der der Vollzug des Haftbefehls ausgesetzt war. Maßgebend ist nicht die Verhaftung (§ 457 Abs. 1), sondern die Aufnahme in die von der Vollstreckungsbehörde bestimmte Anstalt. Strafhaft in anderer Sache führt nicht zur Aufhebung der Maßnahmen, weil der zuständige Richter keinen Einfluß auf ihr Ende hat. Doch kann längere Strafhaft in anderer Sache, wenn die Möglichkeit einer Entlassung (§ 26 StGB.) oder einer Begnadigung vor Abschluß der Untersuchung ausscheidet, zur Folge haben, daß der Haftbefehl und auf diese Weise auch Maßnahmen aufgehoben werden oder eine Sicherheit frei wird.

Wie es zum Strafantritt kommt, ob der Verurteilte sich freiwillig stellt oder ob er verhaftet wird, ist gleichgültig, doch wird im letzteren Falle oft, nicht regelmäßig (s. u. II 6 zu § 124), die Sicherheit verfallen sein, weil sich der Verurteilte dem Strafantritt entzogen hatte.

Dieselbe Wirkung wie der Vollzug der Freiheitsstrafe hat der Vollzug einer freiheitsentziehenden Maßregel der Sicherung oder Besserung. Es kommen alle von ihnen (vgl. § 42a Nr. 1 bis 4 StGB.) in Betracht, wenn die Freiheitsstrafe, neben der sie verhängt sind, bedingt ausgesetzt worden ist (§ 456b Satz 1) — ein Fall, der für die Sicherungsverwahrung (§ 42e StGB.) praktisch ausscheidet —, oder wenn die Unterbringung in einer Heil- oder Pflegeanstalt (§ 42b StGB.) sowie in einer Trinkerheil- oder Entziehungsanstalt (§ 42c StGB.) vor der Freiheitsstrafe vollzogen wird (§ 456b Satz 2). Bei der Unterbringung in einer Heil- oder Pflegeanstalt kann das nur bedeutsam werden, wenn sie angeordnet wird, weil der Angeklagte die Tat im Zustande der verminderten Zurechnungsfähigkeit (§ 51 Abs. 2 StGB.) begangen hatte. Denn wenn er zurechnungsunfähig (§ 51 Abs. 1 StGB.) war, durfte mangels dringenden Tatverdachts kein Haftbefehl ergehen, die Vollstreckung eines ergangenen Unterbringungsbefehls aber nicht ausgesetzt werden (§ 126a Abs. 2 Satz 1).

Wird im Urteil auf eine Geldstrafe erkannt, so wird zwar der Haftbefehl in der Regel aufgehoben werden, aber doch nicht in jedem Fall (s. o. II 2 zu § 120). Tritt indessen die Rechtskraft eines solchen Urteils ein, dann ist der Haftbefehl stets aufzuheben (s. o. II 10 Abs. 3 zu § 120). Als Folge sind nach § 116 angeordnete Maßnahmen außer Kraft zu setzen und wird eine Sicherheit frei. Sie darf weder für die Geldstrafe in Anspruch genommen werden (LG. Hamburg MDR. **1948** 429), noch kann sie verfallen, wenn der Verurteilte die Geldstrafe nicht bezahlt und sich dem Antritt der Ersatzfreiheitsstrafe entzieht (a. A. — Sicherheitsleistung haftet für Geldstrafe — Lobe-Alsberg, II 4 zu § 121; — Sicherheitsleistung verfällt, wenn der Verurteilte sich der Zahlung der Geldstrafe entzieht — EbSchmidt, 5 zu § 122; vgl. weiter u. II 4 zu § 124).

5. Bürgenbefreiung (Absatz 3). Die Sicherheitsleistung durch Dritte erlangt für das Gericht ihren Wert nicht allein durch die Höhe der Sicherheit, sondern namentlich durch die Bedeutung, die ihr Verlust für den Leistenden und dessen Schaden für den Beschuldigten haben würden. Daher hat das Schicksal der Sicherheitsleistung (Abtretung, Pfändung) dem Gericht gleichgültig zu bleiben. Es muß durch den Verfall der Sicherheit dem ein Übel zufügen, dem es vertraut hat. Demzufolge ist unter demjenigen, der für den Beschuldigten Sicherheit geleistet hat, nur zu verstehen, wer sie zu dessen Gunsten im eigenen Namen erbracht hat, d. h. die Person, die „Bürgschaft" geleistet hat, der „Bürge" i. S. von § 116a Abs. 1, gleichviel ob die Sicherheit aus seinem oder aus einem anderen Vermögen stammt (OLG. Hamburg Rpfleger **1962** 220). Dagegen kann die Befugnisse des Absatzes 2 nicht ausüben, wer dem Beschuldigten oder dem

„Bürgen" Vermögensstücke überlassen hat, die diese dann als Sicherheit hinterlegt haben, oder wer eine Sicherheit oder den Anspruch auf ihre Herausgabe rechtsgeschäftlich oder im Wege der Zwangsvollstreckung erworben hat (im Ergebnis ebenso BayObLGSt. **10** 381). Wohl aber hat der Erbe des Bürgen dessen Rechte.

6. Fluchtanzeige. Die Sicherheit wird auch frei, wenn der Bürge Tatsachen rechtzeitig anzeigt, die den Verdacht begründen, daß der Beschuldigte zu fliehen beabsichtige. Die Tatsachen müssen zutreffen und geeignet sein, im Richter den ernstlichen Verdacht der Flucht zu begründen. Die Anzeige muß so rechtzeitig sein, daß der Beschuldigte an der Flucht gehindert werden kann, wenn die Behörden ordnungsgemäß arbeiten. Zufälligkeiten, die die Verhaftung verhindern, obwohl die Behörden sich pflichtgemäß verhalten, wirken gegen den Bürgen; sie zeigen, daß seine Anzeige nicht rechtzeitig war.

Bei der Anzeige einer beabsichtigten Flucht wird das Freiwerden der Sicherheit allein in die Initiative des Bürgen gestellt. Er ist nicht darauf angewiesen, daß der Beschuldigte, der ihm gegenüber untreu zu werden droht, ihn unterstütze. Hat der Beschuldigte sich der Untersuchung oder dem Antritt einer Freiheitsstrafe schon entzogen, dann ist damit freilich die Sicherheit schon verfallen (§ 122 Abs. 1), und es kann allenfalls der in der nächsten Anmerkung behandelte Weg zur Befreiung des Bürgen führen. Ist aber die Anzeige vor einer beabsichtigten Flucht geeignet, die Verhaftung herbeizuführen, dann wird die Sicherheit durch die Anzeige auch dann frei, wenn der Beschuldigte wegen Saumseligkeit der Behörden seine Flucht doch noch bewerkstelligen kann (OLG. Dresden JW. **1923** 420) oder wenn er trotz einer Flucht nicht verhaftet wird, nachdem er reuig zurückgekehrt ist. Hat der Bürge das Seine getan, braucht er ein erhöhtes Risiko nicht mehr zu tragen.

7. Gestellung. Der Bürge kann die Freigabe der Sicherheit dadurch erlangen, daß er innerhalb einer vom Gericht bestimmten Frist den Beschuldigten bewegt, sich dem Gericht zu stellen. Im Gegensatz zur Fluchtanzeige muß bei diesem Befreiungsgrund der Bürge mit dem Beschuldigten zusammenwirken. Die Vorschrift wird im allgemeinen so ausgelegt, daß die Fristsetzung — weil sich der Beschuldigte jederzeit stellen kann — überflüssig sei, und daß sie auf Verfall oder Freiwerden der Sicherheit nicht einwirke (OLG. Hamburg GA. **37** 225). Da weiter Übereinstimmung besteht, daß die Bestimmung dem Bürgen kein Recht gibt, den Beschuldigten gewaltsam vorzuführen oder die staatliche Gewalt dazu in Anspruch zu nehmen, ist es kaum geboten, die Grundlage des Freiwerdens in Absatz 1 zu suchen, wenn der Beschuldigte sich selbst zur Gestellung entschlossen hat, sie aber (so Lobe-Alsberg, III 2a zu § 121) in Absatz 2 zu finden, wenn der Bürge seinen Entschluß herbeigeführt hat.

Die Ansicht, auch für den hier behandelten Fall werde vorausgesetzt, daß die Sicherheit noch nicht verfallen sei (EbSchmidt, 14 zu § 121), ist auch nicht überzeugend. In den Kommissionsverhandlungen hat der Regierungsvertreter ausgeführt: Die Vorschrift behandle den Fall, daß der Beschuldigte bereits aufgefordert worden sei, sich wieder einzufinden, dieser Aufforderung aber keine Folge geleistet habe. Solchenfalls wäre eigentlich, streng genommen, die Sicherheit bereits verfallen. Aus besonderer Rücksicht gegen den Bürgen werde ihm aber noch eine Frist gesetzt, innerhalb deren er die Gestellung bewirken könne (Hahn, Mat. **1** 678).

In der Tat kann der Fall, daß der Bürge die Gestellung des Beschuldigten bewirkt, nachdem ihm das Gericht dazu eine Frist gesetzt hat, nicht anders ausgelegt werden, als daß der bereits eingetretene Verfall der Bürgensicherheit nachträglich wieder aufgehoben wird. Bei der jetzt meist gewählten Auslegung ist die Fristsetzung sinnlos und die ganze Bestimmung ohne Inhalt, weil der Fall der Gestellung schon von Absatz 1 erfaßt wird (KleinknM, 4a zu § 121). Sinnlose Vorschriften sind dem Gesetzgeber aber nicht zu unterstellen. Das Gemeinte, daß eine („eigentlich", „streng genommen") bereits verfallene Sicherheit nachträglich doch wieder frei „gegeben" wird („kann die Freigabe ... erlangen"), ist dem Gesetzestext auch zu entnehmen, zumal wenn man den verschiedenen Wortlaut der beiden Absätze (Die Sicherheit wird frei — Wer Sicherheit geleistet hat, kann deren Freigabe erlangen) berücksichtigt. In der hier getroffenen Auslegung, die mit der Johns (II 2 zu §§ 120 bis 122) und Gerdings (S. 18, dort auch Übersicht über die Meinungen der älteren Literatur) übereinstimmt, ist die Vorschrift auch allein sinnvoll: Der Beschuldigte ist dem Bürgen durch seine Ehre verpflichtet. Ist er der Versuchung erlegen, die Freiheit über die Ehre zu stellen, dann kann der Appell dessen, der ihm vertraut hat, noch am ehesten seine Umkehr bewirken. Dieses Verhältnis zwischen Bürgen und Beschuldigten benutzt der Staat, um Gewalt über den Beschuldigten zu erlangen, und er opfert dafür die bereits verfallene Sicherheit. Denn nicht an dieser, sondern nur an dem Beschuldigten selbst ist ihm gelegen (zust. Müller-Sax, 3a zu § 123).

8. Verfahren.

a) Maßnahmen. Die Entscheidung über die Aufhebung der Maßnahmen ergeht, sobald die Voraussetzungen dafür eingetreten sind, von Amts wegen oder — und das wird im Vorverfahren die Regel sein — auf Antrag der Staatsanwaltschaft. Auch der Beschuldigte ist antragsberechtigt, wenn er auch in der Regel wenig Interesse an der Aufhebung haben wird. Denn wenn er den Pflichten nicht nachkommt und sich den Beschränkungen nicht fügt, kann das für ihn keine nachteiligen Folgen haben. Nur im Falle des § 116 Abs. 3 (Verlassen der Wohnung nur unter der Aufsicht eines anderen) oder von ähnlichen Maßnahmen wird er, wenn der Haftbefehl aufgehoben ist, Anträge stellen. Auf die Aufhebung der Maßnahmen ist von Gericht und Staatsanwaltschaft besonders dann zu achten, wenn Polizeidienststellen mit Kontrollmaßnahmen beauftragt worden sind.

b) Sicherheitsleistung. Mit dem Ereignis, das die Sicherheit frei macht, tritt die Folge, das Freiwerden, kraft Gesetzes ein (OLG. Hamburg GA. **37** 224; BayObLGSt. **7** 330). Die Sicherheit wird endgültig frei. Später eintretende Verfallgründe (§ 124 Abs. 1) heben die Freiheit selbst dann nicht wieder auf, wenn die frei gewordene Sicherheit noch nicht herausgegeben ist. Wird auch die Sicherheit von Rechts wegen frei, so ist damit dem Beschuldigten oder dem Bürgen noch nicht gedient. Daher muß das Freiwerden in der Regel durch eine Entscheidung festgestellt werden. Die Entscheidungen ergehen in der Regel von Amts wegen, bei Anzeige des Bürgen (Absatz 3) grundsätzlich auf Antrag. In diesem hat der Bürge darzulegen, daß der begründete Verdacht der Fluchtabsicht bestanden hatte. Das Gericht hat das und die Rechtzeitigkeit der Anzeige nachzuprüfen. In diesem Falle kann das Gericht dahin entscheiden, daß die Sicherheit nicht frei geworden sei, ohne daß es gleichzeitig die Sicherheit für verfallen erklärt. Das ist der Fall, wenn das Gericht verneint, daß ein begründeter Fluchtverdacht vorgelegen habe. In allen anderen Fällen kann das Gericht nur entweder das Freiwerden der Sicherheit feststellen oder, wenn es den Ausspruch des Verfalls erwägt, das Verfahren nach § 124 Abs. 2 einleiten. Das muß es tun, wenn die Staatsanwaltschaft beantragt, die Sicherheit für verfallen zu erklären. Wegen der Zuständigkeit des Gerichts s. § 126.

Als Folge des Freiwerdens muß die Stelle, der die Verfahrensherrschaft zusteht, die Verwahrung oder sonstige Verstrickung lösen, auf Empfangsbefugnisse (s. o. 2 zu § 116a) verzichten, die Löschung einer Grundschuld bewilligen usw. Die Sicherheit ist dem zurückzugeben oder zurückzuübertragen, der sie bestellt hat, doch sind inzwischen begründete Rechte Dritter zu beachten. Erkennt sie der Hinterleger nicht an und liegt kein Überweisungsbeschluß vor, ist dem, der einen Anspruch glaubhaft macht, eine Frist zu stellen, damit er eine gerichtliche Entscheidung darüber herbeiführen kann, daß er zum Empfang der Sicherheit befugt ist. Tut er das nicht, erhält die Sicherheit, wer sie geleistet hat. Als Rechte Dritter können auch solche der Gerichtskasse in Betracht kommen; in diesem Fall wird regelmäßig ein Überweisungsbeschluß vorliegen.

Steht dem Gericht die Verfahrensherrschaft zu, dann hat es zugleich mit der Feststellung, daß die Sicherheit frei geworden ist, deren Freigabe anzuordnen. Es kann sich auch ohne die deklaratorische Feststellung des Freiwerdens damit begnügen, sie freizugeben. Steht die Verfahrensherrschaft der Staatsanwaltschaft zu, muß sich das Gericht umgekehrt auf den Ausspruch beschränken, daß die Sicherheit frei geworden ist. Die Freigabe ist alsdann Sache der Staatsanwaltschaft. Diese braucht zur Freigabe keine gerichtliche Entscheidung herbeizuführen.

Kommt es auf eine Handlung des Bürgen an (Absatz 3), so macht diese nur die Sicherheit des Handelnden frei, nicht auch die eines weiteren Bürgen oder des Beschuldigten.

9. Beschwerde. Gegen die gerichtliche Entscheidung, daß eine Maßnahme aufgehoben oder eine Sicherheit freigeworden ist, steht der Staatsanwaltschaft, gegen eine verneinende Entscheidung der Staatsanwaltschaft dem Beschuldigten und ggf. dem Bürgen, sofern die Entscheidung nicht von einem Strafsenat ergangen ist (§ 304 Abs. 4), die Beschwerde zu (§ 304 Abs. 1), auch wenn ein erkennendes Gericht die Entscheidung erlassen hat (§ 305 Satz 2). Hatte die Staatsanwaltschaft indessen beantragt, eine Sicherheit für verfallen zu erklären oder hatte das Gericht den Ausspruch des Verfalls erwogen, so richten sich das Verfahren und die (sofortige) Beschwerde nach § 124 Abs. 2.

§ 124

(1) Eine noch nicht frei gewordene Sicherheit verfällt der Staatskasse, wenn der Beschuldigte sich der Untersuchung oder dem Antritt der erkannten Freiheitsstrafe oder freiheitsentziehenden Maßregel der Sicherung und Besserung entzieht.

(2) Vor der Entscheidung sind der Beschuldigte sowie derjenige, welcher für den Beschuldigten Sicherheit geleistet hat, zu einer Erklärung aufzufordern. Gegen die Entscheidung steht ihnen nur die sofortige Beschwerde zu. Vor der Entscheidung über die Beschwerde ist ihnen und der Staatsanwaltschaft Gelegenheit zur mündlichen Begründung ihrer Anträge sowie zur Erörterung über durchgeführte Ermittlungen zu geben.

(3) Die den Verfall aussprechende Entscheidung hat gegen denjenigen, welcher für den Beschuldigten Sicherheit geleistet hat, die Wirkungen eines von dem Zivilrichter erlassenen, für vorläufig vollstreckbar erklärten Endurteils und nach Ablauf der Beschwerdefrist die Wirkungen eines rechtskräftigen Zivilendurteils.

Entstehungsgeschichte: I. Entw. § 108. II. Entw. § 109. III. Entw. § 111. Frühere Bezeichnung: § 122.

Änderungsvorschläge: N. E. I, II § 121. N. E. III § 142. Entw. EGStGB. Art. 70 Nr. 73.

Spätere Änderungen: Die jetzige Fassung ist durch Art. 1 Nr. 1 StPÄG. herbeigeführt worden. Sie stimmt inhaltlich mit dem bisherigen § 122 überein mit der Änderung, daß die Sicherheit jetzt auch verfällt, wenn der Beschuldigte sich dem Antritt einer freiheitsentziehenden Maßregel der Sicherung und Besserung entzieht.

Schrifttum: Gerding, Der Verfall einer noch nicht frei gewordenen Sicherheit im deutschen Strafprozeß, Diss. Jena 1907.

Übersicht

I. Freiwerden. Die Sicherheit kann nur dann (noch) verfallen, wenn sie nicht schon frei geworden ist (OLG. Hamburg DRiZ. **1928** 975). Ob das der Fall ist, hat das Gericht nach § 123 zu prüfen. Da keiner der Verfallgründe denkgesetzlich den Vorrang vor den Befreiungsgründen hat, sind für die Frage nach dem Schicksal der Sicherheit alle Umstände zu prüfen, die dazu führen können, daß sie frei wird oder daß sie verfällt. Die Entscheidung ist dann nach dem für die §§ 123, 124 erheblichen Ereignis zu treffen, das am frühesten eingetreten ist.

Sowohl die Worte „noch nicht verfallen" in § 123 Abs. 1 als auch die „noch nicht frei geworden" in § 124 Abs. 1 sind, weil selbstverständlich, entbehrlich (John, S. 883).

II. Verfall (Absatz 1).

1. Untersuchung. Nach dem ersten der beiden angegebenen Gründe verfällt die Sicherheit, wenn der Beschuldigte sich der Untersuchung entzieht. Untersuchung ist das gesamte Strafverfahren vom ersten (in der Regel polizeilichen; § 163 Abs. 1) Angriff bis zur Einstellung (§ 170 Abs. 2), zur rechtskräftigen Ablehnung der Eröffnung des Hauptverfahrens (§ 204 Abs. 1), zur Außerverfolgungsetzung (§ 204 Abs. 2) oder bis zu einem rechtskräftigen Urteil, das auf Freispruch, Verurteilung, Anordnung einer Maßregel der Besserung oder Sicherung (§ 260 Abs. 1) erkennt, oder bis zu einem auf Einstellung lautenden Urteil (§ 260 Abs. 1), wenn der Einstellungsgrund nicht alsbald behebbar ist (Mangel der Anklage oder des Eröffnungsbeschlusses) und behoben wird. Im übrigen beendet das Einstellungsurteil wie auch die staatsanwaltschaftliche Einstellung die Untersuchung; sie beginnt wieder, wenn das Verfahren erneut fortgesetzt wird. Auch das Wiederaufnahmeverfahren und seine Vorbereitung gehören zur Untersuchung, jedoch nicht die Strafvollstreckung (s. o. I 2 a aa zu § 94).

2. **Freiheitsstrafen.** Die Sicherheit verfällt weiter, wenn der Beschuldigte sich dem Antritt der erkannten Freiheitsstrafe entzieht.

Freiheitsstrafe ist diejenige Haupt- oder Nebenstrafe in Zuchthaus (§ 14 StGB.), Gefängnis (§ 16 StGB.), Jugendstrafe (§ 17 JGG.), Einschließung (§ 17 StGB., § 8 WStG.), Strafarrest (§ 8 WStG.) und Haft (§ 18 StGB.), auf die in der Sache erkannt worden ist, in der der Vollzug der Untersuchungshaft gegen den Beschuldigten ausgesetzt worden ist (§ 116). Jugendarrest, auch in der Form des Dauerarrestes (§ 16 JGG.), ist ein Zuchtmittel (§ 13 Abs. 2 JGG.) und keine Strafe. Wenn es auch zuweilen möglich oder geboten ist, den Jugendarrest wie Strafe zu behandeln, so schließt der mit dem Jugendarrest verfolgte erzieherische Zweck es aus, seinen Vollzug durch Sicherheitsleistung zu sichern.

Die Ersatzfreiheitsstrafe (§ 29 Abs. 1 StGB.) ist keine Freiheitsstrafe i. S. von § 124 Abs. 1 (John, 1b zu § 117; Müller-Sax, 2b zu § 124; a. A. Lobe-Alsberg, II 4 zu § 121; Gerding, S. 35; EbSchmidt, 4 zu § 117; KleinknM, 2b zu § 122), auch nicht, wenn die Geldstrafe, die sie ersetzt, selbst der Ersatz für eine an sich verwirkte Freiheitsstrafe ist (§§ 27b, 29 Abs. 4 StGB.). Da die Ersatzfreiheitsstrafe an die Stelle einer Geldstrafe tritt, könnte der Begriff Freiheitsstrafe die Ersatzfreiheitsstrafe nur dann umfassen, wenn eine noch nicht frei gewordene Sicherheitsleistung auch unter der Voraussetzung verfiele, daß sich dier Beschuldigte der Vollstreckung einer Geldstrafe entzöge. Das ist indessen nicht der Fall (s. u. 4).

3. **Freiheitsentziehende Maßregeln der Sicherung und Besserung** sind die Unterbringung in einer Heil- oder Pflegeanstalt, in einer Trinkerheilanstalt oder einer Entziehungsanstalt oder in einem Arbeitshaus und die Sicherungsverwahrung (§ 42a Nr. 1 bis 4 StGB.). Den beiden letzten Maßregeln kann jedoch für den Verfall kaum Bedeutung zukommen. Denn sie können nur neben einer Freiheitsstrafe verhängt (§ 42d, § 42e) und erst vollzogen werden, wenn die Freiheitsstrafe verbüßt, bedingt ausgesetzt oder erlassen ist (§ 456b). Das ist allenfalls denkbar, wenn eine neben Arbeitshaus erkannte Freiheitsstrafe durch die Untersuchungshaft verbüßt ist und die Untersuchungshaft vor dem Urteil beendet war. Sonst wird regelmäßig die Sicherheitsleistung durch den vorherigen Vollzug der Freiheitsstrafe frei geworden (§ 123 Abs. 1 Nr. 2) oder deshalb verfallen sein, weil sich der Beschuldigte dem Vollzug der Freiheitsstrafe entzogen hatte.

4. Die **Geldstrafe** fällt nicht unter § 124 Abs. 1 (Hartung, 4 zu § 117; John, 1b zu § 117; Gerding, S. 32; Müller-Sax, 2b zu § 124; a. A. EbSchmidt, 5 zu § 122; Lobe-Alsberg, II 4 zu § 121). Wenn man § 124 zunächst beiseite läßt, ergibt sich aus § 112 als Zweck der Untersuchungshaft die Sicherung des Strafverfahrens. Das Verfahren endet, wenn das Urteil rechtskräftig wird. Von da ab gibt es keine Untersuchungshaft mehr; Untersuchungshaft, die in diesem Zeitpunkt noch andauert, verwandelt sich, wenn im Urteil auf Freiheitsstrafe erkannt wird, in Strafhaft (s. o. II 10 Abs. 1 zu § 120). Wird nur eine Geldstrafe ausgeworfen, ist der Haftbefehl aufzuheben (s. o. II 10 Abs. 3 zu § 120). Wenn die Untersuchungshaft mit Rechtskraft des Urteils endet, das das Verfahren abschließt, kann der Vollzug des Haftbefehls von diesem Zeitpunkt an nicht mehr ausgesetzt werden, um mit weniger einschneidenden Maßnahmen den Zweck der — nicht mehr bestehenden — Untersuchungshaft zu erreichen (§ 116 Abs. 1 Satz 1). Kann er nicht ausgesetzt werden, dann können auch eine frühere Aussetzung und ihre Folgen nicht bestehen bleiben. Demzufolge müßte ohne § 124 Abs. 1 mit Rechtskraft des Urteils, d. h. mit dem Ende der Untersuchung, die Sicherheitsleistung als Surrogat der nicht mehr zulässigen Untersuchungshaft frei werden. Die Anordnung in § 124 Abs. 1, daß die Sicherheitsleistung bis zum Antritt einer in dem Verfahren erkannten Freiheitsstrafe oder freiheitsentziehenden Maßregel haftet, ist eine Ausnahmevorschrift. Wie alle Ausnahmebestimmungen darf sie nicht erweiternd ausgelegt werden. Daß § 113 für Geldstrafendelikte die Untersuchungshaft als Verfahrenssicherung zuläßt, ist kein ausreichendes Argument dafür, § 124 Abs. 1 entgegen seinem Wortlaut dahin auszulegen, die Sicherheitsleistung hafte auch für die Vollstreckung von Geldstrafen. Hätte der Gesetzgeber das gewollt, dann hätte er von Strafen und Maßregeln gesprochen, nicht aber ausdrücklich von Freiheitsstrafen und freiheitsentziehenden Maßregeln.

5. Entziehen. Die Sicherheitsleistung ersetzt die Untersuchungshaft, sie soll dem Gericht die Lage sichern, die bei Untersuchungshaft bestände. Da die Untersuchungshaft der Verhinderung von Flucht und nicht der Bequemlichkeit des Gerichts dient, sind für den Zweck der Sicherheitsleistung die — zufälligen — Vorteile außer Betracht zu lassen, die sich durch die stete Anwesenheit eines verhafteten Beschuldigten ergeben. Danach sichert die Sicherheitsleistung das Verhalten eines Beschuldigten, der sich, ohne Fluchtabsichten zu hegen, für Gericht und Staatsanwaltschaft zur Verfügung hält, um Ladungen entgegenzunehmen und gerichtliche Gewalt zu dulden. Nur wer diese Lage für das Gericht verschlechtert, entzieht sich der Untersuchung, nicht aber, wer — wie dies auch sonst ein Beschuldigter tun kann — die nach den Prozeßvorschriften gebotene Mitwirkung verweigert und es auf gerichtlichen Zwang ankommen läßt, solange er nur diesem Zwang sich zur Verfügung hält.

Danach ist Entziehen das von dem Beschuldigten oder mit seinem Wissen von anderen vorgenommene Verhalten, das den vom Beschuldigten beabsichtigten, erkannten oder in Kauf genommenen Erfolg hat, den Fortgang des Verfahrens oder den Antritt der erkannten Freiheitsstrafe oder der freiheitsentziehenden Maßregel der Sicherung und Besserung dauernd oder vorübergehend durch Aufheben der Bereitschaft zu verhindern, für Ladungen, Vollzugs- und Vollstreckungsmaßnahmen zur Verfügung zu stehen. Dagegen wird der Begriff nicht erfüllt durch bloßen Ungehorsam, durch das Unterlassen, gemäß den Verfahrensvorschriften als Beschuldigter am Strafverfahren mitzuwirken (OLG. Celle GA. **60** 483; KG. GA. **42** 147; OLG. München NJW. **1947/48** 704). Der Freiheitsstrafe oder der freiheitsentziehenden Maßregel kann sich der Beschuldigte erst entziehen, wenn auf sie erkannt worden ist. Wer jedoch vor dem Urteil flieht, um sich der Vollstreckung einer erst zu erkennenden Strafe zu entziehen, hat regelmäßig das Bewußtsein, sich zugleich dem Verfahren zu entziehen (OLG. Celle NJW. **1957** 1203).

Voraussetzung des Verfalls ist, daß sich der Beschuldigte der Untersuchung oder dem Antritt der Freiheitsstrafe oder freiheitsentziehenden Maßregel entzieht. Deshalb reicht der Versuch, also die erfolglose Betätigung des Willens mit dem vorgestellten Zweck, nicht aus, den Verfall herbeizuführen (Der Beschuldigte veranlaßt, obwohl er seinen Wohnort nicht verläßt, die Post, seine Briefe an eine auswärtige Anschrift nachzusenden, kann aber gleichwohl ohne Schwierigkeiten zu einer Hauptverhandlung vorgeführt werden). Der Erfolg ist indessen nicht erst eingetreten, wenn der Beschuldigte tatsächlich vom Richter benötigt worden ist, sondern schon, wenn er für einen möglicherweise notwendig werdenden Zwang nicht zur Verfügung steht. Darauf, ob ein solcher notwendig wird, kommt es nicht an (OLG. Braunschweig NJW. **1964** 1485).

6. Einzelfälle. Anstalten zur Flucht (§ 116 Abs. 3 Nr. 2) sind kein Entziehen (Müller-Sax, 2a zu § 122). Dasselbe gilt für das Ausbleiben auf Ladung (§ 116 Abs. 3 Nr. 2), wenn es nur möglich bleibt, den Beschuldigten vorzuführen oder zu verhaften (OLG. München Alsb. E. **1** 291; OLG. Hamburg DRiZ. **1928** 975; Lobe-Alsberg, III 1 zu § 122; Gerding, S. 28). In jenen Fällen ist zwar anzuordnen, daß der Haftbefehl zu vollziehen ist (§ 116 Abs. 3). Aber die Sicherheit verfällt nicht, sie wird vielmehr durch die Inhaftierung frei (§ 123 Abs. 2 in Vbdg. mit Absatz 1 Nr. 2); das Gesetz geht keinen Schritt weiter, als die Verfahrenssicherung gebietet. Demzufolge ist es auch kein Entziehen, wenn der Beschuldigte bei bekannter Anschrift eine Meldepflicht verletzt (OLG. München NJW. **1947/48** 704). Er entzieht sich jedoch, wenn er sich verbirgt, wenn er ohne Aufenthaltsangabe verreist usw., und es dadurch unmöglich wird, die Gestellung zu erzwingen (OLG. München Alsb. E. **1** 291; KG. GA. **42** 147; OLG. Celle GA. **60** 482), wenn er während eines Strafaufschubs flieht, in der Absicht, nach dessen Ablauf nicht zurückzukehren (OLG. Colmar GA. **39** 185); wenn er während der Hauptverhandlung entweicht, so daß nach § 231 Abs. 2 verfahren werden muß (OLG. Celle NJW. **1957** 1203).

Selbstmord kann zwar ein Entziehen von der Untersuchung sein (s. o. 9 zu § 112), doch fällt beim erfolgreichen Selbstmord — der erfolglose ist als bloßer Versuch der Entziehung ohne Bedeutung — die Entziehungshandlung mit der Verfahrensbeendigung so zusammen, daß ihr keine selbständige Bedeutung zugemessen werden kann (im Ergebnis ebenso OLG. Hamburg Albs. E. **1** 292; OLG. Dresden Alsb. E. **1** 293).

Ist die Sicherheit zur Abwendung der Ungehorsamshaft (§ 230 Abs. 2, § 236) angeordnet worden, dann liegt das Sich-entziehen in dem Ungehorsam gegen eine Ladung, weil der Zweck der Sicherheit in diesem Falle ist, weiteren Ungehorsam zu verhindern.

7. Folge. Tritt einer der vorgenannten Verfallgründe ein, dann verfällt die Sicherheit von Rechts wegen; die Entscheidung nach Absatz 2 stellt den Verfall nur fest (OLG. Hamburg GA. **37** 224; BayObLGSt. **13** 356; OLG. Celle GA. **60** 482).

Mit dem Verfall wird eine verpfändete Sache Eigentum des Landes — in nicht abgegebenen (§ 134a GVG.) Sachen nach § 134 GVG. des Bundes —, tritt die Wirkung eines aufschiebend bedingten selbstschuldnerischen Zahlungsversprechens ein usw. Mit Rücksicht auf die rechtsgeschäftliche Bestellung der Sicherheit beantwortet sich die Frage, inwieweit das Land (oder der Bund) auch Eigentum an Gegenständen erwerben kann, die dem Beschuldigten oder dem „Bürgen" nicht gehören, nach den Bestimmungen des bürgerlichen Rechts über den Erwerb des Eigentums von Nichtberechtigten (a. A. — originärer Erwerb ohne Rücksicht, wer Eigentümer war — Lobe-Alsberg, II Abs. 2 zu § 122). Die Sache verfällt dem Land, dessen Gerichte zur Zeit des Verfalls die Herrschaft über das Verfahren haben (a. A. — Land, dessen Gericht den Haftbefehl erlassen hat — Lobe-Alsberg, II Abs. 2 zu § 122), auch wenn der Haftbefehl von dem Gericht eines anderen Landes erlassen worden ist. Denn mit der Übernahme ist das gesamte Verfahren mit seinen prozessualen Folgen auf das neue Gericht übergegangen. Dasselbe gilt, wenn die Zuständigkeit zwischen Bund und Land gewechselt hat (§§ 134, 134a GVG.).

Der Verfall ist endgültig. Er bleibt daher bestehen, wenn der Beschuldigte sich später stellt (OLG. Colmar GA. **39** 185; OLG. Celle NJW. **1957** 1203), oder wenn er verhaftet, freigesprochen, außer Verfolgung gesetzt oder nur zu einer Geldstrafe verurteilt wird. Die einzige Ausnahme von der Endgültigkeit des Verfalls bildet die nachträgliche Freigabe nach der vom Bürgen bewirkten Gestellung eines Beschuldigten, der sich dem Verfahren oder der Strafverfolgung entzogen und damit den Verfall der Sicherheit herbeigeführt hatte (s. o. 7 zu § 123).

Die zuständige oberste Behörde der Justizverwaltung kann aus Billigkeitsgründen die Sicherheit ganz oder teilweise erstatten. Grundsätzlich wird dazu kein Anlaß bestehen. Denn die Entlassung gegen Sicherheitsleistung ist ein Vertrauensbeweis, der nicht allein auf die Furcht vor dem Vermögensverlust, sondern auch auf die Ehre des Beschuldigten abstellt (s. o. 3 zu § 116a). Stellt dieser die Freiheit über Vermögen und Ehre, dann kann nicht nachträglich über den Anteil gehandelt werden, zu dem das staatliche Vertrauen nicht auf der Sicherheitsleistung, sondern auf dem Versprechen eines Ehrenmannes beruht hat. Nur wenn die Sicherheitsleistung ersichtlich außer jedem Verhältnis zu dem Fluchtreiz — der von der Höhe der zu erwartenden Strafe abhängt — gestanden hat, oder wenn außergewöhnliche Umstände (z. B. die Notwendigkeit, der im Auslande in Not geratenen Familie dort tätig zu helfen, wenn vom Inlande aus keine Möglichkeit dazu besteht) der nicht verwerfliche Antrieb zur Flucht gewesen sind, kann erwogen werden, die verfallene Sicherheit — und auch dann meist nur teilweise — zu erstatten. Voraussetzung wird dazu allerdings stets sein, daß sich der Geflohene wieder gestellt hat und daß ohne Beweisverlust das Urteil herbeigeführt werden konnte.

III. Verfahren (Absatz 2).

1. Gegenstand der Entscheidung. Das Gericht entscheidet über den Verfall der bestellten Sicherheit. Dabei ist der Umstand seiner Prüfung entzogen, ob die Voraussetzungen der Untersuchungshaft bestanden hatten, als der Vollzug des Haftbefehls gegen Sicherheitsleistung ausgesetzt worden ist. Dagegen hat das Gericht zu prüfen, ob die Sicherheit wirksam bestellt worden ist. Alsdann hat es festzustellen, ob sich der Beschuldigte der Untersuchung, dem Strafantritt oder dem Antritt einer freiheitsentziehenden Maßregel entzogen hat, und ob nicht vorher die Sicherung schon frei geworden war, oder ob der Bürge nachträglich Befreiung erlangt hat (s. o. 7 zu § 123). Haben verschiedene Personen Sicherheit geleistet, dann kann die Entscheidung für jede von ihnen verschieden lauten, weil die Gründe des § 123 Abs. 2 nur dem zugutekommen, der im Sinne dieser Vorschrift gehandelt hat (s. o. 8b Abs. 4 zu § 123).

Wegen der Zuständigkeit s. § 126. Wenn in Beschwerdesachen die Oberlandesgerichte zuständig sind, entscheiden auch in Bayern diese und nicht das Bayerische Oberste Landesgericht (BayObLGSt. **1954** 119 = NJW. **1955** 233).

2. Verteidiger. Dem Beschuldigten kann nach § 140 Abs. 2 vom Vorsitzenden wegen der Schwierigkeit der Sach- oder Rechtslage ein Verteidiger bestellt werden. Bei der Dürftigkeit der ganzen Regelung kann es nicht überraschen, daß für den Bürgen Vorschriften wegen des Armenrechts fehlen. Da die den Verfall aussprechende Entscheidung die Wirkungen eines Zivilurteils hat (Absatz 3), muß dem Bürgen auch der gleiche Schutz gewährt werden, auf den er in einem Zivilverfahren Anspruch hätte. Für das Armenrecht gelten daher dieselben Vorschriften wie in bürgerlichen Rechtsstreitigkeiten.

IV. Erste Instanz.

1. Voraussetzungen. Die Entscheidung darf nur ergehen, nachdem der Beschuldigte und der Bürge zu einer Erklärung aufgefordert worden sind. Bürge ist nur, wer selbst Sicherheit geleistet hat, nicht wer dem Beschuldigten Vermögensstücke zur Verfügung gestellt hat, damit dieser Sicherheit leiste. Pfandgläubiger oder sonst Berechtigte sind nicht zu hören (BayObLGSt. **10** 21; **34** 27). Ist der Beschuldigte oder der Bürge verstorben, so ist der Erbe zur Erklärung aufzufordern; einem etwaigen Zustellungsbevollmächtigten des Verstorbenen kann die Aufforderung nicht zugestellt werden, weil seine Vollmacht mit dem Tode des Vollmachtgebers erloschen ist (BayObLGSt. **21** 100).

In der Aufforderung ist zweckmäßigerweise eine Erklärungsfrist zu setzen. Sie ist durch Zustellung bekanntzumachen (§ 35 Abs. 2 Satz 1); formlose Mitteilung (§ 35 Abs. 2 Satz 2) genügt nicht. Ist der Aufenthalt des Beschuldigten unbekannt, so kann die Aufforderung einem Zustellungsbevollmächtigten zugestellt werden (s. u. 2). Kann die Aufforderung weder dem Beschuldigten noch einem Zustellungsbevollmächtigten in der nach § 37 vorgeschriebenen Weise im Inlande zugestellt werden, und erscheint eine Zustellung im Auslande unausführbar oder erfolglos, so ist nach § 40 zu verfahren.

Die vorgenannten Aufforderungen sind Entscheidungsvoraussetzungen. Zusätzlich ist nach § 33 Abs. 2 die Staatsanwaltschaft zu hören.

Die Erklärungen können schriftlich oder zu Protokoll der Geschäftsstelle des zuständigen oder jedes Gerichts abgegeben werden. Das Gericht muß bis zum Fristablauf warten, ehe es entscheidet. Es hat auch nach diesem Zeitpunkt aber vor der Entscheidung eingegangene Erklärungen zu berücksichtigen, kann aber entscheiden, auch wenn bis zu einer nach Fristablauf ergehenden Entscheidung keine Erklärungen eingegangen sind, oder wenn, falls keine Frist bestimmt war, eine angemessene Zeit verstrichen ist, ohne daß der Beteiligte eine Erklärung abgegeben hat.

2. Zustellungsbevollmächtigter. Für die Zustellung an einen Zustellungsbevollmächtigten ist es gleichgültig, ob er nach § 116a Abs. 3 oder zwar ohne die Verpflichtung dieser Vorschrift, aber doch ausdrücklich als Zustellungsempfänger bestellt worden ist (s. o. 6a zu § 37). Im letzten Falle ist es Sache des Zustellungsbevollmächtigten, seine Vollmacht niederzulegen, wenn er den Aufenthalt des Beschuldigten nicht kennt und keine Information für die Erklärung nach § 124 Abs. 2 Satz 2 erhalten hat. Daher reicht es für Zustellungen an den abwesenden Beschuldigten nicht aus, daß ein Verteidiger nach § 145a Abs. 1 als ermächtigt gilt, Zustellungen für ihn in Empfang zu nehmen. Denn er kann sich der Zustellungsvollmacht nicht entledigen.

Die Auffassung des Oberlandesgerichts Hamburg (NJW. **1962** 2363), eine allgemeine Zustellungsvollmacht genüge nicht, vielmehr sei stets eine nach § 116a Abs. 3 erteilte (besondere) Vollmacht erforderlich, entbehrt der gesetzlichen Grundlage. Für die abgelehnte Ansicht könnte allerdings sprechen, daß nach § 116a Abs. 3 nur dann ein Zustellungsbevollmächtigter bestellt werden muß, wenn der Haftvollzug gegen Sicherheitsleistung ausgesetzt wird, nicht aber in den sonstigen Fällen des § 116 Abs. 1, obwohl es auch dort, wenn auch in wenigen Fällen, ebenso dringend sein kann, die Zustellungsmöglichkeit sicherzustellen, wie im Falle des § 116 Abs. 1 Nr. 4. Der Gesetzesstand ist indessen historisch zu erklären: Bis zum 3. Strafrechtsänderungsgesetz konnte der Beschuldigte mit dem Vollzug der Untersuchungshaft nur gegen Sicherheitsleistung verschont werden. Als § 117 (jetzt 116) später erweitert wurde, ist § 119 (jetzt 116a Abs. 3) — wohl versehentlich — nicht ausdrücklich angepaßt worden; doch ist die Anweisung, einen Zustellungsbevollmächtigten zu bestellen, nach § 116 Abs. 1 Satz 1 jederzeit möglich. Der Sinn der Forderung, wer nicht im Inland wohne, müsse einen Zustellungsbevollmächtigten bestellen, ist von jeher in erster Linie gewesen, daß sich der Beschuldigte nicht Ladungen entziehen und das Verfahren verschleppen dürfe, und erst in zweiter Linie die Sorge, er könne sonst „durch scheinbar berechtigte Vorwände den Verfall der ... Sicherheit ... hintertreiben" (Mot., Hahn **1** 134), wobei ohnehin nicht so leicht einzusehen ist, wie diese Sorge dadurch vermindert wird, daß ein Bevollmächtigter Zustellungen entgegennimmt. Die flüchtige Redaktion kann nicht zu der Auffassung führen, die Zustellungsvollmacht des § 116a Abs. 3 solle nicht allgemein die Zustellung sichern, sondern werde, wie das Oberlandesgericht Hamburg meint, gerade im Hinblick auf die Vorschriften über die Sicherheitsleistung erteilt. Vielmehr enthält § 116a Abs. 3 nicht mehr als die prozessuale Last, die dauernde Möglichkeit für Zustellungen zu schaffen; einen besonderen Inhalt, der es rechtfertigte, im Verfallverfahren nur die Zustellung an den nach § 116a Abs. 3 Ermächtigten als wirksam anzusehen, hat die Zustellungsvollmacht auf Grund jener Vorschrift nicht. Ihr Unterschied zu einer sonstigen Zustellungsvollmacht liegt allein darin, daß sie unkündbar ist (s. o. 8 Abs. 3 zu § 116a).

3. Die **Entscheidung** ergeht als Beschluß im schriftlichen Verfahren, doch ist es zulässig, die Beteiligten mündlich zu hören. Der Beschluß ist, wenn er nicht von einem Strafsenat erlassen wird, mit Rechtsmittelbelehrung (§ 35a) zu versehen und durch Zustellung (§ 35 Abs. 2 Satz 1) bekanntzumachen. Bei der Entscheidung eines Strafsenats genügt die formlose Mitteilung (§ 35 Abs. 2 Satz 2).

Die Entscheidung lautet dahin, daß die Sicherheit der Staatskasse verfallen ist; daß die Sicherheit frei geworden ist; oder daß der Antrag der Staatsanwaltschaft, die Sicherheit für verfallen zu erklären, oder derjenige des Beschuldigten oder des Bürgen, ihr Freiwerden festzustellen, als unbegründet zurückgewiesen wird. Zu den letzteren Entscheidungen kommt es, wenn weder ein Entziehen noch ein Freiwerden festgestellt ist. In der Regel wird allerdings die Sicherheit entweder verfallen oder aber, wenn dies nicht der Fall ist, wegen Inhaftierung frei geworden sein. Wegen des Überganges des Eigentums und der Nutzungen ist der Tag des Verfalls anzugeben; wenn er nicht feststellbar ist, der Tag, an dem der Verfall frühestens eingetreten ist. Doch genügt es, wenn das Datum des Verfalls den Gründen zu entnehmen ist. In diesen (§ 34) ist auch der Grund des Verfalls mitzuteilen.

4. Beschwerde. Gegen die Entscheidung ist die Berufung auf den Rechtsweg, wie etwa in § 6 Abs. 3 EntschG. geregelt, nicht statthaft. Den Beteiligten steht vielmehr nur die sofortige Beschwerde zu. Ist die Entscheidung von einem Strafsenat erlassen worden, so ist sie unanfechtbar (§ 304 Abs. 4). Die Beteiligten sind in Absatz 2 abschließend aufgeführt: der Beschuldigte sowie die, die für ihn Sicherheit geleistet haben (s. dazu o. 1 Abs. 1). Dazu kommt noch die Staatsanwaltschaft (§ 296).

Daß die allein zugelassene Beschwerde eine sofortige (§ 311) ist, sagt das Gesetz nur für den Beschuldigten und den Bürgen. Die hieraus hergeleitete Ansicht, daß die Staatsanwaltschaft kein Beschwerderecht habe (OLG. Königsberg Alsb. E. **1** 296), ist unhaltbar (OLG. Celle GA. **48** 151). Es ist aber auch undenkbar, daß der Staatsanwaltschaft nur die einfache Beschwerde zustehen sollte, weil sonst der Sinn der sofortigen Beschwerde, rasch zu einer abschließenden Regelung zu kommen, wieder aufgehoben würde. Daher ist auch die Beschwerde der Staatsanwaltschaft (§ 296) eine sofortige (Gerding, S. 59; EbSchmidt, 17 zu § 122; Müller-Sax, 3 (3)c zu § 122; SchwKleinknecht, 3 zu § 124). Die der Staatsanwaltschaft zustehende Beschwerde hat auch der Nebenkläger (§§ 397, 390 Abs. 1 Satz 1); in Privatklagesachen ist die Untersuchungshaft und damit die Sicherheitsleistung unstatthaft (s. o. Vorbem. 7 Abs. 6 zum neunten Abschnitt).

Hat das erste Gericht nicht in der Sache entschieden, sondern eine Entscheidung mangels Zuständigkeit abgelehnt, dann ist, weil die Entscheidung nicht den Verfall oder Nichtverfall der Sicherheit ausspricht, nicht die sofortige, sondern die einfache Beschwerde gegeben (BayObLGSt. **28** 184).

V. Zweite Instanz.

1. Mündliche Verhandlung. Das Verfahren in der Beschwerdeinstanz ist eine mündliche Verhandlung der Art, wie sie jetzt in § 118a geregelt ist. Wenn entgegen der ursprünglichen Absicht (Mot., Hahn **2** 1261, 1263) jenes Wort nicht verwendet worden ist, so sollte damit nur vermieden werden, die Bestimmungen über die Hauptverhandlung, namentlich über die Anwesenheitspflicht, zu übernehmen (Mot., Hahn **2** 1484). Zweck der Regelung soll sein, daß die Beteiligten und der Staatsanwalt gemeinschaftlich vorgeladen werden sollen, damit sie Gelegenheit haben, miteinander und mit dem Gericht die Sach- und Rechtslage, auch das Ergebnis etwaiger Ermittlungen, zu erörtern.

Sinn der Anhörung ist die Sacherörterung. Deshalb findet keine mündliche Verhandlung statt, wenn die sofortige Beschwerde wegen Fristversäumnis als unzulässig zu verwerfen ist (OLG. Neustadt JZ. **1952** 663; Müller-Sax, 4a zu § 122; a. A. Niethammer JZ. **1952** 663). Hängt die Zulässigkeit aber davon ab, ob der Beschwerdeführer Bürge oder nur Hintermann ist, dann steht die Erörterung dieser Zulässigkeitsfrage einer Sacherörterung gleich, so daß darüber nur in mündlicher Verhandlung entschieden werden darf.

Nähere Vorschriften über die mündliche Verhandlung fehlen. Danach ist es weitgehend dem Gericht überlassen, wie es die Verhandlung ausgestalten will. Es hat dabei indessen gewisse allgemeine Grundsätze zu beachten; diese sind der Strafprozeßordnung, namentlich den Vorschriften über die Hauptverhandlung und dem § 118a zu entnehmen.

Nach diesen Grundsätzen wird sich die mündliche Verhandlung im allgemeinen folgendermaßen abwickeln:

2. Beteiligte. Das Gericht stellt, soweit das Aktenmaterial nicht ausreicht, Ermittlungen an. Der Vorsitzende bestimmt den Termin zur mündlichen Verhandlung und benachrichtigt hiervon den Beschuldigten, seinen Verteidiger, den Bürgen und die Staatsanwaltschaft, gleichviel wer von ihnen Beschwerde eingelegt hat. Da die Beteiligten nicht zum Erscheinen verpflichtet sind, scheidet die Form der Ladung (§ 214) aus, doch ist die Zustellung (§ 35 Abs. 2 Satz 1) angebracht. Formlose Mitteilung (§ 35 Abs. 2 Satz 2) genügt in der Regel nicht, weil das Gelegenheitgeben zum mündlichen Vortrag Sachentscheidungsvoraussetzung ist und daher in der mündlichen Verhandlung nachweisbar sein muß.

Befindet sich der Beschuldigte nicht auf freiem Fuß (s. o. 8 zu § 35), so ist er, auch wenn er sich auswärts in Haft befindet, vorzuführen, wenn er nicht darauf verzichtet. Nur so kann er sein Recht wahrnehmen, seine Anträge mündlich zu begründen (Gerding, S. 69; Feisenberger, 6 zu § 122; Müller-Sax, 4a zu § 124; a. A. — kein Recht auf Vorführung zum Termin — Hartung, 9 zu § 122). Weder § 350 Abs. 2 noch § 193 Abs. 4 regelt vergleichbare Verhältnisse, so daß die Vorschriften nicht entsprechend angewendet werden können. Weniger Bedenken bestehen, § 118a Abs. 2 entsprechend anzuwenden (EbSchmidt, 13 zu § 122); denn dadurch würde erzielt, daß die Rechte des abwesenden Beschuldigten ein Verteidiger wahrnimmt (§ 118 Abs. 2 Satz 2). Es erscheint indessen unzulässig, den Fall einer notwendigen Verteidigung ohne gesetzliche Anordnung allein im Wege der Auslegung zu schaffen.

3. Termin. Das Gericht verhandelt in nichtöffentlicher Sitzung in Beschlußbesetzung. Die Verhandlung findet statt, gleichviel ob die Beteiligten sich erklärt haben und erschienen sind oder ob sie Erklärungen unterlassen haben und ausgeblieben sind. Da sie nicht zu erscheinen brauchen, können sie sich vertreten lassen, der Beschuldigte durch einen Verteidiger (vgl. RGSt. **9** 80), der Bürge durch einen Rechtsanwalt. Die Staatsanwaltschaft braucht sich nicht zu beteiligen, sollte es aber tun, weil sie nur auf Grund der mündlichen Verhandlung, deren Verlauf sie nicht sicher voraussehen kann, in der Lage ist, sachgemäße Anträge zu stellen.

Das Gericht kann Zeugen und Sachverständige vernehmen. § 250 gilt indessen nicht; das Gericht kann vielmehr den Akteninhalt vortragen. Werden weitere Ermittlungen erforderlich, so ist nach deren Abschluß erneut mündlich zu verhandeln; die Beteiligten müssen stets Gelegenheit haben, ihr Ergebnis mündlich zu erörtern (Gerding, S. 67).

An der mündlichen Verhandlung nimmt ein Urkundsbeamter der Geschäftsstelle teil. Er führt über sie ein Protokoll (§§ 271 bis 273); § 274 gilt nicht.

Die Entscheidung ergeht als Beschluß auf Grund der mündlichen Verhandlung. Was in dieser nicht vorgetragen ist, darf das Gericht nicht berücksichtigen. Die Entscheidung ist nach Möglichkeit am Schluß der mündlichen Verhandlung zu verkünden, sonst baldmöglich schriftlich zu erlassen. Wegen der Bekanntmachung s. § 35.

Wegen des Inhalts s. o. IV 3 Abs. 2.

4. Weitere Beschwerde ist nicht statthaft (§ 310). Das wäre sie nur, wenn Gegenstand der Entscheidung „die Verhaftung" wäre. Darunter ist nun zwar nicht nur die Anordnung der Untersuchungshaft zu verstehen, sondern alles, was sich auf den Entzug der persönlichen Freiheit selbst (OLG. Celle NJW. **1957** 393) — nicht auf die Modalitäten dieses Entzugs (OLG. Nürnberg HESt. **2** 87) — bezieht. Hier aber ist Gegenstand der Entscheidung nicht der Freiheitsentzug, sondern das Schicksal der Sicherheitsleistung (OLG. Königsberg JR. **1928** 292; OLG. Hamburg LZ. **1929** 70; KG. JW. **1938** 314; OLG. Karlsruhe Justiz **1963** 63; OLG. Hamm NJW. **1963** 1264; Erbs, III zu § 122; Dallinger, 6 zu § 122; SchwKleinknecht, 3 zu § 124; Müller-Sax, 4d zu § 124; a. A. BayObLG. DRiZ. **1926** 63; Lobe-Alsberg, V 4 zu § 122; Hartung, 10 zu § 122; EbSchmidt, 18 zu § 122 und die gesamte ältere Literatur; Nachweis bei Gerding, S. 72).

VI. Wirkung (Absatz 3). Die redaktionell unglücklich abgefaßte Vorschrift hat folgenden Sinn: Die strafgerichtliche Entscheidung steht, falls sie nicht oder nicht mehr anfechtbar ist, dem rechtskräftigen Zivilendurteil gleich, in den anderen Fällen — wenn sie noch anfechtbar ist oder wenn sie zulässigerweise angefochten, aber über die Anfechtung noch nicht entschieden ist — dem für vorläufig vollstreckbar erklärten Zivilendurteil. Danach ist die rechtskräftige

Entscheidung des Strafrichters endgültig. Der Weg des Zivilprozesses ist zwischen dem, der die Sicherheit im eigenen Namen geleistet hat, und dem Staat ausgeschlossen (BayObLGSt. 28 185).

Die Vorschrift legt der Entscheidung die angegebene Wirkung nur im Verhältnis vom Staat zum Bürgen bei. Keinem Zweifel unterliegt es, daß das Verhältnis zwischen dem Bürgen und dem Beschuldigten und zwischen dem, der Sicherheit geleistet hat, und einem, der ihm die Mittel dazu gegeben hat, von der Entscheidung unberührt bleibt. Ohne Bedenken ist auch zu folgern, daß eine Entscheidung, die das Freiwerden der Sicherheit feststellt, für das Verhältnis dessen, der die Sicherheit geleistet hat, gegenüber dem Staat nicht die Wirkung eines Zivilurteils hat. Dagegen ist es zweifelhaft, ob „eine so singuläre Vorschrift wie die des § 124 Abs. 3 weiter, als ihr nächster Wortsinn es rechtfertigt, zulässigerweise angewendet werden darf" (Voitus, StPO., S. 467), d. h. ob die Wirkung eines Zivilurteils auch im Verhältnis des Staates zu dem Beschuldigten eintritt, der selbst Sicherheit geleistet hat. Man muß die Frage gegen den Wortlaut des Gesetzes bejahen, weil nicht ersichtlich ist, warum die allgemein notwendige Wirkung auf das Verhältnis des Staates zum Bürgen beschränkt sein sollte.

Die Entscheidung erweitert, da sie nur deklaratorischen Charakter hat, die unter II 7 dargestellten Folgen nicht. Sie ermöglicht aber die Zwangsvollstreckung gegen den Bürgen, der ein Zahlungsversprechen abgegeben hatte, gestattet die zwangsweise Wegnahme von zur Sicherung übereigneten Gegenständen, die Zwangsversteigerung aus einer Grundschuld usw.

§ 125

(1) Vor Erhebung der öffentlichen Klage erläßt der Amtsrichter, in dessen Bezirk ein Gerichtsstand begründet ist oder der Beschuldigte sich aufhält, auf Antrag der Staatsanwaltschaft oder bei Gefahr im Verzug von Amts wegen den Haftbefehl.

(2) Nach Erhebung der öffentlichen Klage erläßt den Haftbefehl das Gericht, das mit der Sache befaßt ist, und, wenn Revision eingelegt ist, das Gericht, dessen Urteil angefochten ist. In dringenden Fällen kann auch der Vorsitzende den Haftbefehl erlassen.

(3) In der Voruntersuchung erläßt der Untersuchungsrichter den Haftbefehl. Er bleibt auch nach dem Schluß der Voruntersuchung zuständig, bis die Staatsanwaltschaft die Akten mit ihrem Antrag dem Gericht vorlegt.

Entstehungsgeschichte: Zu Absatz 1: II. Entw. § 112. III. Entw. § 114. Zu Absatz 2: I. Entw. § 110. II. Entw. § 111. III. Entw. § 113. Frühere Bezeichnung von Absatz 2 und 3: § 124 Abs. 1 bis 3.

Änderungsvorschläge: N. E. I, II § 112 Abs. 2, § 125. N. E. III §§ 132, 149. Entw. EGStGB. Art. 70 Nr. 64 (§ 113), Nr. 75 (§ 124).

Spätere Änderungen: Früher regelte § 125 die Zuständigkeit zum Erlaß des Haftbefehls und für die Entscheidungen über die Untersuchungshaft vor Erhebung der öffentlichen Klage und § 124 diejenige nach ihrer Erhebung. Durch Art. 1 Nr. 1 StPÄG. ist der Stoff auf die §§ 125 und 126 in der Weise verteilt worden, daß die erste Vorschrift die Zuständigkeit zum Erlaß des Haftbefehls, die andere diejenige für die späteren Entscheidungen über die Untersuchungshaft darstellt.

Zuständig zum Erlaß des Haftbefehls vor Erhebung der öffentlichen Klage war früher u. a. der Amtsrichter, in dessen Bezirk der zu Verhaftende betroffen wurde. Art. 1 Nr. 1 StPÄG. gibt die Zuständigkeit u. a. auch dem Amtsrichter, in dessen Bezirk der Beschuldigte sich aufhält. Der Sache nach bedeutet das keine Änderung.

1. Vor Erhebung der öffentlichen Klage (Absatz 1) ist zuständig, den Haftbefehl zu erlassen, jeder Amtsrichter (§ 162 Abs. 1), in dessen Bezirk ein Gerichtsstand (§§ 7 bis 13a, 15) begründet ist. Die mehreren Amtsrichter stehen zur Wahl des Staatsanwalts; er ist, wenn einer von ihnen seinen Antrag ablehnt, nicht gehindert, ihn bei einem anderen neu zu stellen; allerdings sollte das vermieden werden. In Sachen, die zur Zuständigkeit des Bundesgerichtshofs im ersten Rechtszug gehören (§ 134 Abs. 1 GVG. sowie — nach Übernahme durch den Generalbundesanwalt — § 134 Abs. 2 GVG.) kann auch der Ermittlungsrichter des Bundesgerichtshofes den Haftbefehl erlassen (§ 168a Abs. 1). Auch diese Zuständigkeit besteht neben den vorgenannten

und den im nächsten Absatz behandelten, jedoch ist, soweit irgend möglich, der Ermittlungsrichter des Bundesgerichtshofs anzugehen.

Eine weitere Zuständigkeit hat der Amtsrichter, in dessen Bezirk sich der Beschuldigte — ohne daß dort für ihn ein Gerichtsstand gegeben ist — tatsächlich aufhält, gleichgültig ob für längere oder für kürzere Zeit oder auch, etwa auf der Durchfahrt in einem Kraftwagen, nur vorübergehend. Der Begriff umfaßt den des Betroffen-Werdens (§ 125 Abs. 2 a. F.). Er ist deutlich abgegrenzt von dem des Ergriffen-Werdens, der in § 9 dazu dient, einen Gerichtsstand zu begründen. Der Gegensatz zu diesem Begriff, der auf ein zeitliches Ereignis abstellt, zeigt, daß es für die aus dem Aufenthalt abgeleitete Zuständigkeit — anders als bei § 9 (s. o. 1a zu § 9) — nicht darauf ankommt, wie der Beschuldigte dorthin gekommen ist, wo er sich befindet, wenn die amtsrichterliche Entscheidung notwendig wird. Auch wenn der Beschuldigte nicht dem Amtsrichter, in dessen Bezirk er festgenommen (§ 128 Abs. 1) ist, sondern dem Amtsrichter eines anderen Bezirks vorgeführt wird, hält er sich dort auf (BayObLGSt. **30** 35; OLG. Celle NdsRpfl. **1956** 39).

Da die Zuständigkeit dem Amtsrichter beigelegt ist, ist bei strafbarer Handlung in der Hauptverhandlung (§ 183 GVG.) das verhandelnde Gericht nicht zuständig, den Haftbefehl zu erlassen (OLG. Hamm NJW. **1949** 191), falls nicht der nach § 165 zuständige Richter als Einzelrichter verhandelt und Gefahr im Verzuge vorliegt.

Wegen der Veranlassung des Haftbefehls (auf Antrag oder bei Gefahr im Verzuge von Amts wegen) s. o. 5 zu § 114.

Hat der Amtsrichter abgelehnt, die Untersuchungshaft anzuordnen, dann erlangen die mit Beschwerde und weiterer Beschwerde angegangenen Gerichte die Zuständigkeit, den Haftbefehl zu erlassen.

Wird die öffentliche Klage erhoben, erlischt die Zuständigkeit des Amtsrichters (OLG. Oldenburg NJW. **1957** 233) und damit für das Beschwerdeverfahren die funktionelle Zuständigkeit der Gerichte, die dem Amtsrichter übergeordnet sind, falls sie nicht zugleich über dem Gericht stehen, bei dem die Klage erhoben worden ist.

2. Nach Erhebung der öffentlichen Klage (Absatz 2) erläßt den Haftbefehl das mit der Sache befaßte Gericht.

Erhebung der öffentlichen Klage (§ 170 Abs. 1) sind die schriftliche Anklage (§ 199 Abs. 2, § 200), die Nachtragungsanklage (§ 266 Abs. 2), der Antrag auf Erlaß eines Strafbefehls (§ 408 Abs. 1) und — die Klage ersetzend — der polizeiliche Antrag auf Erlaß einer amtsrichterlichen Strafverfügung (§ 413 Abs. 1). Im beschleunigten Verfahren wird die Anklage entweder durch Einreichen einer Anklageschrift oder in der Hauptverhandlung mündlich erhoben (§ 212a Abs. 2). Im letzten Falle wird nach dem Grundsatz, daß das sachnächste Gericht entscheiden soll, die Zuständigkeit des angerufenen Gerichts nicht erst mit der mündlichen Anklage, sondern schon mit dem Antrage begründet, die Sache im beschleunigten Verfahren abzuurteilen (§ 212).

Mit der Sache befaßt ist das Gericht, das nach der Prozeßlage Herr des Verfahrens ist, mit anderen Worten dasjenige Gericht, das dem Beschuldigten, der Sache und den Akten am nächsten ist, das sachnächste Gericht, wenn es (als erstinstanzliches oder als Berufungsgericht) zuständig ist, in der Strafsache selbst zu entscheiden. Gelangt die Sache, bevor das Hauptverfahren eröffnet ist, mit Beschwerde (etwa gegen einen Beschluß, der die Ablehnung eines Richters für unbegründet erklärt) an ein höheres Gericht, so ist das Beschwerdegericht nicht mit der Sache befaßt. Das gilt auch in allen Fällen, in denen gegen Entscheidungen des erkennenden Gerichts entgegen § 305 Satz 1 Beschwerde zulässig ist und eingelegt wird. Die Sachherrschaft des ersten Gerichts endet erst, nachdem die des Berufungsgerichts begründet worden ist. Das Berufungsgericht wird erst zuständig, wenn die Akten bei ihm eingegangen sind; bis dahin kann das erste Gericht die Akten zurückfordern und damit seine Sachherrschaft weiter ausüben; das Berufungsgericht dagegen kann eine ihm künftig erwachsende Herrschaft nicht vorwegnehmen. Daher endet die Zuständigkeit des Gerichts erster Instanz nicht schon dann, wenn (so Lobe-Alsberg, III 4 zu § 124; Hartung, 2b zu § 124) bei ihm Berufung eingelegt wird (Wunder LZ. **1927** 133). War die Zuständigkeit des Berufungsgerichts begründet, dann geht sie, wenn die Berufung zurückgenommen wird, wieder auf das Gericht der ersten Instanz zurück (BayObLGSt. **32** 128).

Da das Revisionsgericht nur mit der Rechtsfrage befaßt ist, bleibt, wenn Revision eingelegt ist, das Tatgericht zuständig, dessen Urteil angefochten ist. Im Wiederaufnahmeverfahren (s. o. 4 zu § 112) ist das Gericht zuständig, bei dem die Wiederaufnahme betrieben wird.

In dringenden Fällen kann der Vorsitzende den Haftbefehl erlassen. Dringend ist der Fall, wenn das Kollegium nicht alsbald zusammenberufen werden kann und die Gefahr besteht, daß der Haftbefehl zu spät käme, wenn gewartet würde, bis das Kollegium zusammen wäre. Da das Gericht während der Hauptverhandlung versammelt ist, ist der Vorsitzende in diesem Prozeßabschnitt grundsätzlich nicht zuständig. Ob ein Fall dringlich ist, entscheidet der Vorsitzende nach seinem pflichtgemäßen Ermessen. Erkennt er die Dringlichkeit, so muß er den Haftbefehl auch erlassen, weil er sonst dessen Zweck vereiteln würde. Das „kann" gibt ihm kein freies Ermessen, sondern hat dieselbe Bedeutung wie in § 112 (s. o. 17 zu § 112). Der Vorsitzende bedarf keiner Bestätigung durch das erkennende Gericht, muß es aber unterrichten. Das Gericht kann auf Antrag oder von Amts wegen abweichend entscheiden.

3. Voruntersuchung (Absatz 3). Das System der §§ 125, 126, das sachnächste Gericht zuständig zu machen, geht bei der Voruntersuchung nicht rein auf, weil während dieses Verfahrensabschnitts die Entscheidungen auf das Gericht (§ 180 Abs. 1 Satz 2, § 181 Abs. 1 Satz 2, § 197 Abs. 2, § 198 Abs. 1) und auf den Untersuchungsrichter (§§ 184, 189, 191, 197 Abs. 1) verteilt sind. Das Gesetz entscheidet dahin, daß allein der Untersuchungsrichter zuständig ist, solange die Voruntersuchung dauert.

Die Voruntersuchung beginnt mit ihrer Eröffnung (§ 184), doch kann für den Beginn der Zuständigkeit des Untersuchungsrichters hierauf nicht abgestellt werden. Das Wort „in" (der Voruntersuchung) weist nicht, wie die herrschende Ansicht (Lobe-Alsberg, III 2b zu § 124; Hartung, 2a zu § 124; EbSchmidt, 4 zu § 124; Müller-Sax, 4 zu § 125) meint, zwingend auf jenen Zeitpunkt hin. Der Beginn der Zuständigkeit ist sicherer dem Sinn der Zuständigkeitsregelung zu entnehmen. Er geht dahin, das sachnächste Gericht mit der Entscheidung zu betrauen. Da der Untersuchungsrichter sich als erster in die Sache einarbeiten muß, ist er ihr näher als das Gericht, das nur in besonderen Fällen mit ihr befaßt wird. Der Untersuchungsrichter ist daher zuständig, sobald der Antrag auf Voruntersuchung (§ 179) bei ihm eingegangen ist. Seine Zuständigkeit endet mit dem Schluß der Voruntersuchung. Wann sie geschlossen ist, ist streitig, braucht aber hier nicht erörtert zu werden. Denn das Gesetz schreibt ausdrücklich vor, daß der Untersuchungsrichter solange zuständig bleibt, bis die Staatsanwaltschaft die Akten dem Gericht vorlegt mit ihrem Antrage, das Hauptverfahren zu eröffnen oder den Angeschuldigten außer Verfolgung zu setzen (§ 198 Abs. 2).

4. Verhältnis zu § 126. Die §§ 125 und 126 regeln sachgemäßer als bisher die Zuständigkeit, einen Haftbefehl zu erlassen (§ 125) und die weiteren richterlichen Entscheidungen, die sich auf die Haft beziehen, zu treffen (§ 126). § 125 befaßt sich nur mit dem Erlaß des Haftbefehls, der Anordnung der Untersuchungshaft (§ 114 Abs. 1). Die Zuständigkeit, einen Haftbefehl zu erlassen, umfaßt auch die, einen hierauf gerichteten Antrag der Staatsanwaltschaft abzulehnen. Nur der Vorsitzende einer Kammer oder eines Senats (Absatz 2 Satz 2) ist hierfür nicht zuständig, weil die Ablehnung nicht dringlich ist. Will er einen beantragten Haftbefehl nicht erlassen, hat er unverzüglich die Entscheidung des Gerichts einzuholen. Die Aussetzung des Haftvollzugs ist auch dann eine weitere Maßnahme i. S. von § 126, wenn sie mit dem Erlaß des Haftbefehls verbunden wird. Erläßt der Vorsitzende einen Haftbefehl und will er gleichzeitig dessen Vollzug aussetzen, dann bedarf er zum Aussetzen der Zustimmung der Staatsanwaltschaft. Erhält er sie nicht oder will er sie nicht beiziehen, hat er unverzüglich die Entscheidung des Gerichts herbeizuführen (§ 126 Abs. 2 Satz 3). Den Haftbefehl hat er indessen gleichwohl alsbald zu erlassen.

§ 126

(1) Vor Erhebung der öffentlichen Klage ist für die weiteren richterlichen Entscheidungen und Maßnahmen, die sich auf die Untersuchungshaft oder auf die Aussetzung des Haftvollzugs (§ 116) beziehen, der Amtsrichter zuständig, der den Haftbefehl erlassen hat. Hat das Beschwerdegericht den Haftbefehl erlassen, so ist der Amtsrichter zuständig, der die vorangegangene Entscheidung erlassen hat. Wird das vorbereitende Verfahren an einem anderen Ort geführt oder die Untersuchungshaft an einem anderen Ort vollzogen, so kann der Richter, sofern die Staatsanwaltschaft es beantragt, die Zuständigkeit dem Amtsrichter dieses Ortes übertragen. Ist der

Ort in mehrere Gerichtsbezirke geteilt, so bestimmt die Landesregierung durch Rechtsverordnung das zuständige Amtsgericht. Die Landesregierung kann diese Ermächtigung auf die Landesjustizverwaltung übertragen.

(2) Nach Erhebung der öffentlichen Klage ist das Gericht zuständig, das mit der Sache befaßt ist. Nach Einlegung der Revision ist das Gericht zuständig, dessen Urteil angefochten ist. Einzelne Maßnahmen, insbesondere nach § 119, ordnet der Vorsitzende an. In dringenden Fällen kann er auch den Haftbefehl aufheben oder den Vollzug aussetzen (§ 116), wenn die Staatsanwaltschaft zustimmt; andernfalls ist unverzüglich die Entscheidung des Gerichts herbeizuführen.

(3) Das Revisionsgericht kann den Haftbefehl aufheben, wenn es das angefochtene Urteil aufhebt und sich bei dieser Entscheidung ohne weiteres ergibt, daß die Voraussetzungen des § 120 Abs. 1 vorliegen.

(4) In der Voruntersuchung ist der Untersuchungsrichter zuständig. § 125 Abs. 3 Satz 2 gilt entsprechend.

(5) Die §§ 121 und 122 bleiben unberührt.

Entstehungsgeschichte: I. Entw. § 110. II. Entw. § 111. III. Entw. § 113; frühere Bezeichnung: § 124.

Änderungsvorschläge: N. E. I, II § 125. N. E. III §§ 132, 149. Entw. EGStGB. Art. 70 Nr. 64 (§ 113), Nr. 75 (§ 124).

Spätere Änderungen: S. bei § 125 die gleiche Spalte, Absatz 1.

Der Untersuchungsrichter war früher von der Zustimmung des Staatsanwalts abhängig, wenn er einen Haftbefehl erlassen oder aufheben oder einen Beschuldigten gegen Sicherheitsleistung freilassen wollte. Art. 1 Nr. 1 StPÄG. hat diese Abhängigkeit beseitigt. Durch die gleiche Bestimmung ist — zufolge Streichung von § 124 Abs. 3 a. F. — die Zuständigkeit des Untersuchungsrichters für die mündliche Verhandlung im Haftprüfungsverfahren, die früher beschränkt war, unbeschränkt begründet worden.

Die Vorschrift, daß der Vorsitzende die Entscheidung des Gerichts herbeizuführen habe, wenn die Staatsanwaltschaft einer von ihm beabsichtigten Haftentlassung nicht zustimmt (Absatz 2 Satz 3), war früher mit der Anordnung versehen, daß die Entscheidung spätestens binnen 24 Stunden zu veranlassen sei.

1. Weitere Entscheidungen und Maßnahmen. Der Grundsatz des § 125 Abs. 2, daß je nach der Prozeßlage das jeweils zuständige Gericht die Haftentscheidungen trifft, gewinnt namentlich Bedeutung für die weiteren richterlichen Entscheidungen und Maßnahmen, die nach Erlaß des Haftbefehls erforderlich werden und sich auf die Untersuchungshaft oder auf die Aussetzung des Haftvollzugs (§ 116) beziehen. „Diejenige Stelle, die den Haftbefehl erlassen hat, bleibt zunächst auch für die weitere Behandlung der Haftangelegenheit zuständig, jedoch rückt jede Stelle, an die nachfolgend der Prozeß selbst gelangt, damit auch in die Zuständigkeit für die Haftangelegenheit ein" (Beling, § 102 Nr. 8 Abs. 2).

Danach ergeben sich für die einzelnen Verfahrensabschnitte die in den Nrn. 2 bis 6 aufgeführten Zuständigkeiten. Diese werden auch nicht dadurch berührt, daß in der Sache früher ein höheres Gericht, sei es im Instanzenzug, sei es als Beschwerdegericht, entschieden hatte. Hat das Landgericht als Berufungsgericht einen Haftbefehl erlassen, und ist die Sache vom Revisionsgericht ans Amtsgericht zurückgewiesen worden, so kommen diesem die weiteren Entscheidungen zu. Hat das Landgericht auf Beschwerde gegen den amtsrichterlichen Haftbefehl den Vollzug der Untersuchungshaft ausgesetzt (§ 116), so entscheidet über den Widerruf der Aussetzung (§ 116 Abs. 3) der Amtsrichter, wenn sich die Sache noch im Ermittlungsverfahren befindet.

Entscheidungen und Maßnahmen, die sich auf die Untersuchungshaft oder die Aussetzung des Haftvollzugs beziehen, sind

die Aussetzung des Vollzugs eines Haftbefehls und die Anordnung von Maßnahmen, die erwarten lassen, daß der Zweck der Untersuchungshaft auch durch sie erreicht werden kann (§ 116 Abs. 1 und 2);

die Aufhebung dieser Maßnahmen (§ 123 Abs. 1) und die Anordnung des Vollzugs des Haftbefehls (§ 116 Abs. 3);

die Verfügungen über den Vollzug der Untersuchungshaft (§ 119 Abs. 5);

die Aufhebung eines Haftbefehls (§ 120 Abs. 1 und 3);

die Entscheidungen, die sich auf die Sicherheitsleistung beziehen (§ 116a Abs. 2, § 124 Abs. 2 und 3);

der Erlaß eines Steckbriefs (§ 131);

die Entscheidung über den Antrag auf Haftprüfung (§ 117 Abs. 1 und 2), die Entscheidung im Haftprüfungsverfahren von Amts wegen (§ 117 Abs. 5) und die Anordnung von Ermittlungen im Haftprüfungsverfahren (§ 117 Abs. 3);

die Entscheidung nach mündlicher Verhandlung im Haftprüfungsverfahren (§ 118a Abs. 4);

die Bestellung eines Verteidigers für die mündliche Verhandlung im Haftprüfungsverfahren (§ 117 Abs. 4).

Die gleiche Zuständigkeit, die für diese Entscheidungen gegeben ist, besteht auch für die nachfolgenden Akte:

die Amtsbenachrichtigung (§ 114b Abs. 1);

die Vernehmung nach Ergreifung (§ 115 Abs. 1);

die mündliche Verhandlung bei der Haftprüfung (§ 118a Abs. 3);

die Aktenvorlage nach § 122 Abs. 1.

Für alle diese Entscheidungen und Akte gilt die gleiche Zuständigkeit; nur für den Vorsitzenden des Gerichts ergeben sich gewisse Besonderheiten.

§ 126 gilt auch für die Ungehorsamshaft (§ 230 Abs. 2, § 236).

Für das Verfahren nach vorläufiger Festnahme enthält § 128 eine Ergänzung, die jedoch an dem System der Zuständigkeit nichts ändert.

2. Vor Erhebung der öffentlichen Klage (Absatz 1) ist zuständig der Amtsrichter oder der Ermittlungsrichter des Bundesgerichtshofs (s. 1 Abs. 1 zu § 125), der den Haftbefehl erlassen hat (Satz 1). Hatte der Amtsrichter es abgelehnt, einen Haftbefehl zu erlassen und hat dann ein Beschwerdegericht, sei es auf Beschwerde, sei es auf weitere Beschwerde, die Untersuchungshaft angeordnet, dann ist der Amtsrichter zuständig, der die ablehnende Entscheidung getroffen hatte (Satz 2).

Im Bezirk des Amtsrichters, der den Haftbefehl erlassen hat, wird in der Regel auch das Ermittlungsverfahren geführt und die Untersuchungshaft vollzogen werden. Davon sind aber Ausnahmen möglich, namentlich wenn ein Haftbefehl nach vorläufiger Festnahme (§ 127) oder von dem Amtsrichter des Aufenthaltsorts, an dem kein Gerichtsstand begründet ist (§ 125 Abs. 1; s. o. 1 Abs. 2 zu § 125), erlassen worden ist. Um für diese Fälle sicherzustellen, daß der sachnächste Amtsrichter für die weiteren Entscheidungen zuständig ist, wird der Amtsrichter, der den Haftbefehl erlassen hat, ermächtigt, seine Zuständigkeit zu übertragen

dem Amtsrichter des Ortes, an dem das vorbereitende Verfahren der Staatsanwaltschaft (§§ 160 bis 170) geführt wird;

dem Amtsrichter des Orts, an dem die Untersuchungshaft vollzogen wird (Satz 3).

Durch die Übertragung rückt der Amtsrichter am Ermittlungs- oder Haftort in die Stelle des Amtsrichters ein, der den Haftbefehl erlassen hatte. Er erlangt damit die Befugnis, seinerseits die Zuständigkeit weiter zu übertragen, wenn sich der Ermittlungs- oder der Haftort ändert. Das Gesetz, das auf die Zweckmäßigkeit abstellt, ist nicht dahin zu verstehen, daß die Übertragung nur einmal und nur von dem Richter ausgesprochen werden könnte, der den Haftbefehl erlassen oder, wenn das Beschwerdegericht die Untersuchungshaft angeordnet hat, die vorangegangene Entscheidung getroffen hat.

Voraussetzung der Übertragung ist ein Antrag der Staatsanwaltschaft. Sie kann ihren Antrag bis zur Übertragung zurücknehmen. Nach diesem Zeitpunkt ist eine Rücknahme wirkungslos.

Der Amtsrichter kann nicht von Amts wegen entscheiden. Der Amtsrichter, dem die Zuständigkeit übertragen wird, braucht — im Gegensatz zum bisherigen Recht (BGHSt. **14** 179) — nicht gehört zu werden und nicht zuzustimmen. Er kann die Übernahme nicht deshalb ablehnen, weil er die Übertragung für unzweckmäßig hält. Jedoch wird ein Amtsrichter, in dessen Bezirk weder das vorbereitende Verfahren geführt noch die Untersuchungshaft vollzogen wird, durch die (irrtümliche) Übertragung nicht zuständig. Auf der anderen Seite verliert ein Amtsrichter, dem die Zuständigkeit übertragen war, nicht später dadurch wieder seine Zuständigkeit, daß das Ermittlungsverfahren von einer anderen Staatsanwaltschaft übernommen wird. Doch kann er nun seinerseits die Zuständigkeit dem Amtsrichter des Orts übertragen, an dem das vorbereitende Verfahren geführt wird.

Eine Anzahl von Orten ist in mehrere Gerichtsbezirke geteilt (Berlin, Bremen, Hamburg, mehrere Großstädte in Baden-Württemberg und Nordrhein-Westfalen). In diesen Fällen ist durch Rechtsverordnung festzulegen, welches Gericht zuständig ist (Satz 4 und 5).

3. Nach Erhebung der öffentlichen Klage (Absätze 2 und 3) ist das Gericht zuständig, das nach § 125 zum Erlaß des Haftbefehls zuständig wäre, wenn noch keiner bestände. Wegen des Begriffs der Klageerhebung s. o. 2 Abs. 3 zu § 125.

Wie zum Erlaß des Haftbefehls (s. o. 2 zu § 125) fehlt dem Revisionsgericht die Zuständigkeit auch für die weiteren Entscheidungen, die sich auf die Untersuchungshaft oder auf die Aussetzung des Haftvollzugs beziehen (Absatz 2 Satz 2). Nur für die Haftentlassung läßt das Gesetz eine Ausnahme zu, indem es dem Revisionsgericht die Befugnis zulegt, zusammen mit dem angefochtenen Urteil den Haftbefehl aufzuheben, wenn sich bei der Aufhebung des Urteils ohne weiteres, d. h. ohne weitere Ermittlungen (Begrdg. zu § 126, BTDrucks. IV/178, S. 27) ergibt, daß die Voraussetzungen des § 120 Abs. 1 vorliegen (Absatz 3).

Das Gesetz macht die Befugnis des Revisionsgerichts, den Haftbefehl aufzuheben, davon abhängig, daß dieses gleichzeitig das Urteil aufhebt. Das ist nicht sehr sinnvoll, weil die Aufhebung, etwa wenn eine Rüge der Verletzung des Verfahrensrechts durchschlägt, oder wenn die Staatsanwaltschaft zu Ungunsten des Angeklagten Revision eingelegt hatte, über den dringenden Tatverdacht und die Verhältnismäßigkeit nichts aussagt. Auf der anderen Seite kann — wenn auch in seltenen Fällen und nur bei Revisionen der Staatsanwaltschaft gegen Urteile, die auf eine Geldstrafe, eine nicht freiheitsentziehende Maßregel oder eine zur Bewährung ausgesetzte Freiheitsstrafe erkannt haben —, auch wenn das Urteil nicht aufgehoben, die Revision vielmehr verworfen und das Urteil rechtskräftig wird, offensichtlich werden, daß der Grundsatz der Verhältnismäßigkeit verletzt ist (s. o. II 2 zu § 120) oder daß es nichts mehr zu verdunkeln gibt (s. o. II 1 Abs. 3 zu § 120). Gleichwohl ist der Wortlaut des Gesetzes zu achten. Hebt das Revisionsgericht das Urteil nicht auf, darf es auch den Haftbefehl nicht aufheben.

Das Revisionsgericht braucht den Haftbefehl nicht aufzuheben; es hat nur die Befugnis dazu. Indessen ergibt sich aus § 120 Abs. 1 ausnahmsweise auch eine Verpflichtung des Revisionsgerichts. Diese Vorschrift behandelt zwei Fallgruppen: Einmal ist der Haftbefehl aufzuheben, sobald die Voraussetzungen der Untersuchungshaft nicht mehr vorliegen, namentlich wenn der Grundsatz der Verhältnismäßigkeit bei weiterer Untersuchungshaft verletzt wäre. Hier ist eine Wertung erforderlich; daher ist es sinnvoll, dem Revisionsgericht freizustellen, ob es den Haftbefehl selbst aufheben oder die Entscheidung dem Tatrichter überlassen will. Wird dagegen — die Fälle der anderen Gruppe — der Angeklagte freigesprochen oder das Verfahren nicht bloß vorläufig eingestellt, so ist der Haftbefehl aufzuheben, ohne daß dem Gericht eine andere Möglichkeit verbliebe. Das hat auch das Revisionsgericht zu beachten. Demzufolge muß es, wenn es den verhafteten Angeklagten freispricht (§ 354 Abs. 1), den Haftbefehl aufheben. Das gleiche gilt, wenn es das Verfahren wegen eines nicht mehr behebbaren Verfahrenshindernisses (s. o. II 3, 4 zu § 120) einstellt. In diesen Fällen ergibt sich stets ohne weiteres, daß die Voraussetzungen des § 120 Abs. 1 vorliegen.

4. Der Vorsitzende (Absatz 2 Satz 3 und 4) ist zuständig, einzelne Maßnahmen anzuordnen; er hat darüber hinaus die Befugnis, in gewissen Fällen Entscheidungen zu treffen, die zu einer Entlassung des Angeschuldigten führen.

a) Maßnahmen. Alle nach § 119 erforderlichen Maßnahmen zum Zwecke des Vollzugs der Untersuchungshaft, mögen sie den Angeschuldigten belasten oder begünstigen, ordnet der Vorsitzende an. Die Maßnahmen nach § 119 sind aber nur ein Beispielsfall („insbesondere"). Die Aussetzung des Vollzugs der Untersuchungshaft (§ 116) ist keine Maßnahme, wie der Gesetzestext ausdrücklich ergibt. Muß aber eine bei der Aussetzung vom Gericht angeordnete Maßnahme geändert werden (s. o. 7 Abs. 2 zu § 116), so fällt das in die Zuständigkeit des Vorsitzenden. Zu den Maßnahmen zählen auch die Benachrichtigung nach § 114b Abs. 1, die Änderung einer Sicherheit (s. o. 7 Abs. 1 zu § 116a), die Bestellung eines Verteidigers, die in § 117 Abs. 4 Satz 3 in Vbdg. mit § 142 Abs. 1 besonders geregelt ist, sowie der Erlaß eines Steckbriefs nach § 131 Abs. 2 (steckbriefliche Verfolgung eines Entwichenen ohne Haftbefehl). Der Vorsitzende ist auch befugt, einen Steckbrief nach § 131 Abs. 1 zu erlassen, weil es sich um die Vollstreckung (§ 36 Abs. 2) eines Haftbefehls handelt.

Der Vorsitzende kann die ihm gesetzlich übertragene Befugnis nicht auf das Gericht übertragen; er ist allein der gesetzliche Richter. Das Oberlandesgericht Hamburg erachtet dagegen die Mitwirkung von zwei weiteren Richtern für unschädlich und beruft sich dafür auf Eb. Schmidt, nach dessen Lehre die Entscheidung durch das Kollegialgericht dem Betroffenen größere Sicherheit gewähre (NJW. **1965** 2362). Eb. Schmidt gibt aber keine Auslegungsregel, sondern stellt eine Forderung an den Gesetzgeber auf (Lehrk. 1, Note 91). Das Reichsgericht hat in anderem Zusammenhang (Entscheidung nach Richterablehnung) § 192 Abs. 1 GVG. als verletzt angesehen, wenn ein Richter zuviel mitgewirkt hat (RGSt. **49** 11). Der Grundsatz muß auch dann gelten, wenn das Gesetz Entscheidungen dem Kollegium entzieht und dem Vorsitzenden zuweist; es darf auch nicht nur die Möglichkeit entstehen, daß der zuständige Vorsitzende von den unzuständigen Beisitzern überstimmt wird.

Praktisch ist die Frage allerdings von keiner großen Bedeutung. Ob der Beschuldigte nur die Sachentscheidung angreift oder zusätzlich auch noch die Besetzung rügt, macht keinen Unterschied. Das Beschwerdegericht kann wegen der falschen Besetzung zwar zurückverweisen, braucht das aber nicht, sondern kann auch gleich in der Sache selbst entscheiden.

b) Haftentlassung. In dringenden Fällen kann der Vorsitzende den Haftbefeh aufheben (§ 120) oder seinen Vollzug aussetzen (§ 116). Ein dringender Fall liegt vor, wenn die Haftentlassung verzögert würde, falls das Kollegium zusammengerufen werden müßte (s. o. 2 Abs. 4 zu § 125).

Der Vorsitzende bedarf der Zustimmung der Staatsanwaltschaft. Nachdem sie — im Gegensatz zum bisherigen Recht (§ 124 Abs. 2 a. F.) — für den Untersuchungsrichter nicht mehr erforderlich ist (Absatz 4), fehlt eine rechte Begründung dafür, den Vorsitzenden an die Zustimmung der Staatsanwaltschaft zu binden. Denn die Voruntersuchung bildet eine Zwischenstufe zwischen Ermittlungs- und Hauptverfahren; es war sinnvoll, in diesem Stadium der Staatsanwaltschaft einen gewissen Einfluß einzuräumen. Ist er dort weggefallen, läßt er sich für Entscheidungen des Vorsitzenden des Gerichts, das doch meist das erkennende sein wird, schlecht begründen.

Die Zustimmung der Staatsanwaltschaft liegt stets in ihrem Antrage; ggf. wird der Vorsitzende ihr Gelegenheit geben, ihn zu stellen. Da er die Staatsanwaltschaft dazu jedoch nicht zwingen kann, muß er, falls er die Haftentlassung beabsichtigt und kein Antrag der Staatsanwaltschaft vorliegt, deren Zustimmung erfragen, wenn er sie anhört (§ 33 Abs. 2).

Wird die Zustimmung versagt, kann der Vorsitzende auf Grund der Argumente der Staatsanwaltschaft seine Ansicht ändern und von der zunächst beabsichtigten Entscheidung absehen (so für die Zustimmung zur Entscheidung des Untersuchungsrichters nach altem Recht John, 3 zu § 124; KleinknM, 2b bb zu § 124; a. A. — Untersuchungsrichter muß das Gericht angehen — EbSchmidt, 5 zu § 124). Beharrt der Vorsitzende auf seiner Ansicht und will er demgemäß, daß die in Aussicht genommene, aber von der Staatsanwaltschaft beanstandete Maßnahme nunmehr vom Gericht angeordnet werde, so ist der Gefangene nach Ansicht des Vorsitzenden zu Unrecht in Haft. Deshalb hat er unverzüglich die Entscheidung des Gerichts herbeizuführen. Rechnet der Vorsitzende mit einem Widerspruch der Staatsanwaltschaft, dann kann er die Entscheidung von Anfang an dem Gericht überlassen. Dann hat dieses die Staatsanwaltschaft zu hören (§ 33 Abs. 2), doch kann der Vorsitzende das Anhören für das Gericht übernehmen, ohne daß er zum Ausdruck bringt, ob es seine Entscheidung oder eine des Gerichts vorbereiten soll.

Die Staatsanwaltschaft hat ihre Erklärung unverzüglich abzugeben. Tut sie das nicht, kann der Vorsitzende die Sache schon vor Abgabe der Erklärung dem Gericht vorlegen und kann dieses schon vor Stellungnahme der Staatsanwaltschaft den Haftbefehl aufheben oder seinen Vollzug aussetzen. Solche Fälle sind grundsätzlich vermeidbar. Sind sie ausnahmsweise in Betracht zu ziehen, wird der Vorsitzende durch technische Vorkehrungen (Übersendung von Abschriften an die Staatsanwaltschaft) dafür Sorge zu tragen haben, daß die Akten dem Gericht zur Verfügung stehen.

Der Vorsitzende hat die Entscheidung des Gerichts unverzüglich herbeizuführen. Nach bisherigem Recht hieß die Stelle: „unverzüglich, spätestens binnen 24 Stunden". Die Streichung, für die den Materialien keine Begründung zu entnehmen ist, soll ihn wohl freier stellen. Der Vorsitzende wird es jedoch auch weiterhin als seine Ehrenpflicht ansehen, die Entscheidung des Gerichts, auch an Feiertagen, innerhalb 24 Stunden herbeizuführen.

5. Beauftragter Richter. Ist das zuständige Gericht ein Kollegialgericht, so ist es befugt, die Vernehmung einem beauftragten Richter zu übertragen. Zwar ist die Einrichtung des beauftragten Richters in der Strafprozeßordnung nicht allgemein, sondern nur in einzelnen Bestimmungen (§ 173 Abs. 3, § 223 Abs. 1, § 233 Abs. 2, § 369 Abs. 1) geregelt. Die Regelung gestattet jedoch den Rückschluß, daß ein Kollegialgericht zur Vorbereitung einer Entscheidung außerhalb einer mündlichen Verhandlung allgemein einen Richter beauftragen kann. Es braucht das jedoch nicht zu tun, sondern kann den Beschuldigten auch vor dem Kollegium in Beschlußbesetzung vernehmen. Bedient es sich eines beauftragten Richters, so hat es nach dessen Vortrag zu entscheiden, ob Anlaß besteht, den Haftbefehl aufzuheben (§ 120) oder seinen Vollzug auszusetzen (§ 116).

In Jugendsachen kann der zuständige Richter die Entscheidungen, die die Untersuchungshaft betreffen, aus wichtigen Gründen sämtlich oder zum Teil einem anderen Jugendrichter übertragen (§ 72 Abs. 5 JGG.).

6. In der **Voruntersuchung (Absatz 4)** ist der Untersuchungsrichter zuständig. Wegen des Beginns und des Endes seiner Zuständigkeit s. o. 3 zu § 125.

7. Das **Oberlandesgericht (Absatz 5)** ist allein zuständig, die Fortdauer der Untersuchungshaft anzuordnen, wenn die besondere Schwierigkeit oder der besondere Umfang der Ermittlungen oder ein anderer wichtiger Grund die Durchführung der Hauptverhandlung noch nicht zuläßt und die Fortdauer der Haft rechtfertigt (§ 121 Abs. 3).

8. Nach Rechtskraft gibt es keine Untersuchungshaft. Hat das Gericht den Angeklagten freigesprochen, so mußte es den Haftbefehl alsbald mit dem Urteilsspruch aufheben (§ 120 Abs. 1 Satz 2), also vor Rechtskraft. Ist der Angeklagte zu Freiheitsstrafe verurteilt worden, so hat sich die Untersuchungshaft mit der Rechtskraft in Strafhaft verwandelt, der Haftbefehl wird damit gegenstandslos (BVerfGE. **9** 161 = NJW. **1959** 431). Das Gericht braucht ihn nicht aufzuheben, ist aber nicht gehindert, es zu tun (s. o. II 10 zu § 120). Zuständig ist das Gericht der letzten Tatsacheninstanz. Die Staatsanwaltschaft hat ihm die Akten auf Anfordern zuzuleiten, braucht das aber nicht von sich aus zu tun, wie sie auch nicht verpflichtet ist, von Amts wegen zu beantragen, den gegenstandslos gewordenen Haftbefehl aufzuheben.

Dagegen ist der Haftbefehl zwar unbegründet, aber nicht gegenstandslos, wenn ein Urteil rechtskräftig wird, in dem nicht auf freiheitsentziehende Strafen oder Maßregeln erkannt, eine erkannte Freiheitsstrafe als durch die Untersuchungshaft verbüßt bezeichnet oder die Vollstreckung einer Freiheitsstrafe ausgesetzt wird. Ein solcher Haftbefehl ist auch nach Rechtskraft aufzuheben (s. o. II 10 zu § 120).

Für sonstige Entscheidungen über die Untersuchungshaft besteht nach Rechtskraft keine Möglichkeit mehr, namentlich ist das Prozeßgericht nicht befugt, über einen Haftbefehl zu entscheiden, nachdem ein auf noch zu vollstreckende Freiheitsstrafe erkennendes Urteil ergangen ist (BayObLGSt. **7** 421; OLG. Nürnberg SJZ. **1950** 142; OLG. Celle NJW. **1963** 2240 — mit weiteren Nachweisen —; EbSchmidt, 14 zu § 124; Kleinknecht SJZ. **1950** 142; Müller-Sax, 1a zu § 450; Dallinger-Lackner, 6 zu § 87 JGG.; a. A. OLG. Köln LZ. **1916** 1510; OLG. Frankfurt HESt. **1** 163; OLG. Braunschweig MDR. **1950** 755; Erbs, III zu § 115). Ausgenommen ist die nach § 124 Abs. 2 und 3 zu treffende Entscheidung über den Verfall einer Sicherheitsleistung. Nach § 124 Abs. 1 haftet die Sicherheit bis zum Antritt einer erkannten Freiheitsstrafe, also über die Rechtskraft des Urteils und über den Bestand des Haftbefehls (s. o. 2 Abs. 2 zu § 123) hinaus. Daher steht die Urteilsrechtskraft der gerichtlichen Entscheidung über die Sicherheitsleistung nicht im Wege (KG. JR. **1927** 1272; BayObLGSt. **32** 127). Zuständig ist, da die Entscheidung keine Vollstreckungsentscheidung (§ 462) ist, das mit der Sache zuletzt befaßte Tatsachengericht (BayObLGSt. **32** 127; EbSchmidt, 15 zu § 124; KleinknM, 4a zu § 122; Schäfer-Dalcke, 3 zu § 122).

§ 126a

(1) Sind dringende Gründe für die Annahme vorhanden, daß jemand eine mit Strafe bedrohte Handlung im Zustand der Zurechnungsunfähigkeit oder der verminderten Zurechnungsfähigkeit begangen hat und daß seine Unterbringung in einer Heil- oder Pflegeanstalt angeordnet werden wird, so kann das Gericht durch Unterbringungsbefehl seine einstweilige Unterbringung anordnen, wenn die öffentliche Sicherheit es erfordert.

(2) Für die einstweilige Unterbringung gelten die §§ 114 bis 115a, 117 bis 119, 125 und 126 entsprechend. Hat der Unterzubringende einen gesetzlichen Vertreter, so ist der Beschluß auch diesem bekanntzugeben.

(3) Der Unterbringungsbefehl ist aufzuheben, wenn die Voraussetzungen der einstweiligen Unterbringung nicht mehr vorliegen oder wenn das Gericht im Urteil die Unterbringung in einer Heil- oder Pflegeanstalt nicht anordnet. Durch die Einlegung eines Rechtsmittels darf die Freilassung nicht aufgehalten werden. § 120 Abs. 3 gilt entsprechend.

Entstehungsgeschichte: Eingefügt durch Art. 2 Nr. 6 des G. vom 24. 11. 1933.

Änderungsvorschläge: Entw. EGStGB. Art. 70 Nr. 70 (§ 129).

Spätere Änderungen: Die Vorschrift ist durch Art. 1 Nr. 1 StPÄG. geringfügig geändert worden. Die Änderungen beziehen sich meist nur auf die Verweisungen. Neu ist diejenige auf § 120 Abs. 3.

1. Inhalt. Die einstweilige Unterbringung sichert nicht wie die Untersuchungshaft das Verfahren und die Unterbringung in einer Heil- oder Pflegeanstalt (Sax bei Bettermann-Nipperdey-Scheuner, Grundrechte, III 2, S. 980), wenn sie auch den letzten Zweck tatsächlich miterfüllt. Mit ihr soll vielmehr die Öffentlichkeit vor einem gemeingefährlichen verbrecherischen Geisteskranken gesichert werden. Da das auch der Zweck der endgültigen Unterbringung ist, nimmt die einstweilige Unterbringung den Zweck der künftigen Verurteilung in gleicher Weise vorweg wie die vorläufige Entziehung der Fahrerlaubnis (s. o. I 1 zu § 111a) und wie die „Untersuchungshaft" für den Sittlichkeitsverbrecher, von dem weitere Sittlichkeitsverbrechen drohen (s. o. 13a zu § 112). Der Idee nach ersetzt sie die Untersuchungshaft nicht (EbSchmidt SJZ. **1950** 214). Wohl aber übernimmt sie praktisch deren Aufgabe, weil regelmäßig, wenn die Anordnung der Unterbringung nach § 42b StGB. zu erwarten ist, auch zugleich die Voraussetzungen des § 126a vorliegen. Deshalb braucht das Gesetz für den Fall des fluchtverdächtigen verbrecherischen Geisteskranken — der verdunkelnde spielt keine Rolle —, der nicht wegen seiner verfahrenshemmenden Flucht, sondern nur wegen seiner Gemeingefährlichkeit von § 126a erfaßt wird, keine besondere Vorsorge zu treffen.

2. Verhältnis zu § 112. Da im Zustande der Zurechnungsunfähigkeit keine Tat i. S. von § 112 begangen werden kann, kann § 112 beim Zurechnungsunfähigen nicht zur Anwendung kommen. Der vermindert Zurechnungsfähige jedoch kann eine Straftat begehen, so daß bei ihm § 112 und § 126a nebeneinander anwendbar sind. Ist mit der Unterbringung in einer Heil- oder Pflegeanstalt nicht zu rechnen, so bewendet es bei § 112. Ist sie zu erwarten, sichert die einstweilige Unterbringung auch dagegen, daß sich der Beschuldigte dem Strafverfahren entziehen werde (§ 112 Abs. 2 Nr. 2), so daß neben der Unterbringung Untersuchungshaft wegen Fluchtgefahr nicht in Betracht kommt. Dagegen schützt die einstweilige Unterbringung nicht vor Verdunkelung (§ 112 Abs. 2 Nr. 3). Zwar wird auch während der einstweiligen Unterbringung der schriftliche und mündliche Verkehr mit der Außenwelt geprüft, jedoch im Hinblick auf ärztliche Rücksichten und auf etwaige Gefahren, die der Außenwelt aus der Vorbereitung weiterer Verbrechen drohen könnten. Für die Prüfung auf Verdunkelungsabsichten oder gar für das Anhalten auf Verdunkelung abzielender Briefe gibt § 126a keine Handhabe. Daher ist bei einem vermindert Zurechnungsfähigen, bei dem die Voraussetzungen von § 126a und außerdem Verdunkelungsgefahr vorliegen, neben der einstweiligen Unterbringung die Untersuchungshaft anzuordnen. Kann der Richter zwischen mehreren Unterbringungsanstalten wählen, wird er bei seiner Wahl dieser doppelten Anordnung Rechnung tragen.

3. Dringende Gründe. Voraussetzung für die einstweilige Unterbringung ist, daß dringende Gründe für die Annahme vorhanden sind, sowohl daß jemand eine mit Strafe bedrohte Handlung begangen hat, als auch, daß deswegen seine endgültige Unterbringung angeordnet werde. Der Begriff der dringenden Gründe, die in bezug auf die Handlungsbegehung und die endgültige Unterbringung verlangt werden, entspricht dem des dringenden Tatverdachts des § 112 (s. o. 5 zu § 112). Die dringenden Gründe müssen für die Annahme vorliegen, daß jemand eine mit Strafe bedrohte Handlung im Zustande der Zurechnungsunfähigkeit (§ 51 Abs. 1, § 55 Abs. 1 StGB.) oder der verminderten Zurechnungsfähigkeit (§ 51 Abs. 2, § 55 Abs. 2 StGB.) begangen habe, und daß seine Unterbringung in einer Heil- und Pflegeanstalt angeordnet werde. Da nach § 42b Abs. 1 Satz 2 StGB. die Unterbringung wegen Übertretungen nicht zulässig ist, kommt nur eine als Verbrechen oder Vergehen mit Strafe bedrohte Handlung in Betracht. Die Unterbringung ist nach § 42b StGB. anzuordnen, wenn die öffentliche Sicherheit es erfordert. Wegen der Voraussetzungen hierfür muß auf die Erläuterungen zu § 42b StGB. verwiesen werden.

4. Öffentliche Sicherheit. Auch wenn eine Unterbringung nach § 42 StGB. dringend zu erwarten ist, kann die einstweilige Unterbringung nur angeordnet werden, wenn die öffentliche Sicherheit nicht nur die endgültige, sondern zugleich auch die vorläufige Unterbringung erfordert. Das ist der Fall, wenn künftige gegen die Rechtsordnung gerichtete Handlungen mit bestimmter Wahrscheinlichkeit zu erwarten sind; wenn durch sie der Bestand der Rechtsordnung unmittelbar bedroht wird; wenn wegen des Gewichts der Bedrohung eine Abhilfe für die Zukunft geboten ist, um den Bestand der Rechtsordnung aufrecht zu erhalten; und wenn dieses Ziel auf keine andere Weise als durch die Unterbringung zu erreichen ist (RGSt. **73** 304; OLG. Tübingen DRechtsZ. **1949** 210). Zur Prüfung dieser Voraussetzung muß das Gericht würdigen die mit Strafe bedrohte Handlung, die Anlaß zu dem Verfahren gegeben hat; die Gesamtpersönlichkeit des Unterzubringenden und dazu seine Erkrankung und sein Vorleben; sowie endlich die Verhältnisse, in denen er lebt (BGH. NJW. **1951** 450).

Die endgültige Unterbringung ist von der gleichen Voraussetzung abhängig, daß die öffentliche Sicherheit sie erfordert. Diese Voraussetzung ist in § 42b StGB. für den Zeitpunkt der Verurteilung, bei vermindert Zurechnungsfähigen für den Zeitpunkt der Beendigung der Strafverbüßung (BGH. NJW. **1960** 394), aufgestellt, in § 126a für den Zeitpunkt, in dem die Notwendigkeit der einstweiligen Unterbringung hervortritt, nachdem der Betroffene eine mit Strafe bedrohte Handlung begangen hat. Der Unterschied ist indessen weitgehend theoretisch. Denn es sind nur wenige Fälle denkbar, in denen das Gericht die schwierige Frage der Gemeingefährlichkeit für den späteren Zeitpunkt bejahen, aber die leichtere für den gegenwärtigen Zeitpunkt verneinen könnte. Bejaht das Gericht die dringenden Gründe für die Annahme einer künftigen Unterbringung nach § 42b, so bejaht es in der Regel damit zugleich, daß die öffentliche Sicherheit auch schon die einstweilige Unterbringung erfordert. Immerhin ist es denkbar, daß Verwandte für eine ausreichende Sicherheit der Öffentlichkeit verläßlich Sorge tragen, diese Verpflichtung aber nur bis zur Klärung durch ein Urteil übernehmen wollen. Für diesen Fall ist wohl die endgültige Unterbringung zu erwarten, die einstweilige aber unzulässig, weil die öffentliche Sicherheit sie nicht fordert (BGH. NJW. **1951** 724).

5. Unterbringungsbefehl. Das Gericht trifft die Anordnung in einem Unterbringungsbefehl. Auf ihn finden die Ausführungen o. 1 bis 3 zu § 114 entsprechende Anwendung. Anstatt der strafbaren ist die mit Strafe bedrohte Handlung (die rechtswidrige Tat i. S. von § 11 Abs. 1 Nr. 2 StGB. E 1962) aufzuführen, anstelle des dringenden Tatverdachts sind die dringenden Gründe für die Annahme der rechtswidrigen Tat einzusetzen. Wegen des Begriffs der Dringlichkeit s. o. 3 zu § 112. Anstelle der Haftgründe sind die Gründe anzugeben, die die Annahme rechtfertigen, die öffentliche Sicherheit erfordere die einstweilige Unterbringung. Die Tatsachen dafür sind im Unterbringungsbefehl aufzuführen. § 114 Abs. 3 gilt für den Unterbringungsbefehl nicht, da § 112 Abs. 1 Satz 2 in § 126a nicht wiederholt werden kann.

Wegen der Veranlassung der Entscheidung, des Anhörens der Beteiligten und der Beschwerde gilt das o. 6, 8, 9, 14, 15 zu § 114 Ausgeführte entsprechend. Für die Bekanntmachung vgl. die Ausführungen zu § 114a, doch ist der Unterbringungsbefehl auch dem gesetzlichen Vertreter des Unterzubringenden bekanntzumachen; ihm steht auch die Beschwerde zu. Entsprechendes wie bei der Haft gilt auch für die Vollstreckung der einstweiligen Unterbringung (s. o. 10 bis 13) zu § 114), wenn auch bei dieser die Fälle der Überhaft, Doppelhaft und der Unterbrechung eine untergeordnete Rolle spielen; sie bleiben gleichwohl, namentlich bei vermindert Zurechnungsfähigen, denkbar.

Für Abgeordnete (s. o. 2 zu § 114) gelten im Vergleich mit der Untersuchungshaft keine Besonderheiten (Bockelmann, Die Unverfolgbarkeit der Abgeordneten nach deutschem Immunitätsrecht, S. 50; Maunz-Dürig, 56 zu Art. 46, die den Fall des § 126a allerdings unter Art. 46 Abs. 3, nicht Absatz 2, subsumieren).

6. Anstaltsbezeichnung. In Literatur und Rechtsprechung besteht darüber Streit, wie der Befehl der einstweiligen Unterbringung zu fassen ist. Das Oberlandesgericht Hamm ist der Ansicht, das Gericht habe lediglich die einstweilige Unterbringung anzuordnen, Namen und Charakter der Anstalt bestimme die den Unterbringungsbefehl vollstreckende Staatsanwaltschaft (SJZ. **1950** 214; ebenso OLG. Oldenburg NdsRpfl. **1952** 120; Müller-Sax, 3b zu § 126a; Erbs, VIII zu § 126a). Demgegenüber ist EbSchmidt der Meinung, der Befehl müsse auf die Unterbringung in einer Heil- oder Pflegeanstalt lauten; die Bezeichnung einer von mehreren in Betracht kommenden Heil- oder Pflegeanstalten sei dann allerdings Sache der Staatsanwaltschaft (SJZ. **1950** 214; EbSchmidt, 8 zu § 126; SchwKleinknecht, 3 zu § 126a). Der Bezeichnungsfrage liegt die weitere Frage zugrunde, ob § 126a seinem Zusammenhange nach die einstweilige Unterbringung in einer Heil- und Pflegeanstalt anordnet oder bewußt die Art der einstweiligen Unterbringung offen läßt. Das letztere behauptet Hartung unter Hinweis auf die Entstehungsgeschichte (SJZ. **1950** 516), das erstere Eb. Schmidt mit der Begründung, die vorläufige Unterbringung nehme die endgültige vorweg.

Das Gesetz legt in § 126a ebenso wie in § 112 dem Richter nur auf, die Verwahrungsart anzuordnen, in diesem Falle Untersuchungshaft, in jenem einstweilige Unterbringung. Was Untersuchungshaft ist, bestimmt § 119, wobei allerdings die Hauptsache, daß sie eine Verwahrung in einer Haftanstalt ist, der Bestimmung als selbstverständlich zugrunde liegt. Da § 126a Abs. 2 Satz 1 auf § 119 verweist, soll dieser Vorschrift — und nicht § 126a — entnommen werden, was einstweilige Unterbringung ist. Wenn das Gesetz damit auch zuviel als selbstverständlich voraussetzt, so bringt es doch klar zum Ausdruck, daß in § 126a die Worte „seine einstweilige Unterbringung" (anordnen) nicht durch die „in einer Heil- oder Pflegeanstalt" ergänzt werden dürfen. Soweit nur § 126a in Rede steht, ist daher der herrschenden Meinung zuzustimmen, daß nach ihm nur die Unterbringung angeordnet werden darf, die Anstalt und ihre Art aber nicht.

Die Notwendigkeit, Art und Name der Anstalt im Unterbringungsbefehl aufzuführen, kann sich indessen aus § 119 Abs. 5 ergeben.

Welche Anstalt für den Vollzug der einstweiligen Unterbringung in Betracht kommt, ordnet die Landesjustizverwaltung durch den Vollstreckungsplan (§ 122 Abs. 1 StVollstrO.) an. Sie ist dabei durch den Sinn der einstweiligen Unterbringung gebunden. Dieser hindert sie nicht, auch auf die praktischen Bedürfnisse der Untersuchung Bedacht zu nehmen, und aus diesem Grunde für die einstweilige Unterbringung eine andere Anstalt vorzusehen als für die endgültige. Demzufolge kann sie für jene eine dem Gerichtsort in der Regel näher als eine Heil- oder Pflegeanstalt gelegene Untersuchungshaftanstalt mit psychiatrischer Abteilung bestimmen. Benennt die Landesjustizverwaltung eine einzige Anstalt, dann ergeben sich keine Schwierigkeiten. Der Richter muß sich der einzigen bezeichneten Anstalt genau so bedienen, wie des Gerichtsgebäudes, das die Landesjustizverwaltung ihm, oder der Untersuchungshaftanstalt, die sie ihm für die Untersuchungsgefangenen zur Verfügung stellt. Werden indessen im Vollstreckungsplan, wie üblich, mehrere Anstalten (Heil- und Pflegeanstalt, Krankenanstalt, Untersuchungshaftlazarett mit psychiatrischer Abteilung) benannt, dann ist es nach § 119 Abs. 5 Aufgabe des Richters, die Anstalt auszuwählen, und nicht Sache der Vollstreckungs- oder Vollzugsbehörde. Denn der Richter bestimmt, unabhängig von der Untersuchungshaftvollzugsordnung, alles, was in bezug auf die Untersuchungshaft und die einstweilige Unterbringung nicht vom Gesetz selbst geregelt ist.

Sieht der Vollzugsplan keine Anstalt für die einstweilige Unterbringung vor, dann ist der Richter nur durch den Sinn der einstweiligen Unterbringung gebunden, sonst aber in der Auswahl der Anstalten frei. Er wird sich dabei an Nr. 89 Abs. 1 Satz 1 UVollzO. halten.

Steht in den vorbehandelten Fällen dem Richter die Bestimmung der Anstalt zu, dann nimmt er sie im Unterbringungsbefehl vor. Er kann die unterlassene Bestimmung durch Beschluß nachholen; dies können auch die Beschwerdegerichte tun.

7. Unterbringungsprüfung. Da die Unterbringung eine einstweilige ist, ist ihre Notwendigkeit wie die der Untersuchungshaft (s. o. 20 zu § 112; 1 zu § 117; I zu § 120) fortlaufend zu prüfen. Doch kommt der fortlaufenden Prüfung hier geringere Bedeutung als in Haftsachen zu, weil der Zustand, der die Unterbringung erfordert, kaum Veränderungen unterliegen wird. Ist das indessen nach der Art der Erkrankung der Fall („Schübe" bei Schizophrenie), dann ist ein Sachverständiger zur Unterbringungsprüfung zuzuziehen. Um die Prüfung zu gewährleisten, finden die Vorschriften über die Vorführung des Festgenommenen zum Richter (§§ 115, 115a) und über die Haftprüfung (§§ 117 bis 118b) entsprechende Anwendung (Absatz 2 Satz 1).

8. Für die Aufhebung des Unterbringungsbefehls (Absatz 3) gilt das zu § 120 Ausgeführte entsprechend. Da die im Verfahren angestrebte Maßregel der Unterbringung in einer Heil- oder Pflegeanstalt für eine unbestimmte Zeit ausgesprochen werden muß, kann der für die Untersuchungshaft bedeutsame Grundsatz der Verhältnismäßigkeit für die Frage der einstweiligen Unterbringung keine Rolle spielen. Demzufolge ist § 112 Abs. 1 Satz 2 in § 126a nicht wiederholt. Aber auch der Gedanke, daß ein Gefangener nach angemessener Zeit entweder seine Hauptverhandlung haben oder aber entlassen werden muß, der in § 121 Abs. 1 und 2 zum Ausdruck kommt, kann bei einer Unterbringung, die der öffentlichen Sicherheit dient, keine Anwendung finden. Daher sind die §§ 121, 122 nicht in Absatz 2 angezogen.

Aus dem gleichen Grunde ist die entsprechende Anwendung von § 116 (Aussetzung des Vollzugs der Untersuchungshaft) ausgeschlossen: wer wegen seiner Gefährlichkeit der Verwahrung bedarf, kann nicht mit deren Vollzug verschont werden.

9. Umstellung. Ein Unterbringungsbefehl kann in einen Haftbefehl, ein Haftbefehl in einen Unterbringungsbefehl umgewandelt werden, wenn sich die Beurteilung der Zurechnungsfrage ändert (vgl. §§ 80a, 246a), sonst aber sowohl ein Haft- als auch der gesetzliche Unterbringungsgrund gegeben ist. Die Änderung kann auch das Beschwerdegericht vornehmen (OLG. Bremen JZ. **1951** 465).

Dazu kommen folgende Fälle in Betracht:

(a) Es war Unterbringungsbefehl auf der Grundlage der Zurechnungsunfähigkeit ergangen; es muß nunmehr (etwa auf Grund eines Sachverständigengutachtens) damit gerechnet werden, daß der Täter nur vermindert zurechnungsfähig war: Es verbleibt beim Unterbringungsbefehl. Bei verminderter Zurechnungsfähigkeit wäre an sich ein Haftbefehl zulässig. Da jedoch Zweifel an diesem Zustande bestehen, ist der Tatverdacht nicht dringend. Die Zweifel an der Zurechnungsunfähigkeit sind gleichgültig, weil die Unterbringung auch bei verminderter Zurechnungsfähigkeit zulässig ist.

(b) Dasselbe gilt, wenn der Unterbringungsbefehl auf der Grundlage der verminderten Zurechnungsfähigkeit ergangen war, nunmehr aber mit Zurechnungsunfähigkeit gerechnet werden muß.

(c) Es war Haftbefehl ergangen. Es muß nunmehr damit gerechnet werden, daß der Täter zurechnungsunfähig war; zumindest wird seine verminderte Zurechnungsfähigkeit festzustellen sein: Der Haftbefehl ist auf einen Unterbringungsbefehl umzustellen. Die Möglichkeit der vollen Zurechnungsunfähigkeit schließt den dringenden Tatverdacht aus. Im übrigen gilt das zu (a) Ausgeführte.

(d) Es war Unterbringungsbefehl auf der Grundlage der Zurechnungsunfähigkeit ergangen; es muß nunmehr damit gerechnet werden, daß der Täter zurechnungsfähig war.

(e) Es war Haftbefehl ergangen. Es muß nunmehr damit gerechnet werden, daß der Täter zurechnungsunfähig war.

Für beide Fälle besteht die gleiche Schwierigkeit eines doppelten Zweifels: Könnte die Zweifelsfrage auch in der Hauptverhandlung nicht geklärt werden, so wäre weder eine Verurteilung noch eine Unterbringung zulässig. Denn auf der einen Seite gilt auch für die Frage der Zurechnungsfähigkeit der Satz in dubio pro reo (BGHSt. **8** 124) und muß daher die Zurechnungsfähigkeit dem Täter nachgewiesen werden (RGSt. **21** 131). Auf der anderen Seite ist die Unterbringung in einer Heil- oder Pflegeanstalt nur zulässig, wenn die Voraussetzungen des § 51 Abs. 1 oder 2 StGB. nachgewiesen und nicht nur zugunsten des Täters angenommen sind (RGSt. **73** 45). Da aber die Entscheidung, ob der Zweifel behebbar ist, oder ob er bestehen bleiben muß, nur in der Hauptverhandlung getroffen werden kann, muß auch für deren Sicherung Vorsorge getroffen werden können. Jedenfalls ist davon auszugehen, daß der Gesetzgeber mit den beiden Möglichkeiten des Haft- und des Unterbringungsbefehls für alle vorkommenden Fälle Verfahrenssicherung bieten wollte.

Alsdann kann man nicht, weil Zweifel an der Zurechnungsfähigkeit bestehen, den dringenden Tatverdacht verneinen, und weil Zweifel an der Zurechnungsunfähigkeit bestehen, die Annahme der künftigen Unterbringung in einer Heil- oder Pflegeanstalt ausschließen. Vielmehr muß nach dem Gewicht der Umstände die Entscheidung für die eine oder die andere Möglichkeit als zulässig erachtet werden. Dabei darf indessen nicht davon ausgegangen werden, daß die einstweilige Unterbringung weniger belastend und günstiger für den Angeklagten wäre als die Untersuchungshaft.

Besondere Schwierigkeiten ergeben sich, wenn entweder nur Fluchtverdacht oder nur Gemeingefahr vorliegt. Dann besteht keine Berechtigung, die dem Beschuldigten günstigste Möglichkeit, die stets eine Freilassung wäre, auszuwählen. Vielmehr muß es bei der Entscheidung allein nach dem Gewicht der Umstände verbleiben.

10. Wegen der **Zuständigkeit** gelten die §§ 125, 126 (Absatz 2 Satz 1).

§ 127

(1) Wird jemand auf frischer Tat betroffen oder verfolgt, so ist, wenn er der Flucht verdächtig ist oder seine Persönlichkeit nicht sofort festgestellt werden kann, jedermann befugt, ihn auch ohne richterlichen Befehl vorläufig festzunehmen.

(2) Die Staatsanwaltschaft und die Polizeibeamten sind bei Gefahr im Verzug auch dann zur vorläufigen Festnahme befugt, wenn die Voraussetzungen eines Haftbefehls oder eines Unterbringungsbefehls vorliegen.

(3) Bei strafbaren Handlungen, deren Verfolgung nur auf Antrag eintritt, ist die vorläufige Festnahme von der Stellung eines solchen Antrags nicht abhängig.

Entstehungsgeschichte: I. Entw. § 111. II. Entw. § 114. III. Entw. § 116.

Änderungsvorschläge: N. E. I, II § 128 Abs. 3. N. E. III § 150. Entw. EGStGB. Art. 70 Nr. 75 (§§ 125 bis 127).

Spätere Änderungen: Durch Art. 2 Nr. 7 des G. vom 23. 11. 1933 wurden in Absatz 2 die Worte „oder eines Unterbringungsbefehls" eingefügt.

Schrifttum: Boehm, Das Recht zur vorläufigen Festnahme, JR. **1925** 491; Karamuntzos, Die vorläufige Festnahme bei Flagrantendelikten, Bonn 1954; Meincke, Betreffen oder Verfolgen auf frischer Tat als Voraussetzung der vorläufigen Festnahme nach § 127 Abs. 1 StPO.; Diss. Hamburg 1963; Zimmermann, Über die vorläufige Festnahme durch Private und Wachen; GA. **30** 404.

Übersicht

I. Vorbemerkungen.

1. Inhalt. An die bisher behandelten Fälle schließt zunächst Absatz 2 an. Er führt die im neunten Abschnitt eingehaltene Linie folgerichtig fort: Gemäß § 125 Abs. 2 erläßt den Haftbefehl nach Klageerhebung das mit der Sache befaßte Gericht; § 125 Abs. 1 gestattet dem Amtsrichter (§ 162 Abs. 1), auf Antrag der Staatsanwaltschaft einen Haftbefehl schon vor diesem Zeitpunkt zu erlassen, ja bei Gefahr im Verzuge (§ 165) auch von Amts wegen. Wenn die Gefahr aber so groß ist, daß sogar der Amtsrichter nicht mehr angegangen oder tätig werden kann, können nach § 127 Abs. 2 Staatsanwälte und Polizeibeamte gleichsam die Vollstreckung eines noch nicht erlassenen Haftbefehls vorwegnehmen, wenn nur die Voraussetzungen dafür gegeben sind, daß er aller Wahrscheinlichkeit nach erlassen werden wird. Alle drei genannten Bestimmungen sind daher dadurch verbunden, daß die Voraussetzungen der Festnahme für alle von ihnen gleicherweise in den §§ 112, 113 niedergelegt sind.

Dieser Linie folgt Absatz 1 nach seinem Wortlaut nicht so einsichtig wie Absatz 2 dem § 125. Auch die Geschichte und die Ausbildung, welche die Rechtseinrichtung der vorläufigen Festnahme in anderen Rechten erfahren hat, könnten zu Zweifeln Anlaß geben. Denn das Institut ist nicht überall allein ein prozessuales Mittel der Strafverfolgung. Vielmehr zeigt es oft vermischte Züge und verbindet Institute des bürgerlichen, des Prozeß- und des Polizeirechts. Von Elementen der Notwehr abgesehen, ist ihm zuweilen auch die Handhabe entnommen worden, rechtswidrige Handlungen oder wenigstens ihre Fortsetzung zu verhindern (v. Hippel, § 66 C 1 Abs. 2; Karamuntzos, S. 67). Die Auslegung hat aber mit Recht Absatz 1 eingeengt und auf die Rolle eines prozessualen Mittels zurückgeführt, die Strafverfolgung und damit den Strafanspruch zu sichern (RGSt. **17** 128: Zweck ist die „Ermöglichung oder Sicherung strafrechtlicher Verfolgung"; Meincke, S. 13: „Die Festnahme ist ... ausgeschlossen, wenn keine verfahrensrechtlichen Maßnahmen aus Anlaß der Tat in Frage stehen"). Strafrecht und Polizeirecht gehen getrennte Wege; die Verbrechensverhütung ist, von klar formulierten Ausnahmen abgesehen (§ 111a, § 112 Abs. 3, § 126a), nicht Sache des Strafprozesses (Müller-Sax, 1 zu § 127).

Daraus ergibt sich für Absatz 1 folgender Inhalt: Die Vorschrift geht noch einen Schritt weiter als Absatz 2. Sie läßt jedermann handeln, wenn die frische Tat sofortige Festnahme erheischt. Alsdann wäre es freilich sinnvoll, das Handeln des Privaten auszuschließen, wenn Polizei leicht erreicht werden kann oder gar zur Stelle ist. Die erste Einengung schließt der Wortlaut aus. Denn sie wäre nur sinnvoll, wenn der Private verpflichtet würde, die Polizei herbeizurufen; eine solche Verpflichtung stellt das Gesetz aber nicht auf. Die zweite Beschränkung ergibt sich aus dem Sinn der Vorschrift, daß der Private für den Staat handelt (RGSt. **17** 128: „§ 127 StPO. überträgt ... dem einzelnen eine an sich zur Strafverfolgung gehörige öffentliche Funktion"). Daraus folgt, daß er nicht neben staatlichen Organen tätig werden kann. — Die Festnahme ist nur zulässig bei frischer „Tat", doch führt die Auslegung zu dem Begriff des dringenden Tatverdachts (s. u. II 2). Die Haftgründe des § 112 Abs. 2 und 3 sind durch zwei Festnahmegründe ersetzt, von denen einer mit dem der Fluchtgefahr übereinstimmt (s. u. II 5). Der Grundsatz der Verhältnismäßigkeit gilt auch im Falle des Absatzes 1 (s. u. II 4). Bei näherer Betrachtung ist somit auch Absatz 1, wenn auch loser als Absatz 2 und mit einigen Abweichungen, mit den §§ 112, 113 verbunden.

Weil somit, wie im Falle des Absatzes 2 der Polizeibeamte, im Falle des Absatzes 1 der Private gleichsam den Vollzug eines künftigen Haftbefehls vorwegnimmt, müssen für Prozeßhindernisse, z. B. die Exterritorialität, dieselben Grundsätze wie beim Haftbefehl gelten (s. o. 2 zu § 114). Bei Abgeordneten fällt unter die Verhaftung i. S. des Art. 46 Abs. 2 GG. auch die vorläufige Festnahme nach § 127 Abs. 1 (Maunz bei Maunz-Dürig, 50 zu Art. 46; Bockelmann, Die Unverfolgbarkeit der Abgeordneten nach deutschem Immunitätsrecht, S. 56; a. A. Meincke, S. 49), auch wenn sie nur vorgenommen wird, um die Persönlichkeit festzustellen (RGSt. **59** 113). Sie wird in der Regel nach Art. 46 Abs. 2 zulässig sein. Sie ist es stets, wenn der Abgeordnete auf frischer Tat betroffen wird. Bei Verfolgung auf frischer Tat ist dagegen die vorläufige Festnahme ohne Genehmigung des Parlaments nur zulässig, wenn die Festnahme im Laufe des Tages nach der Tat gelingt. Daß der Abgeordnete nur verfolgt werden dürfte, nacher bei Begehung der Tat betroffen worden ist (so wohl Bockelmann, a. a. O., S. 57 Anm. 88), ist dem Wortlaut des Art. 46 Abs. 2 GG. nicht zu entnehmen.

Freilich werden Prozeßhindernisse dem regelmäßig nicht erkennbar sein, der bei frischer Tat verhaftet: Verjährung ist nicht denkbar, erkennbarer Verzicht auf Strafantrag ein äußerst seltener Fall. Es bleibt wohl nur die Exterritorialität, die z. B. am Kennzeichnen eines Kraftwagens (CD) erkennbar sein kann.

2. Abgrenzung. § 127 wird ergänzt durch § 183 Satz 2 GVG. und durch § 231 Abs. 1 Satz 2. Die drei genannten Bestimmungen, die ihrerseits die §§ 112 bis 114 ergänzen, regeln abschließend, wann jemand wegen einer Straftat im Hinblick auf ein künftiges Strafverfahren verhaftet werden kann. Namentlich hat § 163 Abs. 1 nicht etwa die Bedeutung, Maßnahmen, die nach § 127 Abs. 1 und 2 nur unter bestimmten Voraussetzungen zulässig sind, einem an diese Voraussetzungen nicht gebundenen Ermessen der Beamten des Polizeidienstes zu unterwerfen (RGSt. **27** 152; **67** 352).

Auf der anderen Seite bleiben alle Rechte unberührt, die die Bestimmungen über Notwehr und Notstand (§§ 53, 54 StGB., §§ 228, 904 BGB.) sowohl einem durch die Straftat Verletzten als auch dem vom Verdächtigen rechtswidrig angegriffenen Festnehmenden gewähren (RGSt. **46** 350; **58** 132; **55** 82) sowie diejenigen Befugnisse, die Polizeibeamte nach Landesrecht zur Aufrechterhaltung der öffentlichen Ruhe, Sicherheit und Ordnung haben (RGSt. **31** 308; OLG. Celle GA. **58** 302).

3. Rechtsfolgen. Der Festnehmende handelt, wenn die Voraussetzungen des § 127 vorliegen, rechtmäßig (Boehm, Sp. 492; BayObLGSt. **2** 387; OLG. Celle NdsRpfl. **1968** 189); der Verdächtige hat demzufolge kein Notwehrrecht (RGSt. **21** 190; **54** 197; RG. JW. **1938** 2332; BayObLGSt. **1956** 171), ist allerdings — außer im Falle des § 117 StGB. (ebenso § 420 StGB. E 1962) — nicht wegen Widerstandes strafbar. Ob die Tatumstände, die der Festnehmende als gegeben erachtet, auch wirklich so vorliegen, wie er sie sieht, ist nicht entscheidend. Für die Rechtmäßigkeit seines Handelns kommt es darauf an, ob er sie nach seinem pflichtgemäßen

Ermessen für vorliegend erachten kann (RGSt. **38** 375; BayObLGSt. **15** 153). Auch wenn das Ergebnis seiner Prüfung sachlich falsch ist, handelt er rechtmäßig (RGSt. **72** 311). Dagegen handelt er rechtswidrig, wenn er nicht über die Umstände irrt, aus denen sich seine Berechtigung ergibt, sondern bei richtig erkannten Umständen irrig eine ihm vom Gesetz nicht eingeräumte Berechtigung in Anspruch nimmt, also z. B. im Falle des Absatzes 1 wegen Verdunkelungsgefahr oder zum Zwecke einer Vernehmung festnimmt (RGSt. **27** 157).

II. Flagrantenfestnahme (Absatz 1).

1. Tatbegriff.

a) Straftat. § 127 will sicherstellen, daß immer wenn nach der Strafprozeßordnung ein Verfahren eingeleitet werden kann, der Beschuldigte auf frischer Tat festgenommen werden darf. Er ergänzt sowohl § 112 in Vbdg. mit § 114 als auch § 126a in Vbdg. mit § 114. Demzufolge umfaßt der Begriff Tat sowohl die Straftat, d. h. die rechtswidrige und schuldhafte Handlung, die den Tatbestand eines Strafgesetzes verwirklicht (wie sie § 112 im Auge hat), als auch (der Fall, den § 126a behandelt) die rechtswidrige Tat, d. h. die rechtswidrige Handlung, die den Tatbestand eines Strafgesetzes verwirklicht, auch wenn sie nicht schuldhaft begangen ist (§ 11 Abs. 1 Nr. 1 und 2 StGB. E 1962), im letzten Falle aber nur, wenn der Täter in einem Strafverfahren in einer Heil- oder Pflegeanstalt untergebracht werden kann (§ 42b StGB.), also vierzehn Jahre alt oder älter ist (§ 1 Abs. 3 JGG.). Zufolge der Beschränkung der Vorschrift auf die Zwecke der Strafverfolgung ist die Festnahme von Kindern nicht als zulässig anzusehen (Meincke, S. 43; Müller-Sax, 1a (1) zu § 127; Kaufmann, S. 54; a. A. SchwKleinknecht, 2 C zu § 127; Feisenberger, 1 zu § 127; RGSt. **17** 127, **19** 103 und Lobe-Alsberg, I 2c zu § 127, aber nur für den Fall, daß erzieherische, vorbeugende oder sonstige Maßnahmen oder Haftung gesetzlicher Vertreter usw. in Betracht kommen). Die Handlung braucht nicht vollendet zu sein; auch Versuch und Unternehmen berechtigen zur Festnahme, wenn sie strafbar sind (Karamuntzos, S. 12; Meincke, S. 44). Die Grenzen, die sich in bezug auf Übertretungen aus § 113 für Absatz 2 ergeben, spielen für Absatz 1 keine Rolle (RGSt. **34** 445, **46** 351; BayObLGSt. **15** 153), weil dort nicht wie in Absatz 2 auf die Voraussetzungen des Haftbefehls abgestellt sondern der besondere Festnahmegrund zur Verfügung gestellt wird, daß die Persönlichkeit nicht sofort festgestellt werden kann. Demzufolge umfaßt der Begriff Tat auch die Übertretung ohne Einschränkungen. Sie ergeben sich jedoch für Polizeibeamte (s. u. II 4); auch kann die Festnahme nur dann zu einem Haftbefehl führen, wenn die Voraussetzungen des § 113 vorliegen. Meincke (S. 11) weist noch darauf hin, daß (nicht strafbewehrte) „Polizeiübertretungen" keine Taten i. S. von Absatz 1 sind. Das ist selbstverständlich; daß RGSt. **46** 351 eine solche „Polizeiübertretung" behandle, ist nicht erkennbar.

Vorbereitungshandlungen werden, soweit nicht das Unternehmen strafbar ist, nicht vom Begriff der Tat umfaßt. Rechtfertigungs- und Entschuldigungsgründe stehen der Bestrafung und damit der Strafverfolgung entgegen, hindern die Festnahme aber nicht, wenn sie dem Festnehmenden unbekannt sind. Zwar enthält Absatz 1 nicht den Begriff des dringenden Tatverdachts, doch kann nicht auf die Sicherheit der Täterschaft (so EbSchmidt, 6 zu § 127; Karamuntzos, S. 58) abgestellt werden. Der Augenschein kann stets täuschen; was als rechtswidrige Tat erscheint, kann einen, dem Beobachter unbekannten, Rechtfertigungsgrund haben. Wenn der Staat die Festnahmebefugnis an die sichtbare Tat knüpft und in seinem Interesse den augenblicklichen Entschluß zur Festnahme billigt, kann er nicht mehr als den dringenden Tatverdacht verlangen (eingehend Meincke, B II, III). Nur müssen wegen der Anknüpfung an die frische Tat, anders als bei der Feststellung des dringenden Tatverdachts nach § 112, alle außerhalb der sichtbaren Tat denkbaren Indizien außer Betracht bleiben; einziges Beweismittel ist die frische Tat selbst. Daher ist die Festnahme gerechtfertigt, wenn die äußere Erscheinung der Tat dringenden Tatverdacht rechtfertigt. Wegen des Begriffs des dringenden Tatverdachts s. o. 5 zu § 112.

b) Bei **Ordnungswidrigkeiten** (§ 1 Abs. 1 OWG.) besteht keine Befugnis, den Betroffenen vorläufig festzunehmen. Der ursprünglich nicht unbestrittenen Ansicht (die Gegenansichten bei Rotberg, OWG., Fußnote 14 zu § 35) ist seit Schäfers Kommentierung in der 36. Auflage des Dalcke (7 h zu § 35 OWG.; noch ausführlicher 37. Aufl., 7 h, i zu § 35 OWG.; gleicher Ansicht Rotberg, OWG. seit der 2. Auflage, 15 Abs. 2 zu § 35; KleinknM, 4 zu § 35 OWG.; Kohlhaas, § 35 OWG., Anm. 4i; Schwarz, 2 zu § 35 OWG. bereits seit der 15. Auflage; Meincke, S. 13) allein Kohlhaas (JR. **1964** 431) entgegengetreten. Sie kann als herrschend und unwiderlegbar angesehen werden. Indem § 11 Abs. 2 OWG. die Bestimmung des § 60 StGB. (Anrechung der Untersuchungshaft) nicht für anwendbar erklärt, bringt er zum Ausdruck, daß es im Bußgeldverfahren keine Untersuchungshaft — und damit auch keine vorläufige Festnahme — gibt. Die Begründung betont hierzu, daß es sich verbiete, Bestimmungen des Strafgesetzbuchs entsprechend anzuwenden, wenn das nicht ausdrücklich angeordnet sei (Begrdg. zu § 11 Abs. 2 in Vbdg. mit § 10 Abs. 2, BTDrucks. I 2100, S. 18). Da man nun die Untersuchungshaft nicht wohl bei Straftaten anrechnen, bei Ordnungswidrigkeiten aber ohne Einfluß auf die Sanktion lassen kann, ist in der Tat kein anderer Schluß möglich, als daß der Gesetzgeber den Willen hatte, im Bußgeldverfahren die Untersuchungshaft auszuschließen. Diesen Willen hat er, wohl angesichts der Kontroversen über die Zulässigkeit der Untersuchungshaft (die Materialien — BTDrucks. II zu 3644, zu § 61 b, S. 38 — sind unergiebig), in § 82 Abs. 1 Satz 2 des Kartellgesetzes vom 27. 7. 1957 (BGBl. I 1081) bestätigt durch die ausdrückliche Anordnung: „Die Vorschriften der Strafprozeßordnung über ... Verhaftung, vorläufige Festnahme ... sind nicht anzuwenden". Es ist ausgeschlossen, daß der Gesetzgeber bei den besonders folgenreichen Ordnungswidrigkeiten des Kartellrechts auf Untersuchungshaft und vorläufige Festnahme hätte verzichten wollen, wenn er sie bei weniger wichtigen Ordnungswidrigkeiten für zulässig angesehen hätte. § 82 Abs. 1 Satz 2 KartG. kann vielmehr, wie Schäfer mit Recht schließt, „nur als eine authentische Klarstellung des Gesetzgebers gewertet werden, daß im Bußgeldverfahren Untersuchungshaft schlechthin unzulässig ist", und damit „folgerichtig auch eine vorläufige Festnahme". Es ist unzulässig, das Grundrecht der persönlichen Freiheit mit dem Mittel einer Analogie zum Strafrecht einzuschränken, von dem das Recht der Ordnungswidrigkeiten als Verwaltungsunrecht sonst überall dort streng geschieden ist, wo es eine Verbindung nicht ausdrücklich selbst herstellt.

2. Frische Tat. Die Festnahme ist jedermann gestattet, wenn jemand auf frischer Tat betroffen oder verfolgt wird. Frisch ist die Tat, wenn die Ausführung oder die eben beendete Ausführung einer Handlung einem Beobachter als rechtswidrige Tat oder als strafbarer Versuch oder als strafbare Vorbereitung einer solchen erkennbar ist (a. A. — Tatvorgang darf noch nicht beendet sein — Peters, § 47 B 1). Dazu braucht der Beobachter nicht sämtliche Teile der Handlung wahrzunehmen, nur müssen die wahrgenommenen Teile ohne weitere Indizien den beobachteten Hergang nach der Lebenserfahrung als rechtswidrige Tat erkennen lassen.

Meincke bezeichnet als frisch die Tat während oder kurz nach Ablauf des Tatgeschehens (S. 61), will aber als Zeitraum kurz nach der Tat nur die Frist von 24 Stunden ansehen (S. 72), und auch im Verfolgungsfall die Festnahme nur während der frischen Tat, also innerhalb von 24 Stunden, zulassen (S. 78), so daß er die beiden Festnahmemöglichkeiten nicht zu unterscheiden braucht (S. 80). Die rechtshistorischen und rechtsvergleichenden Untersuchungen Meinckes tragen seinen Schluß nicht. Denn das Gesetz trifft die Unterscheidung zwischen Betreffen und Verfolgen und setzt für die Verfolgung keine zeitliche Grenze. Die Annahme ist auszuschließen, daß der Gesetzgeber die Auslegung einer Vorschrift, die sich an jedermann wendet, von Kenntnissen der Rechtsgeschichte, ausländischer Rechte, anderer geltender und früherer Gesetze hätte abhängen lassen wollen. Fristen setzt das positive, geschriebene Recht. Fehlen sie, kann die Auslegung sie nicht schaffen.

3. Betreffen und Verfolgen. Betroffen wird auf frischer Tat, wer während (RGSt. **34** 445) oder unmittelbar nach (RGSt. **65** 394) einer vollendeten oder, wenn mit Strafe bedroht, einer versuchten oder unternommenen rechtswidrigen Tat bemerkt wird. Der Begriff des Überraschens oder Entdeckens ist mit den Worten „betroffen wird" nicht notwendig verbunden (RGSt. **73** 348).

Verfolgung auf frischer Tat liegt vor, wenn unmittelbar nach Wahrnehmen, Bemerken oder Entdecken der vollendeten oder, wenn strafbar, auch der versuchten oder unternommenen Tat die strafrechtliche Verfolgung des Täters aufgenommen wird. Es ist nicht erforderlich, daß der Täter, wenn die Tat bemerkt wird, selbst noch anwesend ist, wenn nur Spuren vorhanden sind, die auf eine bestimmte Person hinweisen und dem Verfolgenden gestatten, allein aus ihnen (Teile einer auffälligen Kleidung, benutztes Kraftfahrzeug) den Täter festzustellen. Die Verfolgung umfaßt alle Maßnahmen, die darauf abzielen, den Täter zu ergreifen, und die das nach ihrer Natur ermöglichen, erleichtern oder sichern (RGSt. **30** 388). Die Verfolgung braucht sich der Entdeckung nicht augenblicklich anzuschließen. Vielmehr kann sich der Verfolgende auf die Verfolgung vorbereiten, indem er Hilfskräfte und Hilfsmittel (Kraftwagen) herbeischafft. Nicht notwendig ist, daß der Täter auf Sicht und Gehör verfolgt wird; der Verfolgende kann ihm vorauseilen, Wege besetzen usw. (RGSt. **30** 388). Eine Rast nimmt dem Nacheilen nicht den Charakter der Verfolgung (RGSt. **58** 226). Der Verfolgende braucht nicht der Entdecker, kann vielmehr von diesem unterrichtet worden sein („haltet den Dieb"); immer aber muß die Tätigkeit des Verfolgenden auf eine Entdeckung der frischen Tat, sei es auch durch einen anderen, zurückgehen. Wer in die Telefonleitung einer ihm bekannten Person gerät und aus dem, was sie einem Dritten mitteilt, erfährt, daß sie eine strafbare Handlung begangen hat, hat sie nicht auf frischer Tat betroffen und hat auch von niemandem, der das getan, davon erfahren. Er darf sie nicht selbst verfolgen, muß sich vielmehr mit einer Nachricht an die Polizei begnügen.

Der Festnehmende braucht nicht der erste Verfolger zu sein. Es genügt, wenn er von ihm oder einem weiteren Zwischenmann mit Verfolgungsmaßnahmen beauftragt worden ist (RGSt. **60** 69).

Das Gesetz kennt keine zeitliche Begrenzung der Festnahmebefugnis. Danach kann, wenn der Täter nicht alsbald beim Betreffen festgenommen werden konnte, die Verfolgung bis zu seiner Festnahme fortgesetzt werden. Für den Fall der Verfolgung ist die frische Tat der Ausgang; eine zeitliche Begrenzung für das Ende der Verfolgung ist dem Begriff nicht zu entnehmen (a. A. — Verfolgung von mehreren Tagen ist ausgeschlossen — Meincke, S. 66), wohl aber hängt die Verfolgungs- und Festnahmebefugnis davon ab, daß die Verfolgung auf die noch frische Tat hin begonnen worden ist. Wird jemand Stunden nach der Tat durch einen Beobachter unterrichtet, dann kann er den Täter nicht mehr auf frischer Tat verfolgen.

4. Festnahmegründe. Wer auf frischer Tat betroffen oder verfolgt wird, kann aus zwei Gründen festgenommen werden: weil er der Flucht verdächtig ist, oder weil seine Persönlichkeit nicht sofort festgestellt werden kann. Die beiden Gründe werden nicht, wie das in § 112 Abs. 2 und 3 geschieht, als Haftgründe bezeichnet, und stimmen auch, wenigstens dem Wortlaute nach, mit keinem der Haftgründe des § 112 Abs. 2 und 3 überein; in Wirklichkeit ist das bei dem ersten Verhaftungsgrund doch der Fall (s. u. 5), und beide entsprechen den Haftgründen des § 112. Dort machen die Haftgründe allein noch nicht die Voraussetzungen der Haft aus (s. o. 1 zu § 112). Zu ihnen gehört noch der dringende Tatverdacht, dem hier die frische Tat entspricht, und die Verhältnismäßigkeit des anzuwendenden Zwanges zu dem angestrebten Erfolg (§ 112 Abs. 1 Satz 2). Dieser für die Untersuchungshaft ausdrücklich ausgesprochene Satz gilt für alle Akte der öffentlichen Gewalt. Er muß daher auch gelten, wenn ein Privater, im öffentlichen Interesse handelnd, den Vollzug eines künftigen Haftbefehls gleichsam vorwegnimmt. Demzufolge besteht die Festnahmeberechtigung nicht, wenn die Festhaltung zu der Bedeutung der Sache und zu einer zu erwartenden Strafe oder Maßregel der Sicherung und Besserung außer Verhältnis steht (BayObLGSt. **1959** 41).

Keine Berechtigung zur Festnahme verleiht Verdunkelungsgefahr oder Ungehorsam gegen Ladungen (§§ 230, 236). Auch darf der Beschuldigte nicht etwa deshalb festgenommen werden, weil er den beleidigt, der seine Person feststellen will (OLG. Celle GA. **53** 302). Wenn die Identität feststeht, ist es unzulässig, den Beschuldigten festzunehmen, um ihn alsbald zu vernehmen (RGSt. **32** 270; **39** 190; **67** 352; BGH. NJW. **1962** 1021; BayObLGSt. **1956** 172; OLG. Schleswig NJW. **1956** 1570) oder um den Erfolg einer Durchsuchung sicherzustellen (RGSt. **15** 358; wegen des Verhältnisses des Landesrechts zur Strafprozeßordnung s. auch u. 2 zu § 163 und Kaufmann, S. 84).

5. Fluchtgefahr. Die vorläufige Festnahme ist einmal zulässig, wenn der Verfolgte der Flucht verdächtig ist. Diese abkürzende Formulierung sollte vor dem Inkrafttreten des Strafprozeßänderungsgesetzes ersichtlich auf § 112 verweisen. Dort wurde in Absatz 1 Nr. 1 ein Haftgrund umschrieben, der in Absatz 2 mit der Bezeichnung Fluchtverdacht versehen wurde. In der neuen Fassung ist der Tatbestand dieses Haftgrunds enger gefaßt: die Verhaftung ist nur zulässig, wenn auf Grund bestimmter Tatsachen (diese ausdrückliche Voraussetzung bestand bisher nur bei Verdunkelungsgefahr) die Gefahr besteht (bisher: die Befürchtung begründet ist), daß sich der Beschuldigte dem Strafverfahren entziehen werde. Der Haftgrund wird im Anschluß an die neue Formulierung als Fluchtgefahr, nicht mehr als Fluchtverdacht, bezeichnet. Dem Wortlaute nach verweist § 127 Abs. 1 mit den Worten „der Flucht verdächtig ist" nicht auf § 112 Abs. 1 Nr. 2. Eine Begründung, warum § 127 unverändert geblieben ist, ist den Materialien nicht zu entnehmen.

Man könnte die Auffassung vertreten, daß für eine Verhaftung, zu der jedermann befugt ist, einfachere Voraussetzungen genügen und eine durchsichtigere Fassung bereitgestellt werden sollte. Dem letzten Punkt würde die Erwägung entgegenstehen, daß die Fassung „der Flucht verdächtig" eine Kurzfassung ist, die der Erläuterung bedarf, wann denn dieser Verdacht gegeben sei. Dem ersten Punkt wäre entgegenzuhalten, daß der Staat die Rechte für den privat Einschreitenden eher geringer zu bemessen Veranlassung hätte, als bei seinen geschulten Beamten. Denn die Gefahr, daß der Private die Grenzen überschreitet, liegt nahe. Aus beiden Überlegungen muß man folgern, daß ein Redaktionsversehen vorliegt. Nach dem Sinn der Vorschrift und nach dem System des Abschnitts will § 127 Abs. 1 mit seiner ersten Festnahmemöglichkeit auf § 112 Abs. 1 Nr. 2 verweisen. Die Vorschrift ist daher so zu lesen, als ob sie lautete: „wenn Fluchtgefahr besteht oder die Persönlichkeit des Betroffenen nicht sofort festgestellt werden kann".

Zu dem Begriff der Fluchtgefahr s. o. 9 zu § 112.

6. Fehlender Identitätsnachweis. Die Festnahme ist ferner zulässig, wenn die Persönlichkeit des Täters nicht sofort festgestellt werden kann. Das ist der Fall, wenn der Betroffene in einer ernstliche Zweifel ausschließenden Weise nicht ohne Vernehmung oder Nachforschung identifiziert werden kann, z. B. weil er Angaben über seine Person verweigert (RGSt. **21** 10). Aber auch die Namensangabe kann ungenügend sein, wenn keine Möglichkeit besteht, sie nachzuprüfen (RGSt. **27** 199). Ist der Name eines ortsansässigen Betroffenen bekannt, besteht grundsätzlich kein Festnahmerecht (RGSt. **67** 353), doch kann in großstädtischen Verhältnissen die Festnahme berechtigt sein, wenn nur der Familienname, nicht aber der Vorname und die Anschrift bekannt sind (OLG. Hamburg MDR. **1964** 778). Denn die Persönlichkeit ist nur dann festgestellt, wenn mit Hilfe bekannter oder nachgewiesener Angaben der Beschuldigte später zur Verantwortung gezogen werden kann. Reichen die Nachweise nicht aus, so wird die Nachprüfung durch die Bestätigung eines anderen, der sich selbst ausweisen kann, in der Regel möglich sein (OLG. Celle GA. **53** 302). Können die Angaben, etwa bei großem Verkehr, bei Unruhen oder weil — ernstlich und konkret — Störungen zu erwarten sind oder wegen Dunkelheit, nicht auf der Straße nachgeprüft werden, so kann der Verdächtige zur nächsten Polizeiwache verbracht werden (RG. JW. **1925** 1000). Daß die Feststellung später oder durch einen anderen wahrscheinlich möglich sein wird, steht der Festnahme nicht entgegen (BayObLG. LZ. **1928** 1408). Daher braucht sich der Festnehmende, wenn der Verdächtige ein Kraftfahrzeug benutzt, nicht damit zu begnügen, das Kennzeichen festzustellen (KG. VerkMitt. **1959** 77). Denn damit allein kann der Nachweis, wer das Fahrzeug benutzt hat, nicht mit Sicherheit geführt werden. Wenn der Verdächtige dagegen ein öffentliches, nach Fahrplan verkehrendes, Verkehrsmittel führt, kann davon ausgegangen werden, daß eine Anfrage bei der Leitung des Verkehrsbetriebs zur Identifizierung führen wird. Der theoretisch gleichwohl nicht völlig auszuschließende Beweisverlust ist dann so gering, daß er jedenfalls bei geringeren Straftaten hingenommen werden muß. Es widerspricht dem Grundsatz der Verhältnismäßigkeit, eine Straßenbahn anzuhalten, um den Ausweis des Fahrers einzusehen, wenn dieser etwa die Vorfahrt eines Kraftwagens folgenlos verletzt hat (a. A. — Feststellungsberechtigter braucht sich nicht mit einer Anfrage bei dem Verkehrsbetrieb zu begnügen — OLG. Düsseldorf VRS. **9** 217).

7. Festnahmeberechtigte. Die Befugnis zur Festnahme hat jedermann, also auch ein Ausländer oder Minderjähriger; eine Altersgrenze besteht nicht (Karamuntzos, S. 17). Eine persönliche Beziehung des Festnehmenden zu der Tat ist nicht erforderlich. Er braucht also nicht der Verletzte oder damit beauftragt zu sein, dessen Interessen wahrzunehmen (RGSt. **12** 194).

Jedermann ist auch ein Polizeibeamter (RGSt. **21** 12; **27** 156; **46** 351), der hier — anders als nach Absatz 2 — auch außerhalb seines Amtsbezirks tätig werden kann. Obwohl ein Polizeibeamter nach Absatz 2 wegen einer Übertretung nur in sehr beschränktem Umfang vorläufig festnehmen darf (§ 113), ist er im Rahmen des Absatzes 1 nach dessen Wortlaut bei frischer Tat auch bei einer Übertretung von Beschränkungen frei. Da er jedoch — im Gegensatz zu einem Privatmann — weiß, daß der Richter einen wegen Fluchtverdacht festgenommenen, einer Übertretung Verdächtigen alsbald entlassen muß, falls nicht einer der in § 113 genannten Ausnahmefälle vorliegt, darf er in bezug auf eine Übertretung wegen Fluchtverdachts nur unter den Voraussetzungen von § 113 festnehmen, sonst nur, wenn die Persönlichkeit des Verdächtigen nicht festgestellt werden kann.

Die Festnahmeberechtigung endet, wenn die öffentliche Gewalt, in der Regel die Polizei, selbst einschreitet und damit das Handeln des Privaten für sie überflüssig macht (s. o. I 1 Abs. 3). Gegen ihren Willen kann ein Privater nicht tätig werden. Nimmt die anwesende Polizei einen ihr zwar bekannten, aber fluchtverdächtigen Täter nicht fest — etwa weil die Festhaltung zu der Bedeutung der Sache außer Verhältnis stehen würde —, dann ist ein Privater nicht befugt, das von sich aus zu tun.

8. Festnahme. Jede Einwirkung, die über die Frage nach Namen und Anschrift und die Einsicht in freiwillig vorgelegte Ausweise hinausgeht, ist Festnahme. Sie liegt also namentlich vor, wenn jemand zur Wache mitgenommen wird, damit dort seine Personalien festgestellt werden (RGSt. **27** 157; Lobe-Alsberg, V zu § 127; a. A. RG. JW. **1925** 1000; JW. **1935** 3393; OLG. Braunschweig GA. **1953** 28; Müller-Sax, 5 zu § 127).

Die Festnahme wird durchgeführt durch die Aufforderung, dem Festnehmenden zum nächsten Amtsrichter oder, was vorzuziehen ist, zur nächsten Polizeistation (s. u. 3 zu §§ 128, 129) zu folgen. Reicht das nicht aus, ist der Festnehmende befugt, die zur Durchführung nötigen Mittel, namentlich Gewalt, anzuwenden. Dazu darf er Handlungen vornehmen, die ohne diese Berechtigung als Freiheitsberaubung, Nötigung und körperliche Mißhandlung strafbar wären (RGSt. **12** 197; **34** 446; **65** 392; Boehm, Sp. 493; Meincke, S. 11). Kann der Festnehmende den Täter nicht alsbald zum Richter oder zur Polizei bringen, dann ist er befugt, ihn in einem Privatzimmer festzuhalten, bis Polizei herbeigerufen werden kann. Indessen gestattet § 127 nur, die Bewegungsfreiheit aufzuheben, aber keine weitere Einschränkung (RG. DJZ. **1905** 219). Daher dürfen an sich erlaubte Drohungen nicht in Beleidigungen eingekleidet, darf der Festzunehmende namentlich nicht geduzt werden (BayObLGSt. **33** 42).

9. Festnahmemittel. Der Festnehmende kann den Täter zwingen, in ein Kraftfahrzeug zu steigen (OLG. Braunschweig HESt. **2** 83). Er kann ihn festhalten und dazu fest anpacken. Doch ist ihm darüber hinaus, anders als bei der Notwehr, nicht jedes Mittel gestattet. Vielmehr muß die mit den angewendeten Mitteln verbundene Rechtsgutverletzung in einem angemessenen Verhältnis zu dem angestrebten Zweck der Festnahme stehen (RGSt. **65** 394). Danach ist in der Rechtsprechung grundsätzlich für unzulässig erachtet worden, Leib und Leben des Betroffenen zu verletzen (RGSt. **34** 446), namentlich auf einen Fliehenden, auch nur mit Schrot, angriffsweise zu schießen (RGSt. **65** 394; **69** 312; **71** 52; **72** 306; a. A. KG. GA. **69** 288). Drohung mit dem Schießen (RGSt. **12** 197; **65** 394) und ein Warnschuß bleiben erlaubt; Belästigung der Allgemeinheit durch einen solchen Schuß muß hingenommen werden (BayObLGSt. **2** 385, 387). Fesseln und Binden sind in besonderen Fällen erlaubt, doch ist starkes Fesseln unzulässig (RGSt. **17** 128).

Die Rechtsprechung ist an Fällen entwickelt worden, in denen die Tat geringfügig war. Sie ist nicht ohne weiteres auf die Festnahme bei schweren Verbrechen zu übertragen. Denn das angemessene Verhältnis, in dem die Mittel zu dem Festnahmezweck stehen sollen, ist auch in Beziehung zu der verübten Rechtsgutverletzung zu suchen. Daher kann auch ein unbeteiligter Dritter nach Entdeckung eines beendeten Mordes den flüchtigen Täter mit der Schußwaffe an der Flucht hindern, sofern er alles tut, seine Tötung zu vermeiden.

Der Festnehmende darf dem Verdächtigen Sachen wegnehmen, die ihm die Fortbewegung erleichtern (OLG. Saarbrücken NJW. **1959** 1191). Ebenso kann er ihm Beweisstücke abnehmen, deren er sich zu entäußern sucht. Schließlich kann er sich, wenn er den Beschuldigten nicht festzunehmen vermag, darauf beschränken (Boehm, Sp. 493), ihm solche Sachen wegzunehmen, die eine Identifizierung ermöglichen (RGSt. **8** 291; GA. **50** 392; KG. GA. **70** 12; OLG. Düsseldorf HESt. **1** 270; a. A. — zwangsweise Sachentziehung unzulässig — EbSchmidt, 19 zu § 127). Das gilt jedoch nur für Sachen, die der Täter bei sich führt, nicht für solche, die er in seiner Wohnung oder an anderer Stelle verwahrt (OLG. Celle GA. **37** 377).

Ist der Festzunehmende ein Beamter, so beantwortet sich die Frage, welche Handlungen er zum Zwecke der Festnahme vornehmen darf, nach den für diesen Fall für seine Beamtengruppe erlassenen besonderen Vorschriften. Danach kann einem Beamten, anders als einem Privaten, der Gebrauch von Schußwaffen erlaubt sein (RG. Recht **1926** 344; RGSt. **72** 305). Die Einzelheiten regeln die Landesgesetze über Anwendung unmittelbaren Zwanges; sie gestatten den Schußwaffengebrauch nur bei besonders gelagerten Fällen. Die aus seinem Amt erwachsenden Befugnisse hat der Beamte jedoch nur, wenn er die sachlichen (RGSt. **66** 340) und örtlichen Grenzen seines Amtes innehält.

10. Kraftfahrer als Täter. Aus dem Recht, die Persönlichkeit des Verdächtigen festzustellen, und, wenn dies an Ort und Stelle nicht möglich ist, ihn dazu festzunehmen, folgt das weitere, die Fortbewegung des Verdächtigen zu verhindern. Das wirft besondere Probleme auf, wenn der Verdächtige zur Fortbewegung ein Kraftfahrzeug auf öffentlichen Straßen benutzt. Ist der Täter gestellt, kann er durch Wegnahme des Zündschlüssels an der Flucht gehindert werden (OLG. Saarbrücken NJW. **1959** 1191). Muß er noch gestellt werden, ist es grundsätzlich zulässig, ihm Hindernisse zu bereiten, die es unmöglich machen, weiter zu fahren (OLG. Hamburg HRR. **1928** 1401). Dabei ist aber sowohl eine Gefährdung des Straßenverkehrs (OLG. Hamm VRS. **16** 136; 23, 453; KG. VRS. **17** 359) als auch regelmäßig eine solche des Flüchtigen zu vermeiden (OLG. Schleswig NJW. **1953** 275; OLG. Frankfurt VerkMitt. **1959** 72). Daher ist es in der Regel nicht zulässig, eine belebte Straße (BayObLG. LZ. **1928** 1408), auf jeden Fall eine Autobahn, wegen einer bloßen Übertretung zu sperren (OLG. Celle NdsRpfl. **1958** 98). Doch müssen die anderen Verkehrsteilnehmer gewisse Belästigungen auf sich nehmen (OLG. Düsseldorf VRS. **9** 217).

Auch hier dürfen indessen einzelne Entscheidungen nicht verallgemeinert werden. Was nicht angemessen ist, wenn verfolgt wird, wer einer Übertretung verdächtig ist, kann geboten sein, wenn es gilt, einen Kraftfahrer zu stellen, der nach einem von ihm verursachten schweren Unfall die Flucht ergriffen hat. Versucht er, den Verfolger rücksichtslos abzuschütteln und gefährdet er ihn dabei, so ist es erlaubt, auch ihn zu gefährden. Andere dürfen allerdings nicht in Gefahr gebracht werden, müssen aber hinnehmen, daß sie belästigt und in schweren Fällen auch behindert werden.

11. Form. Die Festnahme unterliegt keiner besonderen Form. Sie braucht nicht ausdrücklich als solche bezeichnet zu werden. Der Festnehmende kann, wenn sonst der beabsichtigte Erfolg gefährdet wäre, davon absehen, sowohl die Festnahme (OLG. Braunschweig HESt. **2** 83) als auch eine Gewaltanwendung (BayObLGSt. **1959** 38) anzukündigen. Die vorgenommene Handlung muß jedoch dem Verdächtigen als eine Festnahme erkennbar sein (BayObLGSt. **1960** 66 = NJW. **1960** 1583).

Zur Nachtzeit kann ohne Beschränkung verhaftet werden (RGSt. **40** 67), wenn der zu Verhaftende außerhalb einer Wohnung, eines Geschäftsraumes oder eines befriedeten Besitztums betroffen wird oder diese Örtlichkeit auf Auffordern freiwillig verläßt. Muß eine Wohnung usw. zum Zwecke der Verhaftung, sei es am Tage, sei es zur Nachtzeit, betreten werden, dann liegt darin eine Durchsuchung, die nur unter den Voraussetzungen der §§ 102 bis 104 zulässig ist (RGSt. **31** 307; Peters, § 47 B I 1 Abs. 7 und 8; weitergehend RGSt. **40** 67, zust. EbSchmidt, 4 zu § 127). Da der Beschuldigte festgenommen werden soll, nachdem er auf frischer Tat verfolgt worden ist, ist die Durchsuchung nach § 104 Abs. 1 zulässig.

III. Festnahme bei Gefahr im Verzuge (Absatz 2).

1. Gefahr im Verzuge liegt vor, wenn die Festnahme gefährdet wäre (vgl. § 81c Abs. 3) zufolge der Verzögerung, die eintreten würde, falls zuvor ein richterlicher Haft- oder Unterbringungsbefehl erwirkt werden müßte. Dabei kommt es indessen nicht auf eine — kaum feststellbare — objektive Gefahr an, sondern allein darauf, ob der Beamte auf Grund der gesamten Umstände des Falles nach seinem pflichtgemäßen Ermessen als wahrscheinlich annehmen kann, der Festnahmeerfolg sei gefährdet (RGSt. **37** 34; **38** 375). Liegen die Voraussetzungen eines Haftbefehls vor, dann darf der Polizeibeamte den Fall der Gefahr im Verzuge nicht dadurch herbeiführen, daß er, ohne einen Haftbefehl erwirkt zu haben, den Beschuldigten vernimmt und dadurch einen latenten Entschluß zur Flucht oder zur Verdunkelung zu einer konkreten Gefahr macht. Ist er aber versehentlich oder absichtlich so verfahren, dann hat das auf sein Recht zur Festnahme gleichwohl keinen Einfluß. Der Umstand, daß er durch frühere Fehler oder Pflichtwidrigkeiten die Gefahr mitverursacht hat, muß außer Betracht bleiben (BGHSt. **3** 243).

2. Festnahmeberechtigt nach Absatz 2 sind die Staatsanwaltschaft und die Polizeibeamten.

Der Ausdruck Staatsanwaltschaft umfaßt die Bundesanwälte, die Staatsanwälte und die Amtsanwälte einschl. ihrer Beförderungsstufen. Als Bundesanwälte gelten auch die bei der Bundesanwaltschaft beschäftigten Oberstaatsanwälte, als Staatsanwälte die mit der Wahrnehmung staatsanwaltschaftlicher Aufgaben beauftragten Assessoren, als Amtsanwälte die mit der Wahrnehmung amtsanwaltschaftlicher Aufgaben beauftragten Referendare (OLG. Düsseldorf JMBl. NRW. **1965** 103) und Inspektoren. Die Amtsanwälte sind festnahmeberechtigt nicht nur im Umfang ihrer Zuständigkeit nach den Anordnungen der Landesjustizverwaltungen über Organisation und Dienstbetrieb der Staatsanwaltschaft, sondern in allen Sachen, die zur Zuständigkeit des Amtsgerichts (§ 24 GVG.) gehören (§ 142 Abs. 2), doch wird sich der Amtsanwalt in den ihm nach jenen Verfügungen nicht zugewiesenen Sachen der Anordnung einer Beschlagnahme zu enthalten haben, wenn nicht Gefahr im Verzuge in der Weise vorliegt, daß nicht nur kein Richter, sondern auch kein Staatsanwalt zu erlangen ist.

Polizeibeamte sind alle Beamten des Polizeidienstes (Schutzpolizei, einschließl. Wasserschutz- und Bereitschaftspolizei, und Kriminalpolizei), nicht nur die Beamten derjenigen Klassen, die nach § 152 Abs. 2 GVG. als Hilfsbeamte der Staatsanwaltschaft bezeichnet worden sind (Kaufmann, S. 59). Hilfsbeamte der Staatsanwaltschaft, die nicht Polizeibeamte sind, fallen nicht unter Absatz 2, doch ist einzelnen Klassen von ihnen in Einzelgesetzen die Befugnis zur Verhaftung ausdrücklich beigelegt worden. So sind nach § 439 Abs. 1 AO. bei Verdacht eines Steuervergehens die Finanzämter und ihre Hilfsbeamten im Rahmen des Absatzes 2 zur Festnahme befugt. Nach § 1 Nr. 2 des Gesetzes über die Finanzverwaltung vom 6. 9. 1950 (BGBl. 448) gelten als Finanzämter auch die Hauptzollämter und die Zollfahndungsstellen. Die beiden Behörden und ihre Beamten haben nach § 42 Abs. 3 Satz 1 des Außenwirtschaftsgesetzes vom 28. 4. 1961 (BGBl. I 481) in Außenwirtschaftsstrafsachen die Rechte und Pflichten der Polizeibeamten nach den Bestimmungen der Strafprozeßordnung.

In der Sitzung kann der Richter die vorläufige Festnahme wegen einer in der Sitzung begangenen strafbaren Handlung verfügen (§ 183). Aber auch in bezug auf die Handlung, die er aburteilt, kann er nicht weniger Rechte als der Staatsanwalt haben. Daher kann auch er vorläufig festnehmen, wenn die Maßregeln nach § 231 Satz 2 nicht ausreichen, etwa weil die Voraussetzungen eines Haftbefehls wegen Verdunkelungsgefahr vorliegen.

Die vorläufige Festnahme von Soldaten wegen eines Dienstvergehens richtet sich nach § 9 WDO. Die Bestimmung verleiht den militärischen Vorgesetzten keine Befugnisse nach Absatz 2 (Dreher bei Dreher-Lackner-Schwalm, WStG., 9 zu § 46). Die Bahnpolizeibeamten sind zur Festnahme nach Absatz 2 nicht befugt (§ 75 Abs. 4 der Eisenbahn-Bau- und Betriebsordnung vom 17. 7. 1928 — RGBl. III 933—2—). Privatdetektive haben keine Rechte nach Absatz 2 (RGSt. **59** 296).

3. Wegen der **Voraussetzungen eines Haft- oder Unterbringungsbefehls** s. o. § 112 und § 126a, wegen fehlender Berechtigung zur Festnahme s. o. I 1 Abs. 4; die §§ 230, 236 geben für Staatsanwaltschaft und Polizei kein Recht zur vorläufigen Festnahme. Im Gegensatz zu Absatz 1 ist nach Absatz 2 die Festnahme auch wegen Verdunkelungsgefahr zulässig, aber in bezug auf Übertretungen nur unter den einschränkenden Voraussetzungen des § 113 erlaubt; doch ist das bei Polizeibeamten gegenüber Absatz 1 in Wirklichkeit keine Einschränkung (s. o. II 7 Abs. 2). Da § 113 bei Übertretungen die Verhaftung wegen Verdunkelungsgefahr ausschließt, ist eine vorläufige Festnahme unzulässig, um eine Blutprobe zu erzwingen, wenn der Verdacht lediglich einer Übertretung besteht (OLG. Saarbrücken NJW. **1959** 1190). Der Frage kommt jedoch nur geringe Bedeutung zu. Denn die Ansicht, daß Spuren „verwische", wer sich der Blutalkoholuntersuchung entziehen wolle, oder daß eine solche Absicht derjenigen, Spuren zu vernichten, gleichzustellen sei (OLG. Braunschweig NJW. **1956** 1808; BayObLGSt. **1960** 67 = NJW. **1960** 1583), ist ohnehin nicht zu billigen. Die Konstruktion ist aber auch nicht erforderlich, weil die Blutalkoholuntersuchung (nicht der sog. Alkoholtest; BayObLGSt. **1963** 15 = NJW. **1963** 772) nach § 81a erzwungen werden kann und dazu eine kurzfristige Festnahme des Beschuldigten für die Dauer der Untersuchung (Baumann, Festschr. für Eb.Schmidt, S. 538) zulässig ist (s. o. 9 zu § 81a; BayObLGSt. **1956** 183 = NJW. **1957** 273; BayObLGSt. **1963** 213 = NJW. **1964** 459; OLG. Hamm DAR. **1962** 131; OLG. Neustadt DAR. **1962** 243 = MDR. **1962** 593; Peters, Blutalkohol **1964** 241). § 81a enthält die Befugnis zur Beschränkung der Bewegungsfreiheit — entgegen der Ansicht Nauckes SchlHA. **1963** 103 — in sich (Dünnebier JR. **1964** 149; Kleinknecht NJW. **1964** 2181). Es wäre undenkbar, daß das Gesetz in § 81c die zwangsweise Vorführung eines Zeugen zur Blutentnahme zuließe, sie aber beim Beschuldigten habe versagen wollen. Allerdings sind zur Anordnung nach § 81a nicht — wie zur Festnahme nach § 127 Abs. 2 — alle Polizeibeamten sondern nur diejenigen befugt, die Hilfsbeamte der Staatsanwaltschaft sind (OLG. Saarbrücken NJW. **1959** 1191; Kohlhaas DAR. **1960** 255).

4. Wegen der Durchführung der **Festnahme** gilt das zu II 8 bis 11 Ausgeführte entsprechend, doch ist bei Verhaftungen zur Nachtzeit zu beachten, daß die Gefahr im Verzuge, von der Absatz 2 spricht, nicht dieselbe zu sein braucht, die nach § 104 Abs. 1 berechtigt, eine Wohnung zur Nachtzeit zu durchsuchen (s. dazu o. II 11 Abs. 2). Auch wenn der Polizeibeamte verhaften muß, ohne vorher einen richterlichen Haftbefehl erwirken zu können, kann durchaus die Möglichkeit bestehen, daß er mit der Verhaftung bis zum Tagesanbruch wartet, wenn feststeht, daß der Gesuchte sich in seiner Wohnung aufhält, und wenn deren Ausgänge gesichert werden können.

IV. Strafantrag (Absatz 3). Prozeßhindernisse, wozu auch fehlende Prozeßvoraussetzungen zählen, stehen jeder Prozeßhandlung entgegen. § 130 macht hiervon für den Haftbefehl eine Ausnahme (s. auch o. 2 Abs. 2 zu § 114); Absatz 3 dehnt die Ausnahme auf die vorläufige Festnahme aus. Danach ist die vorläufige Festnahme bei Antragsdelikten schon zulässig, ehe ein Strafantrag gestellt ist, solange nur noch nicht feststeht, daß der Berechtigte, von mehreren Berechtigten jeder von ihnen (OLG. Celle Alsb. E. 1 271), ihn nicht stellen wird. Dieser Ausnahme kommt für Absatz 1 kaum Bedeutung zu. Denn bei frischer Tat wird dem Festnehmenden kaum je bekannt sein, daß ein Antragsberechtigter auf sein Antragsrecht verzichten wolle. Die Bestimmung ist nicht nur bei fehlendem Strafantrag anzuwenden, sondern ebenso bei noch ausstehender Ermächtigung, Anordnung oder Zustimmung oder einem Strafverlangen usw. (s. o. 2 Absatz 2 zu § 114).

§ 128

(1) Der Festgenommene ist, sofern er nicht wieder in Freiheit gesetzt wird, unverzüglich, spätestens am Tage nach der Festnahme, dem Amtsrichter des Bezirks, in dem er festgenommen worden ist, vorzuführen. Der Amtsrichter vernimmt den Vorgeführten gemäß § 115 Abs. 3.

(2) Hält der Amtsrichter die Festnahme nicht für gerechtfertigt oder ihre Gründe für beseitigt, so ordnet er die Freilassung an. Andernfalls erläßt er einen Haftbefehl oder einen Unterbringungsbefehl. § 115 Abs. 4 gilt entsprechend.

Entstehungsgeschichte: I. Entw. §§ 112, 113 Abs. 1. II. Entw. § 115. III. Entw. § 116.

Änderungsvorschläge: N. E. I, II § 129. N. E. III § 151. Entw. EGStGB. Art. 70 Nr. 75.

Spätere Änderungen: Durch Art. 2 Nr. 8 des G. vom 24. 11. 1933 wurden in Absatz 2 die Worte „oder einen Unterbringungsbefehl“, durch Art. 3 Nr. 50 VereinhG. in Absatz 1 die Worte „spätestens am Tage nach der Festnahme“ eingefügt. Der Wortlaut des letzten Satzes von Absatz 1 und von Absatz 2 stammt aus Art. 1 Nr. 2 StPÄG.; er dient der Anpassung an die §§ 115, 115a.

§ 129

Ist gegen den Festgenommenen bereits die öffentliche Klage erhoben, so ist er entweder sofort oder auf Verfügung des Amtsrichters, dem er zunächst vorgeführt worden ist, dem zuständigen Gericht oder dem Untersuchungsrichter vorzuführen; diese haben spätestens am Tage nach der Festnahme über Freilassung, Verhaftung oder einstweilige Unterbringung des Festgenommenen zu entscheiden.

Entstehungsgeschichte: Die in den Entwürfen nicht enthaltene Vorschrift ist von der Reichstags-Kommission eingefügt worden (Hahn, Mat. 1 693).

Änderungsvorschläge: N. E. I, II §§ 129, 130. N. E. III § 152. Entw. EGStGB. Art. 70 Nr. 75 (§ 128).

Spätere Änderungen: Durch Art. 2 Nr. 9 des G. vom 24. 11. 1933 wurden die Worte „oder einstweilige Unterbringung“, durch Art. 3 Nr. 50 die Worte „spätestens am Tage nach der Festnahme“ eingefügt.

Erläuterung zu den §§ 128 und 129

1. Dauer der polizeilichen Festnahme. Wer den Verdächtigten festgenommen hat, wenn es ein Beamter war, auch sein Vorgesetzter, muß ihn alsbald freilassen, wenn die Festnahmegründe entfallen sind. Das ist nach Festnahme auf frischer Tat stets der Fall, wenn bei einem nicht fluchtverdächtigen Unbekannten die Personalien festgestellt sind oder wenn ein Fluchtverdacht, der zunächst bestanden hatte, ausgeräumt worden ist. Im Falle des § 127 Abs. 2 kann die Einlassung des Festgenommenen ergeben, daß der Festnehmende die Haftgründe zu Unrecht angenommen hatte, etwa weil sich herausstellt, daß nur der Fall des § 113 vorliegt, dessen besondere Voraussetzungen aber nicht gegeben sind, oder weil sich ergibt, daß die Tat — entgegen der ursprünglichen Annahme — nur geringfügig ist, und daher die Haft zu der Bedeutung der Sache und der zu erwartenden Strafe außer Verhältnis stehen würde. Ohne Rücksicht auf den Stand der Identitätsfeststellung und trotz einem bestehenden Fluchtverdacht ist ein Festgenommener, der sich in polizeilichem Gewahrsam befindet, alsbald dann freizulassen, wenn die Polizei ihn nicht bis zum Ende des Tages nach der Festnahme dem Amtsrichter (§ 128 Abs. 1) oder dem zuständigen Gericht (§ 129 Abs. 1) hat vorführen können (Art. 104 Abs. 2 Satz 3 GG.; EbSchmidt, 5, 6 zu § 128).

Wie § 127 Abs. 1 es nicht zuläßt, die Fortsetzung der Straftat eines bekannten, nicht fluchtverdächtigen Täters durch seine Festnahme zu verhindern, so verbietet es § 128 Abs. 1, eine nach § 127 Abs. 1 zunächst zulässige Festnahme aufrechtzuerhalten, wenn sie unzulässig geworden ist, etwa weil die Personalien festgestellt werden konnten. Inwieweit in solchen Fällen jedermann die Fortsetzung einer Straftat verhindern kann, ist eine hier nicht zu behandelnde Frage des Polizeirechts.

2. Verhältnis zu § 115. Das Verfahren nach der Festnahme ist in den §§ 128, 129 nur für den Fall geregelt, daß noch kein Haftbefehl vorliegt, wie sich aus § 128 Abs. 2 Satz 2, § 129 letztem Halbsatz ergibt. Dabei behandelt § 129 die Vorführung, nachdem die öffentliche Klage bereits erhoben ist, und demnach § 128 den Fall, daß dies noch nicht geschehen ist. Es ist aber denkbar, daß jemand vorläufig festgenommen wird, obwohl gegen ihn bereits ein Haftbefehl vorliegt. § 127 hat das nicht im Auge. Diese Vorschrift geht davon aus, daß noch kein Haftbefehl ergangen ist („wenn die Voraussetzungen eines Haftbefehls ... vorliegen"). Ausnahmsweise kann das indessen gleichwohl der Fall sein, ohne daß der verhaftende Beamte das weiß.

Für § 127 Abs. 1 kann dieser Fall nicht eintreten, wenn der Täter auf frischer Tat betroffen wird. Wird er nach Verfolgung festgenommen, könnte theoretisch inzwischen ein Haftbefehl ergangen sein; praktisch ist es nahezu ausgeschlossen. Kommt es gleichwohl vor, wird der Verfolgende von dem Haftbefehl benachrichtigt, so daß er nach § 115 zu verfahren hat, wenn er den Beschuldigten nunmehr auf Grund des Haftbefehls ergreift. Anders ist es im Falle des § 127 Abs. 2. Hier kann der Festnehmende auf keinen Fall wissen, daß die Untersuchungshaft bereits angeordnet ist. Nimmt er den Beschuldigten ohne Kenntnis von dem Haftbefehl fest, so kann er ihn nicht „auf Grund des Haftbefehls" ergreifen. Alsdann findet nicht § 115, sondern § 128 Abs. 1 Satz 1 Anwendung. Für die Vernehmung gilt § 115 Abs. 3 (§ 128 Abs. 1 Satz 2), für die Entscheidung § 128 Abs. 2 Satz 1 und 2 und für die Rechtsmittelbelehrung § 115 Abs. 4 (§ 128 Abs. 2 Satz 3).

3. Die **Vorführung** ist zu dem Amtsrichter des Bezirks zu bewirken, in dem der Verhaftete festgenommen worden ist. Die Vorschrift ergibt, im Hinblick darauf, daß im Falle des § 127 Abs. 1 jedermann zur Festnahme berechtigt ist, eine leicht einprägsame klare Vorführungsregel. Sachlich ist sie entbehrlich, nachdem in § 125 Abs. 1 die Zuständigkeit des Amtsrichters begründet worden ist, in dessen Bezirk sich der Beschuldigte — hier zufolge der vorläufigen Festnahme — aufhält. Daß mit ihr eine von § 125 Abs. 1 abweichende ausschließliche Zuständigkeit des Richters des Festnahmebezirks begründet werden sollte (so OLG. Dresden JW. **1932** 1779; zust. KleinknM, 1 Abs. 2 zu § 128), ist ihr nicht zu entnehmen; es ist auch kein Grund für eine solche Abweichung erkennbar. Demzufolge ist außer dem Amtsrichter des Festnahmebezirks auch jeder nach § 125 Abs. 1 zuständige Amtsrichter zur Vernehmung und zu den Entscheidungen nach § 128 Abs. 2, § 129 zuständig (OLG. Celle JZ. **1956** 125) sowie der Ermittlungsrichter des Bundesgerichtshofs (vgl. o. 1 zu § 125).

Der Vorführende, gleichviel ob er eine Privatperson oder ein Polizeibeamter ist, braucht den Festgenommenen nicht unmittelbar zum Richter zu bringen, kann ihn vielmehr bei der nächsten Polizeiwache abliefern (RGSt. **29** 137). In diesem Fall hat die Polizeidienststelle den Festgenommenen unverzüglich dem Richter vorzuführen, falls sie ihn nach Prüfung des Sachverhalts, zu der sie berechtigt und verpflichtet ist, nicht von sich aus freiläßt (RGSt. **67** 299). Für Privatpersonen und Polizeibeamte, die nicht Kriminalbeamte sind, empfiehlt sich dieser Weg; es wäre wünschenswert, wenn er in § 127, der sich an jedermann wendet, ausdrücklich bezeichnet würde.

Ist die öffentliche Klage (zu dem Begriff s. o. 2 zu § 125) bereits erhoben und ist das dem vorführenden Beamten — es können nur Fälle des § 127 Abs. 2 und als Vorführende daher nur Beamte in Betracht kommen — bekannt, dann kann er den Festgenommenen auch sofort dem zuständigen Gericht — wenn Voruntersuchung schwebt, dem Untersuchungsrichter — vorführen (§ 129). Das ist sachgemäß, wenn er den zuständigen Richter fristgemäß erreichen kann. Er braucht diesen Weg aber nicht einzuschlagen, kann vielmehr in jedem Fall den Amtsrichter (§ 128 Abs. 1, § 125 Abs. 1) angehen. Das muß er tun, wenn er den Beschuldigten dem zuständigen Richter nicht fristgemäß zuführen kann.

Befindet sich am Sitze des Richters eine Staatsanwaltschaft, dann wird die Vorführung, wenn die Zeit es zuläßt, dorthin vorgenommen, damit durch die Anhörung (§ 33 Abs. 2) keine weitere Zeit verloren geht. Die Staatsanwaltschaft wird auch am ehesten feststellen können, ob bereits öffentliche Klage erhoben ist oder ob etwa schon ein Haftbefehl vorliegt. Außerdem kann sie, wenn sie die zuständige Staatsanwaltschaft ist und die öffentliche Klage noch nicht erhoben hat, den Vorgeführten entlassen. Da ihr das Recht der Entlassung für die Zeit nach Erlaß des Haftbefehls zusteht (§ 120 Abs. 3), hat sie es auch vorher.

4. Frist. Wegen der in § 128 Abs. 1 gebrauchten Wendung „unverzüglich, spätestens am Tage nach der Festnahme" s. o. 4 zu §§ 115, 115a.

In § 129 steht das Wort „sofort" in keinem Gegensatz zu dem in § 128 verwendeten Ausdruck unverzüglich; es hat vielmehr die Bedeutung von unmittelbar (Hartung, 2 zu § 129). Demzufolge ändert § 129, der als Sonderfall des § 128 aus dieser Vorschrift zu ergänzen ist, nichts an der dort begründeten Verpflichtung, den Festgenommenen unverzüglich, spätestens am Tage nach der Ergreifung, dem Richter vorzuführen. Er bestimmt vielmehr nur, daß der Verdächtige innerhalb dieser Frist statt dem Amtsrichter, „sofort", d. h. ohne amtsrichterliche Vermittlung, dem zuständigen Gericht zugeführt werden kann, wenn die Zuständigkeit durch die Klage festgelegt ist.

5. Vernehmung. Für den Fall der Vorführung zum Amtsrichter wird in § 128 Abs. 1 Satz 2 die Vernehmung nach § 115 Abs. 3 vorgeschrieben. Wegen des Inhalts und der Form der Vernehmung ist daher auf die Ausführungen o. 8a zu §§ 115, 115a zu verweisen. Ist die öffentliche Klage bereits erhoben, so daß der Amtsrichter die Vorführung zum zuständigen Gericht anzuordnen hat (§ 129), so entbindet ihn das nicht von der Pflicht zur Vernehmung. Auch diese hat dem § 115 Abs. 3 zu entsprechen.

Wird der Vorgeführte, sei es sofort, sei es nach Vernehmung durch den Amtsrichter, dem zuständigen Gericht vorgeführt, so hat dieses ihn zu vernehmen. Das ist zwar in § 129 nicht vorgeschrieben. Wenn das zuständige Gericht aber nach Erlaß eines Haftbefehls zur Vernehmung des ergriffenen Beschuldigten verpflichtet ist (§ 115 Abs. 2), so hat es diese Verpflichtung erst recht, wenn ihm jemand vorgeführt wird, gegen den noch kein Haftbefehl vorliegt. Die Vernehmung ist entbehrlich, wenn der Richter auf Grund des Festnahmeberichts alsbald die Freilassung anordnen kann oder wenn die Staatsanwaltschaft die Freilassung nach § 120 Abs. 3 Satz 1 beantragt. Für die Frist zu dieser Vernehmung ist § 115 Abs. 2 entsprechend anzuwenden. S. dazu o. 7a zu §§ 115, 115a.

6. Gerichtliche Entscheidung. Die Entscheidung des Amtsrichters ist verschieden, je nachdem, ob schon ein Haftbefehl vorliegt und ob die öffentliche Klage schon erhoben ist oder ob diese Umstände nicht vorliegen, was allerdings der Regelfall ist.

Liegt kein Haftbefehl vor und ist die öffentliche Klage noch nicht erhoben, dann entscheidet der Amtsrichter nach dem Ergebnis der Vernehmung und auf Grund des Vorführungsberichts. Bei der Entscheidung ist nicht zu prüfen — worauf die nicht ganz glückliche Fassung von § 128 Abs. 2 hinleiten könnte —, ob die Festnahme gerechtfertigt war, sondern allein, ob im Augenblick der Entscheidung die Voraussetzungen eines Haftbefehls vorliegen. Auf Grund dieser Prüfung läßt der Amtsrichter den Vorgeführten entweder frei oder er erläßt einen Haftbefehl oder einen Unterbringungsbefehl (§ 128 Abs. 2). Beantragt die nach § 33 Abs. 2 zu hörende Staatsanwaltschaft die Freilassung, so hat er dem zu entsprechen (§ 120 Abs. 3 Satz 1).

Liegt noch kein Haftbefehl vor, und ist die öffentliche Klage bei dem Amtsrichter des Verhaftungsbezirks erhoben worden, dann trifft dieser die in § 129 vorgesehenen Entscheidungen. Ist sie bei einem anderen Gericht erhoben, dann ordnet er die Vorführung zu dem zuständigen Gericht an. Hierfür gilt das o. 11 zu §§ 115, 115a Ausgeführte. Der Amtsrichter kann jedoch den Beschuldigten auch freilassen. Zur Freilassung ist er nicht nur im Rahmen von § 115a

Abs. 2 Satz 3, sondern im gleichen Umfange wie der Festnehmende selbst befugt und verpflichtet. Seine gegenüber § 115a Abs. 2 weitergehende Befugnis erklärt sich daraus, daß die Untersuchungshaft noch nicht angeordnet ist. Zum Erlaß eines Haftbefehls ist er dagegen, wenn die Strafsache schon bei einem anderen Gericht anhängig ist, nicht befugt (OLG. Hamm Recht **1899** 25; a. A. EbSchmidt, 5 zu § 129). Das ist allein Sache des zuständigen Gerichts. Dessen Entscheidung kann nur auf Freilassung (auch nach § 116 Abs. 1 und 2 und nach § 72 Abs. 1 JGG.) oder auf Anordnung der Untersuchungshaft (§ 114) oder der einstweiligen Unterbringung (§ 126a) lauten. Wegen der Zuständigkeit s. § 126.

Hat der Amtsrichter selbst (zwischen Verfolgung und Verhaftung) einen Haftbefehl erlassen, so entscheidet er nach § 115 (s. o. 9a zu §§ 115, 115a). Hat ein anderer Richter einen Haftbefehl erlassen, so entscheidet er, wenn ihm das bekannt ist, als nächster Richter nach § 115a Abs. 2 Satz 3, Abs. 3 (s. o. 9b zu §§ 115, 115a). § 128 Abs. 2 gilt dann nicht, weil — wie o. 3 ausgeführt — die §§ 128, 129 nur den Fall im Auge haben, daß noch kein Haftbefehl ergangen ist.

7. Mehrere Haftbefehle. Liegen ausnahmsweise einmal zwei Haftbefehle vor, dann ist nach den allgemeinen Vorrangsregeln (§ 12 Abs. 1) zu entscheiden. Für das Ermittlungsverfahren fehlen sie. Die Staatsanwaltschaften haben sich zu einigen. Der Amtsrichter des Bezirks, deren Staatsanwaltschaft das Verfahren abgegeben hat, gibt in entsprechender Anwendung des § 126 Abs. 1 Satz 3 das Verfahren an den Amtsrichter des Bezirks ab, deren Staatsanwaltschaft das Verfahren führt. Dieses hebt einen der beiden Haftbefehle auf. Einfacher ist es, wenn die abgebende Staatsanwaltschaft vor der Abgabe die Aufhebung des Haftbefehls nach § 120 Abs. 3 Satz 1 beantragt.

Ist bereits Klage erhoben, so wird das Verfahren dort weitergeführt, wo das Hauptverfahren oder die Voruntersuchung bereits eröffnet ist. Dem danach zuständigen Gericht oder Untersuchungsrichter hat der Amtsrichter den Haftbefehl und die Vorgänge abzugeben. Das Gericht hebt dann einen der beiden Haftbefehle auf. Der Amtsrichter ist aber auch befugt, seinen Haftbefehl von Amts wegen oder auf Antrag des Beschuldigten oder der für ihn zuständigen Staatsanwaltschaft im Hinblick auf die Anhängigkeit der Sache bei dem anderen Gericht aufzuheben.

8. Hinweise. Wegen der Rechtsmittelbelehrung gilt § 115 Abs. 4 entsprechend. Das ist zwar nur für den Fall bestimmt, daß der Amtsrichter die Untersuchungshaft anordnet (§ 128 Abs. 2 Satz 3), gilt aber auch dann, wenn die Untersuchungshaft nach § 129 von dem zuständigen Gericht angeordnet wird. Denn die Rechtsmittelbelehrung ist, wie der Zusammenhang der Vorschriften eindeutig erkennen läßt, immer zu erteilen, wenn jemand auf Grund eines Haftbefehls in Haft genommen wird, oder wenn gegen jemanden, der sich in Haft befindet, ein Haftbefehl ergeht.

Nach Erlaß des Haftbefehls richtet sich das weitere Verfahren nach § 114a Abs. 2 (Abschrift des Haftbefehls), § 114b (Haftbenachrichtigung und Zugangsbrief), §§ 116ff. Für die Rechtsmittel und Rechtsbehelfe des Beschuldigten und die Beschwerde der Staatsanwaltschaft gegen die Freilassung ergeben sich keine Besonderheiten (s. o. 9, 10 zu § 114).

9. Für **Steuervergehen** gilt zusätzlich

AO. § 439 Abs. 2

Bei vorläufigen Festnahmen ist nach Artikel 114 Abs. 2 der Verfassung zu verfahren. Der Beschuldigte hat die Wahl, ob er sich dem nächsten Finanzamt oder dem Amtsrichter des Bezirkes, in dem die Festnahme erfolgt ist, vorführen lassen will. Die §§ 128 und 129 der Strafprozeßordnung finden entsprechende Anwendung. Ist das Steuervergehen, wegen dessen die Festnahme erfolgte, nur mit Geldstrafe oder Einziehung bedroht, so ist der Beschuldigte in Freiheit zu setzen, wenn er für Steuer, Strafe und Kosten Sicherheit bestellt oder sich über seine Person ausweist und eine Sicherheitsleistung nicht erforderlich erscheint.

a) Vorführung. Die ersten beiden Sätze sind nur historisch zu verstehen; sie sind praktisch ohne Bedeutung. Art. 114 Abs. 2 der Weimarer Verfassung lautete: Personen, denen die Freiheit entzogen wird, sind spätestens am darauffolgenden Tage in Kenntnis zu setzen, von welcher Behörde und aus welchen Gründen die Entziehung der Freiheit angeordnet worden ist; unverzüglich soll ihnen Gelegenheit gegeben werden, Einwendungen gegen ihre Freiheitsentziehung vorzubringen. § 128 Abs. 1 Satz 1 StPO. hatte vor der Änderung durch das Vereinheitlichungsgesetz folgende Fassung: Der Festgenomme ist unverzüglich, sofern er nicht wieder in Freiheit gesetzt wird, dem Amtsrichter des Bezirks, in welchem die Festnahme erfolgt ist, vorzuführen. Es fehlte also der Zusatz: „spätestens am Tage nach der Festnahme". Daraus wurde die Berechtigung der Polizei hergeleitet, den Beschuldigten über den auf die Festnahme folgenden Tag hinaus festzuhalten, um weitere Beweise zu sammeln (19. Auflage, 3 zu § 128, wo diese Auslegung abgelehnt wird). Von dieser Praxis ging § 439 Abs. 2 Satz 1 und 2 AO. aus: Da das „unverzüglich" des entsprechend anzuwendenden § 128 nicht begrenzt war, konnte der Festgenommene hoffen, eher zum Richter zu kommen, wenn er sich vorher zum nächsten Finanzamt vorführen ließ.

Diesen Gedanken ist durch Art. 104 GG. der Boden entzogen. Die Vorschrift gilt unmittelbar und nicht etwa nur deshalb, weil in § 439 Abs. 2 Satz 1 AO. Art. 114 Abs. 2 der Weimarer Verfassung durch Art. 104 Abs. 2 Satz 1 und 2, Abs. 3 GG. zu ersetzen wäre. Mag auch § 439 Abs. 2 Satz 2 AO. gegenüber §§ 128, 129 StPO. als fortdauernde lex specialis anzusehen sein, so daß diese Vorschriften nur entsprechend und nicht unmittelbar anzuwenden sind; einen Unterschied begründet das nicht. Denn was in §§ 128, 129 steht, gibt nur den Inhalt von Art. 104 Abs. 2 und 3 GG. wieder. Danach ist der Festgenommene spätestens am Tage nach der Festnahme dem Richter vorzuführen (Art. 104 Abs. 3 Satz 1 GG.), wenn irgend möglich aber früher, nämlich unverzüglich (Art. 104 Abs. 2 Satz 2 GG.). Unverzüglich bedeutet: ohne eine durch die Lage der Sache nicht gerechtfertigte Verzögerung (s. o. 4 zu §§ 115, 115a). Weitere Ermittlungen aber sind nicht in der Sache begründet; denn die Festnahme ist sowohl im Falle des § 127 Abs. 1 (s. o. II 1 zu § 127) als auch des § 127 Abs. 2 (s. o. III 3 zu § 127; 5 zu § 112) nur bei dringendem Tatverdacht zulässig. Auch der Beschuldigte, der diesen Wunsch äußert, darf nur dann zum Finanzamt gebracht werden, wenn dadurch die richterliche Entscheidung schneller oder sachgerechter ergehen kann. Das ist etwa der Fall, wenn durch Beifügung von Akten die Haftentscheidung erleichtert wird; weitere Ermittlungen dagegen sind kein sachlich gebotener Grund, die Vorführung zum Richter zu verzögern (s. o. 4 zu §§ 115, 115a).

Da der Beschuldigte ein Wahlrecht hat, muß ihn der Vorführende über die beiden Möglichkeiten seiner Wahl aufklären (Hartung bei Hübschmann-Hepp-Spitaler, AO., 8 zu § 439), falls überhaupt die Verpflichtung, den Beschuldigten unverzüglich dem Richter vorzuführen, den Umweg über das Finanzamt erlaubt. Es genügt nicht, daß er abwartet, ob der Beschuldigte der Vorführung zum Finanzamt widerspricht. Macht der Beschuldigte von seinem Wahlrecht keinen Gebrauch, verbleibt nur der vom Grundgesetz vorgeschriebene Weg zum Richter (a. A. — der Vorführende hat nach pflichtgemäßem Ermessen zu entscheiden, wohin er vorführt — Hartung, a. a. O.). Für diesen Fall und für den, daß der Beschuldigte auf der Vorführung zum Richter besteht, ergeben sich keine Besonderheiten. Ist die Vorführung zum Finanzamt zulässig und gewählt, ist der Beschuldigte, nachdem dort mit ihm verhandelt worden ist, unverzüglich dem nächsten Amtsrichter vorzuführen, spätestens am Tage nach der Festnahme.

Von der Vorführung zum Finanzamt zu unterscheiden ist es, wenn der festnehmende Beamte den Festgenommenen mit auf seine Dienststelle nimmt, die Sache dort registrieren läßt und einen Vorführungsbericht fertigt (s. o. 4 zu §§ 115, 115a).

Mit Recht sieht der Entwurf eines Gesetzes zur Änderung strafrechtlicher Vorschriften der Reichsabgabenordnung sowie zur Änderung der Strafprozeßordnung und anderer Gesetze (BTDrucks. IV 2476) vor, daß die überholte Vorschrift wegfällt.

b) Sicherheitsleistung. Satz 3 verpflichtet das Finanzamt, unter gewissen Voraussetzungen von der Vorführung abzusehen und den Beschuldigten, ggf. gegen Sicherheit, alsbald zu entlassen. Die Vorschrift ist im Zusammenhang mit § 127 zu lesen. Ist der Beschuldigte nach § 127 Abs. 1 festgenommen und besteht keine Fluchtgefahr, dann ist er, wenn seine Persönlichkeit festgestellt worden ist, alsbald zu entlassen. Die Frage der Sicherheit darf dann gar nicht geprüft werden. Nur wenn der Beschuldigte sich nicht ausweist und seine Persönlichkeit auch sonst nicht festgestellt werden kann, oder wenn er nach § 127 Abs. 2 festgenommen worden ist, gewinnt Satz 3 Bedeutung. Dabei ist jedoch zu beachten, daß Steuervergehen, die nur mit Geldstrafe oder Einziehung bedroht sind (z. B. § 413 AO., § 34 Abs. 2 AWG.), unter § 113 fallen (s. o. 1 zu § 113). Danach ist für einen Haftbefehl und damit für die Sicherheitsleistung nur Raum, wenn der Beschuldigte

1. sich dem Verfahren bereits einmal entzogen hatte oder Anstalten zur Flucht getroffen hat,
2. im Geltungsbereich dieses Gesetzes keinen festen Wohnsitz oder Aufenthalt hat oder
3. sich über seine Person nicht ausweisen kann.

Die Ausnahmemöglichkeit, die § 113 Abs. 3 für den Fall einräumt, daß der Beschuldigte in einem Arbeitshaus untergebracht werden kann, kommt bei Steuervergehen nicht in Betracht. Der Fall des § 113 Abs. 2 Nr. 1 wird in der Regel nicht vorliegen, derjenige der Nr. 3 nur selten, so daß die Vorschrift Bedeutung vor allem für Ausländer im Grenzverkehr erlangt (s. u. 2a Abs. 1 zu § 277).

Wegen der Sicherheit ist § 116a Abs. 1 entsprechend anzuwenden. Die Anwendung von § 116a Abs. 3 (Zustellungsbevollmächtigter) ist ausgeschlossen. Das Verfahren wird in der Regel an Grenzübergängen Anwendung finden. Als Sicherheit kommt dort meist nur bares Geld in Betracht.

Eine ähnliche Vorschrift enthält § 75 Abs. 4 Satz 3 EisenbBau- und BetrO. Die Sicherheit ist dort auf 150 DM beschränkt.

§ 130

Wird wegen Verdachts einer strafbaren Handlung, die nur auf Antrag verfolgt wird, ein Haftbefehl erlassen, bevor der Antrag gestellt ist, so ist der Antragsberechtigte, von mehreren wenigstens einer, sofort von dem Erlaß des Haftbefehls in Kenntnis zu setzen. § 120 Abs. 3 ist anzuwenden.

Entstehungsgeschichte: Die Vorschrift war in den Entwürfen nicht enthalten; sie ist auf Grund der Kommissionsberatungen eingefügt worden (Hahn, Mat. **1** 697; **2** 1267).

Änderungsvorschläge: N. E. I und II § 113. N. E. III § 133. Entw. EGStGB. Art. 70 Nr. 64.

Spätere Änderungen: Satz 2 hat, ohne inhaltliche Änderung, seine Fassung durch Art. 1 Nr. 3 StPÄG. erhalten.

1. Inhalt. Wie schon § 127 Abs. 3 bringt auch diese Vorschrift zum Ausdruck, daß mit der Verhaftung und deren Anordnung nicht gewartet zu werden braucht, bis ein Strafantrag gestellt ist (Hahn, Mat. **1** 697). Als Ausnahmevorschrift ist die Bestimmung eng auszulegen. Nachdem neben den Strafantrag andere ihm gleichwertige Voraussetzungen gestellt worden sind, muß die Vorschrift auch auf sie angewendet werden, nämlich auf Ermächtigung, Anordnung, Strafverlangen und Zustimmung (s. o. 2 zu § 114). Dagegen ist es unzulässig, einen Haftbefehl zu erlassen, bevor das Parlament dazu die Genehmigung erteilt hat, es sei denn, daß der Abgeordnete bei Begehung der Tat oder im Laufe des nächsten Tages festgenommen worden ist. Ob der Gedanke des § 130 auch bei anderen Zwangseingriffen (Beschlagnahme, Durchsuchung) anzuwenden ist, ist dort zu untersuchen.

Für die im Gesetzeswortlaut genannte „Handlung, die nur auf Antrag verfolgt wird" wird die Bestimmung kaum Anwendung finden, nachdem bei Körperverletzung auch von Amts wegen eingeschritten werden kann (§ 232 Abs. 1 StGB.). Bedeutung kommt ihr vor allem in bezug auf Straftaten zu, die nur auf Ermächtigung usw. verfolgt werden dürfen.

Da der Strafantrag Klagevoraussetzung ist, kann der Fall, den die Bestimmung im Auge hat, nur vor Erhebung der öffentlichen Klage eintreten. Für diesen Zeitabschnitt gilt § 120 Abs. 3 auch ohne Verweisung. Demzufolge ordnet der letzte Satz etwas Selbstverständliches an und ist somit entbehrlich.

2. Die **Benachrichtigung** enthält die Mitteilung, daß gegen den Beschuldigten wegen der nach Zeit, Ort und Tatumständen bezeichneten Handlung Haftbefehl ergangen sei. In ihr wird dem Antragsberechtigten Gelegenheit gegeben, Strafantrag zu stellen. Ihm wird eröffnet, daß der Beschuldigte nach Ablauf einer bestimmten Zeit aus der Haft entlassen werde, wenn kein Antrag gestellt worden oder keine Antwort eingegangen sei (Nr. 7 Abs. 1 Satz 2 RiStV.). Unter Umständen kann es unangebracht sein, eine Frist zu setzen und auf eine Entlassung hinzuweisen, etwa dann, wenn ein Justizministerium benachrichtigt wird; denn bei einem solchen gehört es zur Dienstpflicht, Haftsachen vordringlich und rasch zu bearbeiten. Ob dem Antragsberechtigten die Straftat bekannt oder unbekannt ist, ist für die Benachrichtigungspflicht gleichgültig.

Empfänger der Benachrichtigung ist der Antragsberechtigte. Sind mehrere Personen antragsberechtigt, so sind alle Empfänger. Zwar genügt es, wenn eine von ihnen benachrichtigt wird. Eine solche Beschränkung empfiehlt sich aber nicht, weil sonst, wenn der allein Benachrichtigte keinen Antrag stellt, nunmehr die anderen Berechtigten benachrichtigt werden müssen. Da Haftsachen stets beschleunigt bearbeitet werden müssen, ist es vielmehr geboten, allen bekannten Antragsberechtigten gleichzeitig Nachricht zu geben.

Für die meisten Fälle der Ermächtigung usw. sind Berichtswege zu beachten.

Mit der Benachrichtigung soll klargestellt werden, ob eine Klagevoraussetzung geschaffen wird. Daher ist sie Sache der Staatsanwaltschaft, an die die Akten alsbald nach Erlaß des Haftbefehls zur weiteren Entschließung gelangen. Da der Richter für die Haftkontrolle verantwortlich bleibt, kann auch er die Benachrichtigung vornehmen. Mit § 36 (so Lobe-Alsberg, 3 zu § 130) hat die Frage indessen nichts zu tun; denn es steht keine richterliche Entscheidung, die der Vollstreckung bedarf, in Rede.

3. Für die **Aufhebung des Haftbefehls** gelten die allgemeinen Gründe (s. o. § 120), so daß es in einzelnen Fällen zur Entlassung kommen kann, ehe die dem Berechtigten gesetzte Frist abgelaufen ist. Von eigentlicher Bedeutung ist aber der Fall, daß der Haftbefehl aufgehoben werden muß, weil die Straftat nicht mehr verfolgt werden kann: Ist die Strafantragsfrist ergebnislos abgelaufen oder haben sämtliche Berechtigte bei Gericht, Staatsanwaltschaft oder bei der Polizei auf den Strafantrag verzichtet (BGH. NJW. **1957** 1368), so muß der Haftbefehl aufgehoben werden. Erklären die Berechtigten auf die Benachrichtigung, sie stellten keinen Strafantrag, so ist das zwar nicht stets als Verzicht auf das Antragsrecht auszulegen (OLG. Hamm JMBlNRW. **1953** 35). Die Erklärung nötigt aber gleichwohl zur Entlassung, weil mit großer Wahrscheinlichkeit feststeht, daß das Verfahren wird eingestellt werden müssen. Geht innerhalb der Frist keine Antwort ein, so ist die Staatsanwaltschaft zur Entlassung berechtigt, doch wird sich bei manchen Ermächtigungen erneute Rückfrage empfehlen, weil zum Teil umfängliche Vorbereitungen vor der endgültigen Entschließung notwendig sind.

§ 131

(1) Auf Grund eines Haftbefehls oder eines Unterbringungsbefehls können die Staatsanwaltschaft oder der Richter einen Steckbrief erlassen, wenn der Beschuldigte flüchtig ist oder sich verborgen hält.

(2) Ohne Haft- oder Unterbringungsbefehl ist eine steckbriefliche Verfolgung nur zulässig, wenn ein Festgenommener entweicht oder sich sonst der Bewachung entzieht. In diesen Fällen kann auch die Polizeibehörde einen Steckbrief erlassen.

(3) In dem Steckbrief ist der Verfolgte zu bezeichnen und soweit möglich zu beschreiben. Die Tat, deren er verdächtig ist, sowie Ort und Zeit ihrer Begehung sind anzugeben.

(4) Die §§ 115 und 115a gelten entsprechend.

Entstehungsgeschichte: I. Entw. § 114. II. Entw. § 116. III. Entw. § 118.

Änderungsvorschläge: N. E. I und II § 132. N. E. III § 154.

Spätere Änderungen: Absatz 4 ist eingefügt durch das G. vom 27. 1. 1926 und hat seine jetzige Fassung erhalten durch Art. 1 Nr. 4 StPÄG. Die Erweiterung auf den Unterbringungsbefehl beruht auf Art. 2 Nr. 10 des AG. zu dem G. gegen gefährliche Gewohnheitsverbrecher und über Maßregeln der Sicherung und Besserung vom 24. 11. 1933 (RGBl. I 1000).

1. Der **Inhalt** von Absatz 1 ist eindeutig, der von Absatz 2, wie auch dessen Verhältnis zu Absatz 1, ist dagegen unklar. Immerhin vermittelt die Entstehungsgeschichte Einblicke in die Absichten des Gesetzgebers.

In den Motiven (Hahn, 1 138) ist ausgeführt: Der Erlaß eines Steckbriefes solle, weil durch ihn der Ruf des vielleicht unschuldigen Beschuldigten gefährdet werde, regelmäßig nur zulässig sein, wenn der Richter die Verhaftung oder Verwahrung angeordnet habe. Auf diese Rücksicht habe aber der Entwichene keinen Anspruch; deshalb mache Absatz 2 eine im Interesse der Verfolgung notwendige Ausnahme. Daß diese Ausnahme sich indessen nicht nur auf die Ermächtigung bezieht, einen Steckbrief auch bei fehlendem Haftbefehl zu erlassen, sondern namentlich auf die Befugnis der Polizei, steckbrieflich zu verfolgen, ist in der Reichstagskommission dargelegt worden: In den Fällen des Absatzes 2 habe ein Steckbrief nur Bedeutung, wenn er sofort vollstreckt würde. Dazu sei vorzugsweise geeignet, daß die Polizei unmittelbar einschreite. Wäre die steckbriefliche Verfolgung erst auf dem Umweg über eine richterliche Verfügung zu erreichen, dann könnte der Beschuldigte häufig nicht ereilt werden (Hahn, 2 1267). Dem hat auch der Regierungsvertreter zugestimmt (Hahn, 2 1268), nachdem er allerdings früher erklärt hatte, Absatz 2 beziehe sich nur auf den Fall des § 127. Die dargestellte Ansicht setzte sich zunächst nicht durch; § 131 Abs. 2 Satz 2 wurde gestrichen. Gleichzeitig wurde die Vorschrift authentisch dahin interpretiert, daß sie nur im Vorverfahren Anwendung finde, nicht dagagen, wenn ein bereits Verurteilter sich der Haft entziehe (Hahn, 2 1268, 1504). Für diese Fälle sollte der Polizei die Befugnis, Steckbriefe zu erlassen, durch § 131 nicht entzogen sein (Hahn, 2 1531). Nachdem der Bundesrat Vorstellungen erhoben hatte (Hahn, 2 1597), wurde Satz 2 von der gleichen Kommission, die ihn vorher gestrichen hatte, wieder angefügt. Gründe dafür sind nicht angegeben (Hahn, 2 1624).

Nach diesen Vorgängen wird man der Entstehungsgeschichte entnehmen dürfen, daß die Reichstagskommission in Übereinstimmung mit der Regierung und mit dem Bundesrat mit Absatz 2 nach ursprünglichem Schwanken schließlich zweierlei wollte: Einmal soll beim Entweichen ein Steckbrief ausnahmsweise ohne die Grundlage eines Haftbefehls zulässig sein. Zum anderen soll in diesem Fall die Polizei einen Steckbrief erlassen können, gleichviel ob ein Haftbefehl vorliegt oder fehlt. Schließlich bestand noch Übereinstimmung, daß die polizeiliche steckbriefliche Verfolgung auch bei entwichenen Strafgefangenen zulässig sei. Das kann dem Wortlaut auch entnommen werden, wenn man den Mittelsatz (wenn ein Festgenommener entweicht) sowohl als Nachsatz zum ersten Halbsatz (ohne Haftbefehl ist eine steckbriefliche Verfolgung zulässig, wenn ein Festgenommener entweicht) als auch als Vorsatz zum zweiten Satz (wenn ein Festgenommener entweicht, kann auch die Polizeibehörde einen Steckbrief erlassen) auffaßt.

Diese Auslegung ist auch allein sinnvoll: Wenn am Sonntag nachmittag in Grenznähe ein Gefangener, gleichgültig in wessen Gewahrsam er sich befindet, entweicht, muß die verwahrende Behörde die Polizei unmittelbar angehen dürfen und muß die Polizei aus eigener Entschließung die unbeschränkte Fahndung und die Grenzbewachung veranlassen können — wie dies in der Tat in der Praxis täglich geschieht. Mag diese Verfolgung auch überörtliche Fahndung genannt werden, so ändert das nichts daran, daß es sich nach dem Gesetz um eine steckbriefliche Verfolgung handelt. Diese Praxis ist zu billigen. Es ist nicht möglich, die Staatsanwaltschaft oder gar das Gericht einzuschalten; beide Behörden sind am Sonntag nachmittag unbesetzt.

2. Steckbrief ist die nicht an eine bestimmte Person oder Behörde gerichtete amtliche Aufforderung, nach einer Person zu fahnden und sie festzunehmen. Die Fahndungsaufforderung kann sich an jedermann, das Festnahmeersuchen nur an die zur Strafverfolgung berufenen Beamten richten. Grundlage der Festnahme ist der Haft- oder Unterbringungsbefehl (§ 131 Abs. 1), das rechtskräftige Urteil (§ 457 Abs. 1) oder die im Steckbrief enthaltene Anordnung der Staatsanwaltschaft oder der Polizei. Grundlage des Steckbriefs ist ein Haft- oder Unterbringungsbefehl oder ein rechtskräftiges Urteil, bei Entweichung und fehlendem Haftbefehl oder Urteil das Festnahmerecht der Staatsanwaltschaft oder Polizei nach § 127 Abs. 2.

Die Anordnung eines Steckbriefs ist nicht nur an die in den Absätzen 1 und 2 genannten Voraussetzungen geknüpft, sondern auch an den allgemeinen Grundsatz der Verhältnismäßigkeit gebunden. Weil der Steckbrief nicht nur, wie der Haft- und der Unterbringungsbefehl, die Bewegungsfreiheit aufhebt, sondern darüber hinaus zu öffentlicher Bloßstellung führen kann, muß sich die Notwendigkeit, den Beschuldigten mit dem Mittel des Steckbriefs zu verfolgen, sowohl aus der Schwere der Straftat (Grundsatz der Verhältnismäßigkeit) als auch aus der Erkenntnis ergeben, daß das angestrebte Ziel nicht mit weniger eingreifenden Maßnahmen erreicht werden kann (Grundsatz der Subsidiarität).

Auf Grund eines Strafurteils kann die Staatsanwaltschaft einen Steckbrief erlassen, wenn der Verurteilte, der die Strafe noch nicht angetreten hat, flüchtig ist oder sich verborgen hält (§ 457 Abs. 2). Dieselbe Befugnis hat der Amtsrichter, dem nach § 451 Abs. 3 in Vbdg. mit § 5 StVollstrO. die Strafvollstreckung übertragen ist (§ 34 Abs. 1 StVollstrO.). § 457 Abs. 2 erweitert damit § 131 Abs. 1 für das Gebiet der Strafvollstreckung in bezug auf die Zeit vor dem Vollzug. Für die Zeit nach Beginn des Vollzugs ist eine gleiche Erweiterung für den aus der Strafhaft entwichenen Verurteilten im siebenten Buch nicht enthalten. Es kann kein Zweifel sein, sowohl daß die Notwendigkeit besteht, nach entwichenen Gefangenen mit den Mitteln des Steckbriefes zu fahnden, als auch daß während der Gesetzgebungsarbeit davon ausgegangen worden ist, dieser Notwendigkeit sei Rechnung getragen. Alsdann muß § 131 Abs. 2, in gleicher Weise wie es bei den §§ 102 bis 104 der Fall ist (s. o. 1c bb zu § 102), für das Vollstreckungsverfahren entsprechend angewendet werden (Feisenberger, 2 zu § 131; a. A. Hartung, 3 zu § 131).

3. Steckbrief auf Grund eines Haftbefehls (Absatz 1). Voraussetzungen des Steckbriefs sind ein Haftbefehl (§ 114, § 230 Abs. 2, § 236) oder ein Unterbringungsbefehl (§ 126a Abs. 1) sowie Flucht (s. o. 8 zu § 112) oder Verbergen des Beschuldigten. Der Beschuldigte verbirgt sich, wenn er seinen Aufenthalt, sei es unter eigenem, sei es unter fremdem Namen, so wählt, daß dieser den Behörden nicht als Aufenthalt des Beschuldigten erkennbar ist.

Liegt ein Haftbefehl oder ein Unterbringungsbefehl vor, dann ist der Erlaß eines Steckbriefs eine Vollstreckungshandlung. In Übereinstimmung mit § 36 Abs. 1 Satz 1, Abs. 3 erklärt das Gesetz Staatsanwaltschaft und Richter gleicherweise für zuständig. Richter ist der Amtsrichter, der Untersuchungsrichter und der Vorsitzende eines Kollegialgerichts (s. o. 4a, b zu § 126). Der Staatsanwalt kann nach Lage der Sache zum Erlaß eines Steckbriefs verpflichtet sein. Der Richter ist es nicht; er kann der Staatsanwaltschaft die Vollstreckung des Haftbefehls überlassen (§ 36 Abs. 1). Erläßt er einen Steckbrief, kann er wiederum, wenn er nicht als Vollstreckungsbehörde (§ 451 Abs. 3) tätig geworden ist, die Vollstreckung des Steckbriefs, d. h. die Veröffentlichung usw., der Staatsanwaltschaft überlassen. Dagegen kann er nicht verfügen, daß die Staatsanwaltschaft einen Steckbrief zu erlassen habe.

Wegen der Zuständigkeit im allgemeinen s. o. §§ 125, 126.

4. Steckbrief bei Entweichung (Absatz 2).

a) Voraussetzungen. Voraussetzung der steckbrieflichen Verfolgung nach Absatz 2 ist die Entweichung. Der Beschuldigte entweicht, wenn er sich unerlaubt aus einem behördlichen Gewahrsam entfernt, in dem er sich als Gefangener befindet (a. A. — Absatz 2 bezieht sich nur auf vorläufig Festgenommene, für Strafgefangene gilt stets § 457 — Kern, S. 124; v. Hippel, § 67 I 2 Abs. 2 und Anm. 5; EbSchmidt, 13, 18 zu § 131; — Absatz 2 bezieht sich nur auf vorläufig Festgenommene — Thilo, 4 zu § 131; Hartung, 3 zu § 131; Müller-Sax, 2b zu § 131). Wegen des Begriffs Gefangener s. o. 3c zu § 104, doch gehören die auf Grund eines Vorführungsbefehls Verhafteten nicht hierher. Entweichen sie, so ist es unzulässig, nach ihnen steckbrieflich zu fahnden; es muß vielmehr erst ein Haftbefehl ergehen.

Der Entweichung steht es gleich, wenn sich der Festgenommene der Bewachung entzieht, d. h. nicht aus einer Anstalt, sondern auf dem Transport dahin, von einem Zwischenaufenthalt oder bei einer Vorführung entflieht (Hahn, Mat. **1** 695). Bewachung ist indessen nur eine amtliche. Wer nach vorläufiger Festnahme durch einen Privaten sich dessen Überwachung entzieht, kann nicht mit einem Steckbrief verfolgt werden (vgl. RGSt. **13** 254).

Der Steckbrief bezweckt die Verhaftung. Demzufolge kann, wenn noch kein Haft- oder Unterbringungsbefehl vorliegt, ein Steckbrief nur erlassen werden, wenn die Voraussetzungen eines Haft- oder eines Unterbringungsbefehls vorliegen (§ 127 Abs. 2). Dagegen kommt es hierauf nicht an, wenn ein Strafgefangener entwichen ist, weil dann das rechtskräftige Urteil die Grundlage zur Verhaftung gibt.

Da der Steckbrief zur Festnahme führen soll, über die Freiheitsentziehung aber grundsätzlich nur der Richter, und zwar vor der Freiheitsentziehung (Dürig bei Maunz-Dürig, GG., 23 Abs. 4 zu Art. 104), zu entscheiden hat (Art. 104 Abs. 2 Satz 1 GG.), können andere Stellen nur hilfsweise tätig werden. Demzufolge dürfen Beamte, wenn kein Haft- oder Unterbringungsbefehl vorliegt, einen Steckbrief nur erlassen, wenn sie berechtigt wären, einen Beschuldigten vorläufig festzunehmen, nämlich (§ 127 Abs. 2) bei Gefahr im Verzuge. Diese wird bei Entweichung gesetzlich vermutet, doch sind Staatsanwaltschaft und Polizei verpflichtet, die letztere durch Vermittlung der Staatsanwaltschaft, alsbald den Erlaß eines Haft- oder eines Unterbringungsbefehls herbeizuführen. Sie dürfen es nicht darauf ankommen lassen, daß durch ihre Säumnis noch Gefahr im Verzuge vorliegt, wenn der Beschuldigte ergriffen wird. Haben sie allerdings, obwohl ein richterlicher Haftbefehl als Grundlage des Steckbriefs hätte geschaffen werden können, den Zustand der Gefahr im Verzuge pflichtwidrig herbeigeführt, so beseitigt das nicht die Befugnis, den Beschuldigten festzunehmen (vgl. BGHSt. **8** 243).

Ein rechtskräftiges Urteil, in dem auf eine Freiheitsstrafe oder auf eine freiheitsentziehende Maßregel der Sicherung oder Besserung erkannt worden ist, gibt die Befugnis, den Verurteilten einzusperren. In Strafvollstreckungssachen ist daher kein Haftbefehl oder Unterbringungsbefehl erforderlich und wegen des Abschlusses der Untersuchung auch nicht möglich. Auch kommt es, da die Grundlage zur Festnahme eindeutig gegeben ist, nicht auf Gefahr im Verzuge an, wenn die Polizei einen Steckbrief erläßt. Sie ist jedoch verpflichtet, die Vorgänge alsbald der Vollstreckungsbehörde zuzuleiten, damit diese die weitere Entscheidung (Strafzeitberechnung) treffen oder bei der Anstalt veranlassen kann.

b) Zuständigkeit. Liegt ein Haft- oder ein Unterbringungsbefehl vor, dann ist grundsätzlich nach Absatz 1 zu verfahren (s. o. 3), doch kann auch die Polizei einen Steckbrief erlassen, wenn entweder der Gefangene aus ihrem Gewahrsam entwichen ist, oder die verwahrende Stelle (Gefängnis, sichere Abteilung eines Krankenhauses, Nervenklinik) die Polizei unmittelbar angeht (Absatz 2 Satz 2; s. o. 1). Liegt kein Haft- oder Unterbringungsbefehl vor, dann sind zuständig der Richter, die Staatsanwaltschaft und die Polizei. Wird der Richter mit der Sache befaßt, dann wird er regelmäßig — jedoch bei Eilsachen nicht immer — einen Haftbefehl erlassen, so daß alsdann Absatz 1 Anwendung findet. Erläßt er zunächst nur den Steckbrief, so hat er die Untersuchungshaft alsbald nachträglich anzuordnen. Erläßt die Staatsanwaltschaft oder die Polizei den Steckbrief, so hat sie alsbald den Erlaß eines Haftbefehls zu beantragen.

In Strafvollstreckungssachen kann als Richter nur der Amtsrichter als Vollstreckungsbehörde tätig werden. Der Erlaß eines richterlichen Haftbefehls scheidet aus.

Wegen der Zuständigkeit im allgemeinen s. §§ 125, 126.

5. Steckbriefinhalt (Absatz 3). Anzugeben sind der Verfolgte mit Namen, Vornamen, Geburtstag und -ort; eine Beschreibung kennzeichnender Merkmale zu seiner Person (Dialekt) oder zu seinem Verhalten (Hoteldieb); die Kurzbezeichnung der Tat mit Ort und Zeit ihrer Begehung (Bandendiebstahl Köln, April 1964); das Ersuchen um Verhaftung; die Angabe des zuständigen Gerichts (§ 114b; vgl. § 131 Abs. 4); die Aufforderung, der ausschreibenden Stelle sofort Mitteilung von der Verhaftung zu machen (vgl. § 34 StVollstrO.). Bei Steckbriefen gegen entwichene Verurteilte sind anstelle der Tat die zu vollstreckende Entscheidung nebst Art und Dauer der zu vollstreckenden Strafe, und anstelle des zuständigen Gerichts die Vollzugsanstalt anzugeben (§ 34 StVollstrO.).

6. Verfahren nach der Ergreifung (Absatz 4). Ist der Steckbrief auf Grund eines Haftbefehls oder eines Unterbringungsbefehls erlassen (Absatz 1), dann wird der Beschuldigte auch auf Grund des Haftbefehls oder Unterbringungsbefehls ergriffen (§ 115 Abs. 1). Alsdann finden die §§ 115 und 115a unmittelbar Anwendung. In allen anderen Fällen gelten sie entsprechend. Demzufolge ist, wenn der Steckbrief ohne Haft- oder Unterbringungsbefehl ergangen ist, nicht nach §§ 128, 129 zu verfahren, sondern so als ob bereits ein Haftbefehl vorläge. Das ist sachgemäß, weil bei ordnungsgemäßer Behandlung inzwischen in der Tat ein Haftbefehl vorliegen muß (s. o. 4b). Ist das ausnahmsweise nicht der Fall und steht somit vor Erhebung der öffentlichen Klage nicht fest, welcher Amtsrichter zuständig ist (§ 125 Abs. 1: jeder Amtsrichter, in dessen Bezirk ein Gerichtsstand begründet ist), so wählt die Staatsanwaltschaft den Richter aus. Ggf. ist zunächst nach § 115a zu verfahren. Der nächste Richter ist jedoch nicht zum Erlaß des Haftbefehls befugt, wenn er nicht, was beim Fehlen eines Haftbefehls in der Regel zutreffen wird, zugleich zuständiger Richter nach § 125 Abs. 1 ist. Im Hinblick auf Art. 103 Abs. 3 Satz 2 GG ist nochmals die Notwendigkeit zu betonen, einen fehlenden Haftbefehl alsbald nach Erlaß des Steckbriefs auszubringen, damit das nicht bei der Ergreifung nachgeholt werden muß.

Ist ein Verurteilter auf Grund eines Steckbriefs nach Entweichung ergriffen, so gibt es keinen zuständigen Haftrichter. Die entsprechende Anwendung der §§ 115, 115a bedeutet daher, daß der entwichene Strafgefangene der Haftanstalt zuzuführen, aus der er entwichen ist. Auf sein Verlangen ist er dem nächsten Amtsrichter zur Identitätsprüfung vorzuführen (Hartung, 6 Abs. 5 zu § 131).

7. Fahndungsmittel. Der Steckbrief wendet sich an eine unbestimmte Zahl von Behörden, Stellen und Personen, doch ist der Umfang der Fahndung nach den Umständen des Einzelfalles festzulegen. Insbesondere sind Fahndungsersuchen, die sich an die Öffentlichkeit wenden, in der Regel nur bei Kapitalverbrechen angebracht. Eine umfassende Darstellung des Fahndungswesens enthält die Schriftenreihe des Bundeskriminalamts, Kriminaldienstkunde, IV. Teil. Für die steckbriefliche Verfolgung kommen namentlich in Betracht:

a) **Steckbriefnachrichten** ins Strafregister (§ 39ff. StRegVO.) und Suchvermerke in die Einwohnermelderegister.

b) **Fahndungsersuchen** an folgende Fahndungsblätter:

1. Bundeskriminalblatt, herausgegeben vom Bundeskriminalamt;
2. Landeskriminalblätter, herausgegeben von den Landeskriminalämtern;
3. Deutsches Fahndungsbuch — Festnahmen —. Anträge sind auf Vordrucke über das zuständige Landeskriminalamt an das Bundeskriminalamt zu richten. Die Ausschreibungen werden auch in die Personenfahndungskarteien übernommen, die bei den wichtigsten Polizeidienststellen geführt werden;
4. Zollfahndungsnachweis sowie Zollnachrichten- und Fahndungsblatt, herausgegeben vom Zollkriminalinstitut, Köln;
5. Fahndungsnachweis der Wasserschutzpolizeien der Bundesrepublik, herausgegeben vom Wasserschutzpolizeidirektor Nordrhein-Westfalen — Zentralfahndungsstelle — Duisburg.

c) **Internationale Fahndung.** Die Bundesrepublik ist Mitglied der Internationalen Kriminalpolizeilichen Organisation (IKPO — INTERPOL), Paris. Der Verkehr mit Interpol ist dem Bundeskriminalamt vorbehalten (§ 7 des G. über die Einrichtung eines Bundeskriminalpolizeiamtes — Bundeskriminalamt — vom 8. 3. 1951 (BGBl. I 165); Nr. 163 Abs. 1 und 2 RiVASt.).

d) **Öffentliche Fahndung** durch Lauf- oder Handzettel, die sich an bestimmte Fachleute richten, Postwurfsendungen, Ausschreibungen in Fachzeitschriften, Aushang und Plakatveröffentlichung, Presse-, Kino-, Rundfunk- und Fernsehfahndung.

Fahndungen dieser Art sind nur in seltenen Fällen, mit besonderer Umsicht und stets nur unter Beteiligung der Polizei zu betreiben.

e) Bei **Erledigung** der Fahndung sind alsbald die Steckbriefe und die auf ihrer Grundlage ergangenen Ausschreibungen zurückzunehmen (Nr. 32 Abs. 4 RiStV.). Die Erledigung ist an Hand der Blätter nachzuprüfen, in denen die Fahndung veröffentlicht war.

§ 132

Die Vorschrift hatte einen ähnlichen Inhalt, wie ihn jetzt § 115a hat. Als das Haftprüfungsverfahren eingeführt wurde, wurde auch das Vorführungsverfahren neu geregelt. Demzufolge ist § 132 durch A Nr. 6 des G. zur Abänderung der Strafprozeßordnung vom 27. 12. 1926 (RGBl. I 529) **gestrichen** worden.

(3) Bei der ersten Vernehmung des Beschuldigten ist zugleich auf die Ermittlung seiner persönlichen Verhältnisse Bedacht zu nehmen.

Entstehungsgeschichte: Abs. 1 ist durch Art. 4 Nr. 1 StPÄG. geändert worden.

1. **Schrifttum:** Breithaupt, Die Sprache des Gesetzgebers in der Strafprozeßnovelle, NJW. **1965** 575 (576); Creifelds, Die Strafprozeßnovelle 1964, JR. **1965** 1 (3); Dahs, Die kleine Strafprozeßreform, NJW. **1965** 81 (84); Dahs, (Besprechung von Schwarz-Kleinknecht) NJW. **1965** 1265 (1266); Dreves, Die Bestimmungen des Strafprozeßänderungsgesetzes über den Haftbefehl, DRiZ. **1965** 110 (113); Fuhrmann, Das Schweigen des Angeklagten in der Hauptverhandlung, JR. **1965** 417; Gegenfurtner, Das Strafprozeß-Änderungsgesetz in der Praxis, DRiZ. **1965** 334; von Gerlach, Der Angeklagte als Zeuge für sich selbst im englischen Strafverfahren (Marburg 1964); Gollwitzer, Das Gesetz zur Änderung der StPO., DRiZ. **1964** 393 (395); Hannemann, Sorgen und Hoffnungen der Richter und Staatsanwälte, DRiZ. **1963** 413 (415f.); Kaiser, Die Zelle als Verwahrungsort für Vorgeführte, NJW. **1965** 1216; Kanka, Das Gesetz zur Änderung der StPO., MDR. **1965** 245 (247); Kern, Strafverfahrensrecht, 7. Aufl. 1965 S. 99ff.; Kleinknecht, Gesetz zur Änderung der StPO, JZ. **1965** 153 (155f.); Kohlhaas, Vom ersten Zugriff zum Schlußgehör, NJW. **1965** 1254 (1255); Kohlhaas, Der von außen in die Sitzung eingreifende Behördenleiter der Staatsanwaltschaft, DRiZ. **1965** 294; Kohlhaas, Schlüsse aus dem Schweigen des Beschuldigten? NJW. **1965** 2282; Lang in Leitfaden zur kleinen Strafprozeßreform, herausgegeben von Kaiser (1965) S. 41f.; Pelckmann, „Amerika — Du hast es besser?" (Die Rechte des verhafteten Beschuldigten), NJW. **1965** 2143; Schmidt-Leichner, Das neue Recht im Strafverfahren, NJW. **1965** 1309 (1310f.); Schmidt-Leichner, Ist und bleibt das Schweigen des Beschuldigten zweischneidig? NJW. **1966** 189; Schultz, Blick in die Zeit, MDR. **1965** 445 (446); Seibert, Das Schweigen des Angeklagten, NJW. **1965** 1706; Walder, Die Vernehmung des Beschuldigten, dargestellt am Beispiel des zürcherischen und deutschen Strafprozeßrechtes, Hamburg 1965; Stellungnahme des Deutschen Richterbundes zum Strafprozeßänderungsgesetz, DRiZ. **1963** 115 (117).

2. Die **Absicht des Gesetzgebers** beschränkte sich in erster Linie darauf, das klarzustellen, was wir im Hauptwerk (4 zu § 136) schon als den Sinn des bisherigen Wortlauts der Vorschrift angesehen haben: erstens, daß dem Vernommenen sein Schweigerecht erkennbar gemacht werden müsse, und zweitens, daß die Vorschrift auch für die Polizei gelte (§ 163a Abs. 3, 4). Erst der Bundestag fügte dann noch die Pflicht zu dem Hinweis ein, daß der Beschuldigte jederzeit, auch schon vor seiner Vernehmung, einen Verteidiger befragen könne.

Die Befugnisse, über die hiernach belehrt werden muß, sind nicht neu. Sie bestanden unstreitig schon immer. Erfahrene Verbrecher kannten sie und machten gegebenenfalls Gebrauch von ihnen; harmlose Ersttäter oder Unschuldige kannten sie vielfach nicht und kamen dadurch gelegentlich zu Schaden. Dem wollte der Gesetzgeber abhelfen. Diese Absicht ist zu begrüßen. Die Kritik, die schon vorher der Deutsche Richterbund (DRiZ. **1963,** 117) und andere (Hannemann DRiZ. **1963,** 415) geübt haben, ist nicht begründet. Sie beruht darauf, daß man immer noch, wie zu den Zeiten der Carolina, den Beschuldigten als das wichtigste Beweismittel zu seiner eigenen Überführung betrachtet, und den Sinn seiner Beteiligung am Verfahren nicht, wie das einer rechtsstaatlicheren Anschauung entspricht, in erster Linie in seiner Verteidigung sieht.

Eine andere Frage ist, ob und wie der Gesetzgeber sein Ziel erreicht hat. Sprachlich ist die Neufassung der Vorschrift wenig glücklich (Breithaupt NJW. **1965,** 576): daß der Beschuldigte bei Beginn seiner Vernehmung darauf hingewiesen werden muß, welche Rechte er schon vor seiner Vernehmung hat, liest sich etwas verwirrend. Aber das ist das wenigste. Der Gesetzgeber hat seine Aufgabe unterschätzt. Er hat einige Fernwirkungen seiner Regelung nicht gesehen. So haben sich schon in kürzester Zeit eine Reihe von Streit- und Zweifelsfragen ergeben, die bei sorgfältigerer Arbeit des Gesetzgebers hätten vermieden werden können.

3. Wann wird jemand als **Beschuldigter** vernommen? Im Anfangsstadium der Ermittlungen, vor allem beim ersten Zugriff, kann es Lagen geben, die eine ganze Reihe von Personen als verdächtig erscheinen lassen. Bei einem Brand, dessen Ursachen aufgeklärt werden sollen,

kann das halbe Dorf verdächtig sein, ihn gelegt zu haben, angefangen mit dem Hauseigentümer, seinen Angehörigen, Bediensteten und früheren Bediensteten, seinen Nachbarn, seinen Feinden und ohne Ausschluß seiner Freunde. Der Polizeibeamte, der bei einer Schlägerei in ein Wirtshaus gerufen wird, kann seine Ermittlungen nicht damit anfangen, daß er sagt: „Ich möchte Sie alle gern etwas fragen, aber Sie brauchen nichts zu sagen und können sich alle erst einmal mit Ihren Verteidigern besprechen." Er darf zweifellos ohne solche Belehrungen fragen, was denn hier los gewesen sei. Selbst ausdrückliche Bezichtigungen brauchen den, gegen den sie vorgebracht werden, nicht ohne weiteres zum „Beschuldigten" im Sinne dieser Vorschrift zu machen (Kohlhaas, NJW. **1965**, 1255). Innerhalb gewisser Grenzen muß es der Beurteilung des ermittelnden Beamten überlassen bleiben, von wann ab er jemanden „als Beschuldigten" vernehmen will. Auch die englischen „Judges' Rules", die hier Vorbild gewesen sind, stellen es darauf ab, ob der Beamte glaubt, er habe „angemessene Gründe" für einen Verdacht (vgl. Kleinknecht, JZ. **1965** 156). Mit Vorschriften allein ist der Rechtsstaat nicht zu verwirklichen; es bedarf der richtigen Mischung zwischen dem Vertrauen, daß die ausführenden Organe fähig und willens sind, das Richtige zu tun — und ihrer Kontrolle. Es wird stets eines gewissen Fingerspitzengefühls bedürfen, um zu erkennen, wann sich die Ermittlungen gegen einen bestimmten Verdächtigen zu richten beginnen. Spätestens ist dieser Zeitpunkt erreicht, wenn Zwangsmaßnahmen getroffen werden: vorläufige Festnahme, Anordnung einer Blutuntersuchung, Durchsuchung.

4. Über den Beginn der **ersten Vernehmung** vgl. Hauptwerk 2 zu § 136. Lang (Leitfaden S. 42) meint, auch bei späteren Vernehmungen müßten die Hinweise von neuem gegeben werden, falls neue Straftaten erörtert würden (dem zustimmend Schmidt-Leichner, NJW. **1965** 1310/11). Wir halten das für entbehrlich; der Beschuldigte weiß es ja inzwischen. Wichtiger ist, daß sich keine vernehmende Stelle darauf verläßt, eine frühere werde die Hinweise schon richtig gegeben haben. Kommt also der Beschuldigte von der Polizei zur Staatsanwaltschaft, von der Staatsanwaltschaft zum Richter, so sind die Hinweise (wenn sie nicht etwa schon zur Verweigerung der Auskunft oder zur Wahl eines Verteidigers geführt haben) dort bei der ersten Vernehmung zu wiederholen. Unter Umständen mag auch eine Erkundigung genügen („Sie wissen, daß Sie nichts zu sagen brauchen oder einen Verteidiger bitten können?").

5. Staatsanwalt und Richter müssen dem Beschuldigten sagen, **welche Strafvorschriften** in Betracht kommen. Die Polizei ist von dieser Verpflichtung entbunden (§ 163a Abs. 4). Das Gesetz geht davon aus, daß sie damit überfordert sein könnte; anscheinend traut man dem Beschuldigten bessere Rechtskenntnisse zu.

6. Dadurch, daß das Gesetz jetzt den Hinweis auf das **Schweigerecht ausdrücklich** fordert, ergibt sich eine jener Fernwirkungen, die dem Gesetzgeber vielleicht nicht vor Augen gestanden haben. Es wäre unfair, dem Beschuldigten ein Verhalten als ausdrücklich gesetzlich erlaubt zu bezeichnen, wenn es möglich wäre, alsdann nachteilige Folgerungen gegen ihn daraus zu ziehen, daß er davon Gebrauch macht. Das darf also nicht möglich sein. Die Tatsache, daß der Beschuldigte — sei es nur vor der Polizei, sei es auch später — schweigt, oder daß er erst nach Besprechung mit seinem Verteidiger aussagt, darf weder bei der Beweiswürdigung noch bei der Strafzumessung gegen ihn verwendet werden: BGH. JZ. **1966** 35 = NJW. **1966** 210; OLG. Köln OLGSt. § 136 StPO. S. 1. Nun ist das vollständige Schweigen ohnehin keine tragfähige Grundlage für derartige Folgerungen: vgl. Hauptwerk 4a zu § 136; insoweit grundsätzlich zustimmend Kohlhaas, NJW. **1965** 2282. Anscheinend besteht aber eine Meinungsverschiedenheit darüber, was in diesem Sinne „völliges" Schweigen ist. Beschränkt sich der Beschuldigte auf Bemerkungen wie „ich bin unschuldig", „ich habe nichts Verbotenes getan", „ich bin es nicht gewesen", so erlauben auch sie keine Schlüsse irgendwelcher Art gegen ihn. Das ist nicht einmal eine Rechtsfrage; solche Beteuerungen sind rein tatsächlich schlechterdings zu wenig ergiebig, als daß man sagen dürfte: du hast gesprochen, jetzt ziehen wir aus deinem Schweigen im übrigen Schlüsse.

Auf eine Rechtsfrage führt das teilweise Schweigen erst dann, wenn solche Schlüsse tatsächlich möglich werden. Nachdem das Gesetz das Schweigen jetzt ausdrücklich gestattet, könnte man vielleicht sagen wollen, daß damit nachteilige Schlüsse aus dem Schweigen, auch aus dem teilweisen Schweigen, rechtlich unmöglich gemacht werden. Es wäre nicht schlechthin undenkbar, nunmehr ein darauf gerichtetes Beweisverbot aus dem Gesetz herauszulesen. Wir halten das freilich immer noch für bedenklich. Bei den gesetzgeberischen Beratungen ist eine solche Möglichkeit nicht erörtert worden. Wir neigen deshalb der Ansicht Kleinknechts zu, der (Anm. 3; JZ. **1965** 155) von den „zwei Verteidigungsmöglichkeiten" (dem Reden und dem Schweigen) spricht, die es beide mit sich bringen, daß das Gericht, soweit das tatsächlich möglich ist, bei der freien Beweiswürdigung die ihm richtig erscheinenden Schlüsse zieht. Solange sich dem Gesetz nicht ganz zweifelsfrei etwas anderes entnehmen läßt, geht doch wohl der Grundsatz des § 261 noch vor; vgl. auch BGH. NJW. **1966** 209. Es ist unter Umständen psychologisch so gut wie unmöglich, aus dem teilweisen Schweigen keine Schlüsse zu ziehen. Übrigens gibt es auch sonst fließende Übergänge zwischen Reden und Schweigen. Jeder Strafjurist kennt den Typus des Beschuldigten, der weder zum Reden über die Sache noch zum Schweigen zu bringen ist; er schweigt über das, was man von ihm wissen will, indem er beharrlich von anderen Dingen (etwa über die Vorgeschichte) redet.

Eines der von Kohlhaas (NJW. **1965** 2284) vorgetragenen Bedenken halten wir freilich nicht für durchschlagend: mit der Annahme eines solchen Beweisverbots hindere man den Tatrichter nur, das Schweigen unter den Beweisgründen ausdrücklich zu erwähnen. Die Notwendigkeit, Urteilsgründe zu schreiben, enthält schon eine gewisse immanente Schranke völliger Freiheit der Beweiswürdigung. Nicht alles, was in einem „Wahrspruch" der Geschworenen möglich gewesen wäre, läßt sich begründen. Es gibt immer wieder Fälle, in denen außer dem Schweigen eben keine Beweismittel vorhanden sind. Wenn der einzige Belastungszeuge das Zeugnis verweigert und der Angeklagte (ganz oder teilweise) schweigt, so kommt diese Frage zum Spruch; da helfen auch keine „revisionssicheren" Urteilsgründe.

7. Der jetzt weiterhin vorgeschriebene Hinweis, daß der Beschuldigte jederzeit, auch schon vor seiner Vernehmung, einen von ihm zu wählenden **Verteidiger befragen** könne, hat zu einer Reihe von Schwierigkeiten geführt.

a) Es kann geschehen, daß der Beschuldigte erklärt, von dieser Möglichkeit Gebrauch machen zu wollen, daß er dann aber keinen Verteidiger findet. Das kann schon daran scheitern, daß er ihn nicht bezahlen kann; ohne Kostenvorschuß braucht der Anwalt nicht tätig zu werden. Oder der Beschuldigte kennt keinen Anwalt; daß Polizei, Staatsanwalt oder Richter ihm einen nennt oder ihm auch nur eine (vollständige oder redigierte ?) Liste der am Ort wohnenden Rechtsanwälte vorlegt, kann seine Bedenken haben. Oder der gewählte Anwalt ist nicht in der Lage, oder nicht willens, „zur Unzeit" zu erscheinen; er braucht einer solchen Lage weder seine Sprechstunde noch seinen Nachtschlaf zu opfern. Es ist mißlich, daß sich dann die „Möglichkeit", auf die der Vernehmende den Beschuldigten hinweisen muß, als eine Unmöglichkeit herausstellt. Gewiß gibt es Fälle, in denen dann die Beiordnung eines Pflichtverteidigers erwogen werden sollte; aber im Regelfall liegt in einem so frühen Stadium des Verfahrens noch kein Fall der notwendigen Verteidigung vor, und dann wird der Richter die Beiordnung meist ablehnen. Übrigens bedarf es gerade für die Beratung hinsichtlich der Frage, ob der Beschuldigte besser spricht oder besser schweigt, eines besonderen Vertrauensverhältnisses zwischen ihm und seinem Verteidiger; mit einer Beiordnung ist das nicht immer und nicht ohne weiteres herzustellen. Bekommt also der Beschuldigte aus einem dieser Gründe trotz seines Wunsches keinen Verteidiger, so wird weiter verfahren werden müssen, wie ohne den Hinweis verfahren worden wäre; der Beschuldigte muß sich ohne Beistand entschließen, ob und was er jetzt aussagen will. Gewiß kann er sich dahin entscheiden, ohne Verteidiger nichts zu sagen. Wenn das aber zu Nachteilen, etwa zu einer Verlängerung der Haft führt, läßt sich daran nichts ändern. Das Gesetz hat das Wohlwollen für den Beschuldigten hier doch wohl ein wenig über den Punkt hinausgeführt, bis zu dem ihm damit ein wirklicher Dienst erwiesen wird.

b) §§ 115 Abs. 3 S. 1, 115a Abs. 2 S. 2 schreiben vor, daß der auf Grund eines Haftbefehls ergriffene Beschuldigte auf das Recht hinzuweisen ist, sich zur Beschuldigung zu äußern oder nicht zur Sache auszusagen. Der Hinweis auf das Recht, vorher einen Verteidiger zu fragen, wird in diesen Vorschriften nicht erwähnt. Daraus schließen Dreves (DRiZ. **1965** 113) und Gegenfurtner (DRiZ. **1965** 334), in den Fällen der §§ 115, 115a bedürfe es dieses Hinweises nicht; es sei in diesen Fällen auch zu eilig. Mit Dünnebier (oben 8a zu §§ 115, 115a), Kleinknecht JZ. **1965** 155 sowie 2B zu § 115 und Müller (KMR) 4 zu § 115 meinen wir, daß § 136 auch auf diese Vernehmungen angewendet werden muß. Durch den Hinweis allein entstehen keine tatsächlichen Schwierigkeiten. Sie können erst dadurch entstehen, daß der Beschuldigte erklärt, einen Verteidiger befragen zu wollen, und daß das vor Ablauf der Fristen der §§ 115, 115a nicht mehr möglich ist. Dieses Verlangen kann der Beschuldigte aber auch ohne Hinweis äußern; dann ist die Lage keine andere, als wenn er es auf den Hinweis hin tut. Das Problem ist kein anderes als das oben zu a) behandelte: das Gesetz verlangt den Hinweis auf eine „Möglichkeit", die sich dann unter Umständen als nicht vorhanden herausstellt. Der Richter darf mit der Vernehmung nicht länger warten als bis zum Ablauf eines Tages nach der Vorführung. „Vernehmung" kann hier wie anderwärts beim Beschuldigten nur heißen, daß ihm Gelegenheit zur Äußerung gegeben wird. Ob er davon Gebrauch macht oder aus irgend einem Grunde, z. B. wegen der Unmöglichkeit, vorher einen Verteidiger zu fragen, verzichtet, bleibt seine Sache.

c) Eine besonders lästige Lage kann für den Verteidiger entstehen, der den Beschuldigten beraten soll, ob er besser aussagt oder besser schweigt. Die Grundlagen für eine solche, unter Umständen schwerwiegende Entscheidung sind zur Zeit der ersten Vernehmung im allgemeinen noch etwas mager. Das hängt mit der noch immer nicht überwundenen Neigung der deutschen Strafverfolgungsbehörden zusammen, den Beschuldigten als das wichtigste Beweismittel zur Überführung anzusehen. Das würde wahrscheinlich anders werden, wenn recht viele Beschuldigte schwiegen. Die Polizei würde dann wahrscheinlich in zunehmendem Maße bemüht sein, die Schuldbeweise möglichst vollständig schon vor dem Zeitpunkt zu sammeln, in dem die erste Vernehmung des Beschuldigten versucht wird. Daß insoweit mehr möglich ist als bei uns zu geschehen pflegt, beweist das Beispiel von Scotland Yard. Das allein wird freilich kaum ein Grund sein können, aus dem der Verteidiger zum Schweigen rät. In sehr zahlreichen Fällen ist die wirksamere Art der Verteidigung eben doch das Reden. Vielfach wird die richtigste Entscheidung für den Verteidiger darin bestehen, daß er schriftliche Stellungnahme in Aussicht stellt. Es kann ein entscheidender Unterschied sein, ob die Einlassung mit den Worten der Polizei oder mit den Worten des Verteidigers zu Papier gebracht wird. Ein Grund für den Rat, lieber zu schweigen, kann dann gegeben sein, wenn die dem Angeklagten günstige Wahrheit unwahrscheinlich ist, und wenn deshalb damit gerechnet werden muß, daß man sie ihm doch nicht glauben werde. Auch kann es sich empfehlen, abzuwarten, bis die Zeugen sich auf Einzelheiten festgelegt haben.

Übrigens sollte über die Frage, ob der Beschuldigte aussagen oder schweigen soll, zwischen ihm und dem Wahlverteidiger immer Einverständnis erzielt werden. Die gefürchteten — und psychologisch gewiß auch zu fürchtenden — Schlüsse vom Schweigen auf die Schuld sind sehr viel schwerer zu ziehen, wenn der Verteidiger wahrheitsgemäß erklären kann, daß der Beschuldigte auf seinen Rat schweige. Für diesen Rat lassen sich dann unter Umständen einleuchtende Erklärungen geben, oder doch Erklärungen, die jedenfalls den Schluß vom Schweigen auf die Schuld des Angeklagten unmöglich machen. In dem auch in der Tagespresse viel erörterten Fall, der Anlaß zu den Veröffentlichungen DRiZ. **1965** 294 und NJW. **1965** 2282 gegeben hat, wäre das nicht schwer gewesen: jene Angeklagte hatte im ersten Verfahren schlechte Erfahrungen mit ihren Erklärungen zur Sache gemacht.

8. Für „geeignete Fälle" sieht das Gesetz den Hinweis vor, daß der Beschuldigte sich **schriftlich** äußern könne. Geeignet werden solche Fälle sein, in denen der Beschuldigte sowohl hinreichend schriftgewandt als auch hinreichend guten Willens ist. In solchen Fällen wird von dieser Möglichkeit vor allem dann Gebrauch zu machen sein, wenn für die Äußerung auf umfangreiche Unterlagen zurückgegriffen werden muß.

9. Die Neufassung hat zu der Frage geführt, ob die Verletzung der Hinweisvorschriften ein **Verwertungsverbot** zur Folge habe (vgl. Dahs, NJW. **1965** 1266 gegen Kleinknecht 11 zu § 136). Das ist mit aller Entschiedenheit zu verneinen. Dem Gesetzgeber selbst ist es gar nicht eingefallen, ein solches Verwertungsverbot statuieren zu wollen. Ein Vergleich zwischen § 136 und § 136a Abs. 3 S. 2 führt zu einem zweifelsfreien argumentum e contrario. Entsprechende Anwendung des in § 136a enthaltenen Verwertungsverbots ist nicht möglich; in § 136a handelt es sich um positive Verstöße (zum größeren Teil gröbster, vielfach mit Zuchthaus bedrohter Art), in § 136 um Unterlassungen. Schon die ersten Monate haben dazu geführt, daß das Recht zum Schweigen sich weithin herumgesprochen hat. Nachdem der Gesetzgeber sich darüber einmal deutlich erklärt hat, werden kaum noch Aussagen auf einem Unterbleiben der Hinweise beruhen können.

Elfter Abschnitt

Verteidigung

§ 140

(1) Die Mitwirkung eines Verteidigers ist notwendig, wenn

1. die Hauptverhandlung im ersten Rechtszug vor dem Bundesgerichtshof, dem Oberlandesgericht oder dem Landgericht stattfindet;

2. eine Tat in Frage kommt, die nicht nur wegen Rückfalls ein Verbrechen ist;

3. das Verfahren zur Unterbringung in einer Heil- oder Pflegeanstalt oder zur Untersagung der Berufsausübung führen kann;

4. der Beschuldigte taub oder stumm ist;

5. der Beschuldigte sich mindestens drei Monate in derselben oder in einer anderen Sache in Untersuchungshaft oder auf Grund behördlicher Anordnung in einer Heil- oder Pflegeanstalt befunden hat und nicht mindestens zwei Wochen vor Beginn der Hauptverhandlung aus der Untersuchungshaft oder der Heil- oder Pflegeanstalt entlassen wird;

6. zur Vorbereitung eines Gutachtens über den Geisteszustand des Beschuldigten seine Unterbringung in einer öffentlichen Heil- oder Pflegeanstalt in Frage kommt;

7. die Hauptverhandlung gegen einen Abwesenden stattfindet (§ 277).

(2) In anderen Fällen bestellt der Vorsitzende auf Antrag oder von Amts wegen einen Verteidiger, wenn wegen der Schwere der Tat oder wegen der Schwierigkeit der Sach- oder Rechtslage die Mitwirkung eines Verteidigers geboten erscheint, oder wenn ersichtlich ist, daß sich der Beschuldigte nicht selbst verteidigen kann.

(3) Die Bestellung eines Verteidigers nach Absatz 1 Nr. 5 ist aufzuheben, wenn der Beschuldigte mindestens zwei Wochen vor Beginn der Hauptverhandlung aus der Untersuchungshaft oder der Heil- oder Pflegeanstalt entlassen wird. Die Bestellung des Verteidigers nach § 117 Abs. 4 bleibt unter den in Absatz 1 Nr. 5 bezeichneten Voraussetzungen für das weitere Verfahren wirksam, wenn nicht ein anderer Verteidiger bestellt wird.

I. Änderungen durch das StPÄG. Die Vorschrift ist aus Gründen der Übersichtlichkeit ganz abgedruckt. Das alte Recht ist aber im Kern erhalten geblieben. § 140 hat folgende Änderungen erhalten:

Absatz 1 Nr. 1: das Wort „Schwurgericht" ist durch das Wort „Landgericht" ersetzt worden;

Absatz 1 Nr. 2: die Worte, die sich auf den Antrag bezogen, sind gestrichen worden;

Absatz 1 Nr. 3: die Worte, die sich auf die Anordnung der Sicherungsverwahrung bezogen, sind gestrichen worden;

Absatz 1 Nr. 5: Wortlaut und Inhalt sind umgestaltet, die Worte, die sich auf den Antrag bezogen, sind gestrichen worden;

Absatz 3, der die Antragsfälle behandelte, ist in seiner alten Form beseitigt und durch eine Vorschrift ersetzt worden, die Absatz 1 Nr. 5 ergänzt.

II. Katalog.

1. Hauptverhandlung vor dem Landgericht (Absatz 1 Nr. 1). Der Begriff „Landgericht" umfaßt in bezug auf eine Hauptverhandlung im ersten Rechtszug die Strafkammer (§ 60, § 74 Abs. 1 GVG.), auch als Staatsschutzkammer (§ 74a GVG.) und als Jugendschutzkammer (§ 74b GVG.), sowie das Schwurgericht (§ 79 GVG.). Wenn die Hauptverhandlung vor dem Schwurgericht stattfindet, war die Verteidigung schon bisher nach Absatz 1 Nr. 1 notwendig. Wenn die Hauptverhandlung vor der Strafkammer stattfand, war nach der Rechtsprechung regelmäßig ein Verteidiger gemäß Absatz 2 zu bestellen (BGHSt. **6** 200; **7** 72). Das hat in Zukunft ausnahmslos zu geschehen.

Es ist bedauerlich, daß die Verteidigung nicht auch für Verhandlungen vor dem erweiterten Schöffengericht für notwendig erklärt worden ist. Wenn eine Sache so umfänglich ist, daß ein zweiter Amtsrichter zugezogen werden muß, wird in aller Regel nach Absatz 2 die Mitwirkung eines Verteidigers wegen der Schwierigkeit der Sachlage geboten erscheinen (OLG. Bremen NJW. **1955** 1529). Es wäre zweckmäßig gewesen, den Beschuldigten und den Vorsitzenden nicht auf den Weg des Absatzs 2 zu verweisen, sondern die Verteidigung nach Absatz 1 für notwendig zu erklären.

2. Verbrechenssachen (Absatz 1 Nr. 2). Vgl. Hauptwerk, II 2 zu § 140. Die Verteidigung war bisher nur notwendig, wenn die Staatsanwaltschaft, der Beschuldigte oder sein gesetzlicher Vertreter es beantragte, einen Verteidiger zu bestellen. Daneben bestand aber die Pflicht des Vorsitzenden, ggf. von Amts wegen im Hinblick auf die Schwere der Tat einen Verteidiger nach Absatz 2 zu bestellen. Außerdem ergaben sich für den Antrag Komplikationen, wenn der Angeklagte zunächst einen Wahlverteidiger hatte, der dann später wegfiel (vgl. Hauptwerk, III 3 zu § 140). Durch den Wegfall des Antrags ist eine wesentliche Vereinfachung eingetreten.

Da in Strafkammersachen die Verteidigung schon nach Nummer 1 notwendig ist, hat Nummer 2 nur für Schöffensachen (§ 24 Abs. 1 Nr. 3 GVG.) Bedeutung.

3. Maßregelanordnung (Absatz 1 Nr. 3). Im alten Text war als Hauptfall vorgesehen, daß das Verfahren zur Anordnung der Sicherungsverwahrung führen kann. Die Sicherungsverwahrung darf nicht vom Amtsgericht verhängt werden (§ 24 Abs. 1 Nr. 3 GVG.). Wenn das Verfahren dazu führen kann, daß sie angeordnet wird, findet danach die Hauptverhandlung immer vor einem der in Nummer 1 bezeichneten Gerichte, in der Regel dem Landgericht, statt, so daß schon aus diesem Grunde die Verteidigung notwendig ist.

4. Sonstige Fälle der Verteidigerbestellung sind vorgesehen in § 81 Abs. 2 (Bestellung eines Verteidigers vor der Unterbringung in einer Heil- oder Pflegeanstalt zur Vorbereitung eines Gutachtens über den Geisteszustand des Beschuldigten); § 117 Abs. 4 Satz 1 (Bestellung eines Verteidigers auf Antrag, wenn die Untersuchungshaft drei Monate gedauert hat); § 118a Abs. 2 Satz 2 (Bestellung eines Verteidigers, wenn der Beschuldigte zur mündlichen Verhandlung über die Haftprüfung nicht vorgeführt wird); § 350 Abs. 3 (Bestellung eines Verteidigers auf Antrag, falls der nicht auf freiem Fuß befindliche Angeklagte nicht zur Revisionshauptverhandlung vorgeführt wird).

III. Drei-Monats-Verwahrung (Absatz 1 Nr. 5).

1. Inhalt. Nach der alten Fassung war die Verteidigung notwendig, wenn sich der Beschuldigte bis zur Hauptverhandlung in Haft befunden, diese länger als drei Monate gedauert hatte und außerdem ein Antrag gestellt war. Der — allerdings nicht zweifelsfrei zu ermittelnde — Sinn der Vorschrift und ihre Entstehungsgeschichte legten es nahe, unter Haft nur Untersuchungshaft in der gleichen Sache zu verstehen, doch war der gesetzgeberischen Erwägung nicht zuzustimmen (Hauptwerk, II 5 zu § 140). Der neue Text stellt klar, daß die drei Monate entweder Untersuchungshaft sein müssen — gleichviel, ob in der Sache, in der die Bestellung eines Verteidigers zu prüfen ist, oder in einer anderen — oder die amtlich angeordnete Verwahrung in einer Heil- oder Pflegeanstalt, gleichviel in welcher Sache und gleichviel, welcher Art (s. u. 2). Strafhaft und sonstige Formen der behördlich angeordneten Freiheitsentziehung (Fürsorgeerziehung) machen die Verteidigung nicht notwendig.

Die Vorschrift ist jetzt eindeutig, aber ihr Sinn ist nicht einleuchtender geworden. Das Gesetz bedient sich nicht der Wendung „nicht auf freiem Fuß befindlich“, sondern fordert nur bei zwei Verwahrungsarten die Verteidigung. Bei der Untersuchungshaft wird wohl auf das Vorläufige, das Ungewisse, abgestellt. Denn die Strafhaft kann die Verteidigungsfähigkeit genauso beeinträchtigen wie die Untersuchungshaft, ist ihr aber gleichwohl nicht gleichgestellt. Bei der Unterbringung in einer Heil- oder Pflegeanstalt spielt dagegen das Vorläufige keine Rolle; vielmehr wird es die Art der Unterbringung sein, die es dem Gesetzgeber notwendig erscheinen läßt, dem so Untergebrachten in einem während der Unterbringungszeit laufenden Strafverfahren einen Verteidiger zu geben. Man wird deshalb annehmen müssen, daß der Gesetzgeber die Verteidigung bei Untersuchungshaft und bei der Unterbringung in einer Heil- oder Pflegeanstalt deshalb notwendig gemacht hat, weil er diese beiden Verwahrungsarten als der Selbstverteidigung besonders hinderlich ansieht. Sehr überzeugend ist diese Begrenzung des Schutzbedürfnisses des Angeklagten nicht. Denn dieses erheischt auch Anerkennung, wenn der Angeklagte sich zwar nicht bei der Hauptverhandlung, wohl aber bei der Rechtsmittelbegründung drei Monate in einer Heil- und Pflegeanstalt befunden hat, und auch, wenn er nicht in einer Heil- oder Pflegeanstalt, sondern in einer Trinkerheilanstalt oder in einer Entziehungsanstalt untergebracht worden ist. Für die große Reform bleibt eine großzügigere Regelung zu wünschen.

2. Untersuchungshaft und Unterbringung. Untersuchungshaft ist die nach § 114 angeordnete Haft. Ihr sind gleichzustellen die Auslieferungshaft (§ 10 Abs. 1 und 2, § 30 DAG.), aber nicht die Strafhaft und sonstige Haftarten. Der Aufenthalt in einer Heil- oder Pflegeanstalt macht die

Elfter Abschnitt

Verteidigung

§ 148

Dem Beschuldigten ist, auch wenn er sich nicht auf freiem Fuß befindet, schriftlicher und mündlicher Verkehr mit dem Verteidiger gestattet.

Entstehungsgeschichte: I. Entw. § 127. II. Entw. § 129. III. Entw. § 131.

Änderungsvorschläge: N. E. I und II § 148. N. E. III § 173.

Spätere Änderungen: Die Vorschrift hat mehrfache Änderungen erfahren, doch engte sie stets den Grundsatz des Absatzes 1 — des jetzigen alleinigen Inhalts der Vorschrift — dahin ein, daß im Vorverfahren der schriftliche und mündliche Verkehr mit dem Verteidiger eingeschränkt werden konnte. Diese Einschränkung ist durch Art. 3 Nr. 6 StPÄG. beseitigt worden.

In Absatz 1 der alten Fassung war ursprünglich nur von dem verhafteten Beschuldigten die Rede. Das Ausführungsgesetz zum Gesetz gegen gefährliche Gewohnheitsverbrecher und über Maßregeln der Sicherung und Besserung vom 24. 11. 1933 — RGBl. I 1000 — fügte durch Art. I Nr. 13 in Absatz 1 die Worte „oder einstweilig untergebrachten" ein. Art. 4 Nr. 17 des Dritten StrRÄndG. brachte die Wendung von den Beschuldigten, die sich nicht auf freiem Fuß befinden, als Absatz 5. Die jetzige Fassung beruht auf Art. 3 Nr. 6 StPÄG.

Verwandte Vorschrift: § 32 Abs. 3 Satz 2 bis 4 DAG.

1. Sinn der Vorschrift. Nach § 137 Abs. 1 kann sich der Beschuldigte in jeder Lage des Verfahrens eines Verteidigers bedienen. Die Vorschrift, nahezu selbstverständlich, gewinnt besondere Bedeutung, wenn der Beschuldigte nicht frei ist; sie bedarf dann allerdings der Ergänzung. Dieser dient § 148, dessen Inhalt immer heiß umstritten war. Bis zur zweiten Lesung der Strafprozeßordnung (Hahn, Mat. 2 1289) hatten die Kommission und der Reichstag freien mündlichen Verkehr des verwahrten Beschuldigten mit seinem Verteidiger verlangt, die Möglichkeit einer Kontrolle des schriftlichen Verkehrs aber zugestanden, weil Briefumschläge des Verteidigers auch wider seinen Willen zu Mitteilungen fremder Personen benutzt werden können (Hahn, 1828). Wegen des Widerstandes der Regierungen wurde im Wege einer Verständigung (Hahn, 2071; 1995) die Möglichkeit zugestanden, auch den mündlichen Verkehr zu kontrollieren (Hahn, 1625; 1826, 2072).

Die Vorschrift entsprang in ihren den Verkehr einschränkenden Teilen einem Mißtrauen gegen den Verteidiger. Die Form war für die Verteidigung ebenso beleidigend, wie für den Richter peinlich (John, Anm. zu § 148). Ein überwachter Verkehr „ist für sachgemäße Verteidigung ungenügend und schädigt ... zugleich rechtzeitige Aufklärung" (v. Hippel, § 49 VII 1 Abs. 5). Wegen der hohen Bedeutung, die das Vertrauen des Beschuldigten zu seinem Verteidiger für das Strafverfahren hat, sowohl im Interesse des Beschuldigten als auch in dem des Staates, sind die einengenden Klauseln in der dritten Lesung des Strafprozeßänderungsgesetzes ganz gestrichen worden mit der Begründung, sie enthielten eine Diskriminierung des Anwalts und machten es dem Verteidiger unmöglich, seines Amtes zu walten (BTProt. IV 6447 D, 6448 D). Dem Widerspruch des Bundesrats (BTDrucks. IV 2459 zu Art. 3) ist der Bundestag entgegengetreten mit der Feststellung, eine richterliche Aufsicht des Verteidigerverkehrs sei unvereinbar mit § 1 BRAO., nach dem der Rechtsanwalt Organ der Rechtspflege ist; gegen eine Pflichtverletzung biete die Berufsgerichtsbarkeit ausreichend Sicherung (BTProt. IV 7240 C).

2. Verwahrte Beschuldigte. Die Vorschrift gilt für alle Beschuldigten, die sich nicht auf freiem Fuß befinden. Wegen des Begriffes „nicht auf freiem Fuß" s. o. 8 zu § 35; wegen des Begriffs „Beschuldigter" s. o. 1 zu § 137. Nach der dort vorgenommenen Abgrenzung steht dem Strafgefangenen kein unbeschränkter Verkehr mit seinem Prozeßbevollmächtigten in bürgerlichen Rechtsstreitigkeiten oder in Verwaltungsstreitverfahren zu. Ebenso ist sein Verkehr mit dem Verteidiger beschränkt in rechtskräftig abgeschlossenen Strafverfahren (OLG. Saarbrücken JBl. Saar **1961** 47 = JVBl. **1961** 167), es sei denn, daß sich der Verkehr auf eine Wiederaufnahme (§ 366), auf Einwendungen gegen die Strafvollstreckung (§ 458 Abs. 1) oder gegen Entscheidungen der Vollstreckungsbehörde (§ 458 Abs. 2), auf Anträge nach § 26 Abs. 1, § 42f. Abs. 3 Satz 3 und 5, Abs. 4 StGB., §§ 23ff. EGGVG., Gnadenverfahren (OLG. Bremen NJW. **1963** 1465) und sonstige Anträge in Strafverfahren bezieht. Der Verkehr ist nur solange frei, als der Verteidiger als solcher im Strafverfahren tätig ist (BayObLG. GA. **1965** 380). Wenn das nicht bekannt ist oder sich aus dem Zeitpunkt des Briefwechsels ergibt, beginnt der freie Verkehr erst dann, wenn der Verteidiger anzeigt, daß er für den Verurteilten tätig werde und in welchem Verfahren. Der Gefangene kann den Anwalt darum — in einem offenen Brief — ersuchen.

Tiedemann wendet sich dagegen, daß dem Anwalt, etwa in Zivilprozessen, kein — grundsätzlich — freier Verkehr mit einem Strafgefangenen zugestanden werde; er verwahrt sich dagegen, diese Einschränkung aus § 148 abzuleiten (NJW. **1963** 1841). Ihm ist zuzugeben, daß die Überwachung der Post eines Strafgefangenen nicht aus § 148 folgt, sondern aus dem Zweck der Unterbringung. Er übersieht aber, daß der Gesetzgeber, dem die Überwachung bekannt ist, eben nur für den Verteidigerverkehr eine Ausnahme geschaffen hat. Danach ist es wohl gerechtfertigt, aus der abschließenden Regelung in § 148 abzuleiten, daß dem Strafgefangenen kein freier Verkehr mit einem Prozeßbevollmächtigten in bürgerlichen Rechtsstreitigkeiten zusteht.

Greiffenhagen begrenzt § 148 auf den Verteidigerverkehr bis zur Rechtskraft (GA. **1964** 244), indem er das Wort „Beschuldigter" in der Auslegung anwendet, die ihm in § 156 wohl zukommen mag (wegen einiger Ausnahmen s. Hauptwerk, 1c bb zu § 102; 2c zu § 131). Die Begriffe der Strafprozeßordnung sind aber, wie Begriffe meist, an verschiedenen Stellen verschieden verwendet. Die Fundamentalbestimmung des § 137 Abs. 1 und des § 148 wird falsch verstanden, wenn zu „jeder Lage des Verfahrens" Vollstreckung und Vollzug nicht gerechnet werden, wo der „verurteilte Beschuldigte" oft am schmerzlichsten eines Rechtsbeistandes entbehrt. Die Praxis folgt erfreulicherweise nicht einer so wirklichkeitsfremden Auslegung, die sich bei § 147 verhängnisvoll auswirken müßte. Der Strafvollzugsausschuß der Länder hat sich vielmehr der weiten Auslegung des Verteidigerbegriffs angeschlossen. Demzufolge hat z. B. der Justizminister von Baden-Württemberg in der AV. vom 22. 10. 1964 (Justiz **1964** 281) bestimmt: „Bezieht sich deren (der Verteidiger) Tätigkeit auf ... Einwendungen gegen die Vollstreckung, Anträge nach § 26 StGB., Gnadenverfahren, Anträge nach § 23 EGGVG. oder andere Anträge in Strafsachen, ist der gesamte auf diese Angelegenheiten bezogene Schriftverkehr von der Überwachung ausgenommen."

3. Verteidiger ist der Wahlverteidiger, auch im Falle des § 138 Abs. 2, sowohl bei der gewillkürten als auch bei der notwendigen Verteidigung, und der Pflichtverteidiger. Für den Beistand (§ 149 Abs. 3) gilt § 148 nicht.

Wegen des Nachweises der Vollmacht s. Hauptwerk, IV 3 zu § 138. Ergibt sich der Nachweis der Vollmacht nicht aus den Akten, so wird sie der Richter zu fordern haben, sich jedoch damit begnügen können, daß sie nachgereicht wird, wenn der Verteidiger eines überraschend Verhafteten ihm versichert, zwar mündliche, aber noch keine schriftliche Vollmacht zu haben. Eine von der Ehefrau des Verhafteten unterzeichnete Vollmacht reicht nicht aus, kann aber den durch die Ehefrau erklärten Willen des Verhafteten erkennen lassen, sich im Falle eines Verfahrens des Bevollmächtigten zu bedienen. Sie kann daher Veranlassung sein, einen Besuch zu gestatten und das Nachreichen der Vollmacht nachzulassen.

Der Anstalt gegenüber hat sich der Verteidiger durch eine sog. Verteidigerbescheinigung des Richters oder Staatsanwalts auszuweisen. In Eilfällen genügt die schriftliche Vollmacht des Beschuldigten (OLG. Köln NJW. **1951** 732). Der vom Verteidiger eingehende Schriftverkehr ist als Verteidigerpost zu kennzeichnen.